“应急管理理论与实务”丛书编委会

应急管理理论与实务

应急管理
定量分析方法

Quantitative Approach
to Emergency Management

林毓铭　主编

暨南大学出版社
JINAN UNIVERSITY PRESS

中国·广州

图书在版编目（CIP）数据

应急管理定量分析方法/林毓铭主编．—广州：暨南大学出版社，2011.8
（应急管理理论与实务丛书）
ISBN 978-7-81135-919-0

Ⅰ．①应…　Ⅱ．①林…　Ⅲ．①突发事件—公共管理—定量分析
Ⅳ．①D035

中国版本图书馆CIP数据核字（2011）第143732号

出版发行：暨南大学出版社

地　址：中国广州暨南大学
电　话：总编室（8620）85221601
营销部（8620）85225284　85228291　85228292（邮购）
传　真：（8620）85221583（办公室）　85223774（营销部）
邮　编：510630
网　址：http：//www.jnupress.com　http：//press.jnu.edu.cn

排　版：广州市天河星辰文化发展部照排中心
印　刷：广州市怡升印刷有限公司

开　本：787mm×960mm　1/16
印　张：21.75
字　数：410千
版　次：2011年8月第1版
印　次：2011年8月第1次
印　数：1—2000册

定　价：42.00元

总　序

中国正处在社会转型与体制转轨、机遇与风险并存的高风险期，社会的急速变化加上各种自然灾害与人为事故纠结在一起，公共危机问题被迅速地集中和放大，蕴涵着各类不可忽视的风险。金融、环境、信息、流行疾病、民族分裂主义、自然灾害等诸多非传统安全危机已成为威胁国家安全的组成部分，这些非传统安全危机深刻地考验着中国政府的执政能力。面对非传统安全危机，加强执政能力建设，趋利避害、化解风险已成为中国政府长期面临的重要课题。从2006年1月国务院颁布《国家突发公共事件总体应急预案》起，就意味着战略性地应对公共危机已提升至国家高度。

“突发公共事件”是指突然发生的，造成或者可能造成重大人员伤亡、财产损失、生态环境破坏或严重社会危害，危及公共安全的紧急事件。随着各国社会经济的快速发展，各类突发公共事件的危害日益凸显。突发公共事件主要分为自然灾害、事故灾难、公共卫生事件、社会安全事件四类；按照其性质、严重程度、可控性和影响范围等因素分成四级，特别重大的是Ⅰ级，重大的是Ⅱ级，较大的是Ⅲ级，一般的是Ⅳ级。一国政府应对突发公共事件的能力已经成为评价其执政、施政能力的一个重要绩效标准。

北京大学丁元竹教授曾把中国社会的风险归结为十个方面：就业问题、三农问题、金融问题、贫富差距、生态与资源问题、台湾问题、全球化问题、国内治理危机、信心和诚信问题、艾滋病和公共卫生问题。这些风险是当代发展中国家走现代化、城市化荆棘之路的共性，也是正在进行追赶型、跨越式发展的中国社会不得不面对与思考的问题。能源安全、环境安全、生态安全、金融安全、网络安全、信息安全、卫生安全、文化安全等涉及社会生活的多个领域，具有隐蔽性、危险性、突发性和非确定性的特点。21世纪以来，各种自然灾害、事故灾难、公共卫生事件、社会安全事件等频频发生，往往使国家遭受重大损失。研究社会转型期各类重大的突发公共事件和社会经济风险，以及自然条件状态下的各种自然灾害和次生灾害所带来的应急管理问题，提高突发公共事件应急管理能力成为政府不可回避且亟待解决的现实课题。

中央综治办主任陈冀平曾指出，从目前的社会形势看，新的社会矛盾将不断产生，原有的一些社会矛盾可能随之凸显，并呈现出经济领域的新矛盾与其他领域的矛盾相互影响、相互作用的局面。这主要表现为涉及农村土地征用、城镇房屋拆迁、国有企业改革、部分军队退役人员安置等方面的信访问题已十分突出，非法集资、股市房市受损、高校毕业生就业、医疗、养老、环境污染、城市公共服务与管理等诱发群体性事件的因素也正在增多。由经济纠纷引发的暴力讨债、绑架、哄抢等“民转刑”案件可能更加频繁，流动人口犯罪、多发性侵权犯罪和非法集资等涉众型经济犯罪可能更加明显，城市社会治安问题向农村蔓延扩散的趋势可能更加突出，尤其是个人极端事件有可能进一步增多，治安问题的敏感性将会进一步增强，一起普通的刑事案件或治安案件有可能转变为社会热点问题，甚至诱发其他矛盾和问题。

近50年来，世界经济发展步伐加快，在石化能源体系支撑下形成了如火电、石化、钢铁、建材、有色金属等高碳工业群，并由此衍生出汽车、船舶、航空、机械、电子、化工、建筑等行业。气候变化主要是由人为活动排放的二氧化碳、甲烷、氧化亚氮等温室气体造成的。全球变暖的后果是冰川融化、海平面上升、生态系统退化和自然灾害频发。从企业应急管理和经营发展的长远视角来看，企业外部市场变幻莫测，内部管理与控制日趋复杂。外部风险包括市场风险、竞争风险；内部风险则包括品牌风险、战略风险、文化风险、团队风险、领导人风险、财税风险、舆论风险、法律风险和技术风险等。

马凯在《求是》杂志中撰文指出，我国正处于工业化、城镇化快速发展时期，各种传统的和非传统的、自然的和社会的风险、矛盾交织并存，公共安全和应急管理工作面临的形势更加严峻。归纳起来，应急管理面临的态势包括四个方面：一是自然灾害处于频发期。我国是世界上自然灾害最为严重的国家之一，灾害往往具有种类多、分布地域广、发生频率高、造成损失重等特点。特别是近年来，极端气候事件频发，中、强地震呈活跃态势，自然灾害及其衍生、次生灾害的突发性和危害性进一步加剧。二是安全生产形势严峻。我国经济发展较快，能源、资源、运输供给长期偏紧，再加上安全生产基础薄弱，一些地方和企业责任不落实、监管不到位，生产安全事故发生率居高不下，重、特大事故时有发生。三是公共卫生事件防控难度增大。公共卫生事件的诱因和影响都呈较强的国际性特点，全球新发的三十多种传染病已有半数在我国出现，重、特大疫情和群体性不明原因疾病时有发生。随着人口流动量的加大和流动速度的加快，疾病的防控难度加大，造成的损失更加严重；而在食品、药品生产经营中，市场秩序混乱、源头污染严重、监管力量薄弱等问题尚未得到根本解决。四是社会安全面临新的挑战。我国改革发展进入关键阶段，各种利益关系错综复杂，国家安全面临的形势更加严峻，维护社会稳定的任务更加艰巨。对当前国际金融危机造成的重大影响和可能引发的各类突发公共事件，我们要有充分的准备。

2008 年 3 月 14 日，少数不法分子在西藏拉萨制造了打砸抢烧暴力事件，烧死或杀死藏汉群众 18 人，给当地人民群众生命和财产安全造成重大损失。2009 年乌鲁木齐“7·5”打砸抢烧严重暴力犯罪事件又造成 197 人死亡，其中绝大多数是无辜群众。后面这场打砸抢烧暴力事件的发生，是由以热比娅为首的境外敌对势力和境内极少数不法之徒极力炒作的广东韶关旭日玩具厂群殴事件，把一个一般的治安案件说成是民族事件，从而极力煽动民族仇恨所致的。虎年春节期间，山西省的晋中、太原、吕梁、长治、晋城、阳泉等地区到处都是地震将发的言论，一场大规模的群众恐慌在山西蔓延。2010 年 2 月 20 日晚至 21 日凌晨，许多山西人离家，躲避在广场、公园等地，夜不归宿，甚至开车逃往外乡。许多山西人在户外度过了一个不眠之夜。造谣人利用网络传播大地震谣言，而政府机构最初也处于一片迷乱中，直到 21 日早晨，山西省政府及各地区地震部门通过媒体及移动通信转达了政府公告，称群众这次避震行动为谣言所惑，要广大群众安心。此类民生事件实则是 2007 年哈尔滨水污染事件中短信传播哈尔滨要发生大地震的翻版。非常事件与突发事件应该由民调机构和覆盖面广的大众媒体联合发布，以正视听。

应急管理是指政府及其他公共机构在对突发公共事件的事前预防、事发应对、事中处置和善后管理过程中，通过建立必要的应急机制，采取一系列必要措施，以保障公众生命和财产安全，促进社会和谐、健康发展的有关活动。美国佐治亚州州立大学著名应急管理学家威廉·L. 沃认为：“应急管理就是对风险进行管理，以使社会能够与环境或技术危险要素共存，并应对环境、技术危险要素所导致的灾害。”应急管理是对突发公共事件的全过程管理，根据突发公共事件的预警、发生、缓解和善后四个发展阶段，可分为预测预警、识别控制、紧急处置和善后管理四个过程。应急管理又是一个动态管理，包括预防、准备、响应和恢复四个部分，均体现在管理突发公共事件的各个阶段。

应急管理是一个完整的系统工程，可以概括为“一案三制”，即突发公共事件应急预案，应急机制、体制和法制。以政府应急管理为主线，围绕政府应急管理决策、技术管理、社会动员与响应机制等层次展开研究，达到在紧急状态下各行为主体凝聚人心、从容应对、缓解危机、减少缺失的效果。政府危机管理即政府在公共危机事件发生之前、发展过程之中和后危机时期，为减少和消除危机造成的危害和损失，根据危机管理计划和程序而对危机直接采取的对策及管理措施。它是在政府常态型危机管理基础上紧急状态的管理。各种信息资源、物质资源、人力资源如何高效配置与有效运作，如何防止灾害的蔓延与次生灾害的扩大等均是政府应急管理在紧急状态下需要解决的关键问题。我国正处于经济体制和经济增长方式双重转轨的特殊时期，存在着诱发公共危机的潜在制度及非制度因素。高度重视公共危机管理、建立公共危机的预警机制和政府干预公共危机体系尤为必要。应急管理的基础是常规性政府危机管理，只有基础工作常抓不懈，才能在紧急状态下临危不乱。

发达国家十分重视突发公共事件应急管理的研究，其研究范围覆盖了灾害或危机产生、发展、消亡的整个过程。日本是较早开展城市应急管理研究的国家，研究的领域和能力不断拓展，研究的水平处于世界前列。美国也在“9·11”事件发生后，组建了部级的美国国土安全部（DHS），此部门的设立标志着美国国家级突发公共事件应急管理体系从“综合应急管理”提升到“国家安全应急管理”的高度。相关国际组织也非常重视突发公共事件应急管理。联合国第二届世界减灾大会发表的《兵库宣言》要求各国将防灾减灾、保障国民生命和财产安全“作为国家的第一责任”，并将“确保减灾成为各国政府部门的工作重心之一”列为《兵库行动框架》（2005—2015 年）提出的五个行动重点之一。世界各国的政府部门、学术团体和专门机构已经开始从事各种针对突发事件的预防、监测、预报、识别、测定、控制、应急预案制定、事发时的快速反应及救灾、灾后的快速评估与重建的研究。

美国的乔治华盛顿大学、马里兰大学、北达科塔州立大学和加拿大的尼加拉瓜学院等高校，在一些领域均有较为系统的研究，包括危机与应急管理，流行病及预防医学，危机和应急管理中的信息技术、自然、技术危害以及恐怖袭击之风险管理，大规模恐怖行动的预防和反应之危机管理，灾后重建以及组织持续之减灾管理，健康与医疗应急管理等各个方面。上述研究系统地为政府层面与技术层面的公共危机与应急管理技术提供了强有力的理论指导。

公共危机与突发事件已成为构建和谐社会和可持续发展的重要隐患，如何有效应对突发事件、妥善预防和处理危机越来越引起社会各界的高度重视。2006 年 1 月国务院颁布《国家突发公共事件总体应急预案》，标志着从战略上应对公共危机已被提升至国家高度。中央进一步明确提出，要建立健全社会预警体系，提高保障公共安全和处置突发事件的能力。2007 年 8 月，全国人大常委会通过了《中华人民共和国突发事件应对法》。汪永清、莫于川、韩大元等学者对该法进行了阐释。另一些学者，如徐高、莫纪宏等，则比较系统地研究了国外针对处理紧急状态下的法律制度。目前，我国的应急管理研究基本上处于以介绍国外经验，对其存在的问题及对策等事实进行描述和提出对策措施为主的阶段，而对法理以及制度比较的研究尚欠深入，难以为应急管理的依法施行提供充分的理论支持。另外，对危机处理研究较多，对事后重建和救济研究较少，不利于达到依法规范政府行政行为、缓解公众利益和私人利益的矛盾、维护社会稳定的目的。

关于灾害及突发公共事件应急工程的研究，国内外已经积累了大量的研究成果。从第一个应急管理国际组织——国际应急管理工程协会诞生之日起，各类研究成果层出不穷。这些成果几乎囊括了火灾、地震、矿井塌陷、核泄漏事故等各个领域的灾害。我国从 20 世纪 80 年代末开始新增了许多研究学报和学术期刊，如《自然灾害学报》、《环境污染与防治》、《环境卫生工程》、《中国环境管理》、《中国减灾》等，针对我国自然灾害以及事故灾难的防灾减灾研究已经较为深入。目前国内较为集中的研究主要体现在城市灾害应急与管理，区域应急管理实务预案、演练及绩效，突发事件应急管理，现代城市公共安全应急管理，领导干部预防和处置突发公共事件实用指南与案例分析，公共危机与管理，国家与政府的危机管理，灾难性事故与事件应急处置，城市安全学，政府应急管理实务，中央和大城市政府应急机制建设，灾害应急处置与综合减灾，地震应急等研究领域。

政府应急管理和企业应急管理均需要建立应急管理综合平台和预案，运筹帷幄才能在非常态情境下保持临危不乱。但是无论国内还是国外，对于突发公共事件的研究普遍侧重于对技术和具体方法应用的应急工程研究，并形成了一类特殊管理理论与方法——应急管理，而蕴涵其中的基础科学问题研究还没有得到广泛关注。这样就构成了面向突发公共事件的应急管理和应急工程两个模块紧密结合、相辅相成的研究层面。其中，应急管理中的科学问题研究是应急工程问题研究的基础，而后者又是在前者指导下的实践。

从 2008 年暨南大学获教育部批准，在全国率先招收应急管理专业本科生并成立全国首家应急管理学院，到 2009 年广东省“211 工程”三期重点学科建设项目“应急管理理论与实务”正式立项，再到暨南大学应急管理研究中心成立并成为广东省高校重点人文社科研究基地，暨南大学得到了广东省政府、省政府应急办的大力支持和社会各界的广泛关注，我们深感责任的重大与使命的神圣。应急管理属于新型交叉管理学科，“211 工程”三期重点学科建设项目共设置了二十余个选题，从政治、经济、管理、公共卫生、新闻处置、社区与区域合作、应急管理史、应急管理平台等多个领域进行研究，试图对完善中国应急管理理论作出富有成效的尝试，也期盼对中国应急管理工作有所指导与借鉴。丛书的出版难免存在这样或那样的疏漏，期待读者给予批评指正。

广东省政府应急办　暨南大学应急管理研究中心
广东省“211 工程”三期重点学科建设项目
“应急管理理论与实务”丛书编辑委员会
2011 年 6 月

前　言

应急管理属于交叉学科，是一个全新的领域。《应急管理定量分析方法》尝试运用统计分析、决策分析、成本收益分析等方法，对应急管理实务中所产生的数据进行收集、整理、分析，以便更清晰地描述应急管理工作的变化规律；运用样本数据所具有的信息来推断与估计总体参数；研究事物间的因果关系，对变量之间的变化关系进行相关分析与回归分析、多元统计分析等，从数量上把握变量之间的内在变化规律。以期帮助管理者利用现代统计技术，预防和降低不确定性风险，使应急管理决策更具效率。

本书由林毓铭担任主编，并负责第一章至第五章、第十一章和第十四章的编写工作；刘蕾负责第六章的编写工作；夏林林负责第七章的编写工作；辛鹏程负责第八章和第十章的编写工作；陈美新负责第九章的编写工作；武艺负责第十二章的编写工作；左小德负责第十三章的编写工作。

对应急管理定量分析方法的探索刚刚起步，由于编写时间有限，书中错误在所难免，加之经验不足，涉及的应急管理例题还不够全面，敬请读者提出宝贵意见。

林毓铭

2011 年 5 月

目 录

第一章　统计调查、数据整理与分布

本章概述

在应急管理工作与实践中，需要大量的统计调查与数据整理。了解本章关于统计调查、统计整理与统计分布方面的知识，有助于促进应急管理工作的深入分析，为以下章节的学习打好基础。本章要求读者了解获取应急统计数据的来源与方法、各类调查组织体系、统计数据整理的程序与方法；掌握统计分组方法、掌握集中趋势和离中趋势的基本概念和各种计算方法。

利用统计工具研究常态型与非常态型危机管理，或称传统安全管理与非传统安全管理，可以从各个统计个案入手。对各个统计个案进行观测和调查登记所取得的数据，是零星分散的，必须通过统计整理才能使其成为反映应急管理总体的有用资料，才能建立用于应急管理统计分析的系列统计指标。

第一节　统计调查

一、统计数据的主要来源

应急管理要做大量的统计调查工作，统计调查是根据应急管理统计研究预定的目的、要求和任务，运用科学的调查方法，有计划、有组织地向客观实际搜集统计资料的工作过程。统计活动所涉及的资料通常有两种：一种是直接向调查单位搜集的未经加工整理的资料，称为原始资料，也叫初级资料或第一手资料；另一种是根据研究目的，搜集以前加工整理过的，积累下来的在一定程度上能够说明总体现象的资料，这种资料称为次级资料或第二手资料。实际意义上的统计调查，是指搜集原始资料的活动过程。虽然利用与搜集第二手资料有其重要性，但这只能是资料搜集的一种方式，不属于实际意义上的统计调查。应急管理数据的主要来源有：

（1）专业统计部门和政府应急管理部门日常公布的各类统计资料；

（2）各类经济信息中心、信息咨询机构、专业调查机构等提供的抽样数据；

（3）各类专业期刊、报纸、书籍所提供的资料，如各种灾难统计；

（4）各种会议，如博览会、展销会、交易会及专业性、学术性研讨会上交流的有关资料；

（5）从互联网或图书馆查阅到的相关应急统计资料；

（6）第三方调查（一般由民间组织来进行）取得的统计数据。

二、获取应急统计数据的主要方法

（一）直接观察法

直接观察法是指调查人员到灾后现场对调查单位的调查项目直接清点、测定、计量以取得灾害数据资料的一种调查方法。这种方法需要大量的人力、物力、财力和时间，它的应用受到较大限制。

（二）采访法

采访法是指由调查人员直接向被调查者进行提问，根据被调查者的答复来搜集统计资料的一种调查方法。它又分为个别询问和开调查会两种形式。在典型调查中，搜集材料多采用个别询问、开调查会等采访法。

（三）报告法

报告法是指在常态型危机管理中，由报告单位根据一定的原始记录、统计台账，依据统计报表的格式和要求，按隶属关系，逐级向有关部门提供统计资料的一种调查方法。报告法的特点是有统一项目、统一表式、统一要求和统一上报程序，其资料来源于原始记录，可以同时进行大量的调查。如果报告制度健全，原始记录和核算工作完整，采用报告法就可以取得比较准确的资料。

（四）问卷调查法

问卷调查法是为特定目的，以问卷形式提问，发给被调查者，由被调查者自愿、自由回答的一种采集资料的方法。通常是在初步分析调查对象的基础上，从调查对象总体中随机地或有意识地选择若干调查单位，发出问卷，要求被调查者在规定时间内以不记名或可记名方式反馈信息，经调查综合整理、分析，以形成对调查对象总体的认识，这种方法多用于对主观意识的调查。如果运用得恰当，可以较真实地了解民情民意。科学地进行问卷调查，必须精心设计，问题要简明扼要，填写答案不需花费多少时间，程序严密，保证做到为被调查者保密。在实施上，要尽量防止提出回答率或答案质量不高的问题。

（五）卫星遥感法

卫星遥感法是一种使用卫星高度分辨辐射计提供地面资料的方法。这种方法的覆盖面较广，应急管理中运用于各种自然灾害的卫星探测、卫星遥感所取得的资料要与地面其他资料相印证，以便作出综合分析。地面资料包括类型抽样定点所形成的大面积监测网络资料，还包括统计、农业、气象、地震、土地等部门以其他调查方法取得的资料。卫星遥感法运用得好，可以达到投入少、速度快、准确度高的效果。卫星遥感与其他技术综合运用，可以建立高科技应急管理平台，如沈阳市应急指挥中心建设突出以科技创新为先导，整合资源为途径，集固定及移动指挥场所、应急值守、联动处置、辅助决策、综合研判、总结评估、视频传输、地理信息（GIS）、卫星定位（GPS）、卫星遥感（RS）、视频会议、警报鸣放、应急广播、网上演练、固定和移动通信枢纽开设和电子政务办公等多功能于一体的全能型平台。

（六）根据观察而得到有关数据

这是行为科学解决问题的方法。早期的行为科学研究操作人员的动作行为，进而分析，然后找到最优方法。观察研究的方法在天文学、地质学、动物学以及现代管理中都是很常用的。如某银行要观察在上午 9 点至下午 5 点之间每个时段（每 10 分钟为一个时段）顾客的到来数，加油站统计下午 3 点到下午 5 点的加油汽车数量等。

泊松分布的计算公式：$p(x)=\dfrac{\lambda^{x}e^{-\lambda}}{x!}$

$p(x)$为事件发生 x 次的概率，λ 为每个单位时间内事件发生次数的平均值；e 是自然对数的底，! 为阶乘的符号。

例 1-1：过去的记录表明某一高速公路收费站，在早上 6：00 至 7：00 每分钟交费通过的轿车平均数是 5，轿车通过数量服从泊松分布；在理想状态下，每分钟通过轿车的数量为 3 辆的概率是多少？

$$解：p(3)=\frac{5^3\times e^{-5}}{3!}=\frac{125\times 0.006\ 74}{6}=0.140\ 42$$

三、统计调查的组织体系

应急统计调查是整个统计工作的基础，只有科学地确定统计调查的组织形式，才能保证应急统计调查所获得的资料能较客观地反映实际。

（一）以周期性普查为基础，以经常性抽样调查为主体

1. 普查

普查是根据统计研究的特定目的和任务，专门组织的一次性全面调查。它主要用于收集某些不能够或不适宜采用定期全面填报的统计报表方法收集的统计资料。一般用来调查属于一定时点的社会经济现象的总量。目前，由于许多社会现象已难于用全面报表收集资料，所以普查的运用将更广泛，它将成为调查方法的基础。例如，可借助普查系统地、全面地掌握一个国家（或地区）的人、财、物的数量、分布及利用状况。普查有两个主要特点：第一，它是一种不连续的调查，属间断调查。由于普查搜集的通常是时点资料，所以普查总是要确定一个标准时点。第二，它是一种全面调查，调查范围通常较大，所以涉及面广、工作量大。它比任何一种调查形式更能掌握大量、详细、全面的统计资料。

普查的组织形式有两种，一种是通过组织普查机构，配备一定数量的普查人员，对调查单位直接进行登记，如我国人口普查、工业普查就是采用这种形式。另一种是利用调查单位的原始记录和核算资料，结合清库盘点，由调查单位自行填报调查表格，如我国地质普查与勘探就是具有区域性特色的工作，也是地质事业的基础工作，即通过地质调查方法全面地掌握一定区域内的地质情况和矿产情况，将调查研究的结果编绘成各种地质图和地形图，在此基础上进一步确定有矿产远景的地区，为国民经济建设服务。

2. 抽样调查

抽样调查是按随机原则从调查对象中抽取一部分单位作为样本进行观察，然后根据所获得的样本数据，对调查对象总体特征作出具有一定可靠程度推算的非全面调查，如自然灾害损失抽样调查、应急救灾物资质量抽样调查等。

抽样调查有如下三个特点：第一，抽取样本单位采用随机原则抽取，排除了主观因素的影响。第二，根据部分调查的实际资料对调查对象总体的数量特征作出估计。数理统计原理证明，抽样调查中样本指标和相对应的总体指标之

间存在着内在联系，而且两者的误差分布也是有规律可循的，因而提供了用实际调查所得的部分信息以推断总体数量特征的科学方法。第三，抽样误差可以事先计算并加以控制。以样本资料推算总体数量特征，不可避免地会产生误差。但这种误差与其他统计估算所产生的误差不同，它是可以根据有关资料事先加以计算，并且通过一定的途径来控制误差的范围，保证抽样推断结果达到预期的可靠程度。

抽样调查的适用范围主要有：第一，对一些不可能或不必要进行全面调查的社会现象，可采用抽样调查。例如，对具有破坏性的产品进行质量检查时，不可能毁去所有的产品而对其质量加以鉴定，只能采用抽样调查。第二，对普查资料进行必要的修正。由于普查涉及面广，工作量大，容易产生登记误差，即出现重复登记或遗漏现象。因此通常在普查之后，作一次小规模的抽样调查，将抽样调查的结果同原来的普查资料进行核对，计算出差错（重复或遗漏）比率，然后以其作为修订系数，对普查资料进行必要的修正。

抽样调查的组织形式包含：纯随机抽样、机械抽样、类型抽样、整群抽样、多阶段抽样和聚类抽样等。

（1）纯随机抽样也叫简单随机抽样。它是随机抽样中最基本、最简单的抽样组织方式。这种抽样方式不对总体各单位做任何排队或分组等处理，直接从总体中按随机原则抽取单位形成样本，然后以样本数据推算总体指标。显然，这种抽样方式理论上最符合随机原则。

（2）机械抽样也叫等距抽样或系统抽样。它是事先将调查对象的所有单位按照一定标志进行排列，然后依固定顺序和间隔来抽选部分单位的一种抽样组织方式。用作排列顺序的标志与所要研究的问题，可以是无关标志也可以是有关标志。以无关标志排列，仍能遵循随机原则。例如，研究职工工资收入，按职工的姓氏笔画排列，姓氏笔画与工资收入无关，抽取的样本不含有主观因素，仍具随机性。以有关标志排列，即加入的标志与所研究的问题有关，这时按一定间隔抽取的样本含有主观因素，理论上破坏了随机性，但是却提高了样本的代表性，说明所加入的因素是有利因素，是可行的。例如，研究职工的工资收入，按工龄排队，所抽取的样本中，收入高低都有一定的代表单位。实际上，等距抽样运用了类型抽样的一些特性。

（3）类型抽样也叫分层抽样或分类抽样。它是先将总体各单位按有关标志分类分组，然后再从各组中按一定比例随机地抽选样本单位进行调查的一种抽样组织方式。这种抽样方式是将统计分组和随机抽样两种科学的方法有机地结合在一起，保证了各组都有中选的机会，提高了样本的代表性，因此具有较好的抽样效果。

（4）整群抽样。它是事先将总体各单位划分成若干群体或集团后，再根据随机原则抽取部分群体或集团，继而对被抽中的群体或集团中的所有单位一一进行调查的抽样组织方式。整群抽样中的群体划分，通常是按地理位置、自然堆放或包装成箱的物品等所形成的集团。例如，按片抽查林业资源，按村落抽查农户的副业生产情况，按箱抽查产品质量等。

（5）多阶段抽样。它是把抽取样本单位的过程分为几个阶段，再根据各阶段现象的特点分别采用相应的抽样方法，在最后阶段才具体抽选样本单位的一种抽样组织方式。这种抽样不是从总体中一次直接抽取样本单位，而是通过多阶段、多级别的抽选，所以又称多级抽样。例如，在全国范围内第一阶段抽省，再从被抽中的省份中第二阶段抽县……多阶段抽样具有很强的适用性，在复杂的社会经济现象中实际运用较广泛。它便于组织抽样工作，有利于设计出满足某一阶段对资料代表性要求的抽选方案，有利于从整体出发设计出效益较高的抽样方案。

（6）聚类抽样。它是先将总体要素聚成类（组），随机抽取其中一个组，然后再对被抽取的组作简单随机抽样。理想情形是每一类（组）皆是总体的一个缩影。

抽样调查又可以分为概率抽样（probability sampling）与非概率抽样（nonprobability sampling）两种。简单随机抽样、系统抽样和分层抽样都属于概率抽样。

非概率抽样是在总体中每一构成要素被抽取的概率是未知的情况下进行抽样。这种抽样方法的缺点是无法对估计的精确度做出判断，其优点是成本低且容易完成。较小规模的研究，一般采用非概率抽样。它包括：判断抽样、方便抽样、定额抽样、立意抽样、雪球抽样等。

判断抽样：依照调查者个人的判断决定总体中哪些样本被抽取，如在作民意测验时，对专家意愿的调查，对体育记者的调查。

方便抽样：调查者根据自己的方便选定某一群体进行抽样，如某教授选定曾执教过的一个班进行调查。

定额抽样：在一个定额样本中，调查者首先决定哪一层可适用于将要进行的研究，接着，调查者为每一层确定一个与其在总体中的代表成比例的定额。如民主党 60%、共和党 40%，总共要抽取 200 人，则民主党抽取 120 人，共和党抽取 80 人。

立意抽样：研究人员根据自己立意对所要选择的回答者的判断，只选择那些最适宜该项研究目的的人。

雪球抽样：雪球抽样需分阶段进行，第一步，认定和访谈几个符合要求的人，依靠他们去认定其他合格的人。第二步，访谈这些人，这些人又去寻找其他合适的人，如此类推下去。

抽样调查的一般步骤见图1－1。

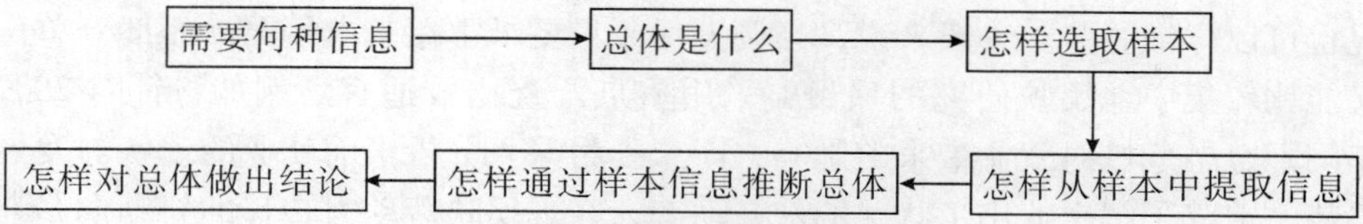

图1－1 抽样调查框图

（二）以必要的统计报表、重点调查、典型调查等为补充

1. 统计报表

统计报表是搜集国民经济基本统计资料的主要方法，是依照国家有关法规制定的一种报告制度。统计报表制度是按国家统一规定的表格形式、指标内容、计算口径与方法、报送程序、提交周期，以一定的原始记录为依据，自下而上地逐级定期提供统计资料的一种调查方式。在常态型风险管理与非常态型风险管理中，严格统计报表制度，有利于我们把握风险状况，能有效地防止和化解风险。

统计报表的主要特点有：第一，报表资料的来源建立在基层单位的各种原始记录的基础上，所以能保证资料的相对可靠性。并且基层单位也可利用该资料对生产、经营活动进行监督管理。第二，由于统计报表是逐级上报和汇总的，各级领导部门能获得管辖范围内的报表资料，了解本地区、本部门的经济和社会发展情况。第三，由于统计报表通常是属于经常性调查，调查项目相对稳定，有利于积累资料，并进行动态对比分析。

全面统计报表的实施范围，是调查对象的全部单位均要填报。我国统计报表中也有非全面统计报表，非全面统计报表的实施范围只是调查对象中的部分单位填报，如安全生产事故统计报表，要求相关企业按时准确地向上级有关部门报送安全生产事故统计报表。此外，专业报表也是非全面统计报表的一种，如水旱灾害统计报表、台风灾害报表等。

2. 重点调查

重点调查是指在调查对象中，只选择一部分重点单位进行观察登记的一种非全面调查。所谓重点单位，是就现象的量的方面而言，尽管这些单位在全部单位中只是一小部分，但它们的标志总量在所研究现象的标志总量中却占有绝大部分的比重，在总体中具有举足轻重的作用。因而，对这些单位的调查就能够从数量上反映总体在该标志总量方面的基本情况。重点单位的确定，是组织重点调查的一个重要问题，重点单位的选择始终着眼于它在所研究现象的标志总量中所占的比重大小。重点单位可能是一些企业，也可能是一些地区、城市。重点调查由于选择的单位较少，因此调查项目就允许多一些，所了解的情况也可以详细一些。一般来说，当调查任务只要求掌握基本情况，而部分单位又能比较集中地反映研究的项目，采用重点调查比较适宜。例如，针对2009年国际金融危机对就业带来的影响，广东省为深入分析当前就业的现状与发展趋势，追踪了解企业用工状况的最新动态，客观反映劳动力转移的新动向，在全省范围内开展了企业用工情况重点调查，对建立失业预警体系有重要的辅助作用。

3. 典型调查

典型调查是一种专门组织的非全面调查。它是根据调查的目的，在对所研究对象进行初步分析的基础上，有意识地选取若干具有代表性的单位进行调查和研究，借以认识事物发展变化的规律。典型调查大体可以分为两种：一种是对个别典型单位进行调查研究，称为解剖麻雀式的典型调查。另一种是对现象总体按与研究问题有关的标志划分类型，以减少类型组中各单位之间的差异，然后再从各类型组中选择典型单位进行调查，这种形式又称为划类选典式的典型调查。在典型调查中，科学地选择代表性较高的典型单位，利用各典型单位的典型资料来推算全面数据，能取得较理想的调查效果。

4. 数据库建设

突发事件应急管理调查评估可以分为三类：对突发公共事件本身的调查评估、对突发公共事件应急处置的调查评估和对应急管理能力的调查评估，这些调查评估对完善应急管理数据库建设具有重大的意义。我国各地采取多种措施，促进应急管理数据库报送工作。以商务部为例，初步建立了商务部应急管理系统，目前应急数据库覆盖了31个省（市、区），包括大米、面粉、食用油、蔬菜、食盐、饼干、方便面、矿泉水、奶粉、帐篷、毛毯、毛巾被、蚊帐、净水器等40个应急商品品种、1 000家重点联系企业，数据库系统中加装了地理信息系统（GIS系统），应急监测、决策支持和公共服务能力显著增强，实现了灾情和突发事件处置的程序化管理，在应对突发事件中发挥了重要作用。商务部的数据库智能系统，实现了数据网上时时报送、更新；数据库自动生成、汇总各类应急商品地域分布、库存水平、产出能力、商品质量等情况，当突发事件发生时，能够按照市场供应应急工作需要，迅速落实应急商品来源，并组织调运、投放应急商品，保证市场供应、平抑突发事件状态下价格的异常波动，保障社会经济安全。

应急管理各部门数据库资源共享机制非常重要（见表1－1），形成联合态势，有利于减少人财物的损失，争取更多的救援时间。

表 1－1　　　　　　　　　　　　**应急管理资源共享机制**

<table>
<tr><th>事件分类</th><th>职能部门</th><th>合并的职能</th><th>共享资源</th></tr>
<tr><td>气象灾害</td><td>防汛抗旱指挥部
气象局
水利部</td><td>防汛、抗旱、防台风以及其他气象灾害的预警与救助</td><td rowspan="6">全国性数据库系统
全国性的指挥网
全国性的信息传导系统
相似领域的专家库
相似领域的专业工作人员
相似领域的技术经验
相似领域的物质设备</td></tr>
<tr><td>地质灾害</td><td>国土资源部
国家地震局</td><td>地震、山体滑坡等地质灾害的预警与救援</td></tr>
<tr><td>技术灾害</td><td>安全生产监督管理局</td><td>矿业事故、交通事故等安全事故的预防与抢救</td></tr>
<tr><td>传染病卫生灾害</td><td>卫生部</td><td>大规模传染病的预防与控制</td></tr>
<tr><td>危险化学物品</td><td>工商总局
公安部
国家安全部</td><td>有毒气体、化学原料等的安全指导，应急抢救</td></tr>
<tr><td>社会性危机</td><td>公安部</td><td>群发性事件的平复</td></tr>
</table>

资料来源：罗煜．中国政府应急管理机制构建的经济学分析．www. center. org. cn

第二节　统计数据整理

一、统计数据整理的目的

统计数据整理简称统计整理，是根据统计研究的目的和任务要求，对统计调查所取得的各项原始资料进行科学的分组与汇总，或对已加工的资料进行再加工，使之系统化、条理化、科学化，以取得能够反映现象总体特征的综合资料的工作过程。

统计调查所取得的是关于总体各个单位的资料，是属于有关标志的具体表现，是零碎的、分散的、不系统的，不能说明被研究总体的实际情况。只有对这些资料进行加工整理，才能使之系统化、条理化，得出反映现象总体特征的数据资料，才能据以研究现象总体各方面的数量特征和数量表现。统计整理是介于统计调查和统计分析之间的中间环节，是承上启下的必不可少的一个工作环节，属于统计工作的第二阶段。

二、统计整理的程序

第一，选择分类标志（如何对应急管理统计资料进行分组，确定各组及总体的指标体系），制定统计数据整理纲要。

第二，审核和订正原始数据资料，保证及时性、齐备性、可靠性和系统性。

第三，对应急统计数据进行整理。根据统计整理纲要对数据资料进行分组，然后进行统计汇总或作必要的加工计算。将统计整理的结果编制成统计表或绘制成统计图，以描述统计数据的数量特征。

以上程序中，以统计分组为数据整理的中心环节，以统计表及统计图为重要表现形式。

应急管理工作中的分类分级非常重要，美国联邦应急体系按事故严重程度把突发事件分为紧急事件、重大灾难、灾害、自然灾害、危害五个等级，分别以五种颜色编码。我国从突发事件发生机理出发，将突发公共事件分为自然灾害、事故灾难、公共卫生事件、社会安全事件四类（见表1-2）。

表1-2　　突发事件的分类

突发事件分类	举例
自然灾害类危机事件	水旱灾害、气象灾害、地震灾害、地质灾害、海洋灾害、生物灾害、森林草原火灾及其他自然灾害等
事故灾难类危机事件	工矿商贸等企业的各类安全事故、交通运输事故、公共设施和设备事故、环境污染和生态破坏事件等
公共卫生事件类危机事件	传染病疫情、群体性不明原因疾病、食品安全和职业危害、动物疫情及其他严重影响公众健康和生命安全的事件等
社会安全事件类危机事件	战争、革命或武装冲突、政变、恐怖袭击事件、经济安全事件和涉外突发事件等

在具体的专业性应急管理工作中，如地震灾害发生后，政府要发布地震震级和烈度报告。震级是指地震的大小，是以地震仪测定的每次地震活动释放的能量多少来确定的；烈度是指地震在地面造成的实际影响，表示地面运动的强度，也就是破坏程度。影响烈度的因素有震级、距震源的远近、地面状况和地层构造等。按震级大小可把地震划分为以下几类（见表 1 – 3 和表 1 – 4）。①

表 1 – 3　　地震震级分类表

地震震级	主观感受和破坏状况
3 级以下	震源不是很浅，人们一般不易觉察
3 级 ~4.5 级	人们能够感觉到，一般不会造成破坏
4.5 级 ~6 级	属于可造成破坏的地震，但破坏轻重还与震源深度、震中距等多种因素有关
6 级 ~8 级	造成极大破坏，财产和人员损失严重
8 级以上	称为巨大地震，财产损失和人员伤亡尤其严重

表 1 – 4　　地震烈度分类表

地震烈度	主观感受和破坏状况
3 度以下	人无感觉，只有仪器才能记录到
3 度	夜深人静时人有感觉
4 度 ~5 度	睡觉的人会惊醒，吊灯摇晃
6 度	器皿倾倒，房屋轻微损坏
7 度 ~8 度	房屋受到破坏，地面出现裂缝
9 度 ~10 度	房屋倒塌，地面破坏严重
11 度 ~12 度	毁灭性的破坏

1976 年唐山地震，震级为里氏 7.8 级，震中烈度为 11 度；受唐山地震的影响，天津市地震烈度为 8 度，北京市烈度为 6 度，再远到石家庄、太原等地就只有 4 度至 5 度了。2008 年 5 月 12 日，四川汶川地震震级为里氏 8.0 级，地震最大烈度达 11 度，破坏特别严重的地区超过 10 万平方公里。

① 注：作者根据相关科技资料整理。

三、统计分组

（一）统计分组的含义

统计分组是根据统计研究的目的和客观现象的内在特点，将总体各单位按一定标志区分为若干不同类型、不同性质的各个方面。统计分组的对象是总体。统计分组的标志可以是品质标志，也可以是数量标志。

从分组的性质来看，分组兼有分和合的双重含义。即把总体分为性质相异的若干部分，再把性质相同的许多单位结合为一组。统计分组必须先对所研究现象本质作全面和深入的分析，确定所研究现象类型的属性及其内部差别，而后才能选择正确反映事物本质的分组标志。

（二）统计分组的原则

统计分组必须遵循两个原则：互斥原则和穷尽原则。所谓互斥原则，即不能重复原则，就是在特定的分组标志下，总体中的任何一个单位只能归属于某一组，而不能同时或可能归属于几个组。例如，应急物资把服装分为男装、女装、童装三类，这不符合互斥原则，因为童装也有男装、女装之分。若先把服装分为成年与儿童两类，然后每类再分为男女两组，这就符合互斥原则了。所谓穷尽原则，即不能遗漏原则，就是使总体中的每一个单位都应有组可归，或者说各分组的空间足以容纳总体所有的单位。例如，志愿者按文化程度分组，分为小学毕业、中学毕业（含中专）和大学毕业三组，那么，文盲或识字不多的以及大学以上的学历者则无组可归，这就不符合穷尽原则。

（三）统计分组的作用

1. 区分现象内部质的差别

统计分组可以将复杂的社会经济现象按照统计认识的要求区分为各个性质不同的组成部分。从一定意义上说，一个统计总体之所以能区别于其他统计总体，是因为它有着可以确定这一统计总体性质和范围的标准和界限，也是一种统计的定性分类。统计分组对统计总体所划分的各个性质不同的组成部分，实际上是一个个不同性质的范围更小的统计总体。例如，划分企业所有制类型，指的是直接反映社会生产关系的各种类型的划分。我国的企业可以划分为国有企业、集体企业、个体企业、股份制企业、外商及港澳台商投资企业等类型。中国的自然灾害分为气象灾害、洪水灾害、海洋灾害、海岸带灾害、地震灾害、地质灾害、农业生物灾害和森林灾害八大类型。

2. 反映现象总体的内部构成

在将总体划分成若干不同性质、不同类型的单位的基础上，计算出各组成部分在总体总量中所占的比重，从而反映现象总体的内部结构比例，达到深刻认识总体的目的。例如，按不同产业分类的从业人员构成，按自然灾害分类所造成的经济损失变化情况等。我国将国民经济划分为三大产业部门，对三大部门创造的 GDP 进行统计，反映国民经济内部构成。

3. 表明现象之间的相互依存关系

客观现象是一个复杂的整体，各种现象之间虽然千差万别，但它们之间普遍地存在着相互联系、相互制约的依存关系。大量的这种依存关系，都可以通过统计分组予以清楚地表达。例如，工业企业的工人劳动生产率与单位产品成本之间，商业企业中商品销售额与流通费用率之间，农业中农作物施肥量与平均亩产量之间，生态保护与野生动物的繁衍，尊重流动人员的公民权利与减少社会刑事案件的发生等，都存在密切的相互依存关系。

（四）正确选择统计分组的标志和划分分组界限

选择不同的分组标志会得出不同的结果，标志选择不当，分组结果就不能正确地反映总体的性质和特征。正确地选择分组标志，是科学分组的前提，也是统计整理活动的关键。划分各组界限，要以能够正确地区分各个不同性质的组别为划分原则，就是要在分组标志的变异范围内，划定各个相邻组之间的性质界限和数量界限。分组标志的选择和各组界限的划分，不仅将直接影响统计分组的科学性和统计整理的准确性，而且将最终影响统计分析结果的真实性。任何事物都有许多标志，标志选择不当，分组结果必然不能正确反映总体的性质特征。任何标志下又都包含着许多变异，都可任意从中划定各组界限，如果划分不当，必将混淆各组的性质差别。这就要求我们根据统计研究的目的，在众多标志中，认真挑选能够反映总体性质特征的标志，在广大的变异范围内，正确划定确实能区分各组性质差别的界限。

（五）统计分组的种类

1. 按分组标志的性质不同分为品质标志分组和数量标志分组

按品质标志分组就是指选择反映事物性质差异的标志作为分组标志，用来将总体划分为性质不同的组成部分。例如，我国交通行业制定的“公路交通突发事件应急预案”将公路交通突发事件按照其可控性、严重程度和影响范围分为特别严重事件、严重事件、较重事件和一般事件四个等级。

按数量标志分组就是指选择反映事物数量差异的标志作为分组标志，并在数量标志的变异范围内划定各组界限，将总体划分为类型不同、性质不同的各组成部分。例如，区分企业规模，可按企业的固定资产价值分组，也可按职工人数分组，人口按年龄分组，居民家庭按人均收入分组等。由于数量标志的变异性体现其自身不断变动的数量上，而数量要体现质的差别，关键就是要正确地确定量变到质变的数量界限，使分组的数量界限能够区分现象内部性质上的差别。

2. 按选择的分组标志多少不同分为简单分组和复合分组

简单分组就是对研究现象按一个标志进行分组，它只能从某一方面说明和反映事物的分布状况和内部结构。例如，按照农民有无土地情况可以分为部分失地农民、完全失地农民和有地农民。遭受自然灾害地区，造成直接经济损失或农作物减产减收三成或三成以上的全部农业人口，称为“成灾人口”，灾民分为轻灾、重灾和特重灾三大类，简单分组如表 1－5 所示。

表 1－5　　按灾害损失程度分组

农作物减产状况	灾害人口分类
三成到五成	轻灾人口
五成到八成	重灾人口
八成以上	特重灾人口

复合分组就是对被研究总体采用两个或两个以上的标志同时进行分组，这种分组能够较深入地反映总体的内部构成，能较概括地了解总体的各方面情况。例如，工业企业按经济类型分组后，再按企业规模分组；人口按性别分组后，再按年龄分组等。复合分组的分组体系有平行排列和层叠排列两种。例如，对某文理兼收班 40 名学生采用性别、年龄、学习状况三个标志进行分组，可进行交叉层叠排列，如表 1－6 所示。

表 1－6　40 名一年级应急管理新生《统计学》考试基本情况分组表

单位：人

学科	性别		年龄（岁）			学习成绩等级			
	男	女	19	20	21	不及格	及格	良好	优秀
文科考生	11	9	14	4	2	1	8	10	1
理科考生	14	6	13	6	1	3	7	8	2
合计	25	15	27	10	3	4	15	18	3

（六）统计分组的方法

1. 单项式分组

单项式分组一般适用于离散型变量且变量的变动范围不大的场合。例如，居民家庭按人口数分组，企业工人按操作机器设备台数分组等。

2. 组距式分组

组距式分组指每个组由表示一定距离的两个变量值组成，两个变量值分别称为组上限和组下限，一般采用“左闭右开”或“组上限不在其内”的原则。组距式分组适用于连续变量以及变动幅度较大的离散变量。由于连续变量的数值充满整个取值的区间范围，通常情况下用单项分组无法将所有的变量值予以充分体现，所以对于连续变量一般都采用组距式分组。而对于变动幅度较大的离散变量来说，也应采用组距式分组，用一个个说明一定范围的区间来反映所有变量值的分布情况。

（1）组限。在组距分组中，各组的两头界限叫组限，小值为下限，即各组的起点值；大值为上限，即各组的终点值。在组距分组中，相邻组的组限可以重叠也可以不重叠。对于离散变量来说，组限不重叠既不违背互斥原则，也不违背穷尽原则。而对于连续变量，一般来说组限应该重叠，否则将违背穷尽原则。为解决这个问题，统计中有这样一个规定：分组时，若某单位的标志值正好是相邻组的上下限重叠数值，一般把此标志值归并到属于下限的组，即所谓的“组上限不在其内”原则。根据这个规定，对于离散变量而言，为简便起见，其分组也可采用组限重叠的办法。

合理地确定上下限的具体数值，关系到整理的资料能否反映实际情况，必须加以注意。应该在分组之前，对标志值的大小、分布情况进行仔细审查，在分布比较集中的标志值中确定组距的中心位置，然后再根据组距的大小定出上下限，做到最小组下限应低于最小标志值，最大组上限应高于最大标志值，并尽可能使各单位的标志值在组内分布比较均匀。

此外，有上限没下限的组称为向下开口组，有下限没上限的组称为向上开口组。在组距分组中，之所以采用开口组，是因为存在着极端数值。若存在着极端大的数值，则采用向上开口将其包含在该组中；若存在着极端小的数值，则采用向下开口。

（2）组距，即各组的两头距离。当组限的重叠问题解决后，各组的组距就等于上限减下限。

按数量标志进行组距式分组，还可分为等距分组和不等距（或称异距）分组。等距分组就是各组的组距都相等的分组，即各组的标志值变动都限于相同的范围。凡是在标志值变动比较均匀的情况下，都可采用等距分组。例如，工人的年龄、工龄、工资的分组；零件尺寸的误差、加工时间的分组；单位面积产量、单位产品成本的分组，等等。等距分组有很多好处，它便于绘制统计图，也便于进行各类运算。不等距分组就是各组的组距不相等（只要其中有一组的组距与其他组的组距不相等即可）的分组。

采用等距或不等距分组，应根据现象的本质特征和统计研究的目的任务来确定。在下列情况下，一般应考虑采用异距分组：第一，标志值分布很不均匀的场合。这种场合若等距式分组，则无法显示出分布的规律性，会使得较密集的数值区域段分布的信息损失过大。合理的做法是，在分布比较密集的区间内使用较短的组距，在分布比较稀少的其余部分使用较长的组距，形成各组的组距不相等的异距分组。第二，不同标志值区域段具有不同意义的场合。例如，生命统计中分析人口死亡率时，人口年龄按 3 岁以下、3 ~ 6 岁、6 ~ 12 岁、12 ~ 16岁、16 ~ 18 岁、18 ~ 35 岁等分组，各年龄段都具有不同的年龄特征，有其各自的意义。第三，标志值按一定比例发展变化的场合。例如，大城市的百货商店营业额从 5 万元至 5 千万元，可采取公比为 10 的不等距分组：5 万元 ~ 50万元、50 万元 ~ 500 万元、500 万元 ~ 5 000 万元。若用等距分组，即使组距为 100 万元，也得分为 50 组，组数显然是太多。

确定组距：组距（class width）是一个组的上限与下限之差，可根据全部数据的最大值和最小值及所分的组数来确定，即

$$组距 = (最大值 - 最小值) \div 组数$$

（3）组数。组距过大，则组数减少，资料中的许多细节被掩盖了；组距过小，则组数增多，数据不易一目了然，且可能把性质相近的同类现象分到各组，不能正确反映现象的本质特征。进行组距式分组，对于全体变量值应该划分多少组才恰当，这是值得重视的问题。我们知道，通过组距分组以后把性质相同的单位归并在一起，把各组内部各单位的次要差异抽去了，而把各组之间的差异突出出来，这样各组分配的规律性更容易显示出来。根据这个道理，缩小组距，增加组数，往往会产生相反的效果，即分组过细容易将属于同类的单位划分到不同的组，因而显示不出现象类型的特点。但也不应该不适当地扩大组距，减少组数，把不同性质的单位归并在一组中，失去区别事物的界限，这样达不到正确反映客观事实的目的。所以进行组距式分组，组数应选择多少、组距大小如何确定才算适中，并无规则可言，必须凭借经验和所研究问题的性质作出判断，根据实际情况而定。

确定组数：组数的确定应以能够显示数据的分布特征和规律为目的。在实

际分组时，可以按 Sturges 提出的经验公式来确定组数 K。

$$K = l + \frac{\lg(n)}{\lg(2)}$$

式中，K 为组数，n 为总体单位数，K 可用四舍五入取整。

（4）组中值。各组上下限之间的中点数值称为组中值，可作为组内变量值的代表值，代表了组的一般水平，起着平均数的作用。在组距分组中，各单位的具体数值已看不见了，这时候在每一组区间范围内的数值差异均已被抽象化，这对于研究总体的规律性是必要的。但是，仅仅大概地了解这些变量值的变化区间是不够的，在许多情况下，还必须要有一个能代表各组一般水平的数值，这就是组中值。组中值在统计分析中得到广泛的使用。组中值的计算公式如下：

闭口组：组中值 =（上限 + 下限）÷2

对于开口组组中值的确定，是假定其组距与相邻组的组距相等再确定组中值。公式如下：

向上开口组：组中值 = 下限 + 相邻组组距 ÷2

向下开口组：组中值 = 上限 − 相邻组组距 ÷2

（5）等距分组与不等距分组。

等距分组的特点：①各组频数的分布不受组距大小的影响；②可直接根据绝对频数来观察频数分布的特征。

不等距分组的特点：①各组频数的分布受组距大小不同的影响；②各组绝对频数的多少不能反映频数分布的实际状况，需要用频数密度（频数密度 = 频数/组距）来反映频数分布的实际状况。

当采用不等距分组时，各组的频数分布不宜直接对比（见表 1－7）。为了能够对比，计算各组的频数密度，即每单位组距上发生的频数。

$$频数密度 = \frac{频数}{组距}$$

表 1－7　　居民人均收入分组　　单位：元

灾后人均收入	户数	组距	频数密度
1000～1200	15	200	0.75
1200～1500	32	300	0.107
1500～1800	45	300	0.15

（续上表）

灾后人均收入	户数	组距	频数密度
1800～2000	56	200	0.28
2000～2200	34	200	0.17
2200～2500	12	300	0.4
合计	194	—	—

3. 简单分组与复合分组

简单分组：对总体分组时，只采用一个分组标志（品质标志或数量标志）进行分类的方法。例如，按性别、年龄分，按产业类型、经济成分、年代划分等。

复合分组：对总体采用两个或两个以上的分组标志结合起来进行交叉分组（见表1-8）。

表1-8　　**某地区灾后重建投资效率分析**

年 份	工业产值增加值（亿元）			固定资产投资（亿元）			投资效率		
	国有	集体	个体	国有	集体	个体	国有	集体	个体
2001	615	634	174	2 079	391	649	0.296	1.621	0.268
2002	1 333	1 030	310	2 448	547	795	0.545	1.883	0.390
2003	2 101	1 806	504	3 020	711	1 022	0.696	2.540	0.493
2004	1 991	1 271	531	2 808	570	1 032	0.709	2.023	0.515
2005	721	664	521	2 986	529	1 001	0.241	1.255	0.520
2006	1 892	261	550	3 713	697	1 182	0.510	0.374	0.465
2007	2 869	3 352	1 753	5 498	1 359	1 222	0.522	2.467	1.435
2008	4 901	4 329	4 573	7 925	2 317	1 476	0.618	1.868	3.098

4. 统计表

数据经收集与整理后，可以用统计表来描述其数量特征。

统计表的基本结构如下：

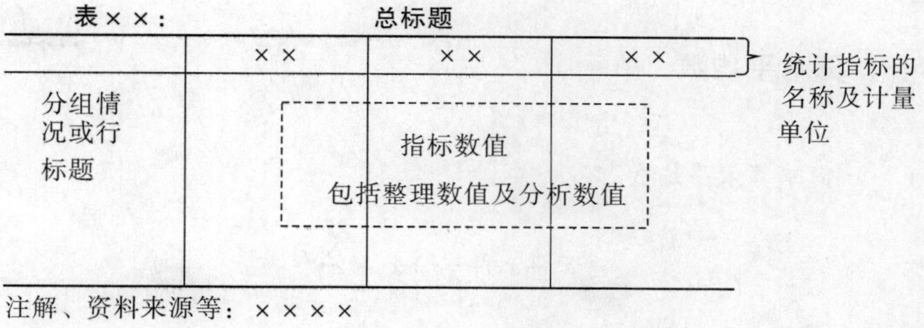

统计表设计的基本要求：

（1）合理安排统计表的结构。

（2）总标题的内容应满足3W（什么时间、什么地点、什么事情）要求。

（3）数据计量单位相同时，可放在表的右上角标明，不相同时应标在每个指标后或单列出一列标明。

（4）表中的上下两条横线一般用粗线，其他线用细线。

（5）通常情况下，统计表的左右两边不封口。

（6）表中的数据一般是右对齐，有小数点时应以小数点对齐，而且小数点的位数应统一。

（7）对于没有数字的表格单元，一般用“—”标示。

（8）必要时可在表的下方加上注释。

第三节　统计数据集中趋势的度量

集中趋势是指总体中各单位的次数分布从两边向中间集中的趋势，用平均指标来反映。平均指标是指同质总体中各单位某一数量标志的一般水平，是对总体单位间数量差异的抽象化。测定集中趋势，可以反映现象总体的客观规定性；可以对比同类现象在不同的时间、地点和条件下的一般水平；可以分析现象之间的依存关系。

算术平均数、调和平均数、几何平均数称为数值平均数；中位数、众数称为位置平均数。

一、算术平均数

(一) 简单算术平均数

$$\bar{x}_A = \frac{x_1 + x_2 + \cdots + x_n}{n} = \frac{\sum_{i=1}^{n} x_i}{n}$$

式中：$\bar{x}_A$ 为算术平均数，x_i 为变量值，n 是总体单位数，Σ 为总和符号。

(二) 加权算术平均数

当资料已经分组，形成分组数列后，就不能再采用简单算术平均数的方法计算，而应采用加权算术平均数的方法。权数是起着权衡轻重作用的数，权数可以是绝对数，也可以是相对数。

1. 用绝对数作权数

$$\bar{x}_A = \frac{x_1 f_1 + x_2 f_2 + \cdots + x_n f_n}{f_1 + f_2 + \cdots + f_n} = \frac{\sum_{i=1}^{n} x_i f_i}{\sum_{i=1}^{n} f_i}$$

式中的 f 是各组中的次数，其余符号与简单算术平均数的相同。

2. 用相对数作权数

$$\bar{x}_A = x_1 \frac{f_1}{\sum_{i=1}^{n} f_i} + x_2 \frac{f_2}{\sum_{i=1}^{n} f_i} + \cdots + x_n \frac{f_n}{\sum_{i=1}^{n} f_i} = \sum_{i=1}^{n} x_i \frac{f_i}{\sum_{i=1}^{n} f_i}$$

二、调和平均数

调和平均数（用 $\bar{x}_H$ 表示）是各变量值倒数的算术平均数的倒数，也称倒数平均数。即

$$\bar{x}_H = \frac{n}{\frac{1}{x_1} + \frac{1}{x_2} + \cdots + \frac{1}{x_n}} = \frac{n}{\sum_{i=1}^{n} \frac{1}{x_i}}$$

调和平均数包括简单调和平均数和加权调和平均数两种。

（一）简单调和平均数

例1－2：某地遭遇洪涝灾害后，政府从外地紧急调运蔬菜，以平抑市场价格，其中某种蔬菜价格资料如表1－9所示。

表1－9　某种蔬菜价格各买一元资料

	价格（元/斤） x	购买金额 （元）	购买数量（斤） $1/x$
早市	0.50	1	2.0
午市	0.40	1	2.5
晚市	0.25	1	4.0
合计	—	3	8.5

解：根据平均价格的计算内容：总金额÷总重量，显然，花了3元钱，购买了8.5斤蔬菜，平均价格为3÷8.5 ＝0.353（元/斤），即

$$\bar{x}_H = \frac{n}{\sum_{i=1}^{n}\frac{1}{x_i}} = \frac{3}{8.5} = 0.353 \text{（元/斤）}$$

可见，上式的子项n已不再是单位总量（总重量），而是每斤蔬菜的价格总和（总金额）。虽然用的是调和平均数的计算公式，但是，它的计算内容仍然与算术平均数的完全相同，即总金额÷总重量。

（二）加权调和平均数

当各种价格所购买的金额不是1元，而是m_i元，这时计算平均价格就应采用加权调和平均数的方法。

例1－3：假设某快餐店在某市场购买某种蔬菜资料如下：

表1－10　某种蔬菜价格各买m_i元资料

	价格（元/斤） x	购买金额（元） m	购买数量（斤） m/x
早市	0.50	13	26.0
午市	0.40	20	50.0
晚市	0.25	6	24.0
合计	—	39	100.0

解：同样根据平均价格的计算内容：总金额÷总重量，显然，所掌握的资料是子项——购买金额，而母项则需通过金额除以价格计算得到，所以，平均价格为：

$$\bar{x}_H = \frac{\sum_{i=1}^{n} m_i}{\sum_{i=1}^{n} \frac{1}{x_i} m_i} = \frac{39}{100} = 0.39 \text{（元/斤）}$$

当掌握相对指标的母项，而缺乏子项时，或掌握子项而缺乏母项时，可分别采用算术或调和方法计算。

例 1－4：某公司下属 60 个企业的有关产值利润率资料如表 1－11 所示。

表 1－11　　某公司产值利润情况

产值利润率（%）	组中值 x	第一季度		第二季度	
		企业数	总产值（万元）	企业数	利润额（万元）
10 以下	5	15	400	22	30
10～20	15	35	5 200	30	900
20～30	25	10	2 400	8	850
合计	—	60	8 000	60	1 780

根据上述资料计算该公司 60 个企业第一季度和第二季度的平均产值利润率。

解：表中给出的是按产值利润率分组的企业数以及总产值、利润额资料。要计算 60 个企业的平均产值利润率，实际上就是计算该公司的产值利润率。根据产值利润率的基本公式：

$$\text{产值利润率} = \frac{\text{利润额}}{\text{产值数}}$$

显然，第一季度有总产值数（母项），而缺利润额（子项）。则应以产值数（分母）为权数，采用算术平均数的方法计算。即

$$\begin{matrix}\text{一季度平均} \\ \text{产值利润率}\end{matrix} = \frac{0.05 \times 400 + 0.15 \times 5\,200 + 0.25 \times 2\,400}{400 + 5\,200 + 2\,400} = 17.5\%$$

而第二季度正好与第一季度的相反，所掌握的是利润额（子项），而缺产值数（母项）。这时则应以利润额（分子）为权数，采用的是调和平均数的方

法计算。即

$$\text{二季度平均产值利润率} = \frac{30+900+850}{\frac{30}{0.05}+\frac{900}{0.15}+\frac{850}{0.25}} = 17.8\%$$

三、几何平均数

几何平均数（用 $\bar{x}_G$ 表示），通常不是用于计算静态的单位标志平均数的，而是用于计算在时间上相互衔接的比率的平均数。算术平均数和调和平均数，由个体的量综合到总体的量是相加的过程，而几何平均数则是相乘的过程。几何平均数也有简单的和加权的两种形式。

（一）简单几何平均数

$$\bar{x}_G = \sqrt[n]{x_1 \times x_2 \times \cdots \times x_n} = \sqrt[n]{\prod x_i}$$

例 1－5：2003 年 GDP 增长 13.2%，2004 年增长 11.7%，2005 年增长 10.8%，求三年的平均增长率。每年比上一年的变化系数为：113.2%，111.7%，110.8%。

解：

平均变化系数为：$\bar{x}_G = \sqrt[3]{113.2\% \times 111.7\% \times 110.8\%} \approx 111.8956\%$

平均增长率为 111.895 6%。

（二）加权几何平均数

当各变量值出现的次数不相同时，则应该用加权几何平均数。不过，由于计算几何平均数的变量值通常是时间上相互衔接的比率，而这个比率不断出现多次的情况比较少见，所以加权几何平均数实际中用得不多，较多情况是在计算平均利率（而且还必须是复利情况下）时使用。

$$\bar{x}_G = \sqrt[f_1+f_2\cdots+f_n]{x_1^{f_1} \times x_2^{f_2} \times \cdots \times x_n^{f_n}} = \sum \sqrt[f]{\prod x^f}$$

例 1－6：设某笔为期 20 年的投资按复利计算收益，前 6 年年利率为 8%，中间 10 年的年利率为 7%，最后 4 年的年利率为 5%，则 20 年后的平均年等量利率为多少？

解：

$$\sqrt[20]{1.08^6 \times 1.07^{10} \times 1.05^4} - 1 = 1.0689 - 1 = 0.0689 = 6.89\%$$

四、中位数

将总体中各单位标志值按大小顺序排列，处于中间位置的那个标志值就是中位数（用 m_e 表示）。

根据所掌握的资料不同，中位数的确定有三种不同的情况。

（一）资料未经分组时中位数的确定

其确定方法是将各单位的标志值按大小顺序排列，处于中间位置的标志值（变量值）就是中位数。也就是先将总体各单位的标志值按大小顺序排列，然后再确定中位数所在位置，无论数列项数是奇数还是偶数，中位数的位置均为：

$$\text{中位数所在位置} = \frac{n+1}{2}$$

处于这个位置上的标志值就是中位数。

（二）资料按单项分组时中位数的确定

设数据为：X_1，X_2，…，X_n

按由小到大排列后的数据记为：$X_{(1)} \leqslant X_{(2)} \leqslant \cdots \leqslant X_{(n)}$

则中位数为：
$$m_e = \begin{cases} X_{(\frac{n+1}{2})}, & \text{当 } n \text{ 为奇数时；} \\ \dfrac{X_{(\frac{n}{2})} + X_{(\frac{n}{2}+1)}}{2}, & \text{当 } n \text{ 为偶数时。} \end{cases}$$

（三）资料按组距分组时中位数的确定

对于组距式变量数列，首先必须计算累计频数，再从累计频数这一栏中由总频数的一半（$\frac{\sum f}{2}$）找到中位数所在组，根据该组的上、下限得到中位数的可能取值范围，进而利用公式计算中位数。计算中位数同样有下限公式和上限公式两种。

1. 下限公式

$$m_e = L + \frac{\frac{\sum f}{2} - S_{m_e-1}}{f_{m_e}} \cdot d$$

2. 上限公式

$$m_e = U - \frac{\frac{\sum f}{2} - S_{m_e+1}}{f_{m_e}} \cdot d$$

上述两式中：L 与 U 分别表示中位数所在组的下限和上限；d 为中位数所在组的组距；S_{m_e-1} 和 S_{m_e+1} 分别表示中位数所在组前面各组的累计次数和中位数所在组后面各组的累计次数；f_{m_e} 则是中位数所在组的次数。

五、众数

众数（用 m_o 表示）是被研究总体中出现次数最多的变量值，众数只有在总体内单位充分多时才有意义。

（一）单项式分配数列确定众数

在单项数列中确定众数比较简单，只需要观察找出次数最多的那个变量值即为众数。

（二）组距式分配数列确定众数

根据组距式数列确定众数，则需按公式计算近似值。众数的计算有下限公式和上限公式两种。

1. 下限公式

$$m_o = L + \frac{f_{m_o} - f_{m_o-1}}{(f_{m_o} - f_{m_o-1}) + (f_{m_o} - f_{m_o+1})} \cdot d$$

2. 上限公式

$$m_o = U - \frac{f_{m_o} - f_{m_o+1}}{(f_{m_o} - f_{m_o-1}) + (f_{m_o} - f_{m_o+1})} \cdot d$$

上述两式中：L 与 U 分别表示众数所在组的下限和上限；d 为众数所在组的组距；f_{m_o}、f_{m_o-1} 和 f_{m_o+1} 分别为众数所在组、前一组和后一组的次数。

六、算术平均数、中位数、众数之间的关系

著名统计学家卡尔·皮尔生（K. Pearson）经过研究，得到如下的经验规则（即“皮尔生规则”）：在钟形分布只存在适度或轻微偏斜的情形下，中位数一般介于众数与算术平均数之间，并且，中位数与算术平均数的距离，大约

只是中位数与众数之间距离的一半。通常，只有在总体单位数很多，形成轻微偏斜的钟形分布，且分布曲线十分光滑的情形下，才会近似地呈现出该规则所描述的各种关系（见图1-2）。

$$|m_e - m_o| \approx 2|\bar{x} - m_e|$$

$$m_o \approx 3m_e - 2\bar{x} \text{ 或 } \bar{x} \approx (3m_e - m_o) \div 2$$

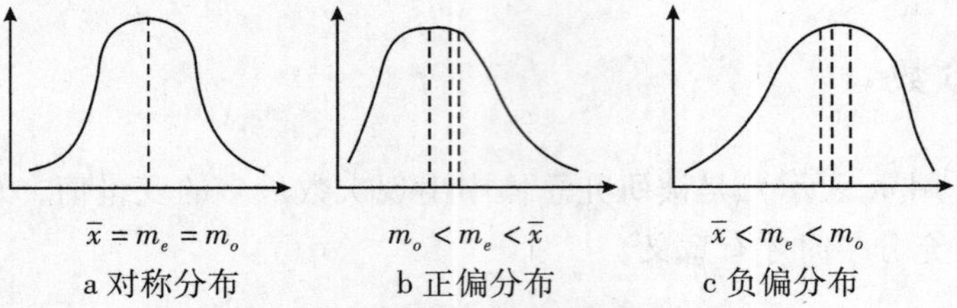

图1-2　钟形布时三种集中趋势的关系

第四节　统计数据离中趋势的度量

离中趋势也称离散程度，反映的是各变量远离其中心值的程度。给出三个总体的分布图形（见图1-3），它们的集中趋势（平均数）相同，但这并不表明两者分布特征完全相同，因为它们的变异状况或离散程度存在明显的差别。甲的离散最小，乙的次之，而丙的离散最大。离散程度不同就意味着变量在平均数周围分布的密集程度不同，从而同样的平均数对于两个总体显然具有不同的代表性。可见，分布的集中趋势与离散程度是两个同样重要的特征，都必须通过适当的指标来加以测定和分析。

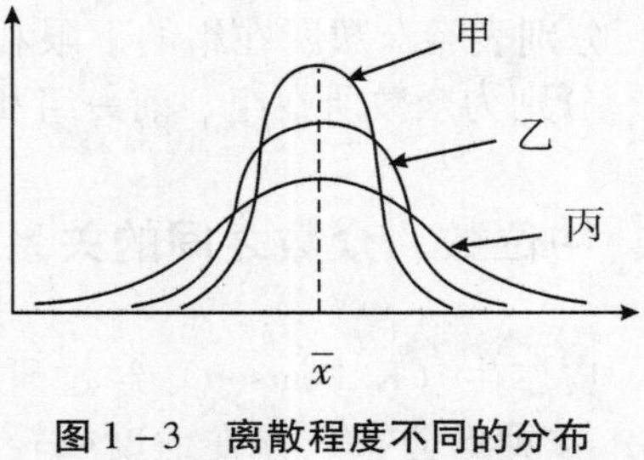

图1-3　离散程度不同的分布

一、全距

全距是总体所有的变量值中最大值与最小值之差，简称全距，又称极差，用 R 表示。其公式为：

$$R = \max\ \{X_1,\ X_2,\ \cdots,\ X_n\}\ - \min\ \{X_1,\ X_2,\ \cdots.\ X_n\}$$

对于未分组资料和单项变量数列资料，计算全距只要从所有的变量值当中找出最大值和最小值，然后对减就行。而对于组距式变量数列，则是由最高组的上限减去最低组的下限来近似地表示。

全距的优点是计算方便，缺点是只利用了最大值与最小值，忽略了中间一些数值的差异，特别是当出现异端值时，此指标的可靠性较差。

二、平均差

平均差是总体各单位标志值对其算术平均数的绝对离差的算术平均数，也叫平均绝对偏差，用 $A.D$ 表示。其公式有简单式和加权式两种，即

1. 简单式

$$A.D = \frac{\sum_{i=1}^{n} |x_i - \overline{x}|}{n}$$

2. 加权式

$$A.D = \frac{\sum_{i=1}^{n} |x_i - \overline{x}| f_i}{\sum_{i=1}^{n} f_i}$$

平均差的基本思路是：由于总体各单位标志值与其平均数的离差总和恒等于零，为计算平均偏差，首先对其取绝对值，以消除正负抵消为零的问题。从分析意义上说，该平均差概括反映了总体所有标志值变异状况，因而可作为刻画分布离散程度的一个综合性指标。

三、标准差和方差

标准差（也称均方差，用 σ 表示）是总体各单位标志值对其算术平均数的离差平方的平均数，再开平方的结果。

方差（用σ^2表示），标准差的平方就是方差，实际上就是总体各单位标志值对其算术平均数的离差平方的平均数。

标准差指标的分析意义与平均差的类似，只是处理各变量值对算术平均数的正负离差相互抵消问题时，不是采用取绝对值，而是采用平方的办法，这种办法在数学上又能满足最小平方的性质，其灵敏度高，数学性质理想，是统计分析中最常用，也是最重要的变异指标。

（一）变量总体的标准差（用σ_x表示）

1. 标准差的计算公式

其公式有简单式和加权式两种，即

（1）简单式：

$$\sigma = \sqrt{\frac{\sum_{i=1}^{n}(x_i-\bar{x})^2}{n}}$$

（2）加权式：

$$\sigma_x = \sqrt{\frac{\sum_{i=1}^{n}(x_i-\bar{x})^2 f_i}{\sum_{i=1}^{n} f_i}}$$

例1－7：某企业员工资料如表1－12所示，计算员工月工资的标准差和方差。

表1－12　　某公司员工月工资资料　　单位：元

月工资分组	组中值 (x)	员工数 (f)	$(x-\bar{x})$	$(x-\bar{x})^2$	$(x-\bar{x})^2f$
1 000～1 500	1 250	8	－840	705 600	5 644 800
1 500～2 000	1 750	12	－340	115 600	1 387 200
2 000～2 500	2 250	20	160	25 600	512 000
2 500～3 000	2 750	8	660	435 600	3 484 800
3 000 以上	3 250	2	1 160	1 345 600	2 691 200
合计	—	50	—	—	13 720 000

解：该公司员工的月工资标准差为：

$$\sigma_x = \sqrt{\frac{\sum_{i=1}^{n}(x_i - \bar{x})^2 f_i}{\sum_{i=1}^{n} f_i}} = \sqrt{\frac{13\ 720\ 000}{50}} = 523.83\ （元）$$

方差　$\sigma_x^2 = 274\ 400$

四、离散系数

离散系数是一类利用相对数形式表示的变异指标，通常用 V 表示。它是将上面提到的各种绝对数或平均数形式的变异指标与平均指标对比的结果。由于对比的分子与分母项的计量单位相同，两者相约后得到的是一个无名数（通常是百分数），因而变异系数完全排除了计量单位对计算结果的影响。变异系数不仅可以排除计量单位的影响，而且能够反映出有关的变异指标相当于平均指标的比率，尤其便于不同计量单位或不同平均水平的总体之间变异状况的对比。变异系数有：

极差系数　$V_R = \frac{R}{\bar{x}} \times 100\%$

平均差系数　$V_{A.D} = \frac{A.D}{\bar{x}} \times 100\%$

标准差系数　$V_\sigma = \frac{\sigma}{\bar{x}} \times 100\%$

本章学习要点

1. 在应急管理工作中，基础统计工作非常重要，本章介绍了应急管理统计工作的一般知识，读者根据上述内容，熟悉应急统计工作的具体程序，首先要学会从社会现实中收集有关的应急管理调查信息，并对其进行描述和解释。

2. 统计数据整理是统计工作的重要一环，进行统计分组和统计分类，是应急统计分析工作的重要基础。

3. 在具体的统计分析工作中，读者要熟悉统计数据集中趋势的度量和统计数据离中趋势的度量。掌握这些方法，对于进行统计描述和撰写应急统计分析报告有着重要的作用。

关键术语

统计调查　卫星遥感　普查　抽样调查　重点调查　统计分组　统计报表　数据库　平均数　中位数　众数　均方差　方差

思考与练习

1. 什么叫统计调查？
2. 解释抽样调查、普查的概念。
3. 应急管理数据有哪些主要来源？
4. 统计调查的组织体系包括哪些主要内容？
5. 为什么要进行统计整理？
6. 阐述统计分组的原则。
7. 什么是品质标志分组，什么是数量标志分组？
8. 确定组限和组距的方法是什么？
9. 统计表设计有哪些基本要求？
10. 某班学生《应急管理理论与实务》考试成绩分布如下表：

考分	人数	比率	向上累计		向下累计	
			人数（人）	比率（%）	人数（人）	比率（%）
60 以下	2					
60～70	7					
70～80	11					
80～90	12					
90 以上	18					
合计	40					

要求：根据上表资料，计算相应的数字，填入表中空格，并说明各指标的意义。

11. 生产某种零配件，要经过三道工序。各道工序的合格率分别为 95.74%、92.22%、96.3%，试求该零配件的平均合格率。

12. 某纺织行业系统工业企业数和职工人数资料如下，请分别计算中位数和众数。

按职工人数分组（人）	企业数（个）
100～200	50
200～400	110
400～600	130
600～800	140
800～1 000	90
1 000～1 200	30
合计	550

13．对成年组和幼儿组共500人身高资料进行分组，分组资料列表如下：

成年组		幼儿组	
按身高分组（cm）	人数（人）	按身高分组（cm）	人数（人）
150～155	30	70～75	20
155～160	120	75～80	80
160～165	90	80～85	40
165～170	40	85～90	30
170以上	20	90以上	30
合计	300	合计	200

要求：（1）分别计算成年组和幼儿组身高的平均数、标准差和标准差系数。

（2）说明成年组和幼儿组平均身高的代表性哪个大？为什么？

14．某公司组织雇员进行两项能力测试。在A项测试中，其平均分为100分，标准差为15分；在B项测试中，其平均分为400分，标准差为50分。员工李明在A项测试中得了115分，在B项测试中得了425分。李明的哪一项测试更为理想？请通过计算李明的每项测试的标准差分位值来寻求答案。

第二章　抽样分布与假设检验

本章概述

全面统计报表制度有其自身的缺陷性，抽样方法可以弥补报表制度的不足。灾害统计、安全生产、就业与失业调查、公共安全、刑事犯罪、志愿者组织等均要大量地采用抽样方法进行抽样调查，并运用数理统计中的假设检验方法检验其可行性与有效性。本章要求读者了解概率分布的基本原理与概念、抽样推断方法、重复抽样与非重复抽样方法；掌握衡量估计量优劣的标准；假设检验的基本思路等。

为了研究应急管理过程中各种客观现象的变化规律，需要对客观现象总体进行研究，但现实中往往由于各种限制（如经费、时间等）不可能对总体中的每一个体逐一进行研究，因而从总体中抽取一部分样本来研究，然后根据样本所具有的信息对总体进行推断，并进行假设检验。

第一节　概率分布与抽样分布

一、概率分布

概率是对随机事件发生性大小的数量度量，应急管理工作的目的就是消除或减少灾害发生的概率。一个事件具有频率稳定性，表明客观上存在着一个常数，这个常数就是该事件频率的稳定中心，它也是该事件出现的可能性大小的一个指标。由此可得到“概率”概念的统计定义如下：若事件 A 在 N 次试验

中发生 N_A 次，对于频率 $\frac{N_A}{N}$，当 N 充分大时呈现稳定性，则把作为频率 $\frac{N_A}{N}$ 稳定中心的常数 p 称作事件 A 的概率，记为：

$$P(A) = p \quad 且 \quad 0 \leqslant p \leqslant 1$$

概率是客观事物内在的、固有的，要将其揭示出来，需进行大量的试验、观察，以趋于稳定的频率作为概率的估计值。所以，频率是概率的试验值或估计值；概率是频率的理论值或期望值。随机现象可用一个依试验结果而变的变数来描写，这种变数叫随机变量。统计中一般用 X、Y、Z … 表示随机变量。虽然随机变量是随机取值的变量，但其取值有着一定的规律性，就是说随机变量在一定的范围内取什么值都有其相应的概率。只要我们掌握了被研究总体的分布，也就能够知道随机变量在一定的范围内取什么值的可能性有多大。随机变量同样也有离散的和连续的两种，随机变量可能取值的范围以及取这些数值的相应概率，就叫做概率分布。即概率分布是由随机变量的取值（X）及其相应的概率 $P(X)$ 构成。随机变量 X 的取值 X_i（$i = 1, 2, \cdots, N$），对应其相应的概率排成序列，就形成随机变量的概率分布。

1. 离散型随机变量的概率分布

因离散变量的取值可一一列举，所以其分布形式如表 2－1 所示。

表 2－1　**离散型随机变量的概率分布**

X	X_1	X_2	…	X_N
P	P_1	P_2	…	P_N

其中 X 为随机变量，P 表示概率。也可表示为

$$P(X = X_i) = P_i \quad (i = 1, 2, \cdots, N)$$

概率分布具有以下性质：

（1）随机变量 X 取值的概率都是非负的，即

$$0 \leqslant P_i < 1$$

（2）随机变量 X 所有取值的概率之和等于 1，即

$$\sum_{i=1}^{N} P_i = 1$$

例 2－1：某商场有两种热水器：一种是电热水器（记为 A），一种是燃气热水器（记为 B）。若根据以往市场调查，喜欢电热水器的占 60%，喜欢燃气

热水器的占40%。有三位顾客各想购买一台热水器。试求共购买电热水器台数X的概率分布（基本结果见表2－2）。

表2－2　　购买热水器基本结果列表

基本结果	AAA	AAB	ABA	BAA	ABB	BAB	BBA	BBB
X取值	3	2	2	2	1	1	1	0

可见X取值为0、1、2、3四种，其概率分别计算如下：

$P(X=0)=0.4^3=0.064$

$P(X=1)=3\times0.6\times0.4^2=0.288$

$P(X=2)=3\times0.6^2\times0.4=0.432$

$P(X=3)=0.6^3=0.216$

2. 连续型随机变量的概率分布

由于连续型随机变量X的取值充满着一个区间，不能一一列出，所以只能用分布函数$F(x)=P(X\leqslant x)$来描述总体的概率分布情况。其积分形式为：

$$F(x)=\int_{-\infty}^{+\infty}f(x)\,\mathrm{d}x$$

式中$f(x)$为x的概率密度函数，其性质为：

（1）$f(x)\geqslant0$，即密度函数$f(x)$为非负函数；

（2）$\int_{-\infty}^{+\infty}f(x)\,\mathrm{d}x=1$，即曲线$f(x)$与$x$轴所包围的全部面积等于1。

由图2－1可知：

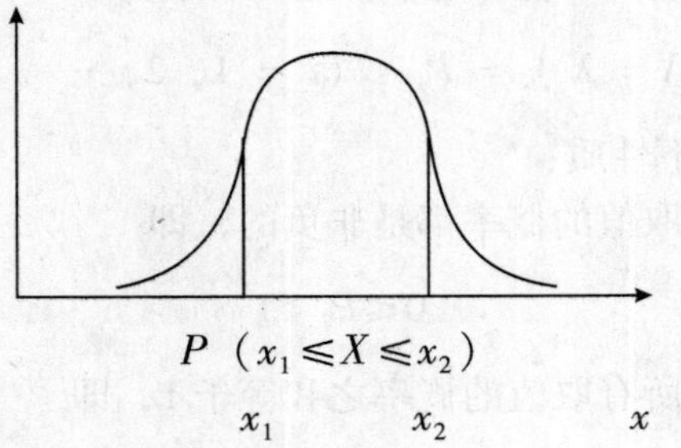

图2－1

$$P(x_1\leqslant X<x_2)=\int_{x_2}^{x_1}f(x)\,\mathrm{d}x$$

由于 x 是一个具有连续分布的随机变量，它的分布函数 $F(x)$ 存在导数，而且 $F'(x)=f(x)$。根据导数的定义有：

$$f(x)=\lim_{\Delta x\to 0}\frac{F(x+\Delta x)-F(x)}{\Delta x}=\lim_{\Delta x\to 0}\frac{P(x\leqslant X<x+\Delta x)}{\Delta x}$$

由此可见，$f(x)$ 是随机变量 X 在点 x 上的概率密度，所以称为密度函数。

二、抽样推断与抽样分布

抽样推断方法是从总体研究对象中抽取部分单位进行观察，并根据样本的实际数据，对总体的数量特征或数量表现作出具有一定可靠程度的估计和判断。抽样推断的中心问题是如何根据已知的部分资料来推断未知的总体情况，抽样的目的不在于了解样本本身的数量特征，而在于借助样本提供的信息，估计和检验总体的数量特征。

抽样推断是建立在概率论和大数法则基础上的，大数法则的一系列定理为抽样推断提供了数学依据。例如契比雪夫不等式证明，如果随机变量总体存在着有限的平均数和方差，则对于充分大的抽样单位 n，可以以几乎趋近于 1 的概率，来期望其平均数与总体平均数的绝对离差为任意的小，即对于任意数 α 有：

$$\lim_{\Delta x\to 0}P(|\bar{x}_i-\bar{X}|<\alpha)=1$$

随着抽样单位数的增加，抽样平均数 $\bar{x}$ 在概率上收敛于总体平均数 $\bar{X}$。大数法则证明了抽样平均数在概率上收敛于总体平均数的趋势，这为抽样推断提供了重要的依据，但是，抽样平均数与总体平均数的离差有多大？分布又如何？这些问题则要利用抽样分布来回答。

总体分为有限总体和无限总体，例如我们要研究某受灾县的居民生活情况，则这个城市的全部居民户就构成我们所要研究的总体，每个居民户就是总体单位。抽样总体也叫样本或子样，是从全体或总体中随机抽取出来，代表全体或总体的那部分单位的集合体。样本的研究，目的在于用样本来代表总体。

从总体 N 个单位中，随机抽取 n 个单位构成样本，即连续进行 n 次试验，将其结果构成一个样本，可以有两种不同的抽取方法：重复抽样和不重复抽样。

（一）重复抽样

重复抽样就是每一次从总体抽取出一个单位，登记后再放回总体参加下一次抽取，连续进行 n 次得到一个样本的抽取方法。在重复抽样的每次抽取中总体的单位总数相等而没有变动，因为我们必须把第一次随机抽出的那个单位归回到原来的总体后，才能进行第二个单位的随机抽取。因此其特点是：①每次抽取是在相同的条件下进行的，每个单位的中选概率在各次抽取中相同。②每次抽取是独立进行的，即各次抽取是相互独立的。

从总体 N 个单位中，按重复抽样方法抽取容量为 n 个单位的样本，可能抽取的样本空间为：

$$M = A_N^n = N^n$$

$$A_N^n = N(N-1)(N-2)\cdots(N-n+1) = \frac{N!}{(N-n)!}$$

例 2－2：某城市电话号码为 8 位数，从 0 到 9 的十个数中，可随机重复抽样得到，那么一共可能组成的电话号个数为：

$$A_N^n = N^n = 10^8 = 100\ 000\ 000$$

（二）不重复抽样

不重复抽样就是被随机抽取出来的每一个单位都不再回归到原来的总体中，不再参加下一次抽样。在进行不重复抽样的过程中，总体的单位总数连续不断地减少。不重复抽样的特点是：①每次抽取不是独立的，上次中选情况直接影响下次抽取结果。②每抽取一次，总体的单位个数便减少一个，因此每个单位的中选概率在各次抽取中是不等的。

如果总体的单位总数很多而抽取的单位不太多时，不重复抽样对总体单位总数的变动以及每个单位被抽取的机会是没有多大影响的。而如果总体单位总数为数不多，而被抽取的单位个数比例却很大时，不重复抽样对总体单位总数的比例变动以及每个单位被抽取的机会是有很大影响的。不重复抽样在理论上虽然存在着上述问题，但由于在抽样实践中，总体的单位总数总是相当大，而抽取单位数目的比例总是比较小，所以，每个单位被抽取的不相等机会所造成的影响一般不会太大。而且，由于不重复抽样简单易行，所以在统计实践中经常被采用。

不重复抽样又分为考虑顺序和不考虑顺序两种。

从总体 N 个单位中，按考虑顺序的不重复抽样方法抽取容量为 n 个单位的样本，可能抽取的样本空间数为：

$$M = P_N^n = N(N-1)\cdots(N-n+1) = \frac{N!}{(N-n)!}$$

从总体 N 个单位中，按不考虑顺序的不重复抽样方法抽取容量为 n 个单位的样本，可能抽取的样本空间数为：

$$M = C_N^n = \frac{N(N-1)\cdots(N-n+1)}{n(n-1)\cdots 1} = \frac{N!}{(N-n)!\,n!}$$

例 2-3：从某消防队的 10 位候选人中顺序抽 3 位候选人来担任 3 种不同职务，共有几种抽样结果？如果是计算这 3 位候选人的入选平均成绩，又有几种抽样结果？

解：(1) $P_N^n = N(N-1)\cdots(N-n+1) = 10 \times 9 \times 8 = 720$

(2) $C_N^n = \dfrac{N(N-1)\cdots(N-n+1)}{n(n-1)\cdots 1} = \dfrac{10 \times 9 \times 8}{3!} = 120$

在 10 位候选人中抽出 3 位安排不同的职务，假设 3 个职务 A、B、C 分别由第一、二、三次抽取的人来担任，那么我们看到抽取的顺序是很重要的，因为相同的 3 位候选人按不同的抽取顺序将构成不同的 3 个样本。但是如果是计算 3 位候选人的入选平均成绩，只要是相同 3 位候选人，不管他们被抽取的先后顺序如何，都只能是一个样本可能，抽取顺序就不重要了。

从同一总体中抽出样本容量相同的所有可能样本后，计算每一个样本统计量的取值和相应的概率，就组成样本统计量的概率分布，简称抽样分布，此分布是抽样推断的基础。由每一可能样本计算出的样本平均数所构成的分布就叫做样本平均数（$\bar{x}$）的抽样分布；同理，根据每一可能样本计算出的所有样本方差也形成一个总体，它的分布就叫做样本方差（S_x^2）的抽样分布。

（三）抽样分布的数值特征

1. 样本平均数的期望值

样本平均数的分布是由总体中所有可能样本的平均数的数列和与之对应的概率组成的分布。

例 2-4：某高校志愿者组织 5 名学生向灾区捐款分别为 20 元、25 元、30 元、35 元、40 元。若以该组织为一总体，计算其总体均值与方差。

解：

$$\bar{X} = \frac{\sum X_i}{N} = 30\text{（元）},\quad \sigma_x^2 = \frac{\sum (X_i - \bar{X})^2}{N} = 50\text{（元）}$$

(1) 采用重复抽样方式从 5 人中随机地抽出 2 个构成样本，共有 25 个样本点（见表 2-3）。

表 2-3　　　　平均每人捐款（$\bar{x}$）抽样分布表

样 本	样本均值 $\bar{x}_i$	概率 $P(\bar{x}_i)$
(A, A)	20.0	0.04
(A, B) (B, A)	22.5	0.08
(A, C) (B, B) (C, A)	25.0	0.12
(A, D) (B, C) (C, B) (D, A)	27.5	0.16
(A, E) (B, D) (C, C) (D, B) (E, A)	30.0	0.20
(B, E) (C, D) (D, C) (E, B)	32.5	0.16
(C, E) (D, D) (E, C)	35.0	0.12
(D, E) (E, D)	37.5	0.08
(E, E)	40.0	0.04

对表中的样本平均数计算均值（即样本平均数期望值）

$$E(\bar{x}) = \sum_{i=1}^{9} \bar{x}_i P(\bar{x}_i) = 30\text{（元）} = \bar{X}$$

重复抽样的样本平均数等于总体的平均数，这说明虽然每个样本的取值可能与总体平均数有一定离差，但从总体来看，所有样本平均数的均值与总体平均数是没有离差的。

（2）采用不重复抽样的方法从 5 人中随机抽出 2 人构成样本，共有 20 个样本点（见表 2-4）。

表 2-4　　　　平均每人捐款（$\bar{x}$）抽样分布表

样本	样本均值 $\bar{x}_i$	概率 $P(\bar{x}_i)$
(A, B) (B, A)	22.5	0.10
(A, C) (C, A)	25.0	0.10
(A, D) (B, C) (C, B) (D, A)	27.5	0.20
(A, E) (B, D) (D, B) (E, A)	30.0	0.20
(B, E) (C, D) (D, C) (E, B)	32.5	0.20
(C, E) (E, C)	35.0	0.10
(D, E) (E, D)	37.5	0.10

样本均值　$E(\bar{x}) = \sum_{i=1}^{7} \bar{x}_i P(\bar{x}_i) = 30\text{（元）} = \bar{X}$

不重复抽样的样本平均数等于总体的平均数，这说明用不重复抽样样本平均数来估计总体平均数，从总体来看，所有样本平均数的均值与总体平均数是没有离差的。

对于从总体中抽取容量为 n 的所有可能样本的推论，以上结论具有普遍的意义：$E(\bar{x})=\bar{X}$。

2. 抽样平均误差

抽样平均误差，简称平均误差（用 $\sigma_{\bar{x}}$ 表示）。就其概念而言是指所有可能的样本指标与全及指标之间误差的平均数。以变量总体的为例，即 $\frac{\sum(\bar{x}-\bar{X})}{M}$。但由于 $\sum(\bar{x}-\bar{X})=0$，为消除正负抵消问题，技术上做了平方再开方的处理，并且平方后具有最小平方的性质。即

$$\sigma_{\bar{x}}=\sqrt{\frac{\sum(\bar{x}-\bar{X})^2}{M}}$$

这是一个标准差的计算公式。所以，抽样平均误差的实质实际上就是关于一系列抽样指标的标准差。由于抽样平均误差概括地反映了整个抽样过程中一切可能结果的误差，表明了抽样平均数与总体平均数的平均误差程度，故可以用来说明样本指标代表性的大小。平均误差大，说明样本指标对总体指标的代表性低；反之则说明样本指标对总体指标的代表性高。因此，它既可以作为衡量抽样指标对于全及指标代表程度的一种尺度，又是计算抽样指标与全及指标之间变异范围的主要依据，在抽样理论和实践中具有重要的意义。统计上所谓的抽样误差一般是指抽样平均误差。

（1）重复抽样条件下的样本平均数的抽样平均误差计算如下。

仍利用例 2－4 资料，采用重复抽样方式从 5 人中随机抽出 2 个构成样本，共有 25 个样本点。

其中 $f_i=P_i\cdot N^n$，$\sum f_i=M$

$$\sigma_{\bar{x}}^2=\frac{\sum(\bar{x}-\bar{X})^2 f}{\sum f}=25=\frac{50}{2}=\frac{\sigma_x^2}{n},$$

故

$$\sigma_{\bar{x}}=\frac{\sigma_x}{\sqrt{n}}$$

在重复抽样条件下，由于 x_1，x_2，…，x_n 相互独立，都来自同一总体 X_1，X_2，…，X_N，所以变量 x 与总体变量 X 是同分布的，因此以上结论具有普遍的意义：

$$\sigma_{\bar{x}}=\frac{\sigma_x}{\sqrt{n}}$$

上式表明，抽样平均数的平均误差就是抽样平均数的标准差，记作 $\sigma_{\bar{x}}$。它和总体标准差成正比，与样本单位数的平方根成反比。即抽样平均数的平均误差仅为总体标准差的 $1/\sqrt{n}$，所以用抽样平均数作为估计量是更有效的。

（2）不重复抽样条件下。

在进行不重复抽样的过程中，总体的单位总数连续不断地减少，样本平均数的抽样平均误差计算如下。

利用例 2－4 资料，

$$\sigma_{\bar{x}}^2=\frac{\sum\ (\bar{x}_i-\overline{X})^2 f_i}{\sum f_i}=\frac{75}{4}，其中 f_i=P_i\cdot N^n$$

$$\sigma_{\bar{x}}=\sqrt{\frac{75}{4}}=\sqrt{\frac{50}{2}\times\frac{5-2}{5-1}}=\sqrt{\frac{\sigma_x^2}{n}\left(\frac{N-n}{N-1}\right)}=4.330$$

故

$$\sigma_{\bar{x}}=\sqrt{\frac{\sigma_x^2}{n}\ (1-\frac{n-1}{N-1})}$$

在不重复抽样条件下，由于 x_1，x_2，…，x_n 的抽选不是独立的，所以以上结论同样具有普遍意义：

$$\sigma_{\bar{x}}=\sqrt{\frac{\sigma_x^2}{n}\ (1-\frac{n-1}{N-1})}$$

不重复抽样的抽样平均误差比重复抽样的要小，与重复抽样相比其抽样平均误差的计算可以是在上式中乘上一个校正因子 $\sqrt{\frac{N-n}{N-1}}$ 加以修正；而在总体单位数 N 很大的情况下，上式可以近似地表示为：

$$\sigma_{\bar{x}}=\sqrt{\frac{\sigma_x^2}{n}\ (1-\frac{n}{N})}$$

因此在实际工作中，当总体单位数 N 很大，或者无法掌握总体单位数 N 的情况下，而抽样比例（n/N）很小时，即使采用不重复抽样方法，也可采用重复抽样的计算公式。

（四）样本平均数的抽样分布定理

要描述出抽样的样本平均数或样本成数的分布，就要弄清楚抽样平均数或成数的分布定理，并把握其分布性质。

1. 正态分布的再生定理

如果随机变量 $x\sim N\ (\overline{X},\ \sigma^2)$，则从这个总体中抽取容量为 n（不论大

小）的样本，其样本平均数 $\bar{x}$ 也服从正态分布，即

$$\bar{x} \sim N\left[E(\bar{x}),\ \sigma_{\bar{x}}^2\right]$$

由于 $E(\bar{x}) = \bar{X}$，所以

$$\bar{x} \sim N\left[\bar{X},\ \sigma_{\bar{x}}^2\right]$$

如果选择标准随机变量 Z，设 $Z = \dfrac{\bar{x}_i - \bar{X}}{\sigma_{\bar{x}}}$，

则 $$Z \sim N(0, 1)$$

2. 中心极限定理

如果变量 X 的平均数 $\bar{X}$ 与标准差 σ 的取值都是有限的（不论总体是否服从正态分布，或者甚至是未知的分布），则从这个总体所抽取的容量为 n 的样本，只要 n 足够大（一般要求 $n > 30$），随着 n 的增大，其样本平均数 $\bar{x}$ 的分布逼近于正态分布，即

$$\bar{x} \sim N\left[\bar{X},\ \sigma_{\bar{x}}^2\right]$$

同样选择标准随机变量 Z，设 $Z = \dfrac{\bar{x} - \bar{X}}{\sigma_{\bar{x}}}$，

则 $$Z \sim N(0, 1)$$

中心极限值定理同样适用于样本成数的分布，即从任意一总体成数为 P，方差为 $P(1-P)$ 的（0，1）分布中，抽取容量为 n（$n > 30$）的样本，其样本成数 P 的分布随样本单位数 n 的增大而逼近于正态分布，即

$$P \sim N\left[P,\ \sigma_p^2\right]$$

同样选择标准随机变量 Z，设 $Z = \dfrac{p - P}{\sigma_p}$，

则 $$Z \sim N(0, 1)$$

3. 小样本分布定理

如果从平均数 $\bar{X}$ 已知，同时标准差 σ 未知的正态分布总体中抽取容量为 n 的样本，且 $n \leqslant 30$，构造样本统计量 t：

$$t = \frac{\bar{x} - \bar{X}}{\sqrt{\dfrac{\sigma_x^2}{n}}} = \frac{\bar{x} - \bar{X}}{\sqrt{\dfrac{\hat{\sigma}_x^2}{n}}}$$

其中 $\hat{\sigma}_x^2 = S_x^2 = \dfrac{\sum (x - \bar{x})^2}{n - 1}$ 为方差 σ_x^2 的无偏估计量，则 t 服从自由度 $df =$

$(n-1)$ 的 t 分布，记 $t \sim t\ (n-1)$。

需要指出的是，经常有样本的方差 $S_x^{\ 2}$ 是按下式计算的

$$S_x^2 = \frac{\sum\ (x-\bar{x})^2}{n}$$

则
$$t = \frac{\bar{x}-\bar{X}}{\dfrac{S_x}{\sqrt{n-1}}}$$

t 分布的图形类似于正态分布，都是对称分布，但比正态分布扁平（如图2－2所示）。为了方便，人们编制了类似标准正态分布的概率表思路的 t 分布表。

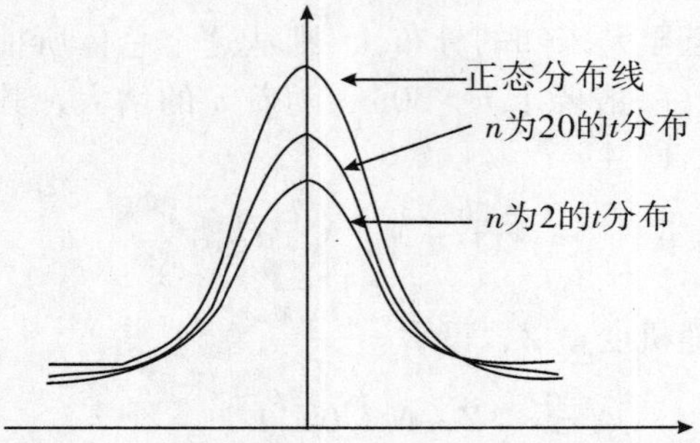

图2－2　t 分布的图形

当 n 取不同值时，即不同的样本容量就有不同的 t 分布。随着样本容量的逐步增加，t 分布的形状由平坦逐渐地接近正态分布，一般地说，当样本容量 n 大于30时，t 分布就非常接近正态分布，此时可用正态分布来近似表示。

利用抽样分布的以上有关定理，我们就能够根据总体以及样本的具体信息，估计样本平均数和样本成数取值在某一区间的概率。现举例说明：

例2－5：某企业退休人员的月工资服从于均值为1 200元，标准差为200元的正态分布。现采用简单重复抽样方法，从总体中随机抽取出16人进行调查，问人均收入不低于1 300元的可能性有多大？

解：已知 $\bar{X}=1\ 200$，$\sigma_x=200$，$n=16$，$\bar{x}=1\ 300$

根据题意，总体服从正态分布，样本平均数也服从正态分布（见图2－3），均值为1 200元，抽样平均误差为：

$$\sigma_{\bar{x}} = \frac{\sigma_x}{\sqrt{n}} = \frac{200}{\sqrt{16}} = 50$$

构造统计量 Z ，$Z=\dfrac{\bar{x}-\bar{X}}{\sigma_{\bar{x}}}=\dfrac{1\,300-1\,200}{50}=2$

$Z=2$ ，查表得 $F(Z)=0.954\,5$

则，$P(\bar{x}\geqslant 1\,300)=P(Z\geqslant 2)=0.5-\dfrac{0.954\,5}{2}=0.022\,8$

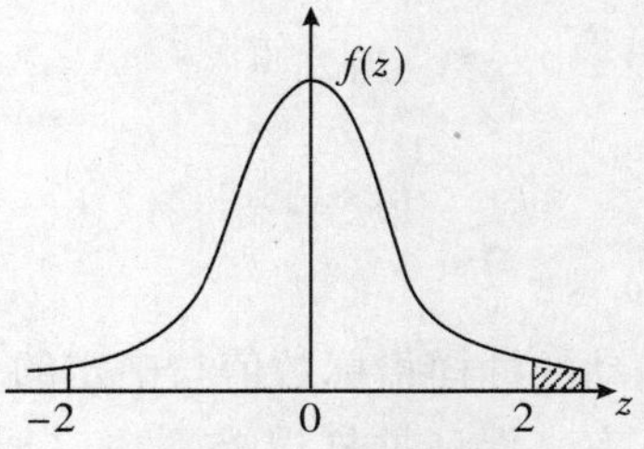

图 2－3　正态分布

结果表明该地区居民家庭的人均收入样本平均数不低于 1 300 元的概率为 2.28%。

例 2－6：价格稳定是社会安全的重要指标之一，某市场中羊肉年平均价格为 13 元/斤，26 天的市场价格调查结果显示，平均价格为 12 元/斤，标准差为 1 元/斤。问平均价格在 13.5 元/斤以上的概率？

解：已知 $\bar{X}=13$ 元/斤，$S_x=1$ 元/斤，$n=26<30$，$\bar{x}=13.5$ 元/斤

依据小样本分布定理，样本平均数服从自由度为 25 的 t 分布（见图 2－4），

$$\hat{\sigma}_{\bar{x}}=\frac{S_x}{\sqrt{n-1}}=\frac{1}{\sqrt{26-1}}=0.2$$

构造统计量 t，$t=\dfrac{\bar{x}-\bar{X}}{\hat{\sigma}_{\bar{x}}}=\dfrac{13.5-13}{0.2}=2.5$

查 t 分布表（自由度 $df=25$），

则，$P(\bar{X}\geqslant 13.5)=P(t\geqslant 2.5)=0.01$

计算结果表明，羊肉的平均价格在 13.5 元以上的概率为 1%。

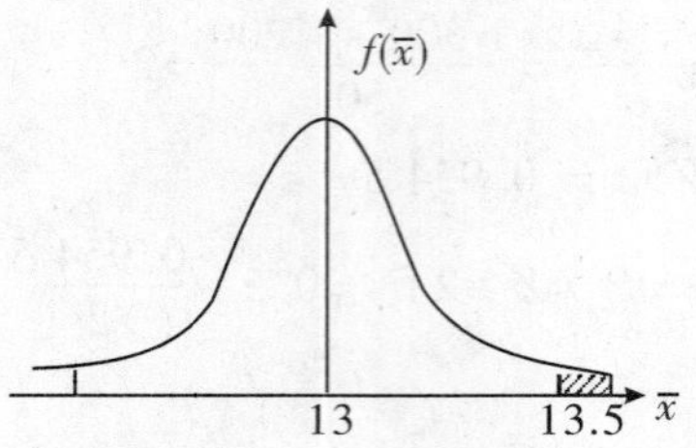

图 2-4

（五）抽样极限误差

抽样误差范围就是变动的抽样指标数值与确定的全及指标数值之间离差的可能范围，它用一定的概率来保证抽样误差不超过某一给定的最大可能范围，所以称为极限抽样误差，又叫做置信区间，记作 Δ。基于理论上的要求，抽样极限误差需要用抽样的平均误差 $\sigma_{\bar{x}}$ 为标准单位来衡量。

1. 样本平均数的抽样极限误差

样本平均数的抽样极限误差就是以绝对值形式表示的抽样误差允许的可能范围，用 Δ_x 符号表示，即

$$\Delta_x = |\bar{x} - \overline{X}|$$

上式表明，变动的抽样平均数 $\bar{x}$ 是以确定的全及平均数 $\overline{X}$ 为中心，在 $\overline{X} \pm \Delta_x$ 之间变动，因此可以将上式变换为如下的不等式：

$$\overline{X} - \Delta_x \leqslant \bar{x} \leqslant \overline{X} + \Delta_x$$

按照正态分布定理，选择变量 Z，设 $Z = \dfrac{\bar{x} - \overline{X}}{\sigma_{\bar{x}}}$，则 $Z \sim N(0, 1)$，得：

$$\Delta_x = |\bar{x} - \overline{X}| = Z\sigma_{\bar{x}}$$

故　$Z = \dfrac{\Delta_x}{\sigma_{\bar{x}}}$

即把极限误差 Δ_x 除以平均抽样误差 $\sigma_{\bar{x}}$，得出对应以 $\sigma_{\bar{x}}$ 为标准单位的 Z（Z 称为抽样误差的概率度）倍误差程度，这就可以直接利用标准正态分布的概率表，也恰好达到了标准正态分布概率表编制者的目的。

按照小样本分布定理，选择样本统计量 $t = \dfrac{\bar{x} - \overline{X}}{\hat{\sigma}_{\bar{x}}}$，$t \sim t(n-1)$，同理得到：

$$\Delta_x = |\bar{x} - \bar{X}| = t\hat{\sigma}_{\bar{x}}$$

故
$$t = \frac{\Delta_x}{\hat{\sigma}_{\bar{x}}}$$

小样本抽样中把极限误差 Δ_x 除以平均抽样误差 $\hat{\sigma}_{\bar{x}}$，得出对应 $\hat{\sigma}_{\bar{x}}$ 为标准单位的 t 倍误差程度，这就可以利用 t 分布的概率表了。

第二节　抽样估计方法

抽样估计就是以样本的统计量来估计总体的参数，即通过对样本各单位的实际观察取得样本数据，计算样本指标，并以这个指标作为相应总体指标的估计量。

一、衡量估计量优劣的三个标准

估计总体参数，未必只有一个统计量，可供选择的可能有多个样本统计量。比如要总体均值（期望值 $\bar{X}$），可以选择样本均值 $\bar{x}$（或样本均值的观察值 $\bar{x}$），也可以选择样本中位数、众数等，而究竟应当选择哪一个统计量作为总体参数的估计量才是最优的，这就牵涉到了评价统计量的优良估计标准的问题。

在参数估计中，我们把要估计的总体参数称为待估参数，如总体平均数 $\bar{X}$；把用来估计总体参数的统计量称为估计量，如抽样平均数 $\bar{x}$，则其观察值称为估计值。一般地在利用估计量 $\bar{x}$ 估计 $\bar{X}$ 时，我们总希望估计量 $\bar{x}$ 能够代表真实的参数 $\bar{X}$，根据不同的要求，评价估计量的好坏可以有各种各样的标准，这里只介绍三种最常用的标准：无偏性、一致性和有效性。

1. 无偏性

即样本统计量的期望值（平均数）等于被估计的总体参数。用符号表示，如果 $\hat{\theta}$ 是被估计的参数，θ 是估计 $\hat{\theta}$ 的样本统计量，则当 $E(\theta) = \hat{\theta}$ 时，就称 θ 为 $\hat{\theta}$ 的无偏估计量。虽然每一次抽样，所决定的统计量取值和总体参数的真值可能有误差，误差可正可负，可大可小，但在多次反复的估计中，所有样本统计量取值的平均数应该等于总体参数本身。也就是说样本统计量的估计平均说来是没有偏误的。前已证明，样本算术平均数作为总体算术平均数的估计量是符合无偏性要求的。即

$$E(\bar{x}) = \bar{X}$$

2. 一致性

即当样本的单位数充分大时，样本统计量也充分靠近总体参数。一般地说，如果样本容量 n 增大时，估计量 θ 更紧密地趋近于参数 $\hat{\theta}$，我们就称 θ 为 $\hat{\theta}$ 的一致估计量。就是说随着样本容量 n 的无限增加，样本统计量和被估计的总体参数之差的绝对值小于任意小的正数，它的可能性也趋近于必然，或者说这一事实几乎是肯定的。可以证明，以样本平均数估计总体平均数，也符合一致性的要求，即存在下列关系式：

$$\lim_{n\to\infty} P\ (\,|\bar{x}-\bar{X}|<\alpha)=1$$

式中，α 为任意小正数。

3. 有效性

即作为优良估计量的方差应该比其他估计量的方差小。一般地说，如果 θ_1 和 θ_2 都是 $\hat{\theta}$ 的无偏估计量（对于给定的样本容量而言），而 θ_1 的方差 σ^2（θ_1）小于 θ_2 的方差 σ^2（θ_2），我们可以说 θ_1 相对来说是更有效的估计量。

例如，用样本平均数或用总体任一变量来估计总体平均数，虽然两者估计量都是无偏的，而且在每次估计中，两种估计值与总体平均数都可能有离差，但样本平均数更集中在总体平均数的周围，样本平均数的方差只及总体变量方差的 $1/n$，这样平均说来样本平均数的偏差更小，相对而言样本平均数是更为有效的估计量。即

$$\sigma_{\bar{x}}^2 < \sigma_x^2$$

二、抽样估计

利用样本统计量来估计相应的总体参数，通常有两种方法：点估计和区间估计。

（一）点估计

点估计又称定值估计，它是直接以样本统计量作为相应总体参数的估计量。即根据总体指标的结构形式，设计样本指标作为总体参数的估计量，并以样本指标的实际值直接作为相应总体参数的估计值。

点估计的优点在于它能够提供总体参数的具体估计值，可以作为决策的数量依据；而它的不足之处在于任何的点估计不是对就是错，并不能提供误差情况和误差程度。

（二）区间估计

区间估计的基本思路是根据给定的概率保证程度的要求，利用实际抽样资料，指出总体被估计值的上限和下限；其中，被推断的总体指标的下限与上限所包括的区间称为置信区间，是指根据样本指标和抽样极限误差以一定的可靠程度推断总体指标的可能范围，估计的可靠程度也称为置信度。

一般来说，对于总体被估计参数 θ，找出样本的两个估计量 $\hat{\theta}_1$ 和 $\hat{\theta}_2$（其中 $\hat{\theta}_1 < \hat{\theta}_2$），使被估计参数落在区间（$\hat{\theta}_1$，$\hat{\theta}_2$）内的概率为 $1-\alpha$，即

$$P(\hat{\theta}_1 \leqslant \theta \leqslant \hat{\theta}_2) = 1-\alpha$$

式中，区间（$\hat{\theta}_1$，$\hat{\theta}_2$）为总体参数的估计区间，$\hat{\theta}_1$、$\hat{\theta}_2$ 分别为估计下限和上限，$1-\alpha$ 为估计置信度，如图 2－5 所示。

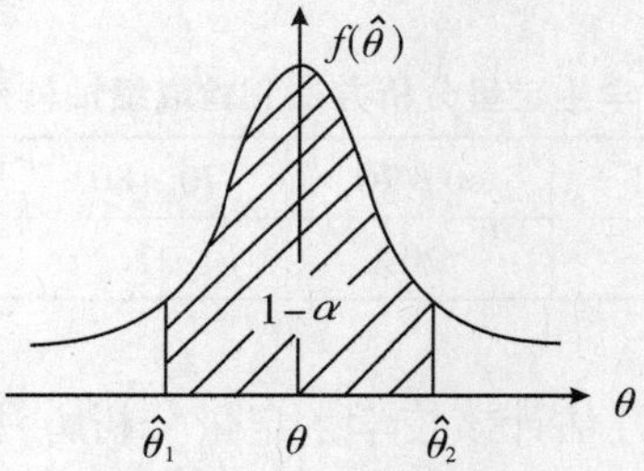

图 2－5　正态分布图

区间估计的特点是它不是指出被估计参数的确定数值，而是指出被估计参数的可能范围，同时对参数落在这一范围内给定相应的概率保证程度，即回答落在这一区间范围的可能性有多大。

依据区间估计的思路，对于被估计的总体参数，所用的估计量可以选择点估计部分介绍过的样本估计量，估计区间即可以表示为估计上限的抽样极限误差与估计下限的抽样极限误差所构成的抽样误差范围。

$$P(\overline{X} - \Delta x \leqslant \overline{x} \leqslant \overline{X} + \Delta x) = P(\overline{x} - \Delta x \leqslant \overline{X} \leqslant \overline{x} + \Delta x)$$

这就意味着我们所需要估计的总体参数落在区间内的概率可以用样本估计量的抽样分布的概率计算值，因此如果抽样的分布为正态分布，可以直接查找《正态分布概率表》，如为其他分布，可以查找对应的分布临界值表。

1. 总体参数的估计

上面指出在进行区间估计时，可以按照给定置信度的要求，去估计误差的

可能范围；也可以按照给定允许极限误差的要求，去推算概率保证程度。那么在总体平均数或成数的估计中也相应有两套模式：

（1）根据给定的置信度 $1-\alpha$ ［即给定概率 $F(Z)$］，估计极限抽样误差的可能范围 Δ，并指出估计区间（$\hat{\theta}_1$，$\hat{\theta}_2$）。具体步骤为：

第一步：抽取样本。根据样本单位的标志值，计算样本平均数 $\bar{x}$（或样本成数 P），计算样本标准差 $\hat{\sigma}_x$（或 σ_p），由此推算出样本抽样平均误差 $\sigma_{\bar{x}}$（或 $\sigma_{\bar{p}}$）；

第二步：根据给定的置信度 $1-\alpha$，查《正态分布概率表》或其他分布临界值表，求得概率度 Z(t 或其他）的值。

第三步：根据概率度和抽样平均误差，计算极限抽样误差的可能范围 Δ（如为正态分布，利用计算式 $\Delta_x = Z \cdot \sigma_{\bar{x}}$），并据此计算估计区间的上下限（$\hat{\theta}_1$，$\hat{\theta}_2$）。

例 2－7： 某学校进行一次定量分析方法测验，为了解学生的考试情况，随机抽选部分学生进行调查，所得资料如表 2－5 所示。

表 2－5　　某校学生定量分析方法测验成绩抽样资料

考试成绩（分）	60 以下	60～70	70～80	80～90	90～100
学生人数（人）	10	20	22	40	8

试以 95.45% 的可靠性估计该校学生定量分析方法考试的平均成绩的范围及该校学生成绩在 80 分以上的学生所占的比重的范围。

解：①变量总体的参数估计。估计该校学生定量分析方法考试的平均成绩的范围：

第一步，根据样本数据资料计算

$$\bar{x} = \frac{\sum xf}{\sum f} = \frac{7\,660}{100} = 76.6\text{（分）}$$

$$\hat{\sigma}_x = \sqrt{\frac{\sum (x_i - \bar{x})^2 f_i}{\sum f - 1}} = 11.377\text{（分）}$$

$$\sigma_{\bar{x}} = \frac{\hat{\sigma}_x}{\sqrt{n}} = \frac{11.377}{\sqrt{100}} = 1.137\,7\text{（分）}$$

第二步，根据给定的置信度 $F(Z) = 0.954\,5$，查概率表得 $Z=2$。

第三步，计算 $\Delta_x = Z \cdot \sigma_{\bar{x}} = 2 \times 1.137\,7 = 2.275\,4$，据此估计该校学生考试的平均成绩的区间范围是：

$$\bar{x} - \Delta_x \leqslant \bar{X} \leqslant \bar{x} + \Delta_x$$

$76.6-2.2754\leqslant\overline{X}\leqslant76.6+2.2754$

74.32（分）$\leqslant\overline{X}\leqslant78.88$（分）

在95.45%概率保证程度下，该校学生的定量分析方法考试平均成绩的范围在74.32至78.88（分）之间。

②属性总体的参数估计。按照相同步骤，确定该校成绩在80分以上的学生所占比重的可能范围：

$$p=\frac{n_1}{n}=\frac{48}{100}=48\%$$

$$\sigma_{\bar{p}}=\sqrt{\frac{p(1-p)}{n}}=\sqrt{\frac{0.48\times(1-0.48)}{100}}=0.04996$$

$\Delta_p=Z\sigma_{\bar{p}}=2\times0.04996=0.09992$

80分以上学生所占比重的范围：

$P=p\pm\Delta_p=0.48\pm0.09992$

$38.01\%\leqslant P\leqslant57.99\%$

即在95.45%概率保证程度下，该校学生成绩在80分以上的学生所占的比重的范围在38.01%至57.99%之间。

（2）根据给定极限抽样误差范围Δ，求置信度$1-\alpha\{F(Z)\}$。具体步骤为：

第一步：抽取样本，根据样本单位的标志值，计算样本平均数$\bar{x}$（或样本成数p）；计算样本标准差S，由此推算出样本平均抽样误差$\sigma_{\bar{x}}$（或σ_p）；

第二步：根据给定极限抽样误差范围Δ，估计总体平均数（成数）的下限$\bar{x}-\Delta_x$（或$p-\Delta_p$）和上限$\bar{x}+\Delta_x$（或$p+\Delta_p$）。

第三步：根据给定的极限抽样误差与抽样平均误差，求概率度Z（或t）值（如正态分布的计算式$Z=\Delta_x/\sigma_{\bar{x}}$），再根据概率度查表，求出相应的置信度$1-\alpha\{F(Z)\}$。

例2-8：为估计某市居民家庭电脑的普及率，随机抽取900户居民调查，其中675户拥有个人电脑。要求极限抽样误差不超过2.8%，对该市居民电脑普及率进行估计。

第一步，根据样本资料，计算

$$p=\frac{675}{900}=0.75$$

$$\sigma_p=\sqrt{p(1-p)}=0.43$$

$$\sigma_{\bar{p}}=\sqrt{\frac{p(1-p)}{n}}=\sqrt{\frac{0.75\times0.25}{900}}=0.014$$

第二步，根据给定的极限误差$\Delta_p=0.028$，确定总体成数的估计区间的上限和下限：

估计区间上限：$p+\Delta_p=0.75+0.028=0.778$

估计区间下限：$p-\Delta_p=0.75-0.028=0.722$

第三步，计算 $Z=\dfrac{\Delta_p}{\sigma_{\bar{p}}}=\dfrac{2.8\%}{1.4\%}=2$，查表得 $F(Z)=0.9545$

点估计：该市居民家庭的电脑普及率为75%

区间估计：以概率95.45%的保证程度，估计该市居民电脑的普及率在72.2%至77.8%之间。

2. 小样本容量的区间估计

样本容量小于30，而总体标准差未知的情况下做区间估计要用 t—分布。与正态分布比较，t—分布的平均数对应的峰顶比较低，曲线比较平坦，自由度为 $n-1$。

例2-9：某学校食堂根据10天的统计资料获知每日用粮2 055公斤，标准差为660公斤，试估计用95%的可信度估计日均用粮的置信区间。

解：计算抽样平均误差的估计值：

$$\sigma_{\bar{x}}=\frac{\hat{\sigma}_x}{\sqrt{n}}=\frac{660}{\sqrt{10}}=189.74\ (\text{公斤})$$

查分布表，在 $t_{\frac{\alpha}{2}}=t_{0.025}$，自由度为 $10-1=9$ 时，$t_{0.025}=2.2622$。

置信区间上限 $=\bar{x}+2.2622\times189.74=2\,484.23$

置信区间下限 $=\bar{x}-2.2622\times189.74=1\,625.77$

3. 两个总体均值之差的区间估计

有时，需要估计两个总体均值之间的差异，例如，要估计两个学校学生的平均学习成绩之间的差异等。这时就要对两个总体均值之差进行区间估计。在这里，只介绍两个总体的方差已知时如何求两个总体均值之差的区间估计。

当两个总体 X_1，X_2 均服从正态分布时，若已知两个总体的方差 $\sigma_{x_1}^2$，$\sigma_{x_2}^2$，则可以证明，从两个总体中随机抽取的两个样本的均值之差服从于期望值为 $(\overline{X}_1-\overline{X}_2)$，方差为 $\left(\dfrac{\sigma_1^2}{n_1}+\dfrac{\sigma_2^2}{n_2}\right)$ 的正态分布，记为：

$$(\bar{x}_1-\bar{x}_2)\ \sim N\left[(\overline{X}_1-\overline{X}_2),\ \frac{\sigma_1^2}{n_1}+\frac{\sigma_2^2}{n_2}\right]$$

因此，在给定置信水平 $1-\alpha$ 后，两个总体均值之差的置信区间如下式：

$$(\overline{X}_1-\overline{X}_2)\ \pm Z\sqrt{\frac{\sigma_1^2}{n_1}+\frac{\sigma_2^2}{n_2}}$$

第三节　假设检验的基本思想与程序

假设检验是统计推断的重要组成部分，讨论的是如何运用样本信息对总体未知参数的取值或总体行为所做的事先假定进行验证，从而作出真假判断，利用样本信息回答总体参数是不是会落在事先假定的某一个范围里。例如，城市火灾自动报警信息系统联网项目工程，就需要设计火灾起数的区间估计和假设检验。为了解决“何时对应急服务进行响应是合适的”这一问题，一种增强关键服务可生存性的应急算法是首先基于中心极限定理和假设检验理论，分别计算求得各关键服务在主、备服务器上的历史平均服务响应时间的置信区间。然后根据主、备服务器上服务响应时间置信区间的五种分布情况，为应急服务在不同的时间响应区选择合适的应急策略，如资源重配、服务降级或者服务迁移等，以此保证关键服务请求能够在用户期望的服务截止期内完成，且整个配置过程对用户透明。

一、假设检验的基本思路、假设命题和显著性水平

（一）假设检验的基本思路

首先，对总体参数作出某种假设，并假定它是成立的。然后，根据样本得到的信息（统计量），考虑接受这个假设之后是否会导致不合理的结果。在假设检验中，判断是否接受假设的基本思想是概率性质的反证法。为了检验原假设，首先假定原假设为真。在原假设为真的前提下，如果导致违反逻辑或违背人们常识和经验的不合理结果出现，则表明“原假设为真”的假定是不正确的，也就是不能接受原假设。若没有导致不合理结果出现，那就认为“原假设为真”的假定是正确的，也就是说要接受原假设。

生产或试验中要求我们处理的数据，总是有波动，有差异的。例如，某金工车间生产铆钉，其标准直径 $\overline{X}=2$ 厘米。我们知道，即使工艺条件不变，所生产铆钉的直径也不可能全等于 2 厘米，而是在 2 厘米附近波动。从过去的大量数据计算出其标准差 $\sigma=0.1$（厘米）。现在为了提高产量，采用了一种新工艺，抽取用新工艺生产的 $n=100$ 个铆钉，实测得其平均直径为 $\bar{x}=1.978$（厘米），$\bar{x}$ 与 $\overline{X}$ 的差异纯粹是偶然的波动，还是反映了工艺改变的影响？在这里，我们看到有两种不同性质的误差。

1. 随机误差

它是由于生产过程中受偶然因素的影响，或者对产品测量的不准确所造成的，即使在同一工艺条件下，这种误差也不可能避免。

2. 条件误差

它是由于工艺条件的改变所造成的。

显然，如何正确地区分这两种误差是解决上述问题的关键。但是，这两种误差经常纠缠在一起，除了极为明显的情况，一般是难以直观地分辨的。

在上面的例子中，假设工艺的改变对铆钉直径没有影响，也就是说不存在条件误差，$\bar{x}$ 与 $\overline{X}$ 的差异纯粹是随机误差，或者样本仍可以看作是从原来总体抽取的，那么，从统计抽样分布理论知道，$\bar{x} \sim N(\overline{X}, \sigma_{\bar{x}}^2)$，则 $\bar{x}=1.978$ 落在 $\left[\overline{X}-1.96\frac{\sigma_x}{\sqrt{n}}, \overline{X}+1.96\frac{\sigma_x}{\sqrt{n}}\right]$ =（1.980 ~ 2.020）区间（按重复抽样计算）之外的概率不到5%，即20多次才能出现一次，为此，我们会认为 $\bar{x}$ 来自原总体的可能性太小了，也就不能相信一开始提出的统计假设是正确的，从而否定该假设，认为工艺的改变使铆钉直径变小了。

小概率事件的基本原理（见图2－6）：如果对总体的某种假设是真实的，那么不利于或不能支持这一假设的事件A（小概率事件，著名的英国统计家Ronald Fisher把二十分之一作为标准，也就是0.05，从此0.05或比0.05小的概率都被认为是小概率）在一次试验中几乎是不可能发生的；要是在一次试验中A竟然发生了，就有理由怀疑该假设的真实性，拒绝这一假设。

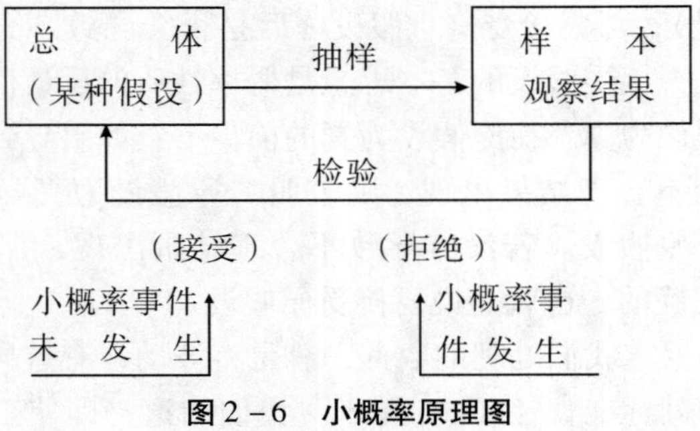

图2－6　小概率原理图

（二）统计假设的命题

有关总体参数的假设有两个部分：原假设（null hypothesis）和备择假设（alternative hypothesis）。原假设，亦称虚无假设、零假设，是接受检验的假设，

记为 H_0，它总是假定总体没有显著性差异，即所有的差异由随机原因引起的。原假设常常是根据历史资料，或根据周密考虑后确定的，所以原假设在研究过程中是受到保护的，若没有充分的根据，原假设是不会被轻易否定的。备择假设，亦称对立假设、择一假设，是当原假设被否定时必须成立的假设，记为 H_1。原假设和备择假设是相互对立的，如 H_0 真实，则 H_1 不真实；如 H_0 不真实，则 H_1 真实。当根据抽样结果有充分理由否定 H_0 时，就应该接受 H_0 的对立假设 H_1。

（三）显著性水平

显著性水平是一个概率值，当原假设为真时，显著性水平是拒绝原假设的概率，被称为抽样分布的拒绝域，表示为α，常用的α值有 0.01、0.05、0.10，由研究者事先确定。如上所说，我们之所以拒绝原假设，并不是因为它存在逻辑的绝对矛盾，或实际上不可能存在这种假设，而仅仅因为它存在的可能性很小。小概率事件事实上发生了，我们则认为原假设是不正确的，而拒绝接受它。这时关键的问题是概率要小到如何程度才足以否定原来所作的假设。在进行假设检验时应该事先规定一个小概率的标准 α，作为判断的界限，这个小概率标准 α 称为显著性水平。α 所对应的概率度称为显著性水平 α 的临界值。由于原假设的分布是已知的，因而样本统计量和总体参数的离差在一定范围内的概率也可以知道，离差超过这个范围的概率也同样知道，如果统计量与参数的差异过大，以至发生这种事件的概率很小，而且小到低于给定的标准，我们就拒绝原假设，如果计算出的统计量与参数差异的相应概率大于给定标准，我们就接受原假设。这样，我们把概率分布分为两个区间：离差的绝对值大于给定标准的概率分布区间称为拒绝区间，离差的绝对值小于这个标准则为接受区间。例如已知概率分布如图 2－7 所示，给定小概率标准 $\alpha = 0.05$，凡概率小于 5% 的差异都是小概率事件，属于拒绝区间，如图中分布两端的阴影部分；而 $1 - \alpha = 0.95$，则是对立事件的概率，其概率在 95% 以内的，为接受区间，如图 2－7 中央部分所示。

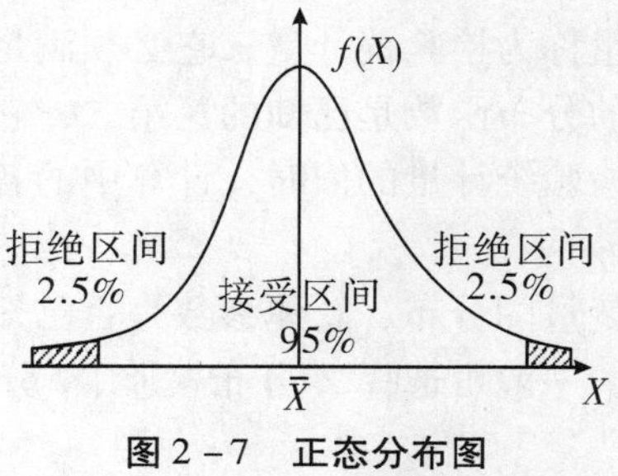

图 2－7　正态分布图

事件属于接受区间，原假设成立，判断总体无显著差异；事件属于拒绝区间，推翻原假设，认为总体有显著差异。

二、总体参数的检验

（一）假设检验的程序

由于抽样方法与样本数据的处理在前面讲过，这里我们将阐述统计假设检验的工作程序（见图2－8）其余的工作步骤：

第一步：建立统计假设。

例如，关于某总体均值的假设就有三种情况：

（1）H_0：$\overline{X}=\overline{X}_0$ 或 $P=P_0$，H_1：$\overline{X}\neq\overline{X}_0$ 或 $P\neq P_0$。

（2）H_0：$\overline{X}\leqslant\overline{X}_0$ 或 $P\leqslant P_0$，H_1：$\overline{X}>\overline{X}_0$ 或 $P>P_0$。

（3）H_0：$\overline{X}\geqslant\overline{X}_0$ 或 $P\geqslant P_0$，H_1：$\overline{X}<\overline{X}_0$ 或 $P<P_0$。

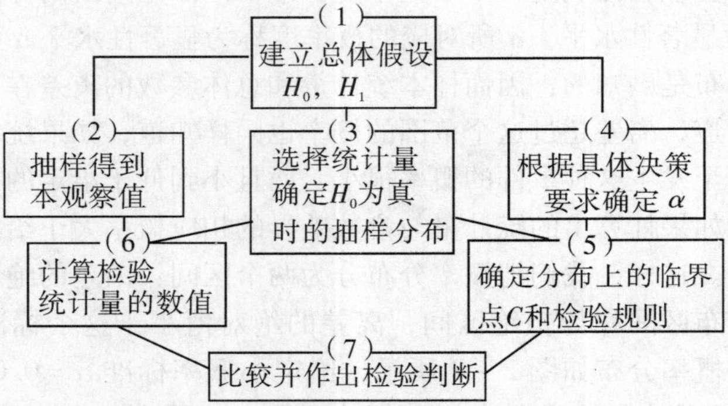

图2－8　统计假设检验的工作程序图

第二步：确定适当的检验统计量。

假设检验如同在参数估计中一样，要借助于样本统计量进行统计推断。用于假设检验问题的统计量称为检验统计量，它必须满足三个要求：第一，在原假设成立的条件下，它的分布函数是已知的；第二，它必须包含所要检验的总体参数；第三，计算该检验统计量的值时，计算中的各项均为已知或可以依据样本得出。

检验统计量是根据变量的分布、总体参数是否已知以及样本的大小来选择确定的。在参数检验中，一般可选择 Z 分布检验、t 分布检验、χ^2 分布检验和 F 分布检验（见图2－9）。

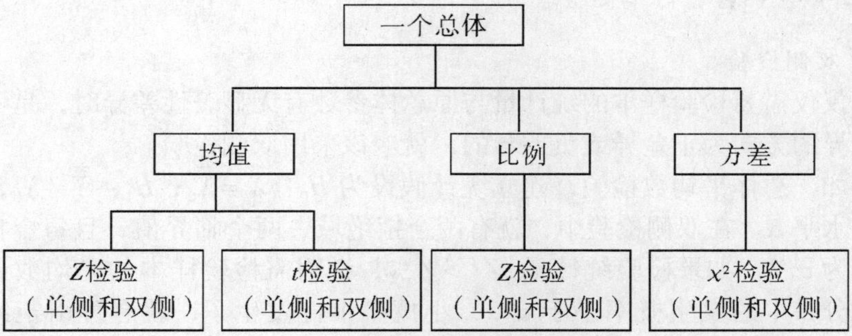

图 2－9　检验的分类

使用统计量 Z 的标准正态分布进行的统计检验，称为正态检验，或 Z 检验。例如，关于总体平均数的 Z 检验，要求检验统计量服从于正态分布或趋近于正态分布。又如总体成数（合格品率、升学率等），符合条件时可用 Z 检验。

使用统计量 t 进行的检验称为 t 检验，如在总体的标准差 σ 未知，需要用样本标准差 S 来代替 σ 时，就需要运用 t 检验。

使用统计量 χ^2 的标准正态分布进行的统计检验，称为 χ^2 检验，如关于总体方差的检验。

使用统计量 F 的标准正态分布进行的统计检验，称为 F 检验，如关于两总体的方差是否存在差异的检验。

第三步：选择检验的显著水平 α，确定临界点。

显著性水平主要视拒绝区间可能承担的风险来决定，应该根据研究问题的性质和对结论确定的要求而有所不同，它是确定原假设的拒绝区间和接受区间临界值的基础，通常采用 0.1、0.05、0.01、0.001 等显著性水平。在选择的显著性水平 α 下，查原假设成立的对应参数分布表，求出临界值，也就是接受域与拒绝域的分界点。

第四步：计算检验统计量的值。

根据样本观测值计算检验统计量的值。

第五步：比较并作出检验判断。

比较查表所得的临界值与检验统计量的计算值，若由样本观测值算出的检验统计量的实际值落入拒绝域中，则在显著性水平 α 下拒绝原假设 H_0，而接受 H_1；否则就接受 H_0。

（二）双侧检验与单侧检验

1. 双侧检验

当仅仅需要检验样本的统计量与原总体参数有无显著性差异时，是不需要考虑差异的方向为正差异或负差异的，就应该采用双侧检验。

例如，总体平均数检验，建立统计假设为 H_0：$\overline{X}=\overline{X}_0$；$H_1$：$\overline{X}\neq\overline{X}_0$，选择显著性水平 α。在双侧检验中，就有两个拒绝域、两个临界值，且每个拒绝域的概率为 $\alpha/2$。如果检验统计量 $|Z|>Z_{\alpha/2}$，说明需检验样本的平均数属于原总体的分布中的发生概率小于 $\alpha/2$，小概率事件发生了，就有理由拒绝原假设，否则就接受原假设，如图 2－10 所示。

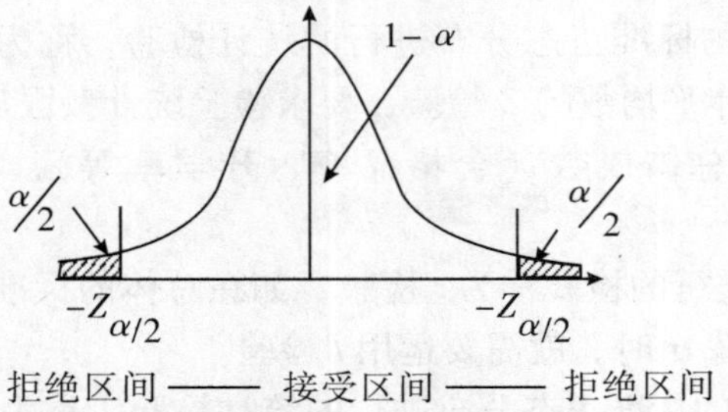

图 2－10　双侧检验

2. 单侧检验

当检验不仅需要关心样本统计量与原总体参数之间有无显著差异，而且还需要进一步追究是否发生了预期指点方向的差异（正差异或负差异）时，应该采用单侧检验。单侧检验又分为左单侧检验和右单侧检验。

总体平均数的左单侧检验，建立统计假设为 H_0：$\geqslant\overline{X}_0$；H_1：$\overline{X}<\overline{X}_0$，选择显著性水平 α。在左单侧检验中，只有一个拒绝域、一个临界值，且拒绝域的概率为 α。如果检验统计量 $|Z|>Z_\alpha$，就拒绝原假设，否则就接受原假设，如图 2－11 所示。

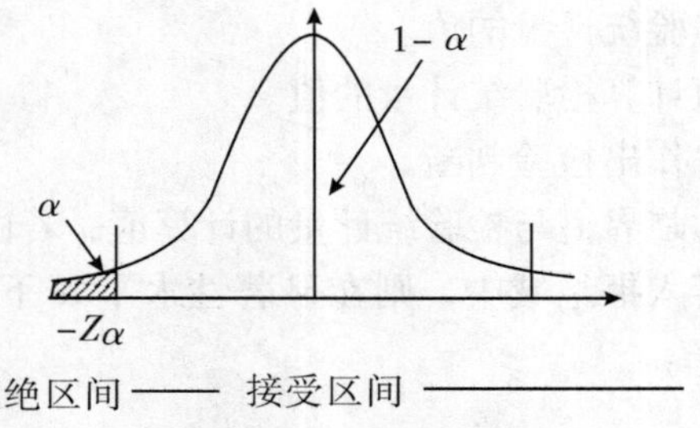

图 2－11 左单侧检验

总体平均数的右单侧检验，建立统计假设为 H_0：$\overline{X} \leqslant \overline{X}_0$；$H_1$：$\overline{X} > \overline{X}_0$，选择显著性水平 α，如图 2－12 所示。

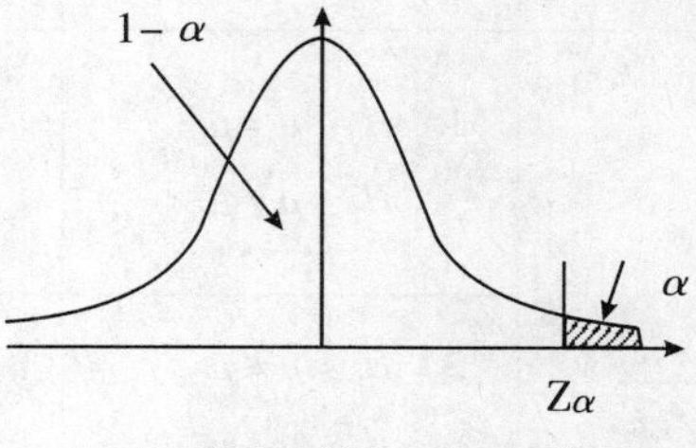

———— 接受区间 ——— 拒绝区间

图 2－12　右单侧检验

（三）总体平均数的检验

总体平均数的检验就是检验当前的总体平均数是否和事先假设的总体平均数（例如，生产规章规定的产品平均质量水平、根据理论计算的标准水平、根据历史资料计算的平均水平等）存在着显著性差异。

在总体平均数的检验程序中，特别需要注意检验统计量的确定。与参数估计中进行总体平均数的区间估计类似，总体平均数的假设检验也要根据总体是否服从正态分布、总体方差是否已知以及样本的大小来确定合适的检验统计量，检验统计量选择见表 2－6。

表 2－6　　　　　　检验统计量选择表

类型	条件	检验统计量	H_0、H_1	拒绝域
I	正态总体 σ^2 已知	$Z = \dfrac{\overline{x} - \mu_0}{\sigma / \sqrt{n}}$	（1）H_0：$\mu = \mu_0$ H_1：$\mu \neq \mu_0$	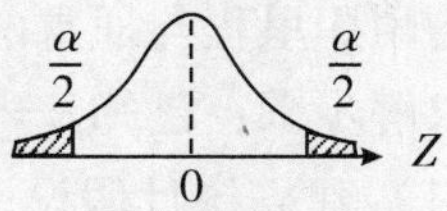
			（2）H_0：$\mu \leqslant \mu_0$ H_1：$\mu > \mu_0$	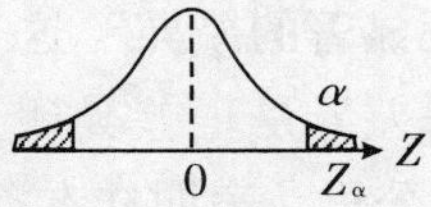
			（3）H_0：$\mu \geqslant \mu_0$ H_1：$\mu < \mu_0$	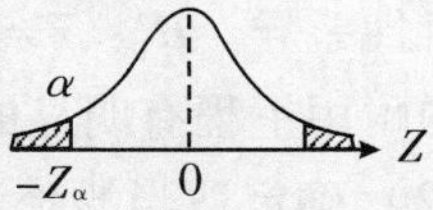

（续上表）

类型	条件	检验统计量	H_0、H_1	拒绝减 //////
Ⅱ	正态总体 σ^2 未知（$n \leqslant 30$）	$t=\dfrac{\bar{x}-\mu_0}{S/\sqrt{n}}$	（1）H_0：$\mu=\mu_0$ H_1：$\mu \neq \mu_0$	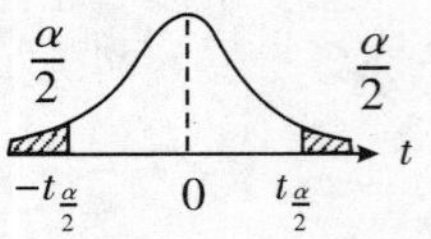
			（2）H_0：$\mu \leqslant \mu_0$ H_1：$\mu > \mu_0$	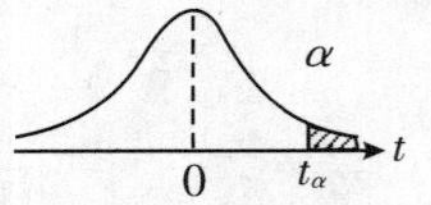
			（3）H_0：$\mu \geqslant \mu_0$ H_1：$\mu < \mu_0$	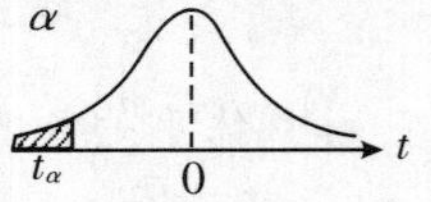
Ⅲ	非正态总体 σ^2 已知（$n > 30$）	$Z=\dfrac{\bar{x}-\mu_0}{\sigma/\sqrt{n}}$	（1）H_0：$\mu=\mu_0$ H_1：$\mu \neq \mu_0$	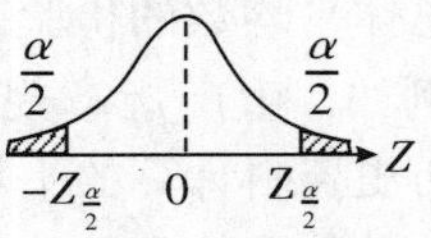
		$Z=\dfrac{\bar{x}-\mu_0}{S/\sqrt{n}}$	（2）H_0：$\mu \geqslant \mu_0$ H_1：$\mu < \mu_0$	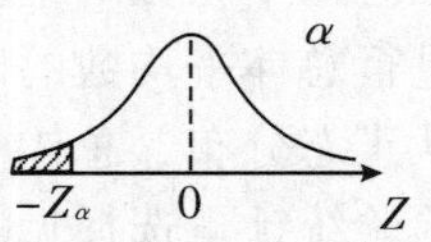

例2－10：橡胶厂生产汽车轮胎，根据历史资料统计结果，平均耐用里程为25 000公里，标准差为1 900公里。现从新生产批量中随机抽取400个测试，其平均耐用里程为25 150公里。试验按5%的显著性水平判断新批量的轮胎平均耐用里程与通常的耐用里程有无显著的差异。

求解步骤：已知 $\bar{x}=25\ 150$，$\bar{X}=25\ 000$，$\sigma=1\ 900$

（1）建立统计假设。根据"新批量的轮胎平均耐用里程与通常的耐用里程有无显著的差异"这一问题得知，我们只需判断是否存在显著差异，而不需考虑差异是正差异还是负差异，所以是双侧检验。建立统计假设 H_0：$\bar{x}=25\ 000$公里，表明样本资料来自原总体，样本平均数与原总体平均数的差异只是随机性差异。H_1：$\bar{x} \neq 25\ 000$ 公里，表明新批量轮胎的平均耐用里程与通常的平均耐用里程有明显的差异，即新批量测试轮胎样本并不来自原总体。

（2）确定适当的统计量。根据题意，$n=400$ 是大样本，原总体的平均数、标准差已知，则样本平均数服从正态分布，因此选择 Z 检验统计量。

（3）按照给定的显著性水平 $\alpha = 0.05$，由于是双侧检验，两边拒绝区间的概率各为 0.025，所以接受区间的概率为 $1 - 0.05 = 0.95$，查正态分布概率表得 $Z = 1.960$，所以下临界值为 $-Z_{0.025} = -1.960$，上临界值为 $Z_{0.025} = 1.960$。

（4）根据样本信息，计算检验统计量 Z 的实际值。

$$Z = \frac{\bar{x} - \bar{X}}{\sigma/\sqrt{n}} = \frac{25\ 150 - 25\ 000}{1\ 900/\sqrt{400}} = 1.58$$

（5）比较并作出检验判断。由于检验统计量的实际值小于上临界值（$Z = 1.58 < Z_{0.025} = 1.96$），即小概率事件没有发生，所以没有理由拒绝原假设 H_0，即认为新批量的产品质量没有明显的变化，或者说新批量的产品与原来的产品来自同一总体。

例 2 - 11：某地区水土中缺乏一种微量元素，根据医学研究表明，如果人们过少地摄取这一元素，脑功能可能受影响。心理学工作者使用一种标准化智力测验方法，在该地区随机抽取 36 名儿童进行测验，得出平均智力测验的分数为 96 分。已知总体标准差为 15 分，问在 5% 的显著性水平下，该地区儿童的智力水平是否明显低于一般水平（100 分）?

解：已知 $\bar{X} = 100$，$\sigma = 15$，$\bar{x} = 96$，$\alpha = 0.05$

（1）建立假设：H_0：$\bar{X} \geqslant 100$，H_1：$\bar{X} < 100$，这是左单侧检验。

（2）根据大样本抽样分布理论，样本平均数服从正态分布，确定使用 Z 检验。

（3）按照给定的显著性水平 $\alpha = 0.05$，查表确定临界值为 $-Z_{0.05} = -1.645$。

（4）计算检验统计量的实际值

$$Z = \frac{\bar{x} - \bar{X}}{\sigma/\sqrt{n}} = \frac{96 - 100}{15/\sqrt{36}} = -1.6$$

（5）比较并作出判断。由于 $|Z| = 1.6 < Z_{0.05} = 1.645$，说明 $\bar{x}$ 落在接受区间内，应接受原假设 H_0，认为该地区的儿童智力水平并不显著地低于一般水平。

例 2 - 12：某饭店每天营业额服从正态分布，在推出新菜单之前每天营业额的均值是 17 600 元。推出新菜单后的十天里，平均每天的营业额是 18 200 元，标准差是 500 元。问以 1% 的显著性水平判断推出新菜单营业额是否明显地增加?

解：已知 $\bar{X} = 17\ 600$，$S = 500$，$\bar{x} = 18\ 200$，$n = 10$

（1）建立假设：H_0：$\bar{X} \leqslant 17\ 600$，$H_1$：$\bar{X} > 17\ 600$，这是右单侧检验。

（2）根据小样本抽样分布理论，当总体为正态分布，用样本标准差代替总体标准差进行总体平均数的检验时，小样本 $n=10<30$，$\bar{x}\sim t\ (n-1)$，确定使用 t 检验。

（3）按照给定的显著性水平 $\alpha=0.05$，查 t 分布概率表，确定临界值为 $t_{0.01}\ (9)\ =2.896$。

（4）计算检验统计量的实际值

$$t=\frac{\bar{x}-\bar{X}}{\dfrac{S}{\sqrt{n-1}}}=\frac{18\ 200-17\ 600}{\dfrac{500}{\sqrt{10-1}}}=3.6$$

（5）比较并作出判断。由于 $t=3.6>t_{0.01}\ (9)\ =2.896$，说明 $\bar{x}$ 落在拒绝区间内，应拒绝原假设 H_0，认为推出新菜单使营业额明显地增加了。

例 2-13：A 型的 50 辆卡车油耗的平均数是 17 里/升，标准差为 2.5 里/升；B 型的 70 辆车子，平均油耗为 18.6 里/升，标准差为 3 里/升。如果这是这两种卡车油耗仅有的信息，试问 B 型车是否比 A 型车更省油（显著性水平 5%）?

解：这是两总体平均数是否显著差异的检验。两总体的标准差均未知，但由于两样本充分大，假定了每一总体的标准差与抽自该总体的样本标准差相等，也不会犯严重错误。

设：A 型车的油耗数为 x，B 型车的油耗数为 y，则

$\bar{x}=17$，$\bar{y}=18.6$，$S_x=\sigma_x=2.5$，$S_y=3$，$n_x=50$，$n_y=70$

$$\because\ \sigma_{\bar{x}}=\sigma_x/\sqrt{n_x}=\frac{2.5}{\sqrt{50}};\quad \sigma_{\bar{y}}=\sigma_y/\sqrt{n_y}=\frac{3}{\sqrt{70}}$$

$$\therefore\ \sigma_{\bar{x}-\bar{y}}=\sqrt{\sigma_{\bar{x}}^2+\sigma_{\bar{y}}^2}=\sqrt{\frac{2.5^2}{50}+\frac{3^2}{70}}=0.503\ 6$$

（1）建立假设：H_0：$\bar{X}-\bar{Y}\geqslant 0$ 或 $\bar{X}\geqslant\bar{Y}$，H_1：$\bar{X}<\bar{Y}$，这是左单侧检验。

（2）根据大样本抽样分布理论，样本平均数服从正态分布，确定使用 Z 检验。

（3）查 Z 分布概率表，$\alpha=0.05$，则 $-Z_{0.05}=-1.645$。

（4）计算检验统计量的实际值：

$$Z=\frac{(\bar{x}-\bar{y})\ -\ (\bar{X}-\bar{Y})}{\sigma_{\bar{x}-\bar{y}}}=\frac{17-18.6}{0.503\ 6}=-3.177\ 1$$

（5）作出判断。由于 $|Z|=3.177\ 1>Z_{0.05}=1.645$，说明 $\bar{x}-\bar{y}$ 落在拒绝区间内，应拒绝原假设 H_0，认为 B 型卡车比 A 型卡车更省油。

（四）总体成数的检验

根据狄莫弗—杜普拉斯中心极限定理，在大样本条件下，若 $np>5$ 且 $n(1-p)>5$ 时，则可以把二项分布问题变为正态分布问题近似求解。此时，样本成数 p 的二项分布趋近于正态分布。

1. 双侧检验

（1）提出假设：H_0：$p=p_0$

H_1：$p\neq p_0$

（2）统计量及分布：$\dfrac{P_s-p}{\sqrt{\dfrac{p(1-p)}{n}}}\sim N(0,1)$

（3）显著性水平 $\alpha\longrightarrow$临界值 $Z_{\alpha/2}$，从而得到 p 的置信度为 $100(1-\alpha)\%$ 的置信区间为：

$$I_\alpha=\left[P_s-Z_{\alpha/2}\sqrt{\frac{P_s(1-P_s)}{n}},\ P_s+Z_{\alpha/2}\sqrt{\frac{P_s(1-P_s)}{n}}\right]$$

（4）统计决策：

若 $p_0\notin I_\alpha$，则拒绝 H_0；

若 $p_0\in I_\alpha$，则不拒绝 H_0。

注：若采用等价步骤，则统计量 $Z_0=\dfrac{P_s-p_0}{\sqrt{\dfrac{p_0(1-p_0)}{n}}}$。若 $|Z_0|>Z_{\alpha/2}$，则拒绝 H_0。

2. 单侧检验

（1）提出假设：H_0：$p=p_0$

H_1：$p<p_0$

（2）统计量及分布：$\dfrac{P_s-p}{\sqrt{\dfrac{p(1-p)}{n}}}\sim N(0,1)$

（3）显著性水平 $\alpha\longrightarrow$临界值 $-Z_\alpha$，从而得到 p 的置信度为 $100(1-\alpha)\%$ 的置信上界为：

$$U_\alpha=P_s+Z_\alpha\sqrt{\frac{P_s(1-P_s)}{n}}$$

（4）统计决策：

若 $p_0 > U_\alpha$，则拒绝 H_0；

若 $p_0 \leqslant U_\alpha$，则不拒绝 H_0。

类似地，可以得到另外一个单侧检验步骤：

（1）提出假设：H_0：$p = p_0$

H_1：$p > p_0$

（2）统计量及分布：$\dfrac{P_s - p}{\sqrt{\dfrac{p(1-p)}{n}}} \sim N（0，1）$

（3）显著性水平 α ⟶临界值 Z_α，从而得到 p 的置信度为 100（$1-\alpha$）% 的置信下界为：

$$L_\alpha = P_s - Z_\alpha \sqrt{\frac{P_s\ (1-P_s)}{n}}$$

（4）统计决策：

若 $p_0 < L_\alpha$，则拒绝 H_0；

若 $p_0 \geqslant L_\alpha$，则不拒绝 H_0。

例 2－14：某工厂的优质品率长期稳定在 60%，对生产线扩大产量的技术改造后，随机抽取 96 台产品检测，优质品率为 65%，取 $\alpha = 0.05$，该厂产品的优质品率有无变化？

解：已知 $p = 0.65$，$P = 0.6$，$n = 96$，$\alpha = 0.05$

（1）建立假设：H_0：$P = 0.6$；H_1：$P \neq 0.6$（双侧检验）。

（2）根据 $n = 96$ 为大样本抽样，$np = 96 \times 0.65 > 5$，且 $n\ (1-p)\ = 96 \times (1-0.65)\ > 5$，样本成数 p 趋近于正态分布，所以确定使用 Z 检验。

（3）查 Z 分布概率表，$\alpha = 0.05$，则 $Z_{0.25} = 1.96$。

（4）计算检验统计量的实际值

$$Z = \frac{p - P}{\sqrt{\dfrac{P\ (1-P)}{n}}} = \frac{0.65 - 0.6}{\sqrt{\dfrac{0.6 \times 0.4}{96}}} = -1.00$$

（5）比较并作出判断。由于 $|Z| = 1.00 < Z_{0.05} = 1.960$，说明 p 落在接受区间内，应接受原假设 H_0，认为该厂产品的优质品率并无变化。

例 2－15：考察某城市的生活状况，规定家庭人均月收入低于 250 元者为贫困户。现抽查 1 000 户，其中贫困户为 180 户，是否可认为该城市贫困户的比率超过15%（$\alpha=0.05$）？

解：（1）建立假设：H_0：$p=0.15$

H_1：$p>0.15$

（2）统计量及分布：$\dfrac{P_s-p}{\sqrt{\dfrac{p(1-p)}{n}}}\sim N(0,1)$

（3）显著性水平 $\alpha=0.05\longrightarrow$临界值 $Z_\alpha=1.65$，从而可以得到 p 的置信度为100 $(1-\alpha)\%$的置信下界为：

$$L_\alpha=P_s-Z_\alpha\sqrt{\frac{P_s(1-P_s)}{n}}=0.18-1.65\times\sqrt{\frac{0.18\times0.82}{1\ 000}}=0.16$$

（4）统计决策：由于 $0.15<L_\alpha$，所以拒绝 H_0，接受 H_1：$p>0.15$。即该城市贫困户的比率显著高于15%。

（五）总体方差的检验

用样本方差 $S^2=\dfrac{\sum(x_i-\bar{x})^2}{n-1}$来估计总体方差，对于总体方差的检验就是根据样本资料计算的样本方差来判断总体方差是否发生显著的变化，这与总体平均数或成数检验的基本思路是一致的，所不同的是检验统计量需要选择 χ^2（卡方分布）统计量，采用 χ^2 检验。由于一般的 χ^2_α（$n-1$）分布表只提供右单侧临界值（见图2－13），所以如果是左单侧检验，在给定显著性水平 α 的左单侧检验的临界值，就应该用 $\chi^2_{(1-\alpha)}$（$n-1$）来代替。当根据样本信息计算检验统计量 χ^2 的实际值 $\chi^2_{(1-\alpha)}$（$n-1$）时，就拒绝原假设，而接受备择假设，否则就接受原假设。

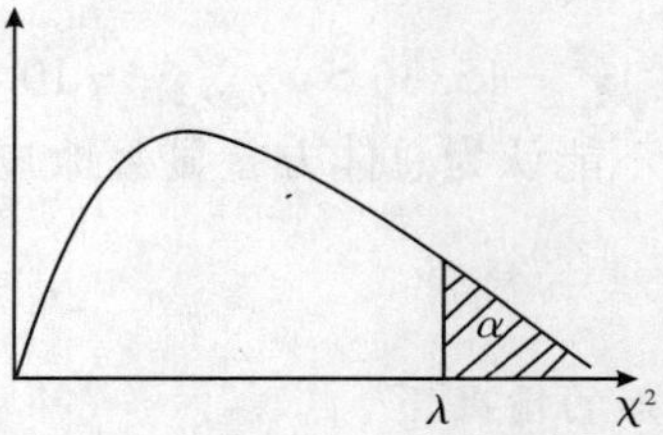

图2－13　χ^2 分布

例2－16：甲产品重量（生产用料）服从于平均数为 $\overline{X}$，标准差为 $\sigma=6g$ 的正态分布，现从重新投产的生产线上抽取10支实测计算样本方差为42，试

以显著性水平 $\alpha=0.1$ 来检验总体方差是否有显著变化？

解：已知 $\sigma^2=6^2=36$，$S^2=42$，$n=10$，$\alpha=0.1$

（1）建立假设：H_0：$\sigma^2=36$；H_1：$\sigma^2\neq36$，是双侧检验。

（2）使用 χ^2 检验统计量。

（3）按照给定的显著性水平 $\alpha=0.1$，自由度 $df=n-1$，查 χ^2 分布概率表，得下临界值为 $\chi^2_{(\frac{1-\alpha}{2},n-1)}=\chi^2_{(0.95,9)}=3.325$，上临界值为 $\chi^2_{(\alpha/2,n-1)}=\chi^2_{(0.05,9)}=16.919$。

（4）计算检验统计量的实际值

$$\chi^2=\frac{(n-1)\ S^2}{\sigma^2}=\frac{9\times42}{36}=10.5$$

（5）比较并作出判断。

因 $\chi^2_{(0.95,9)}=3.325<\chi^2=10.5<\chi^2_{(0.05,9)}=16.919$，说明 S 落在接受区间内，应接受原假设 H_0，不能认为总体方差显著变大。

例 2-17：某机械厂加工品的长度服从标准差 $\sigma=2.5$mm 的正态分布，经精工技术调整后，选出新加工的 25 个加工品，计算的样本标准差 $S=2$mm，试以显著性水平 1% 判断该厂加工品的变异性是否显著地减小。

解：已知 $\sigma^2=2.5^2$，$S^2=2^2$，$n=25$，$\alpha=0.01$

（1）建立假设：H_0：$\sigma^2\geqslant2.5^2=6.25$，$H_1$：$\sigma^2<6.25$，这是左单侧检验。

（2）使用 χ^2 检验统计量。

（3）按照给定的显著性水平 $\alpha=0.01$，自由度 $df=n-1$ 查 χ^2 分布概率表，确定临界值为 $\chi^2_{(1-\alpha,24)}=10.856$。

（4）计算检验统计量的实际值

$$\chi^2=\frac{(n-1)\ S^2}{\sigma^2}=\frac{24\times4}{6.25}=15.36$$

（5）比较并作出判断。$\chi^2=15.36>\chi^2_{(0.99,24)}=10.856$，说明 S 落在接受区间内，应接受原假设 H_0，不能认为总体方差显著地减小。

（六）两个总体均值之差的检验

1. 在两个总体方差已知的情况下

假定条件：

（1）两个样本是独立的随机样本；

（2）两个总体都是正态分布，若不是正态分布，可以用正态分布来近似（$n_1\geqslant30$ 和 $n_2\geqslant30$）。

检验统计量为：

$$Z=\frac{(\overline{X}_1-\overline{X}_2)-(\mu_1-\mu_2)}{\sqrt{\frac{\sigma_1^2}{n_1}+\frac{\sigma_2^2}{n_2}}}\sim N(0,1)$$

例 2-18：有两种方法可用于制造某种以抗拉强度为重要特征的产品。根据以往的资料得知，第一种方法生产出的产品其抗拉强度的标准差为 8 公斤，第二种方法的标准差为 10 公斤。从两种方法生产的产品中各抽取一个随机样本，样本容量分别为 $n_1=32$，$n_2=40$，测得 $\overline{X}_1=50$（公斤），$\overline{X}_2=40$（公斤）。问这两种方法生产的产品平均抗拉强度是否有显著差别（$\alpha=0.05$）？

解：已知 $\alpha=0.05$，$n_1=32$，$n_2=40$

建立假设：H_0：$u_1-u_2=0$，H_1：$u_1-u_2\neq0$

检验统计量：

$$Z=\frac{(\overline{X}_1-\overline{X}_2)-(\mu_1-\mu_2)}{\sqrt{\frac{\sigma_1^2}{n_1}+\frac{\sigma_2^2}{n_2}}}=\frac{50-40-0}{\sqrt{\frac{64}{32}+\frac{100}{40}}}=2.83$$

比较并作出判断：查 Z 分布概率表双侧检验，$\alpha=0.05$，则 $Z_{0.25}=1.96$。$Z=2.83>Z_{0.25}=1.96$，在 $\alpha=0.05$ 的水平上拒绝 H_0，有证据表明两种方法生产的产品其抗拉强度有显著差异。

2. 在两个总体方差未知且不相等的情况下（小样本）

假定条件：

（1）两个样本是独立的随机样本；

（2）两个总体都是正态分布；

（3）两个总体方差未知且不相等。

检验统计量：

$$Z=\frac{(\overline{X}_1-\overline{X}_2)-(\mu_1-\mu_2)}{S_p\sqrt{\frac{1}{n_1}+\frac{1}{n_2}}}\quad 其中：S_p=\frac{(n_1-1)S_1^2-(n_2-1)S_2^2}{n_1-n_2-2}$$

3. 在两个总体方差未知但相等的情况下（小样本）

假定条件：

（1）两个样本是独立的随机样本；

（2）两个总体都是正态分布；

（3）两个总体方差未知但相等 $\sigma_1^2=\sigma_2^2$。

检验统计量：

$$t=\frac{(\overline{X}_1-\overline{X}_2)\ -\ (\mu_1-\mu_2)}{\sqrt{\frac{S_1^2}{n_1}+\frac{S_2^2}{n_2}}}$$

例 2-19："多吃谷物，将有助于减肥"，为了验证这个假设，随机抽取了 35 人，询问他们早餐和午餐的通常食谱，根据他们的食谱，将其分为两类，一类为经常的谷类食用者共 15 人；一类为非经常谷类食用者共 20 人。然后测度每人午餐的大卡摄取量。经过一段时间的实验，得到如下结果：$\overline{X}_1=583$，$\overline{X}_2=629.25$，$S_1^2=2\ 431.429$，$S_2^2=3\ 675.461$，检验该假设（$\alpha=0.05$）。

解：已知 $\alpha=0.05$，$n_1=15$，$n_2=20$，$\bar{x}_1=583$，$\bar{x}_2=629.25$，$S_1^2=2\ 431.429$，$S_2^2=3\ 675.461$

建立假设：H_0：$u_1-u_2\geqslant 0$，H_1：$u_1-u_2<0$

检验统计量：

$$t=\frac{(\overline{X}_1-\overline{X}_2)\ -\ (\mu_1-\mu_2)}{\sqrt{\frac{S_1^2}{n_1}+\frac{S_2^2}{n_2}}}=\frac{583-629.25}{\sqrt{\frac{2\ 431.429}{15}+\frac{3\ 675.461}{20}}}=-2.486\ 9$$

比较并作出判断：查 t 分布概率表，$\alpha=0.05$，则 $t_{0.05}$（33）$=1.694$，由于 $|t|>|t_{0.05}|$，在 $\alpha=0.05$ 的水平上拒绝 H_0，没有证据表明多吃谷物将有助于减肥。

（七）两种类型错误

进行统计检验，原假设究竟是真实还是不真实，事实上并不知道。所以不论是接受原假设或拒绝原假设都可能犯错误，总之是要承担一定的风险。在进行统计检验中所作的判断不外以下四种情况（见表 2-7）：

表 2-7　　假设检验的各种可能结果

检验结果		假设的状态	
		H_0 为真	H_0 为伪
决策行动	接受 H_0	正确	错误（β）
	拒绝 H_0	错误（α）	正确

（1）原假设真实的，而接受原假设，这是正确的决定。

（2）原假设不真实，而拒绝原假设，这也是正确的决定。

（3）原假设真实的，而作出拒绝原假设的判断，这是犯了第一类型的错误（α 错误）。

（4）原假设不真实，而作出接受原假设的判断，这是犯了第二类型的错误（β 错误）。

在做检验决策的时候，当然希望所有真实的原假设都能得到接受，而尽量避免真实的假设被拒绝，少犯或不犯第一类型的错误。同时也希望所有不真实的原假设都被拒绝，尽量避免不真实的假设被接受，少犯或不犯第二类型的错误。因此需要对可能犯第一类型或第二类型错误的概率作分析。

一般地说，检验功效随着备择假设的真值与不真实的原假设距离有关，离原假设愈远的检验功效也愈高。但由于备择假设的真值通常并不知道，而且 β 的大小又和 α 成反比例变化。因此，假设检验总是将犯第一类型错误的风险概率固定下来，对所得的结果进行判断。既要减小 α，降低弃真概率；又要增强检验功效，减小 β，降低纳伪概率。只有增加样本单位数，抽取大样本即可以使 α 保持不变，又可以减小 β；而增大样本，还可以同时减小 α、β，也就是说，检验功效与样本大小成正比。但在实际工作中，增大样本，势必增加调查经费，因此不可能无限增大样本容量，所以选择控制第一类型错误便是更切实际的办法，检验程序设计正是从这一思路出发的。

本章学习要点

1. 应急管理过程中人们运用各种特定的方法与手段，从现实情景中收集有关的信息资料，并对其进行描述和解释。

2. 抽样调查就是从总体中抽取部分样本的指标数值来推断总体指标数值的调查。统计推论是在随机抽样调查的基础上，根据样本资料对总体进行推论的方法，包括点估计、区间估计和假设检验。在应急物质产品生产、加工与检验过程中有一定的应用价值。

关键术语

概率分布　重复抽样　非重复抽样　中心极限定理　抽样极限定理　抽样平均误差　点估计与区间估计　总体参数检验

思考与练习

1. 阐述重复抽样与非重复抽样方法。
2. 衡量估计量优劣的三个标准是什么？
3. 点估计与区间估计各有什么特点？

4. 阐述统计假设命题。

5. 阐述双侧检验与单侧检验方法。

6. 某地1930年到2000年70年中，5月至9月共发生暴雨180次（设每次以1天计算），试求在5月至9月份发生暴雨不超过4次的概率。

7. 某小区居委会要了解所属小区700户居民的月均平均收入，他们抽取50户家庭，得到月平均收入为2 400元，样本方差为950元。要求在置信区间90%的情况下，这700户居民月均收入的区间估计数。

8. 某省劳动服务公司需要了解属下两个企业在0.05的显著水平下，公司在这两个企业各抽取一个每日平均收入的简单随机样本，调查结果如下：

计时工资抽样检查结果的数据

	每日平均收入	样本大小	样本标准差（元）
A企业	6.95	200	0.40
B企业	7.10	175	0.60

试问：熟练工人的计时工资是否相同？

9. 某医院随机抽查250名正常男子注射组织胺后分别测定他们的胃游离酸含量，算得均值为71.36单位；现有胃溃疡患者200人，测得其胃游离酸含量的均值为83.70单位。由长期累积资料得知，正常男子和胃溃疡患者的胃游离酸含量的均方差分别是27.3单位和23.1单位。问正常男子和胃溃疡患者的胃游离酸含量的数学期望有无显著差异（显著性水平为0.05）。

10. 某烟厂生产两种香烟，现分别对它们的尼古丁含量（单位：毫克）作了6次鉴定，得到子样观察值如下表：

企业	第一次检测	第二次检测	第三次检测	第四次检测	第五次检测	第六次检测
A企业	25	28	23	26	29	22
B企业	28	23	30	25	21	27

试问这两种香烟的尼古丁含量有无显著差异（显著性水平为0.05，并认为这两种香烟的尼古丁含量都服从于正态分布，且方差相等）？

11. 对照上题两种香烟的尼古丁含量，检验它们的方差有无显著差异（显著性水平为0.1）。

第三章　相关分析与回归分析

本章概述

宇宙间各种现象和事物都是相互联系、相互制约和相互影响的。各种社会突发事件的发生，无一不是社会矛盾相互交错的结果。通过本章学习，了解相关与回归原理，正确地把握应急管理工作中各种现象之间的辩证关系，对于正确地分析和判断各种危机的根源与发展逻辑具有重要的作用。本章要求读者了解与相关回归的概念与关系、区别与联系，相关关系的种类；熟练掌握相关系数的计算与运用、知晓如何建立一元或多元线性回归方程、显著性检验和区间预测。

相关分析和回归分析是分析研究现象间依存关系的两种不同而又有联系的统计分析方法。相关分析和回归分析方法被广泛地应用于表示变量之间的数量关系，以及构造各种经济模型，进行结构分析、预测与控制和科学研究等方面。在应急管理中，研究应急管理中的各种变量及依存关系，进行应急心理干预。例如，1999 年 8 月，土耳其发生强烈地震，造成重大人员伤亡。3 年后，伦敦大学的精神病学家对当年土耳其地震的 769 名幸存者进行了调查。这些幸存者已经从震中地区迁居到了为无家可归者修建的永久住所中。81% 的幸存者接受调查的时间距离地震发生 3.1 年，其余的为 3.9 年。调查结果显示，40% 的人患有创伤后应激障碍，18% 的人患有应激障碍与抑郁并发症。他们通过线性回归分析，得出结论：创伤后应激障碍与地震中受到惊吓有关，而抑郁与失去亲人有关。2010 年，四川省离婚率位居全国第一位，有人认为四川省离婚率高与汶川大地震有关，这是一个臆想命题，很难作出论证。

第一节 相关分析与回归分析的基本概念

一、函数关系与相关关系的概念

客观现象普遍联系和相互依存，在客观现象之间的数量联系上存在两种类型：一是函数关系，另一种是相关关系。

（一）函数关系的概念

函数关系是一一对应的确定关系，用数学语言说就是当自变量取某一数值时，因变量有完全确定的数值与之对应，即某一变量值完全决定于另一个（或几个）变量。设有两个变量 x 和 y，变量 y 随变量 x 变化而变化，并完全依赖于 x，当变量 x 取某个数值时，y 依确定的关系取相应的值，则称 y 是 x 的函数，记为 $y=f(x)$，其中 x 称为自变量，y 称为因变量，各观测点落在一条线上。

例如，圆的面积（S）与半径（R）之间的关系可表示为 $S=\pi R^2$，就是典型的函数关系。

（二）相关关系的概念

相关关系是指现象间有不严格的依存关系，即现象之间数量上存在非确定性的对应关系，表现为各变量之间不具有确定性的对应关系。对于自变量的每一个具体数值，因变量可能有几个数值与之相对应，表现出一定的波动性和随机性。随着自变量的变动，因变量总是在某一平均数值上下按一定的规律变动，形成了因变量的平均值与自变量的数值有一一对应的关系。因此也可以利用函数形式来研究相关关系的数量表现。例如，农作物产量与每亩施肥量的关系，国民收入与国家财政收入的关系，人的体重和身高之间的关系，奖金发放与调动人的积极性的关系等。相关关系的特点如下：

（1）变量间关系不能用函数关系精确表达；

（2）一个变量的取值不能由另一个变量唯一确定；

（3）当变量 x 取某个值时，变量 y 的取值可能有几个；

（4）各观测点分布在直线周围。

二、相关关系的种类

（一）按相关的程度不同可分为完全相关、不完全相关和不相关

当因变量完全随自变量的变动而变动，这两个变量之间的关系称为完全相关，即存在着函数关系。当变量之间各自独立，互不影响，完全不存在任何依存关系，即自变量变动，因变量完全不随之作相应的变动，这两个变量之间的关系，称为不相关或零相关。介于完全相关和不相关之间的关系，称为不完全相关，也称为狭义的相关。

（二）按所涉及的变量多少不同分为单相关、复相关和偏相关

单相关，是研究一个因变量对一个自变量的相关关系。复相关，是研究一个因变量对两个或两个以上自变量的相关关系。由于复相关涉及三个或三个以上变量之间的关系，因此又称为多元相关。偏相关，指当假定其他变量不变时，其中两个变量的相关关系。

（三）按相关形式的不同分线性相关和非线性相关

当自变量与因变量的各对应数值，在直角坐标系中所描出的若干点，其分布大致是一条直线趋势，或可以近似地表现为直线的形式时，则称为直线相关或线性相关。如果相关点的分布近似地表现为某种曲线的形式，如抛物线、双曲线、指数曲线等，这种相关统称为非直线相关或非线性相关。

（四）按相关的方向不同分为正相关和负相关

在单相关与直线相关中，当自变量的数值增加或减少，因变量的数值也相应增加或减少，两者的变动方向一致时，称为正相关。例如，劳动生产率提高，平均利润率也随着增加，两者的关系是正相关；青年失业人数越多，越容易导致青年人犯罪率的提高，形成社会危机，两者也是正相关的关系。当自变量的数值增加而因变量的数值相应减少，或自变量的数值减少而因变量的数值相应增加，它们的变动方向相反，称为负相关。例如，产品成本降低利润增加，或产品成本提高利润减少，两者的关系是负相关。

三、相关分析与回归分析的区别与联系

（一）相关分析与回归分析的概念

相关分析是用以分析社会经济现象间的依存关系，研究两个变量之间相关的方向和相关的密切程度，其目的就是从现象的复杂关系中消除非本质的偶然性影响，从而找出现象间相互依存的形式和密切程度以及依存关系变动的规律性。相关分析的思路是：根据实际观察的数字资料，在具有相关关系的变量之间，通过相关系数的测定，实现对现象之间的依存关系的表现形式和密切程度的研究。由于相关分析中的两个变量都可以是处于对称地位的随机变量，在计算相关系数时，改变两变量的地位并不影响相关系数的数值。

回归分析是从一组样本数据出发，确定变量之间的数学关系式，对这些关系式的可信程度进行各种统计检验，并从影响某一特定变量的诸多变量中找出哪些变量的影响显著，哪些不显著，利用所求的关系式，根据一个或几个变量的取值来预测或控制另一个特定变量的取值，并给出这种预测或控制的精确程度。回归分析的思路是：建立具有一定数学形式的回归方程，来反映变量之间相互关系的具体形式，通过回归方程测定一个自变量或几个自变量的变化，对因变量数量变化的影响，以便从一个已知量来推测另一个未知量，为估算预测提供方法。回归分析的主要内容有：

（1）以数据观测为依据，建立揭示变量间相关关系的定量关系式，是经验回归方程的具体形式；

（2）应用统计推断理论，对经验回归方程进行统计检验；

（3）利用已建立的经验方程，对客观过程进行分析、预测和控制。

（二）相关分析与回归分析的区别

（1）相关分析中，变量 x 和变量 y 处于平等的地位；回归分析中，变量 y 称为因变量，处在被解释的地位，x 称为自变量，用于预测因变量的变化；

（2）相关分析中所涉及的变量 x 和 y 都是随机变量；回归分析中，因变量 y 是随机变量，自变量 x 可以是随机变量，也可以是非随机的确定变量；

（3）相关分析主要是描述两个变量之间线性关系的密切程度；回归分析不仅可以揭示变量 x 对变量 y 的影响大小，还可以由回归方程进行预测和控制。

（三）相关分析与回归分析的联系

（1）理论和方法具有一致性；

（2）无相关就无回归，相关程度越高，回归越好；

（3）相关系数和回归系数方向一致，可以互相推算。

总之，回归分析和相关分析是互相补充，密切联系的。相关分析的目的主要是确定两变量之间是否存在相关关系及关系的密切程度，而回归分析的主要目的在于以方程的形式在两个相关变量之间确立一种数量上的关系。相关分析需要回归分析来表明现象之间数量相关的具体形式，而回归分析则应该建立在相关分析的基础上，只有在相关分析表明现象之间的相关程度密切到有建模必要时，进行回归分析求其相关的具体形式才有意义，而现象之间相关系数很低时，确定的回归方程代表性就很差，甚至没有研究价值。

在我国汶川大地震之后恢复重建的过程中，有学者指出，我们要特别关注“创伤后应激障碍”（post－traumatic stress disorder，简称 PSTD）问题。它是指“个体对异乎寻常的、威胁性的、灾难性的生活事件的延迟出现或持续存在的反应，以再度体验创伤为特征，并伴有情绪的易激惹和回避行为。PSTD 症状通常在创伤后立即出现，但也可以经过一段无明显症状的间歇期才发病，间歇期可长达半年以上，一旦出现，则可持续 1 个月至数年”。重大灾难后心理创伤的相关与回归分析在心理干预中有广泛运用。

第二节　相关分析

判断现象间的相关关系，一般先做定性分析，然后做定量分析。定性分析就是根据基本理论、有关专业知识和实际工作经验，进行科学的分析研究，初步确定现象间有无关系。例如，动物的异常表现与地震的关系，完善社会保障体系与社会稳定的关系等。如果现象间确有关系，进一步编制相关图或相关表、计算相关系数等做定量分析，以反映相关关系的方向和程度。

一、相关表与相关图

（一）相关表

相关表是一种反映变量之间相关关系的统计表，在定性认识的基础上，把具有相关关系的原始资料，平行排列以观察它们之间的相互关系，如果是将某一变量按照其取值的大小排列，然后再将与其相关的另一变量的对应值逐一排列，便可以得到简单相关表。如果将某一变量的一定取值范围按照其大小排列于纵栏，将另一变量的相应取值（或取值范围）也按照其大小排列于横栏，便可以得分组相关表。编制对应相关表不仅可以直观地显示现象之间的数量相关关系，而且也是计算相关指标的基础。如按年份编制各年度产品产量与生产投入的关系。

（二）相关图

相关图又称散点图，它是将相关表中的观测值在平面直角坐标系中用坐标点描绘出来，以表明相关点的分布状况。通过相关图，可以大致看出两个变量之间有无相关关系以及相关的形态、方向和密切程度，如图 3-1 所示。

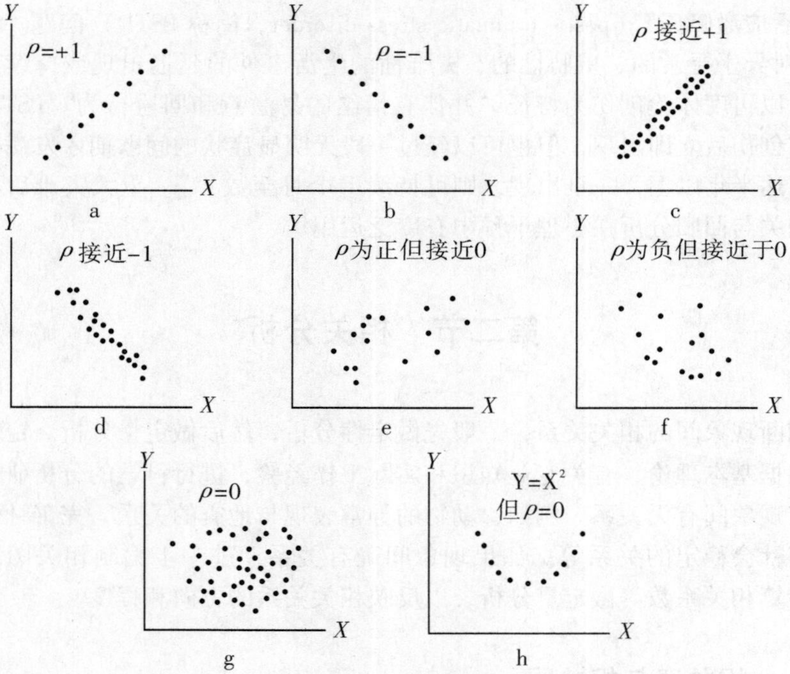

图 3-1　经典的相关图

以上的相关图中，图 a、图 b、图 c、图 d 为线性关系，图 h 为二次曲线指数曲线关系，而图 g 杂乱无章无关系可循。

二、相关系数

相关表与相关图清楚地反映了两个变量之间的相互关系及其相关方向，但无法确切地表明两个变量之间线性相关的程度。统计学家卡尔·皮尔逊设计了一个用于测定两个变量之间线性相关程度和相关方向的指标，简称相关系数。

（一）相关系数的定义

相关系数是用来说明变量之间在直线相关条件下相关关系密切程度和方向的统计分析指标。它用积矩相关系数来表示，是对协方差的改进，因为协方差 σ_{xy}^2 可表明 X、Y 的“共变性”和线性相关的方向，但不适用于比较的相关关系的量度。一般地，样本相关系数用 r 表示，而总体相关系数用 ρ 表示。

总体相关系数的基本计算式为：

$$\rho = \frac{\mathrm{Cov}(X,\ Y)}{\sqrt{\mathrm{Var}\ (X)\ \mathrm{Var}\ (Y)}}$$

式中，Cov（X，Y）是变量 X 与 Y 的协方差；Var（X）与 Var（Y）分别是变量 X 与 Y 的方差。总体相关系数是反映两变量之间线性相关程度的一种特征值，表现为一个常数。

样本相关系数的积矩公式为：

$$r = \frac{\sum(x-\bar{x})(y-\bar{y})}{\sqrt{\sum\ (x-\bar{x})^2}\sqrt{\sum(y-\bar{y})^2}}$$

或

$$r = \frac{\sigma_{xy}^2}{\sqrt{\sigma_x \sigma_y}}$$

其中

$$\sigma_{xy}^2 = \frac{\sum(x-\bar{x})(y-\bar{y})}{n}$$

（1）两个变量之间的相关程度和方向，取决于两个变量离差乘积之和 $\sum(x-\bar{x})(y-\bar{y})$，当它为 0 时，$r$ 为 0；当它为正时，r 为正；当它为负时，r 为负。

（2）相关程度的大小与计量单位无关。为了消除积差中两个变量原有计量单位的影响，将各变量的离差除以该变量数列的标准差，使之成为相对积差，即 $\frac{x-\bar{x}}{\sigma_x}$ 和 $\frac{y-\bar{y}}{\sigma_y}$，所以相关系数是无量纲的数量。

样本相关系数是根据样本观测值计算的，抽取的样本不同，其具体的数值也会有所差异。在上式中，相关系数的计算受到自变量平均数 $\bar{x}$ 和因变量平均数 $\bar{y}$ 的限制，计算起来颇为麻烦。所以，实际操作中，一般采用较简便的计算式计算。

（二）相关系数的取值范围

1. 样本相关系数 r 的性质

相关系数一般可以从正负符号和绝对数值的大小两个层面理解。正负说明现象之间是正相关还是负相关。绝对数值的大小说明两现象之间线性相关的密切程度。

（1）相关系数 r 是一个相对数，它不受计量单位的影响。

（2）在大多数情况下，$0<|r|<1$，即 x 与 y 的样本观测值之间存在着一定的线性关系。当 $r>0$ 时，称两变量为正相关；当 $r<0$ 时，称两变量为负相关。

（3）如果 $|r|=1$，则表明 x 与 y 完全线性相关。当 $r=+1$ 时，两变量完全正相关；当 $r=-1$ 时，两变量完全负相关。

（4）如果 x 与 y 在统计上相互独立，即两变量不存在线性关系，则相关系数为零。但若 $r=0$，并不能确定 x 与 y 之间无相关关系，只能确定 x 与 y 之间无线性关系，而 x 与 y 之间可能还存在着其他类型的非直线关系。

（5）相关系数 r 具有对称性，即 x 与 y 之间的相关系数和 y 与 x 之间的相关系数相同。

2. 相关程度的判断标准

一般分为以下四个等级：

（1）若 $0<|r|\leqslant 0.3$，则认为 x 与 y 微弱相关（视为不相关）；

（2）若 $0.3<|r|\leqslant 0.5$，则认为 x 与 y 低度相关；

（3）若 $0.5<|r|\leqslant 0.8$，则认为 x 与 y 显著相关；

（4）若 $0.8<|r|<1$，则认为 x 与 y 高度相关。

（三）相关系数的简化计算式

利用代数推演法可得到计算相关系数的简化式如下：

$$r=\frac{n\sum xy-\sum x\sum y}{\sqrt{n\sum x^2-\left(\sum x\right)^2}\sqrt{n\sum y^2-\left(\sum y\right)^2}}$$

例 3－1：大规模失业不应只是一个应急过程，而应作为常规性风险来处置。某福利国家某地区 2001 年至 2006 年领取失业救济金人数与就业人数资料如表 3－1 所示。

表 3－1　领取失业救济金人数与就业人数相关系数计算表

年份 n	就业人数 y（千人）	领取救济金人数 x（千人）	x^2	y^2	xy
2001	73	2	4	5 329	146
2002	72	3	9	5 184	216
2003	71	4	16	5 041	284
2004	73	3	9	5 329	219
2005	69	4	16	4 761	276
2006	68	5	25	4 624	340
合计	426	21	79	30 268	1 481

$$r=\frac{n\sum xy-\sum x\sum y}{\sqrt{n\sum x^2-(\sum x)^2}\sqrt{n\sum y^2-(\sum y)^2}}$$

$$=\frac{6\times 1\,481-21\times 426}{\sqrt{[6\times 79-21^2][6\times 30\,268-426^2]}}=-0.909\,1$$

这一结果说明领取失业救济金人数与就业人数存在高度负相关关系，作为福利国家，领取救济金的人数越多，救济水平越高，愿意就业的人数就越少。在福利国家要预防“懒汉经济”现象的发生，就要采取一系列鼓励就业的措施。

（四）相关系数的检验

利用样本相关系数 r 对总体相关系数 ρ 进行检验，采用 t 检验。检验步骤如下：

（1）建立统计假设：H_0：$\rho=0$，H_1：$\rho\neq 0$；

（2）构造 t 统计量：

$$t=\frac{r\sqrt{n-2}}{\sqrt{1-r^2}}$$

（3）规定显著性水平，并依据自由度（$n-2$）确定临界值。根据给定的

显著性水平 α 和自由度，查 t 分布表得相应的临界值 $t_{\alpha/2}$。将计算的统计量与临界值对比，如果 $|t| \geqslant t_{\alpha/2}$，说明总体相关系数 ρ 不为零，表明变量间线性相关在统计上是显著的，就拒绝原假设；若统计量小于临界值，则说明相关关系在统计上并不显著。

如例 3 - 1，$r = -0.9091$，这只能说明 2001 年至 2006 年领取失业救济金人数与就业人数存在高度负相关。但 x 与 y 的总体之间是否存在线性相关关系呢？这需要进行 ρ 的显著性检验。

给定的显著性水平 $\alpha = 0.05$，$n = 6$ 计算

$$t = |r|\sqrt{\frac{n-2}{1-r^2}} = \frac{0.9091 \times \sqrt{6-2}}{\sqrt{1-0.8265}} = 4.3654$$

根据 $\alpha = 0.05$，$df = 6 - 2$，查 t 分布表得 $t_{(0.025,4)} = 2.776$，显然 t 值大于 $t_{\alpha/2}$ 值，于是就拒绝原假设，认为领取失业救济金人数与就业人数之间存在显著的线性相关关系。

三、复相关与偏相关

1. 复相关系数的测定

复相关是指一个因变量 y 同时与多个自变量 x_1，x_2，…，x_k 之间的相关关系。例如，农作物产量与施肥量、光照、耕作深度、农业技术等变量相关；学习成绩与考生的智商、情商相关；社会动乱与社会严重分配不公、通货膨胀、失业等因素相关。自变量越多，计算越复杂，当各个自变量共同变动时，因变量也随之而变动，其相关程度，就可用复相关系数的方法来测定。我们如果把这些多个自变量作为一个独立数列，则复相关系数即为测定一个因变量与一个独立数列相关程度的量数，其意义与两个变量间的相关关系完全一样。在复相关中，此独立数列虽说是由多个自变量所组成，但其相关系数的基本意义并不因此而有所变更。其公式为：

$$r_{y,1,2,\cdots,k} = \frac{\sum(y_i - \bar{y})(\hat{y}_i - \bar{y})}{\sqrt{\sum(y_i - \bar{y})^2 \sum(\hat{y}_i - \bar{y})^2}}$$

上式与简单相关系数的定义式很类似，所不同的是用 x_1，x_2，…，x_k 等计算的回归估计值 $\hat{y}_i$，代替了简单相关系数得 x_i。这是因为 $\hat{y}_i$ 是 x_1，x_2，…，x_k 等的线性组合。

复相关系数的计算简化公式为：

$$r_{y,1,2,\cdots,n}=\sqrt{1-\frac{\sum\ (y_i-\hat{y}_i)^2}{\sum\ (y_i-\bar{y})^2}}=\sqrt{\frac{\alpha\sum y_i+\beta_1\sum x_{1i}y_i+\beta_2\sum x_{2i}y_i+\cdots+\beta_K\sum x_{ki}y_i-n\,\bar{y}^2}{\sum y_i^2-n\bar{y}^2}}$$

复相关系数同样可以用于研究一个自变量与其他自变量之间的依存程度的研究。

2. 偏相关系数的测定

偏相关也叫净相关，是指在其他变量固定不变的条件下，研究任何两个变量之间的关系，如学习成绩与考生的智商、情商相关，我们可以分别在固定智商的情况下，研究学习成绩与情商的净相关系数，在固定情商的情况下，研究学习成绩与智商的净相关系数。即每一个自变量与因变量的相关程度均可以用一个净相关系数来测定，其计算公式为：

$$r_{ij,k}=\frac{r_{ij}-r_{ik}r_{jk}}{\sqrt{(1-r_{ik})^2\ \ (1-r_{jk})^2}}$$

$r_{ij,k}$表示变量 k 为定值时，变量 i，j 的一级偏相关系数。

偏相关系数就是在多变量情况下，除去其他变量的影响，对两个特定变量之间的相关程度所作的度量。计算偏相关系数主要应用在建立回归模型时判断哪些自变量对因变量的影响较大，作为必须考虑的自变量，而对因变量影响较小的自变量，可不予考虑。

复相关与净相关包括的变量较多，在计算时较为繁琐，特别是自变量增加到 4 个以上时，计算过程更为复杂，必须设计一套系统的算法加以处理，力求简便准确。

第三节　一元线性回归分析

“回归”一词最初来源于生物学，英国生物学家 F. Galton 在研究身高的遗传问题时，发现父辈身高与子辈身高之间存在一定的关系。高的父母其子女也偏高，矮的父母其子女也偏矮。但就平均来看，高的父母的孩子不会像父母那样高，矮的父母的孩子也不会像父母那样矮。即就身高的平均意义而言，父辈的身高和子辈的身高之间存在着某种关系。K. Pearson 通过对 1 000 多个家庭作抽样调查，证实了 F. Galton 的结论。

回归分析就是对具有相关关系的变量之间数量变化的一般关系进行测定，确定一个相关的数学表达式，以便于进行估计或预测的统计方法。进行回归分析通常需要设定一个适当的数学模型，反映现象总体之间所存在的普遍联系。根据回归分析的方法，得出的数学表达式称为回归方程或回归模型。回归分析的特点是：

（1）在变量之间，必须根据研究目的具体确定哪个是自变量，哪个是因变量。

（2）回归方程的作用在于，在给定自变量的数值情况下来估计因变量的可能值。一个回归方程只能做一种推算。推算的结果表明变量之间具体的变动关系。

（3）直线回归方程中，自变量的系数为回归系数。回归系数的符号为正时，表示正相关；回归系数的符号为负时，表示负相关。

（4）确定回归方程时，只要求因变量是随机的，而自变量则是给定的数值。

一、一元线性回归模型

（一）总体回归模型

在回归分析中，最简单的模型只有一个因变量和一个自变量的线性回归模型，这就是一元线性回归模型，又称简单线性回归模型。这类模型通常是假定因变量 Y 主要受自变量 X 的影响，它们之间存在近似的线性函数关系，即有：

$$Y_i = \beta_0 + \beta_1 X_i + u_i$$

上式称为总体回归模型，式中的 β_0、β_1 叫回归系数；Y_i 和 X_i 分别是 Y 和 X 的第 i 次的观测值；u_i 是随机误差项，又称随机干扰项，它是一个特殊的随机变量，反映了未被列入方程式的其他所有因素对因变量的综合影响。

例如，我们考察经济学中最常见的消费函数，假定用 Y 表示居民的消费支出，用 X 表示居民的可支配收入，则两者的线性函数式可表示为：

$$Y_i = \beta_0 + \beta_1 X_i + u_i$$

式中，Y 代表消费支出；X 代表可支配收入；β_0 是基础消费水平的常数项，代表不受可支配收入影响的基础消费支出；β_1 是边际消费倾向，它表明可支配收入每增加一个单位时，消费支出所增加的数量；u 为随机误差项。试想，要完整、准确无误地取得全国亿万户居民家庭的可支配收入与消费支出的资料何等困难，同时即使得到这些资料，考察具有相同收入的家庭，他们用于消费的那一部分会完全相同吗？答案是肯定不会相同的，因此我们所建立的回归模型，只能说通过回归得到平均的居民消费支出与可支配收入的关系能够用直线模型来反映。事实上，给出 N 组样本点，便可以得出 N 条样本回归直线，其样本回归方程的形式为：

$$E(Y_i)=\beta_0+\beta_1X_i$$

那么，哪一条样本回归直线对总体回归方程近似得更好呢？这里，估计量 $\hat{Y}_i$，$\hat{\beta}_0$ 和 $\hat{\beta}_1$ 为统计量，随样本的变化而变化，对某个给定的样本而言，得到一个点估计值。用 $\hat{Y}_i=\hat{\beta}_0+\hat{\beta}_1X_i$ 估计 $E(Y_i)=\beta_0+\beta_1X_i$，其近似程度及优劣程度如何？能否设计一种准则或方法，使得样本回归直线 SRF 尽可能地接近于总体回归直线 PRF。或者说，$\hat{\beta}_0$、$\hat{\beta}_1$ 尽可能地接近 β_0、β_1，尽管我们并不知道 β_0、β_1。

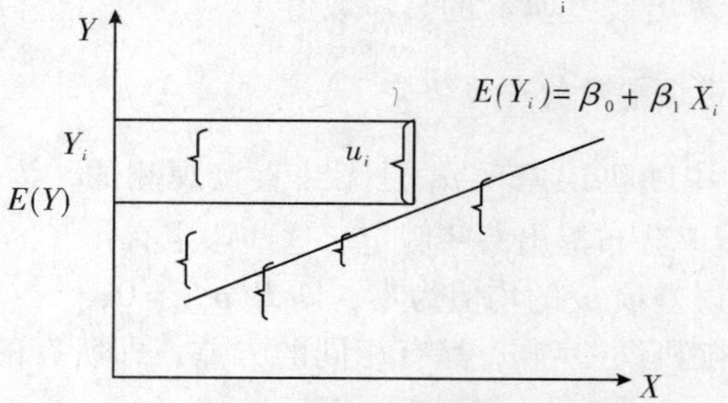

图 3-2　总体回归线与随机误差项

不难发现，对于变量 X 的第 i 次取值，随机误差 u_i 是总体的实际 Y_i 值与总体回归直线期望值 $E(Y)$ 之差。即

$$u_i=Y_i-E(Y)$$

（二）样本回归模型

样本回归函数就是根据样本资料建立的回归模型，其表现形式如下：

$$y_i=\hat{\beta}_0+\hat{\beta}_1x_i+e_i$$

式中，$\hat{\beta}_0$ 是样本回归模型的截距系数，$\hat{\beta}_1$ 是样本回归模型的斜率系数，$\hat{\beta}_0$ 与 $\hat{\beta}_1$ 分别是总体回归系数 β_0 和 β_1 的估计量，e_i 是样本残差。

相应的样本回归直线为：

$$\hat{y}=\hat{\beta}_0+\hat{\beta}_1x$$

式中 $\hat{y}$ 是样本回归线上与 x 相对应的 y 取值，是 $E(y_i)$ 的估计量。

残差 e_i 是样本观测值 y_i 与样本回归直线 $\hat{y}_i$ 之间的偏差。即

$$e_i = y_i - \hat{y}_i$$

样本回归模型与总体回归模型之间的联系显而易见，这里需要特别指出的是它们的区别。第一，总体回归线是未知的，是客观唯一存在的。总体回归模型中的 β_0 与 β_1 是未知的参数，表现为常数。而样本回归线则是根据样本数据拟合的，即样本回归模型中的 $\hat{\beta}_0$ 与 $\hat{\beta}_1$ 是随机变量，其具体的数值随样本观测值的不同而变化。第二，随机误差 μ_i 是实际 Y_i 值与总体均值 $E(Y_i)$ 离差，即 Y_i 与总体回归线的纵向距离（见图 3－2）是不可直接观测的。而样本回归模型的残差 e_i 是样本观测值 y_i 与样本回归线的纵向距离，当拟合了样本回归线之后，是可以计算出残差项 e_i 的具体数值。

（三）关于随机误差项的理论假定

由于总体模型中随机误差项 μ_i 是无法直接观测的，为了进行回归分析，通常需要对 μ_i 的概率分布提出一些假定，这些假定有：

假定 1：随机误差项 μ_i 的均值为零，即 $E(\mu_i)=0$；

假定 2：所有随机误差项 μ_i 都有相同的方差，即所有的误差项 μ_i 的方差为常数，即 $\mathrm{Var}(\mu_i)=\sigma^2$；

假定 3：任意两个随机误差项 μ_i 和 $\mu_j\,(i \neq j)$ 独立，不存在序列相关关系，其协方差为零，即 $\mathrm{Cov}(\mu_i, \mu_j)=0$；

假定 4：解释变量 X_i 是给定的确定变量，与随机误差项 μ_i 线性无关，即 $\mathrm{Cov}(\mu_i, X_i)=0$。

假定 5：随机误差 μ_i 服从正态分布，即 $\mu_i \sim N(0, \sigma^2)$。

这些是德国数学家高斯（C. F. Gauss）提出的基本假定，也称高斯假定或经典线性假设。满足上述基本假定的一元线性回归模型，称为标准一元线性回归模型。

二、一元线性回归模型的估计

（一）回归系数的估计——普通最小二乘法（OLS）

1. 普通最小二乘法（OLS）

在根据样本资料确定的样本回归模型时，我们总是希望样本模型的估计量

$\hat{y}$ 从整体来看尽可能地接近其观测值，即残差 e_i 的总量越小越好。由于 e_i 可能有正有负，简单代数和会相互抵消等于零，因此可以用残差平方和 $\sum e_i^2$ 作为衡量总偏差的尺度，通过使残差平方和为最小来估计回归系数的。这就是所谓的普通最小二乘法（method of ordinary least squares，简记为 OLS）依据的基本思路。

设：$Q=\sum e_i^2=\sum(y_i-\hat{y}_i)^2=\sum(y_i-\hat{\beta}_0-\hat{\beta}_1 x_i)^2$

很明显，残差平方和 Q 的大小将依赖于 $\hat{\beta}_0$ 和 $\hat{\beta}_1$ 的取值。根据微积分求极小值的原理，欲使 Q 达到最小，就利用 Q 对上式的 $\hat{\beta}_0$ 和 $\hat{\beta}_1$ 求偏导数，并令其为零。得：

$$\begin{cases} -2\sum(y_i-\hat{\beta}_0-\hat{\beta}_1 x_i)=0 \\ -2\sum(y_i-\hat{\beta}_0-\hat{\beta}_1 x_i)x_i=0 \end{cases}$$

整理后得：

$$\begin{cases} \sum y_i=n\hat{\beta}_0+\hat{\beta}_1\sum x_i \\ \sum x_i y_i=\hat{\beta}_0\sum x_i+\hat{\beta}_1\sum x_i^2 \end{cases}$$

以上方程组称为正规方程组或标准方程组，式中的 n 是样本容量。求解这一方程组可得：

$$\hat{\beta}_1=\frac{n\sum x_i y_i-\sum x_i\sum y_i}{n\sum x_i^2-(\sum x_i)^2}=\frac{\sum(x_i-\bar{x})(y_i-\bar{y})}{\sum(x_i-\bar{x})^2}$$

$$\hat{\beta}_0=\frac{\sum x_i^2\sum y_i-x_i\sum x_i\cdot y_i}{n\sum x_i^2-(\sum x_i)^2}=\frac{\sum y_i}{n}-\hat{\beta}_1\frac{\sum x_i}{n}=\hat{y}-\hat{\beta}_1\bar{x}$$

写出样本回归方程：

$$\hat{y}_i=\hat{\beta}_0+\hat{\beta}_1 x_i$$

该样本回归方程有以下特点：

（1）$\sum e_i=0$，即回归线对观测点的拟合误差平均为零；

（2）所拟合的回归线通过均值点（$\bar{x}$，$\bar{y}$）；

（3）残差 e_i 和自变量 x_i 之间无相关关系（e_i 和预测值 $\hat{y}_i$ 之间也无相关关系）。

以上使得所有残差平方和达到最小来求参数估计值的方法，即为著名的最小二乘法（ordinary least squares，OLS），$\hat{\beta}_0$ 和 $\hat{\beta}_1$ 称为最小二乘估计量 OLSE。

例 3－2：调查某生活小区 15 户居民家庭，得每个家庭的人均月食品支出 y_i 与人均月收入 x_i 的有关资料如表 3－2 所示。

表 3－2　　**一元线性回归计算表**

家庭编号	人均月食品支出（y）	人均月收入（x）	xy	x^2	y^2
1	470	910	427 700	828 100	220 900
2	460	880	404 800	774 400	211 600
3	450	885	398 250	783 225	202 500
4	480	910	436 800	828 100	230 400
5	470	855	401 850	731 025	220 900
6	560	1 190	666 400	1 416 100	313 600
7	390	670	261 300	448 900	152 100
8	460	815	374 900	664 225	211 600
9	510	1 015	517 650	1 030 225	260 100
10	510	930	474 300	864 900	260 100
11	540	1 045	564 300	1 092 025	291 600
12	580	1 090	632 200	1 188 100	336 400
13	470	805	378 350	648 025	220 900
14	480	860	412 800	739 600	230 400
15	400	720	288 000	518 400	160 000
合计	7 230	13 580	6 639 600	12 555 350	3 523 100

根据计算结果可知：$n=15$，$\sum x=13\ 580$，$\sum y=7\ 230$，$\sum xy=6\ 639\ 600$，$\sum x^2=12\ 555\ 350$，代入计算公式得：

$$\hat{\beta}_1=\frac{15\times 6\ 639\ 600-13\ 580\times 7\ 230}{15\times 12\ 555\ 350-(13\ 580)^2}=0.360\ 4$$

$$\hat{\beta}_0=\frac{7\ 230}{15}-0.360\ 4\times\frac{13\ 580}{15}=155.706\ 7$$

样本回归方程为：$\hat{y}_i=155.706\ 7+0.360\ 4x_i$

式中的 $\hat{\beta}_1=0.360\ 4$ 表示人均月收入每增加 1 元，人均月食品支出会增加 0.360 4 元；$\hat{\beta}_0=155.706\ 7$ 表示即使收入为 0，也需 150 多元的食品支出，是基本的生活保障。

（二）估计标准误差（用 S_{yx} 表示）

根据上述估计的回归直线方程，已知自变量值，就能推算出因变量的估计值。但这一估计值与实际观测值存在着差异，因此求出回归方程后，有必要对其拟合程度进行检测。这就是除了 β_0 与 β_1 之外，一元线性回归模型另一个重要参数，总体随机误差项 μ_i 的方差 σ^2。但是由于总体随机误差本身是不能直接观测的，因此需要寻找一个合适的样本无偏估计量——用估计标准误差的平方来代替。

估计标准误差是衡量因变量的实际值 y_i 与估计值 $\hat{y}_i$ 离差一般水平的分析指标，用 S_{yx} 表示，用来反映回归方程代表性的大小。由于 $e_i = y_i - \hat{y}_i$，所以在计算估计值 $\hat{y}_i$ 时，必须先求出 $\hat{\beta}_0$ 和 $\hat{\beta}_1$，因此失去两个自由度，所以估计标准误差的自由度为 $n-2$。S_{yx} 越小，回归直线拟合越好；S_{yx} 越大，回归直线拟合越差。S_{yx} 计算公式为：

$$S_{yx} = \sqrt{\frac{\sum(y-\hat{y})^2}{n-2}}$$

或简化式：

$$S_{yx} = \sqrt{\frac{\sum y^2 - a\sum y - b\sum xy}{n-2}}$$

例 3－3：利用上例资料，已知 $\sum y = 7\ 230$，$\sum xy = 6\ 639\ 600$，$\sum y^2 = 3\ 523\ 100$，求总体方差与回归标准差。

解：

$$\begin{aligned}\sum e_i^2 &= \sum y_i^2 - \hat{\beta}_0 \sum y_i - \hat{\beta}_1 \sum x_i y_i \\ &= 3\ 523\ 100 - 155.706\ 7 \times 7\ 230 - 0.360\ 4 \times 6\ 639\ 600 \\ &= 4\ 428.719\end{aligned}$$

$$S_{yx}^2 = \frac{\sum e_i^2}{n-2} = \frac{4\ 428.719}{15-2} = 340.670\ 7$$

$$S_{yx} = \hat{\sigma} = \sqrt{340.670\ 7} = 18.457\ 3$$

三、显著性检验

回归分析的显著性检验有两项：一是对各回归系数的显著性检验；二是对整个回归方程的显著性检验。对于前者通常采用 t 检验，而对后者是在方差分

析的基础上采用 F 检验。

（一）线性关系的检验

具体方法是将回归离差平方和（SSR）同剩余离差平方和（SSE）加以比较，应用 F 检验来分析二者之间的差别是否显著。检验的具体步骤如下：

第一步，提出假设：H_0：$\beta=0$，H_1：$\beta\neq0$；

第二步，计算检验统计量 F。

$$F=\frac{SSR/1}{SSE/(n-2)}=\frac{\sum(y_c-\bar{y})^2/1}{\sum(y-y_c)^2/(n-2)}$$

可以证明，在原假设成立的情况下，F 统计量服从 F 分布，第一自由度为 1，第二自由度为 $n-2$，即 $F\sim F(1,\ n-2)$

第三步，确定显著性水平以及临界值 F。

确定显著性水平 α（通常 $\alpha=0.05$）。

依据 α 和两个自由度 f_1、f_2 查 F 分布表可得相应的临界值 F_α。

第四步，作出判断。

如果 $F>F_\alpha$，拒绝原假设 H_0，表明回归效果显著；反之，则接受原假设，表明线性回归方程的回归效果不显著。

例 3-4：某地区某民政企业主要生产应急产品，8 年中产品产量与生产费用的相关情况如表 3-3 所示，其中 x 为产量，y 为生产费用。

表 3-3　　一元线性回归模型 F 检验计算表

年份	x	y	y_c	$(y_c-\bar{y})^2$	$(y-y_c)^2$
1997	1.2	620	667.984 18	186 637.67	2 302.481 5
1998	2	860	771.152 1	108 140.94	7 893.949 3
1999	3.1	800	913.007 99	34 966.012	12 770.806
2000	3.8	1 100	1 003.279 9	9 354.773 9	9 354.773 9
2001	5	1 150	1 158.031 8	3 367.689 8	64.509 811
2002	6.1	1 320	1 299.887 7	39 955.089	404.505 01
2003	7.2	1 350	1 441.743 6	116 788.67	8 416.884 5
2004	8	1 600	1 544.911 5	197 946.24	3 034.742 8
合计	36.4	8 800	8 799.998 8	697 157.09	44 242.653

经计算，一元线性回归模型为：$y_c=513.232\ 3+128.959\ 9x$，以上模型表明：产品产量每增加 1 千吨，生产费用平均增加 128.959 9 千元。

（1）提出假设。假设线性关系不显著，即 H_0：$\beta=0$。

（2）计算检验统计量 F。

$$F=\frac{\sum(y_c-\bar{y})^2/1}{\sum(y-y_c)^2/(n-2)}=\frac{697\ 157.09}{44\ 242.653/6}=94.545\ 47$$

（3）确定显著性水平以及临界值 F。

设 $\alpha=0.05$，$f_1=1$，$f_2=n-2=6$，查 F 分布得临界值 $F_{0.005}$（1，6）$=5.99$

（4）作出判断。

由于 $F=94.545\ 47>F_{0.05}$（1，6）$=5.99$，所以拒绝原假设 H_0，表明回归效果显著。

（二）回归系数的检验

回归系数的检验就是检验自变量对因变量的影响程度是否显著的问题。即总体回归系数 β 是否等于零。其检验步骤如下：

第一步，提出假设。假设样本是从一个没有线性关系的总体中选出，即 H_0：$\beta=0$，H_1：$\beta\neq0$。

第二步，计算检验的统计量 T 值。

$$T=\beta/S_\beta$$

其中：S_β 是回归系数 β 的标准差，S_y 是估计标准误差。

$$S_y=\sqrt{\frac{\sum(y-y_c)^2}{n-2}}=\sqrt{\frac{\sum y^2-a\sum y-b\sum xy}{n-2}}$$

$$S_\beta=\sqrt{\frac{S_y^2}{\sum(x-\bar{x})^2}}$$

第三步，确定显著性水平 α（通常 $\alpha=0.05$），并根据自由度 $f=n-2$ 查 t 分布表得相应的临界值 $t_{\alpha/2}$。

第四步，作出判断。若 $|t|>t_{\alpha/2}$，拒绝 H_0，回归系数 $\beta=0$ 的可能性小于 5%，表明两个变量之间存在线性关系；反之，表明两个变量之间不存在线性关系。

仍然以上例为例，对回归模型做回归系数检验

（1）提出假设。H_0：$\beta=0$，H_1：$\beta\neq0$。

（2）计算检验的统计量 T 值。

$$S_y=\sqrt{\frac{\sum(y-y_c)^2}{n-2}}=\sqrt{\frac{44\ 242.653}{6}}=85.87$$

$$S_\beta = \sqrt{\frac{S_y^2}{\sum(x-\bar{x})^2}} = \sqrt{\frac{85.87^2}{41.92}} = 13.262\ 77$$

（3）取显著性水平 $\alpha = 0.05$，并根据自由度 $f = n - 2 = 8 - 2 = 6$，查分布表得相应的临界值 $t_{\alpha/2} = t_{0.025} = 2.446\ 9$。

（4）由于 $t = 128.959\ 9 \div 13.262\ 77 = 9.723\ 45 > t_{\alpha/2} = t_{0.025} = 2.446\ 9$，拒绝 H_0，表明样本回归系数是显著的，生产费用与产品产量之间确实存在着线性关系，产品产量是影响生产费用的显著因素。

四、区间预测

在对一元线性回归模型检验其显著性之后，就可以利用该模型进行预测。所谓预测，就是当自变量 x 取一个值 x_0 时，估计 y 的取值。一般有点预测和区间预测两种，而点预测的结果往往与实际结果有偏差，所以，我们通常用区间预测来估计因变量值的可能范围。

在小样本情况下（$n<30$），通常用 t 分布进行预测。当给定置信水平 $1-\alpha$ 时，y_0 值的预测区间为：

$$y_{c0} - t_{\alpha/2}\ (n-2)\ S_y\sqrt{1+\frac{1}{n}+\frac{(x_0-\bar{x})^2}{\sum\ (x-\bar{x})^2}} \leqslant y_0 \leqslant y_{c0} + t_{\alpha/2}\ (n-2)\ S_y\sqrt{1+\frac{1}{n}+\frac{(x_0-\bar{x})^2}{\sum(x-\bar{x})^2}}$$

在大样本情况下（$n>30$），则根据正态分布原理预测，当给定置信水平 $1-\alpha$ 时，y_0 值的预测区间为：

$$P\ \{y_{c0} - S_y \leqslant y_0 \leqslant y_{c0} + S_y\} = 68.27\%$$
$$P\ \{y_{c0} - 2S_y \leqslant y_0 \leqslant y_{c0} + 2S_y\} = 95.45\%$$
$$P\ \{y_{c0} - 3S_y \leqslant y_0 \leqslant y_{c0} + 3S_y\} = 99.73\%$$

例 3－5：仍然以表 3－3 所建的回归方程为例，取产量为 10 千吨，试计算生产费用在 95% 的预测区间。

解：根据前例计算结果知

$y_c = 513.232\ 3 + 128.959\ 9x$,

$S_y = 85.87$，$t_{\alpha/2} = t_{0.025} = 2.446\ 9$。

取 $x_0 = 10$（千吨）时，根据回归方程得：

$y_{c0} = 513.232\ 3 + 128.959\ 9 \times 10 = 1\ 802.83$（千元）

于是，生产费用的预测区间为：$1\ 802.83 \pm 2.446\ 9 \times 85.87$，即 $1\ 518.32 \leqslant y_c \leqslant 2\ 087.35$。

以上预测区间说明，我们可以95%的概率保证，当产量为10千吨时，生产费用在1 518.32到2 087.35千元之间。

五、估计标准误差与相关系数的关系

需要说明的是，估计标准误差S_{yx}的平方S_{yx}^2作为σ_u^2的无偏估计量，应该考虑其自由度。但是如果仅仅是为了计算所拟合的回归线$\hat{y}$与实际观测值y的误差大小，不作为σ_u^2的估计值使用，则估计标准误差的计算公式应为：

$$S_{yx}=\sqrt{\frac{\sum(y-\hat{y})^2}{n}}$$

这时估计标准误差S_{yx}与相关系数r有如下关系：

（1）用r表示S_{yx}：

$$S_{yx}=\sigma_y\sqrt{1-r^2}$$

（2）用S_{yx}表示r：

$$r=\sqrt{1-\frac{S_{yx}^2}{\sigma_y^2}}$$

推导过程如下：

$e_i=\hat{y}_i-y_i=(\hat{y}_i-\overline{y})-(y_i-\overline{y})$移项两边求平方和

$$\sum(y_i-\overline{y})^2=\sum(\hat{y}_i-\overline{y})^2+\sum(\hat{y}_i-y_i)^2$$

即 $TSS=RSS+ESS$

TSS表示总的离差平方和；RSS为由回归直线可以解释的部分离差平方和，称为回归平方和；ESS是回归直线无法解释的离差平方和，称为残差平方和。不难推导得到：

$$r^2=\frac{RSS}{TSS}=1-\frac{ESS}{TSS}=1-\frac{S_{yx}^2}{\sigma_y^2}$$

六、回归系数与相关系数的关系

（1）用r表示$\hat{\beta}_1$：

$$\hat{\beta}_1=r\frac{\sigma_y}{\sigma_x}$$

（2）用 $\hat{\beta}_1$ 表示 r：

$$r = \hat{\beta}_1 \frac{\sigma_x}{\sigma_y}$$

推导过程如下：

$$\because r = \frac{n\sum xy - \sum x \sum y}{\sqrt{[n\sum x^2 - (\sum x)^2][n\sum y^2 - (\sum y)^2]}}$$

$$\hat{\beta}_1 = \frac{n\sum xy - \sum x \sum y}{n\sum x^2 - (\sum x)^2}$$

$$\therefore \frac{\hat{\beta}_1}{r} = \frac{\sigma_x \sigma_y}{\sigma_x^2} = \frac{\sigma_x}{\sigma_y}$$

得：$\hat{\beta}_1 = r\dfrac{\sigma_y}{\sigma_x}$

反之：$r = \hat{\beta}_1 \dfrac{\sigma_x}{\sigma_y}$

根据回归直线必经过（$\bar{x}$，$\bar{y}$）点，所以回归直线方程也可以表示为：

$$\hat{y} - \bar{y} = r\frac{\sigma_y}{\sigma_x}(x - \bar{x})$$

第四节　多元线性回归模型

一、多元线性回归模型的概念

多元线性回归模型是一个因变量与两个及两个以上自变量的回归。

描述因变量 y 如何依赖于自变量 x_1，x_2，…，x_p 和误差项 ε 的方程，称为多元回归模型，涉及 p 个自变量的多元回归模型可表示为

$$y = \beta_0 + \beta_1 x_{1r} + \beta_2 x_{2r} + \cdots + \beta_p x_{pr} + \varepsilon_r$$

β_0，β_1，β_2，…，β_p 是参数；ε 是被称为误差项的随机变量；y 是 x_1，x_2，…，x_p 的线性函数加上误差项 ε，ε 包含在 y 里面但不能被 p 个自变量的线性关系所解释的变异性。

上式也可以写为：$y = \beta_0 + \sum_{j=1}^{k} \beta_j x_j + \varepsilon$

其中：

$$\hat{y} = \beta_0 + \sum_{j=1}^{k} \beta_j x_j$$

为多元线性回归方程，或称为 k 元线性回归方程，如果 $k=1$，那么就是一元线性回归方程。在多元线性回归方程中，常数项 β_0 是方程在 y 轴上的截距，($j=1, 2, \cdots, k$) 是第 j 个自变量 x_j 的回归系数。β_j 表示的是在其他变量不变的情况下，自变量 x_j 每变动一个单位所引起的因变量的变化率。如果所有的自变量量纲一致，则所有的 β_j 之比就代表了各个相应自变量对因变量 y 的影响力之比。建立多元线性回归方程同样是在使 $Q = \sum \varepsilon^2$ 最小的最佳拟合原则下采用最小二乘法进行。建立多元线性回归方程所应用的数据仍然是样本数据，因此所建立的回归方程还是样本回归方程。记为：

$$\hat{y} = b_0 + \sum_{j=1}^{k} b_j x_j$$

所不同的是在求建多元线性回归方程时，需要对自变量进行检验和筛选，剔除那些对因变量没有影响或者影响较小，经检验未达到显著水平，不足以入选的自变量，达到简化变量间关系结构，简化所求回归方程的目的，因此最终求得的回归方程入选的自变量个数可能要低于最初选择的数目。

二、建立多元线性回归方程

建立多元线性回归方程，要使所求方程成为最佳拟合，依据误差最小原则仍然使用最小二乘法，我们以二元线性回归方程为例。

设二元线性回归方程为：

$$\hat{y} = b_0 + b_1 x_1 + b_2 x_2 \qquad y - \hat{y} = \varepsilon$$

若有 n 组数据，则有：

$$Q = \sum_{i=1}^{n} \varepsilon_i^2 = \sum_{i=1}^{n} (y_i - \hat{y}_i)^2$$

将回归方程代入，则有：

$$Q = \sum_{i=1}^{n} (y_i - b_0 - b_1 x_{i1} - b_2 x_{i2})^2$$

先求 Q 对常数项 b_0 的一阶偏导并令其为零：

$$\frac{\partial Q}{\partial b_0}=-2\sum_{i=1}^{n}(y_i-b_0-b_1x_{i1}-b_2x_{i2})=0$$

将上式求导后得到：$b_0=\overline{Y}-b_1\overline{X}_1-b_2\overline{X}_2$

将 $b_0=\overline{Y}-b_1\overline{X}_1-b_2\overline{X}_2$ 代入 $Q=\sum_{i=1}^{n}(y_i-b_0-b_1x_{i1}-b_2x_{i2})^2$，整理后得到：

$$Q=\sum_{i=1}^{n}[(y_i-\overline{Y})-b_1(x_{i1}-\overline{X}_1)-b_2(x_{i2}-\overline{X}_2)]^2$$

求 Q 对 b_1 的一阶偏导并令其为零：

$$\frac{\partial Q}{\partial b_1}=-2\sum_{i=1}^{n}(x_{i1}-\overline{X}_1)[(y_i-\overline{Y})-b_1(x_{i1}-\overline{X}_1)-b_2(x_{i2}-\overline{X}_2)]=0$$

整理方程后得到：

$$b_1\sum_{i=1}^{n}(x_{i1}-\overline{X}_1)^2+b_2\sum_{i=2}^{n}(x_{i1}-\overline{X}_1)(x_{i2}-\overline{X}_2)=\sum_{i=1}^{n}(x_{i1}-\overline{X}_1)(y_i-\overline{Y})$$

用同样的方法求 Q 对 b_2 的一阶偏导，令其为零并将所得的方程整理后可得：

$$b_1\sum_{i=1}^{n}(x_{i1}-\overline{X}_1)(x_{i2}-\overline{X}_2)+b_2\sum_{i=2}^{n}(x_{i2}-\overline{X}_2)^2=\sum_{i=1}^{n}(x_{i2}-\overline{X}_2)(y_i-\overline{Y})$$

如果我们记为：

$$\begin{cases}l_{11}=\sum_{i=1}^{n}(x_{i1}-\overline{X}_1)^2\\ l_{12}=\sum_{i=1}^{n}(x_{i1}-\overline{X}_1)(x_{i2}-\overline{X}_2)\\ l_{21}=l_{12}\\ l_{22}=\sum_{i=1}^{n}(x_{i2}-\overline{X}_2)^2\\ l_{1y}=\sum_{i=1}^{n}(x_{i1}-\overline{X}_1)(y_i-\overline{Y})\\ l_{2y}=\sum_{i=1}^{n}(x_{i2}-\overline{X}_2)(y_i-\overline{Y})\end{cases}$$

那么对 b_1 和 b_2 分别求一阶偏导所得到的两个方程可以写为：

$$\begin{cases}l_{11}b_1+l_{12}b_2=l_{1y}\\ l_{21}b_1+l_{22}b_2=l_{2y}\end{cases}$$

在上式中，如果所有的 l 都已知，那么这是一个二元线性方程组，解此方程组可求得 b_1 和 b_2，如果求出了 b_1 和 b_2，随同所有变量数据的平均数代入公式，则可求得回归方程的常数项 b_0，也就建立了回归方程。

我们考察上式的结构得知：所求回归系数在两个方程中按顺序排列，方程组的系数以及常数项也有排列规则，按此顺序推而广之，k 元线性回归方程的 k 个系数 b_1，b_2，b_3，…，b_k 则可由下面的 k 元一次线性方程组求得：

$$\begin{cases} l_{11}b_1 + l_{12}b_2 + l_{13}b_3 + \cdots + l_{1k}b_k = l_{1y} \\ l_{21}b_1 + l_{22}b_2 + l_{23}b_3 + \cdots + l_{2k}b_k = l_{2y} \\ l_{31}b_1 + l_{32}b_2 + l_{33}b_3 + \cdots + l_{3k}b_k = l_{3y} \\ \cdots \\ l_{k1}b_1 + l_{k2}b_2 + l_{k3}b_3 + \cdots + l_{kk}b_k = l_{ky} \end{cases}$$

类似还可以求得：

$$b_0 = \overline{Y} - \sum_{j=1}^{k} b_j \overline{X}_j$$

三、多元线性回归方程的求解

例 3-6：某地政府应急管理办公室为招收管理人员，需设计一套试卷，试题难度受到试题的能力层次、内容深度和试题类型三个层次的影响，因此将每个因素均按对难度影响程度大小分为五个层次并加以界定，然后对 20 个选题的实测难度值（以标准分数表示）见表 3-4，试建立一个三元线性回归方程。

表 3-4　　试题难度回归的原始数据表

题号	题目难度 y	能力层次 x_1	内容深度 x_2	题目类型 x_3	x_1x_2	x_1x_3	x_2x_3	x_1y	x_2y	x_3y
1	-1.5	1	1	3	1	3	3	-1.5	-1.5	-4.5
2	-1.3	1	2	2	2	2	4	-1.3	-2.6	-2.6
3	-1.0	2	1	1	2	2	1	-2.0	-1.0	-1.0
4	-0.8	1	1	4	1	4	4	-0.8	-0.8	-3.2
5	-0.7	2	1	3	2	6	3	-1.4	-0.7	-2.1
6	-0.5	1	2	1	2	1	2	-0.5	-1.0	-0.5
7	-0.5	2	2	5	4	10	10	-1.0	-1.0	-2.5
8	-0.4	2	3	4	6	8	12	-0.8	-1.2	-1.6
9	-0.3	3	2	2	6	6	4	-0.9	-0.6	-0.6
10	-0.3	3	3	5	9	15	15	-0.9	-0.9	-1.5
11	-0.2	2	4	4	8	8	16	-0.4	-0.8	-0.8

（续上表）

题号	题目难度 y	能力层次 x_1	内容深度 x_2	题目类型 x_3	x_1x_2	x_1x_3	x_2x_3	x_1y	x_2y	x_3y
12	0.0	3	3	5	9	15	15	0.0	0.0	0.0
13	0.1	4	3	3	12	12	9	0.4	0.3	0.3
14	0.1	3	4	1	12	3	4	0.3	0.4	0.1
15	0.2	4	5	2	20	8	10	0.8	1.0	0.4
16	0.3	4	4	2	16	8	8	1.2	1.2	0.6
17	0.3	4	3	1	12	4	3	1.2	0.9	0.3
18	0.5	5	4	4	20	20	16	2.5	2.0	2.0
19	0.8	4	5	3	20	12	15	3.2	4.0	2.4
20	1.0	5	5	2	25	10	10	5.0	5.0	2.0
Σ	-4.2	56	58	57	189	157	164	3.1	2.7	-12.8
l_{ii}	8.198	33.2	35.8	36.55	—	—	—	—	—	—

解：上表计算中，可以求得：

$\overline{X}_1 = 2.8 \quad \overline{X}_2 = 2.9 \quad \overline{X}_3 = 2.85 \quad \overline{Y} = -0.21$

$l_{ii} = nS_i^2$　计算数据见上表最后一行数据。

$$l_{12} = 189 - \frac{1}{20} \times 56 \times 58 = 26.6 \qquad l_{21} = l_{12}$$

$$l_{13} = 157 - \frac{1}{20} \times 56 \times 57 = -2.6 \qquad l_{31} = l_{13}$$

$$l_{23} = 164 - \frac{1}{20} \times 58 \times 57 = -1.3 \qquad l_{32} = l_{23}$$

$$l_{1y} = 3.1 - \frac{1}{20} \times 56 \times (-4.2) = 14.86$$

$$l_{2y} = 2.7 - \frac{1}{20} \times 58 \times (-4.2) = 14.88$$

$$l_{3y} = -12.8 - \frac{1}{20} \times 57 \times (-4.2) = -0.83$$

将以上数据代入正规方程组：

$$\begin{cases} l_{11}b_1 + l_{12}b_2 + l_{13}b_3 = l_{1y} \\ l_{21}b_1 + l_{22}b_2 + l_{23}b_3 = l_{2y} \\ l_{31}b_1 + l_{32}b_2 + l_{33}b_3 = l_{3}y \end{cases} \longrightarrow \begin{cases} 33.2b_1 + 26.6b_2 - 2.6b_3 = 14.86 \\ 26.6b_1 + 35.8b_2 - 1.3b_3 = 14.88 \\ -2.6b_1 - 1.3b_2 + 36.55b_3 = -0.83 \end{cases}$$

我们用行列式（克莱姆法则）求解这个方程组：

$$\Delta=\begin{vmatrix}33.2 & 26.6 & -2.6\\26.6 & 35.8 & -1.3\\-2.6 & 1.3 & 36.55\end{vmatrix}=17\,462.25$$

$$\Delta_1=\begin{vmatrix}14.86 & 26.6 & -2.6\\14.88 & 35.8 & -1.3\\-0.83 & -1.3 & 36.55\end{vmatrix}=4\,954.005$$

$$\Delta_2=\begin{vmatrix}33.2 & 14.86 & -2.6\\26.6 & 14.88 & -1.3\\-2.6 & -0.83 & 36.55\end{vmatrix}=3\,580.165$$

$$\Delta_3=\begin{vmatrix}33.2 & 26.6 & 14.86\\26.6 & 35.8 & 14.88\\-2.6 & -1.3 & -0.83\end{vmatrix}=83.2$$

$$b_1=\frac{\Delta_1}{\Delta}=\frac{4\,954.005}{17\,462.25}=0.283\,7$$

$$b_2=\frac{\Delta_2}{\Delta}=\frac{3\,580.165}{17\,462.25}=0.205\,0$$

$$b_3=\frac{\Delta_3}{\Delta}=\frac{83.2}{17\,462.25}=0.004\,8$$

$$\begin{aligned}b_0&=\bar{Y}-\sum_{j=1}^{3}b_j\bar{X}_j=-0.21-0.283\,7\times2.8-0.205\,0\times2.9-0.004\,8\times2.85\\&=-1.612\,5\end{aligned}$$

所求三元线性回归方程为：

$$\hat{y}=-1.612\,5+0.283\,7x_1+0.205\,0x_2+0.004\,8x_3$$

四、多元线性回归方程的有效性检验

多元线性回归方程建立之后，必须经过统计检验才能判断其有无实用价值，检验的方法是方差分析法。多元线性回归的总离差平方和 l_{yy} 可以分解为回归平方和 U 与剩余平方和 Q 两部分。其中：

$$\begin{cases}U=\sum_{j=1}^{k}b_jl_{jy}\\Q=l_{yy}-U\end{cases}$$

总离差平方和的自由度为 $n-1$，回归平方和的自由度为自变量个数 k，剩余平方和的自由度为 $n-k-1$。在求出三个平方和后，整个方差分析可以在方差分析表中完成，如表 3-5 所示。

表 3-5　　多元线性回归方程方差分析表

方差来源	平方和	自由度	方差	F 值
回归 剩余	U Q	k $n-k-1$	$MSU=U/k$ $MSQ=Q/(n-k-1)$	$F=MSU/MSQ$
总体	l_{yy}	$n-1$	—	—

要判断 F 的显著性须在 F 分布表中查得分子分母自由度分别为 k 和 $n-k-1$ 的临界值 F_α，判断方法与一元线性回归方程完全一样。

对上例所建立的三元线性回归方程的有效性检验的方差分析列于表 3-6，查得 $F_\alpha=F_{0.01}=5.29$，求得 F 值大于临界值 F_α，所以结论是所求得的三元线性回归方程是有效的，命题可以用于政府应急管理办公室招收管理人员的考试。

表 3-6　　多元线性回归方程方差分析表

方差来源	平方和	自由度	方差	F 值
回归 剩余	7.262 2 0.935 8	3 16	$MSU=U/k=2.4207$ $MSQ=Q/(n-k-1)=0.0585$	$F=MSU/MSQ$ $=41.3795$
总体	8.198	19	—	—

多元线性回归方程有效性的高低仍然可以用决定系数 R^2 表示。

$R^2=U/l_{yy}$，本例题为难度估计所建立的回归方程的决定系数为 $7.2622\div8.198=0.8859$，可见方程的有效性比较高。

本章学习要点

1. 应急管理过程中各种现象因果关系十分密切，我们要注重定性分析与定量分析相结合，找出现象之间的因果关系，然后进行相关分析与回归分析。

2. 建立回归模型，还需要进行显著性检验。并对应急管理的未来发展作出预测。

关键术语

相关分析　回归分析　函数关系　相关图　复相关与偏相关　显著性检验　统计预测　最小二乘法　估计标准误差

思考与练习

1. 阐述相关与回归的区别与联系。
2. 相关程度的判断标准是什么？
3. 什么叫复相关和偏相关？
4. 有 10 个同类企业的生产性固定资产年平均价值和 GDP 资料如下：

企业编号	生产性固定资产价值（万元）	GDP（万元）
1	318	524
2	910	1 019
3	200	638
4	409	815
5	415	913
6	502	928
7	314	605
8	1 210	1 516
9	1 022	1 219
10	1 225	1 624
合计	6 525	9 801

（1）说明两变量之间的相关方向；

（2）建立直线回归方程；

（3）计算估计标准误差；

（4）估计生产性固定资产（自变量）为 1 100 万元时 GDP（因变量）的可能值。

5. 某公司下属十个门市部有关资料如下：

门市部编号	职工平均销售额（万元）	流通费用水平（%）	销售利润率（%）
1	6	2.8	12.6
2	5	3.3	10.4
3	8	1.8	18.5
4	1	7.0	3.0

（续上表）

门市部编号	职工平均销售额（万元）	流通费用水平（%）	销售利润率（%）
5	4	3.9	8.1
6	7	2.1	16.3
7	6	2.9	12.3
8	3	4.1	6.2
9	3	4.2	6.6
10	7	2.5	16.8

（1）确立适宜的回归模型；

（2）计算有关指标，判断这三种经济现象之间的相关密切程度。

（3）当职工平均销售额为7.8，流通费用水平为3.6%时，求销售利润率的置信度为95%的置信区间。

6. 某公司10家下属企业的产量与生产费用之间关系如下表所示：

下属企业编号	1	2	3	4	5	6	7	8	9	10
产量（万件）	40	42	48	55	65	79	88	100	120	140
生产费用（万元）	150	140	160	170	150	162	185	165	190	185

要求：

（1）计算相关系数；

（2）求出回归模型并作统计检验。

第四章　定性预测与定量预测

本章概述

通过本章的学习，理解定性预测的重要性及其局限性，理解定性预测与定量预测之间的密切联系，掌握定性预测与定量预测的常用方法。本章要求读者了解德尔菲方法的具体步骤与操作、市场调查方法与相互影响分析方法；熟悉各种简单预测模型与长期预测模型；掌握回归模型预测、产品寿命周期预测等。

在政府应急管理中，我们根据现存的各种不稳定因素的种种表现，通过数量关系与数量特征来预测未来的种种可能性。综合 2008 年金融危机所带来的负面影响，中央综治办主任陈冀平指出：2009 年，由经济纠纷引发的暴力讨债、绑架、哄抢等“民转刑”案件可能更加突出，流动人口犯罪、多发性侵权犯罪和非法集资等涉众型经济犯罪可能更加突出，城市社会治安问题向农村蔓延扩散的趋势可能更加突出。尤其是个人极端事件有可能进一步增多，治安问题的敏感性会进一步增强，一起普通的刑事案件或治安案件有可能转变为社会热点问题，甚至诱发其他矛盾和问题。[①] 这里的“可能”是一种现象的定性预测，根据应急管理现象的数量表现与数量特征，我们可以将预测模型与预测方法应用于政府或企业的应急管理预测。

---

① 个人极端事件可能增多，羊城晚报，2009－01－13。

第一节　定性预测方法

定性预测是指预测者依靠熟悉业务知识、具有丰富经验和综合分析能力的人员与专家，根据已掌握的历史资料和直观材料，运用个人的经验和分析判断能力，对事物的未来发展作出性质和程度上的判断，然后，再通过一定形式综合各方面的意见，作为预测未来的主要依据。

一、专家意见调查法——德尔菲方法

德尔菲（Delphi）法是在20世纪40年代由O. 赫尔姆和N. 达尔克首创，经过T. J. 戈尔登和兰德公司进一步发展而成的。德尔菲这一名称起源于古希腊太阳神阿波罗的神话，传说中阿波罗具有预见未来的能力。因此，这种预测方法被命名为德尔菲法。1946年，兰德公司首次用这种方法来进行预测，后来该方法被迅速广泛采用。德尔菲法依据系统的程序，采用匿名发表意见的方式，即专家之间不得互相讨论，不发生横向联系，只能与调查人员发生联系，通过多轮次调查专家对问卷所提问题的看法，经过反复征询、归纳、修改，最后汇总成专家基本一致的看法，作为预测的结果。专家意见调查法主要是通过向有关预测对象的专家进行调查，利用专家的经验和知识，对过去发生的应急管理事件和应急管理资料进行分析综合，对未来的发展作出判断的一种预测方法。这种方法应用简便，有一定准确性，所以在技术预测和经济预测中得到广泛的应用。

（一）调查方式

最常用的方式有两种，一种是个别征求意见，一种是召开专门的会议。个别征求意见，能充分利用个人的能力，但容易受个人知识、经验、偏爱、成见等主观因素的影响，难免有片面性。召开有关各方面专家参加的专门会议进行预测和决策，是常用的方法。专家意见调查法的优缺点包括：通过座谈讨论，交换意见，互相启发，集思广益，取长补短，能较快、较全面地集中各方面意见，得出预测结论，形成重大战略决策。但这种方法往往由于参加人数的限制，代表性不够充分，有时甚至会受到技术权威或政治权威的影响，与会者不能真正畅所欲言，形成“一边倒”；部分与会者也可能由于受到个人自尊心的影响，往往不能及时修改原来的意见。因此，专家会议的方式，有时也会作出错误的预测和决策。

改进的方法是所谓德尔菲法，这是由美国兰德公司首先提出的，其特点是对若干专家进行背靠背的多次调查。

具体的程序可分如下几步：

（1）组成专家小组。按照课题所需要的知识范围，确定专家。专家人数的多少，可根据预测课题的大小和涉及面的宽窄而定，一般不超过20人。

（2）向所有专家提出所要预测的问题及有关要求，并附上有关这个问题的所有背景材料，同时请专家提出还需要什么材料。然后，由专家做书面答复。

（3）各个专家根据他们所收到的材料，提出自己的预测意见，并说明自己是怎样利用这些材料并提出预测值的。

（4）将各位专家第一次判断意见汇总，列成图表，进行对比，再分发给各位专家，让专家比较自己同他人的不同意见，修改自己的意见和判断。也可以把各位专家的意见加以整理，或请身份更高的其他专家加以评论，然后把这些意见再分送给各位专家，以便他们参考后修改自己的意见。

（5）将所有专家的修改意见汇总，再次分发给各位专家，以便做第二次修改。逐轮收集意见并为专家反馈信息是德尔菲法的主要环节。收集意见和信息反馈一般要经过三四轮。在向专家进行反馈的时候，只给出各种意见，但并不说明发表各种意见的专家的具体姓名。这一过程重复进行，直到每一个专家不再改变自己的意见为止。

（6）对专家的意见进行综合处理。

（二）专家意见的量化

通过专家意见调查所获得的信息往往都是定性的质的意见。为了综合地定量地得出预测结论，必须对专家意见进行“量”化，量化的方法基本上有两种。

1. 主观概率法

主观概率法是市场趋势分析者对市场趋势分析事件发生的概率（即可能性大小）作出主观估计，或者说对事件变化动态的一种心理评价，然后计算它的平均值，以此作为市场趋势分析事件的结论的一种定性市场趋势分析方法。主观概率法一般和其他经验判断法结合运用。企业管理要大力提高风险防范意识，以免陷入“不搞技术改造等死，搞了技术改造找死”的怪圈。对资产负债率高、投资冲动强的企业，国资委要求将按照不同行业和不同标准，增加资产负债率、流动比率、速动比率等考核指标，引导企业合理控制投资规模，有效降低负债水平。

主观概率是指根据市场趋势分析者的主观判断而确定的事件的可能性的大小，反映个人对某件事的信念程度。所以主观概率是对经验结果所做主观判断的度量，即可能性大小的确定，也是个人信念的度量。主观概率也必须符合概率论的基本定理：

第一，所确定的概率必须大于或等于0，而小于或等于1；

第二，经验判断所需全部事件中各个事件概率之和必须等于1。

例4－1：某企业试制一种新型汽车，这种产品在未来三年内投入市场能否获得成功需进行预测。对14名专家调查所得意见很不一致。有5人认为由于新型汽车每吨百公里油耗与竞争产品相比并没有显著改善，以及国民经济调整、能源紧张的经济形势三年内不会有根本改变，而新车成本和售价均较高，因此，认为未来三年内生产该种新车型投放市场，获得成功的可能很小。有7人认为新车型动力性能好，车厢容积大，车厢高度低，稳定性好，装卸货物方便，适合广大城市和农村的需要，技术性能比竞争产品优越得多，虽然由于国民经济调整，经济增长率较低，但工农业货运量仍在增加，运输能力不足是国民经济的薄弱环节，正是应当在调整中予以加强。因此，认为未来三年内生新车型投入市场获得成功的可能性很大。还有2人，没有明确意见。问如何作出综合性的预测结论。

首先由预测人员（专家）本人对预测事件发生的概率作出主观的估算，然后算出它们的平均值，作为对事件预测的结论。这个主观概率也可以由分析人员根据专家对预测事件发生的可能性大小的意见而加以确定。可用主观概率将专家对成功可能性的估计进行量化，如表4－1所示。

表4－1　主观概率表

成功的可能性	0.1	0.2	0.3	0.4	0.5	0.6	0.7	0.8	0.9	1.0
人数	—	2	1	2	2	3	3	1	—	—

这表示认为成功可能性很小的有5人，其中2人认为是0.2，1人认为是0.3，还有2人认为是0.4，认为成功可能性很大的有7人，其中有3人认为是0.6，3人认为是0.7，还有1人认为是0.8；其他2人没有明确表态，主观概率定为0.5。

然后，求表中主观概率的加权平均值：

$$(0.2\times2+0.3\times1+0.4\times2+0.5\times2+0.6\times3+0.7\times3+0.8\times1)\div14=0.514$$

即该新型汽车投入市场成功的概率为 0.514，可以作为决策参考。

2. 记分法

先规定事件可能的不同方案或不同结果的记分标准。由被调查的专家根据自己对可能性的预测，按标准记分，然后将各方案所得分数综合整理，即可得出预测意见。

对分数整理的方法有许多种，最常见的有四种：

（1）平均法。求出各方案的平均得分值，作为相互比较的依据。

$$M_j = \frac{\sum_{i=1}^{m} x_{ij}}{m_j}$$

式中，M_j为方案 j 的平均分值；m_j 为对方案 j 作出预测（记分）的专家数；m 为专家人数；x_{ij}为专家 i 对方案 j 的记分值。若某专家对某方案不表态，则相应的 x_{ij}不予计算，且该专家不算作对该方案作出预测（记分）的专家。

当预测对象需分若干单元分别记分再进行综合时，应根据各单元的重要程度，由专家规定重要性系数再算出各单元的平均重要性系数。然后用加权平均法求预测方案的平均分值。

这个方法的缺点是当对方案 j 只有少数人表态，而且记分很高时，其平均得分就很高，这样实际上是听取了少数人的意见。为了避免这个缺点，常采用下述的比重系数法。

（2）比重系数法。求出各方案得分总数占全部方案总分的比重，作为各方案比较的依据。

$$W_j = \frac{L_j \sum_{i=1}^{m} x_{ij}}{\sum_{j=1}^{n} \sum_{i=1}^{m} x_{ij}}$$

式中，W_j为方案 j 得分占全部方案总分的比重；L_j 为积极性系数，且 $L_j = m_j \div m$；m_j 为对方案 j 作出预测的专家数；m 为全部专家人数；n 为方案数。乘上积极性系数 L_j 就是为了减弱少数人意见的作用。

（3）满分频率法。用得到满分的频率作为各方案比较的依据。

$$f_j = \frac{m_i}{m_j}$$

式中，f_j为方案 j 的满分频率；m_j 为对方案 j 给满分的专家数。给满分的专家数越多，说明该方案越重要。

（4）方案等级总和法。等级总和法就是对每个参与对 j 方案评价的专家分别给出的等级算术和，具体算法为：

第一，按专家对每个应急方案评价等级的递减排队，见表4-2。

表4-2　　应急管理专家评级表

应急方案		专家						等级和
		1	2	3	4	5	6	
方案1	分值	100	20	70	30	30	80	15
	等级	1	3	2	4	3	2	
方案2	分值	50	50	50	50	100	90	12.5
	等级	2	2	3	3	1.5	1	
方案3	分值	20	100	100	70	100	60	11.5
	等级	3	1	1	2	1.5	3	
方案4	分值	10	10	40	100	20	50	21
	等级	4	4	4	1	4	4	

第二，计算专家对 j 方案的等级和：

$$S_j = \sum_{i=1}^{m_j} R_{ij}$$

式中，S_j 为 j 方案的等级和；R_{ij} 为 i 专家对 j 方案的评价等级。

显然，S_j 越小，该应急方案越重要，表4-2中应急方案3最重要。

二、市场调查法

在金融危机的大环境下，企业也面临着危机管理问题，如何处置生产经营过程的各种危机，做好市场调查工作，防止利润损失，是企业家面临的重要问题。

（一）市场调查的目的和内容

进行市场调查，首先要明确市场调查的目标，按照企业的不同需要，市场调查的目标有所不同，企业制定经营战略时，必须调查宏观市场环境的发展变化趋势，尤其要调查所处行业未来的发展状况。企业制定市场营销策略时，要调查市场需求状况，市场竞争状况，消费者购买行为和营销要素情况。当企业在经营中遇到了问题，这时应针对存在的问题和产生的原因进行市场调查，其目的就是避免企业投资风险与运营风险。

什么是市场？市场不只是买卖商品的场所，更重要的是指商品流通过程中商品的供给和需求关系的总和。市场的功能就是通过各种渠道，使生产者的产品进入消费领域，实现商品流通。对于企业来说，其生产的基本目的是为了满足用户的需要，而这个基本目的要通过市场来实现。另一方面，用户也必须通过市场来获得所需要的商品。所以，企业直接地进入市场通过市场而使民众获得所需要的商品。因此，企业直接地进行市场调查是对用户需求进行预测的重要方法之一。

市场调查的对象一般为消费者、零售商、批发商，零售商和批发商为经销调查产品的商家，消费者一般为使用该产品的消费群体。市场调查的目的就是为了掌握市场需求的三个要素：产品的品种和质量、产品的数量和交货期、产品的价格。

影响这三个要素变化的因素很多，因此，市场调查与市场研究的内容也十分广泛，主要包括以下几个方面。

1. 国家的政治与宏观经济状况

企业是社会经济的一个细胞，是整个经济建设有机整体的一部分。任何企业的经营都必须适应国家、地区、行业经济形势的发展，都必须严格遵守政府的方针、政策和法令。只有在这个前提下，才有所谓企业的独立经营，才有企业的发展前途。例如，在国民经济调整时期，能源紧张、比例失调、市场需求萎缩、产品（特别是生产资料）积压、资金周转困难、企业开工不足……在这种形势下，企业的经营者必须十分敏锐地观察到经济形势的每一细微变化，必须对政府的方针、政策、计划、法令非常熟悉，并且要能预计到由此而引起市场需求变化的各种可能，从而为本企业的发展寻找妥善的对策和途径，避免企业经营风险。

2. 经济一体化与金融危机的影响

经济一体化是指两个或两个以上的国家在现有生产力发展水平和国际分工的基础上，由政府间通过协商缔结条约，建立多国经济联盟。在这个多国经济联盟的区域内，商品、资本和劳务能够自由流动，不存在任何贸易壁垒，并拥有一个统一的机构，来监督条约的执行和实施共同的政策及措施。一体化的实质就是打破行政区划界限，按区域经济原则统一规划布局、统一组织专业化生产和分工协作，建立统一大市场，优势互补、联合协作，联结形成一个利益命运共同体。也就是通过区域经济联合的优势和优势互补，促进区域经济优势充分发挥，在更大范围实现产品、生产要素、市场的优化配置，降低区域整体经济发展成本和社会运行成本，提高区域综合竞争力，实现区域经济与社会全面发展。

在国际金融危机的大背景下，金融危机将会对许多行业的风险管理、信息管理提出更高的要求，而企业对降低成本将有更高的要求，降低预期、减小费用，降低增长预期，减小收入预期。对众多的企业来说，如何度过寒冬是第一个要解决的问题。许多公司将不对销售收入的增长做过多要求，而是对企业利润提高要求，当然同时对现金流也提出更高的要求。在金融危机当中，许多公司将裁减预算，市场将萎缩，客户也将更加挑剔。企业要改变价格策略，为客户精打细算，只有帮助客户度过严冬，自身才能生存。如果企业在金融危机时期采取没有差异化的竞争策略的话，生存将越来越困难。在这个时期，重要的是一定要让现有的客户更加满意，就是更加注重产品品质与营销战略。通过降低成本，扩大销售力度，提高效率，提高服务质量等措施尽最大努力让企业在危机状态下生存。在危机状态下要提升企业的等级，可以借助国内的行业经验，也可以通过聘请高端的咨询和销售人才来提升自己的销售能力。“风雨过后见彩虹”，只有为下一个大的机会做好准备，机会才不会从眼前溜走。

3. 产品的销售情况

用户对本厂产品是否满意？不满意的原因是什么？本厂产品在市场属于畅销还是滞销？原因在哪里？本厂产品处于生命周期的哪个阶段？应当采取什么措施，可能获得什么结果？我们可以用马尔可夫方法预测本厂产品的市场占有率，是上升还是下降？原因是什么？本厂产品的价格是否合理？与同类产品相比是高了还是低了？本厂提供的产品服务，用户欢迎程度如何？尚需提供哪些合适的产品服务？

4. 企业间的竞争情况

面对瞬息万变的商业市场，企业竞争力将是企业获利的成功关键。日益复杂的经营模式，不断改组扩充的组织架构，尤其是每天不断增加及变化的信息，对于企业经理人都是严峻的挑战。只有通过竞争，才能推动后进企业自觉地改善经营管理，赶上先进企业，形成生机勃勃的局面。衡量一个企业的竞争力要看该企业在全球市场上获取剩余价值的能力，这一能力取决于企业在全球产业链中所处的地位，取决于企业所拥有的生产要素与经营要素。垄断性生产要素与经营要素主要包括资本、核心技术的知识产权和市场营销网络。这些要素决定了企业对剩余价值的分配权。

企业竞争力是由很多因素综合作用产生的，单一因素无法产生竞争力。可以将企业竞争力的构成要素分为：①产业要素。在其他情况不变的情况下，不同产业的企业竞争力不同。②产业链中的位置要素。在产业链中不同位置的企业获取剩余价值的能力是不同的，越是处于产业低端的企业，其获取剩余价值的能力越弱，对企业竞争力的负面影响就越大。③市场竞争势力要素。竞争势力是指企业在不损失市场份额的情况下的提价能力，其他情况相同，企业竞争势力越强，企业竞争力越强，但反过来是不成立的。④市场壁垒要素。没有市场壁垒的企业，其竞争力不会持久，因为其价值分割的优势很快就会被其他入侵者所分割。⑤市场变化感应要素。调节、适应市场变化的创新能力越强，企业的竞争能力自然越强。企业必须能敏锐地识别市场的变化，合理协调和整合企业的资源，适应企业外部环境的变化，并通过创新来维持和增强企业的竞争优势。市场是企业竞争的场所，产品销售量则是企业竞争的晴雨表。通过市场调查应当充分地掌握竞争者的情况。谁是最主要的竞争者？对方的产品有什么特点？有没有发展新产品和改进老产品的计划？成本和价格是多少？有哪些销售政策和分销途径？对方有没有新的投资？有没有与其他企业联合的可能等。

（二）市场调查方法

进行市场调查的方法基本上可以分为询问法、观察法、试销法和市场实验法四类。

1. 询问法

询问法是由调查者先拟定出调查事项，向被调查者提出询问，请被调查者进行回答，然后分析调查结果，作出预测。

（1）询问的方法有以下四种：

面谈调查：可分个人面谈和集体面谈，一次面谈和多次面谈等。这种方法能当面听取被调查者的意见，并能观察其反应。同时能根据不同的调查对象，对某些问题进行深入的了解。但调查结果的正确与否，受调查人员的思想和业务水平影响较大。

电话调查：由调查人员根据抽样的要求，在样本范围内，用电话询问对方意见。这可在较短的时间内获得大量资料，并能以统一格式来进行询问，所得资料便于统一处理。但不易与调查者合作，不能询问较为复杂的问题。

通信调查：将预先设计好的询问表格问题，邮寄给调查对象，由对方自行填写回答后寄回。这种方法调查范围较广，被调查者有充裕的时间来考虑回答问题，不受调查人员的影响，真实性较强。但往往拖延时间很长，问卷的回收率较低；同时调查对象和调查者都有可能误解问卷内容的含义，从而影响调查结果。

问卷调查：由调查人员当面将询问表（问卷）交给被调查者，说明回答的方法后，留给被调查者，由其自行填写，然后由调查人员定期收回，这种方法的优缺点介于面谈调查和通信调查之间。

（2）回答的形式有以下四种：

选择法：分二项选择法、多项选择法和等级选择法。二项选择法，即某个问题的答案只有两项，要求用“是”或“否”，“有”或“无”来回答。例如，“你是否吸烟？”“你家有无小轿车？”

等级选择法：由被调查者根据自己的爱好程度或认识程度给各个答案列出等级顺序。例如，“你抽过下列牌号的香烟中的哪几种烟？请按喜爱的程度排出顺序。”

尺度法：或称为记分法，被调查者用某种尺度表示自己对某一问题的爱好或认识程度。例如，“你认为海尔牌电视机的质量和性能是否可靠？”可以回答很可靠、可靠、一般、不可靠或很不可靠等，这就是尺度法。若将每一种尺度用记分的方法（五级分制或其他记分制）来表示，就成了记分法。

自由回答法：由被调查者自由回答问题，不受任何限制，可以充分发表意见，可能搜集到调查者所没有考虑到的答案、建议或资料。但由于答案各不相同，意见不易集中，资料的整理和分析有一定困难。

（3）调查的内容有以下三种：

事实性问题：要求被调查者回答一些有关事实的问题，如职业、收入、家庭状况、居住条件、教育程度、有何种耐用消费品等。

意见性问题：要求被调查者表明态度，如对产品的品种、质量、包装、服务等方面的意见。

判断性问题：要求被调查者对某一事件的前景作出判断，如“生产某种新产品的销路如何？”“小轿车降价后，销售量会增加百分之几？”

事实性问题用在了解一般情况方面，意见性问题多用在征求用户意见，提高产品质量方面，而判断性问题常用在制定新的经营决策方面。

2. 观察法

观察法是指研究者根据一定的研究目的、研究提纲或观察表，用自己的感官和辅助工具去观察被研究对象，从而获得资料的一种方法。科学的观察具有目的性、计划性、系统性和可重复性。在科学实验和调查研究中，观察法具有如下几个方面的作用：其一，扩大人们的感性认识；其二，启发人们的思维；其三，引发新的发现。依据观察者是否参与被观察对象的活动，可分为参与观察与非参与观察；依据对观察对象控制性强弱或观察提纲的详细程度，可分为结构性观察与非结构性观察；按是否具有连贯性，可分为连续性观察和非连续观察；依据观察地点和组织条件，可分为自然观察和实验观察等。

观察法的优点：一是通过观察直接获得资料，不需其他中间环节。因此，观察的资料比较真实。二是在自然状态下的观察，能获得生动的资料。三是观察具有及时性的优点，它能捕捉到正在发生的现象。四是观察能搜集到一些无法用言语表达的材料。

观察法也有自身的局限性：一是受时间的限制，某些事件的发生是有一定时间限制的，过了这段时间就不会再发生。二是受观察对象限制，如研究青少年犯罪问题，有些秘密团伙一般是不会让别人观察的。三是受观察者本身限制，一方面，人的感官都有生理限制，超出这个限度就很难直接观察；另一方面，观察结果也会受到主观意识的影响。四是观察者只能观察外表现象和某些物质结构，不能直接观察到事物的本质和人们的思想意识。五是观察法不适用于大面积调查。

3. *试销法*

某种产品在大量生产之前，为了更准确地了解市场的需求情况，可以先生产一批进行试销，观察和吸收有关方面的反映，再作进一步的预测和决策。这种方法在我国应用得比较普遍，特别是轻工产品试销的很多。企业必须对试销中获得的宝贵情报资料进行深入的科学的分析整理和迅速的反馈，以便作出正确的预测和决策。这种方法也可用在改变产品品种、包装、设计、价格时了解用户的反映。

例 4－2：某地遭遇重大自然灾害，种子公司紧急从外地调集一批种子，进行生产自救，但这种种子在本地还没有销售记录，当地政府聘请 9 位专家对同类种子的历年销量进行市场调查并对外地种子进行技术论证。通过三轮判断，9 位专家的反馈结果如表 4－3 所示。

表 4－3　　专家意见反馈综合表　　单位：吨

专家编号	第一次判断			第二次判断			第三次判断		
	最低销量	最可能销量	最高销量	最低销量	最可能销量	最高销量	最低销量	最可能销量	最高销量
1	100	150	180	120	150	180	110	150	180
2	40	90	120	60	100	130	80	100	130
3	80	120	160	100	140	160	100	140	160
4	150	180	300	120	150	300	100	120	250
5	20	40	70	40	80	100	60	100	120
6	60	100	150	60	100	150	60	120	150
7	50	60	80	50	80	100	80	100	120
8	50	60	100	70	80	120	70	80	120
9	80	100	190	100	110	200	60	80	120
平均数	70	100	150	80	110	160	80	110	150

解：

（1）如果按照9位专家第三次判断的平均值计算，则预测新种子的平均销量为：

（80 + 110 + 150） ÷3 = 113.33（吨）

（2）如果将最可能销量、最低销量、最高销量分别按0.5、0.2、0.3的概率加权平均，则预测的平均值为：

110 ×0.5 + 80 ×0.2 + 150 ×0.3 = 116（吨）

（3）用中位数计算，可将专家第三次判断按预测值高低排列如下：

最低销量：60 70 80 100 110　　中位数为80

最可能销量：80 100 120 140 150　　中位数为120

最高销量：120 130 150 160 180 250　　中位数为155

将最可能销量、最低销量、最高销量分别按0.5、0.2、0.3的概率加权平均，则预测平均值为：

120 ×0.5 + 80 ×0.2 + 155 ×0.3 = 122.5（吨）

选择使用平均数或中位数的原则是：如果数据分布的偏态较大，一般使用中位数，如果数据分布的偏态较小，一般使用平均数，本例采用平均数为宜。

4. *市场实验法*

市场实验法是指市场实验者有目的、有意识地通过改变或控制一个或几个市场影响因素的实践活动，来观察市场现象在这些因素影响下的变动情况，认识市场现象的本质和发展变化规律。市场实验调查的基本要素有：实验者，即市场实验调查有目的、有意识的活动主体；实验对象，即通过实验调查所要了解认识的市场现象；实验环境，即实验对象所处的市场环境；实验活动，即改变市场现象所处市场环境的实践活动；实验检测，即在实验过程中对实验对象所做的检验和测定。

三、相互影响分析法

用专家调查法和市场调查法所获得的资料只能说明某一事件的现状、发生的概率和发展的趋势，而不能说明有关事件之间的相互关系。而事实上，未来事件总是在相互联系和相互影响中发展变化的。例如，美国心理学家皮尔尼克（S. Pilnick）在20世纪60年代后期创立的群体规范分析法，是优化群体行为、形成良好组织风气的工具。他认为群体所确立的行为标准即群体规范，是在群体成员相互影响，彼此接近，趋同和类化过程中形成的非正式规定的群体规范。相互影响分析法就是分析各个事件由于相互影响引起的变化，以及变化发生的概率，来研究各个事件在未来发生可能性的一种预测方法。相互影响分析法进行预测的要点是：

（1）首先通过专家意见调查法或调查主观判断，确定各事件发生的概率。

（2）用矩阵的形式描述各事件相互间的逻辑关系，用概率的变化表示各事件相互影响的强度。

（3）分析各事件相互影响作用的时间，有的可能立即发生影响，有的可能滞后一段时间再发生作用。

（4）根据各事件相互影响的结果，修正各事件的发生概率，作出最后的预测。

例4-3：根据对未来自然灾害发生概率的预期报告，获知未来五年对本厂生产的农业生产抗旱救灾机械设备的需求量将在2010年增加30%，如何满足市场需求？有三种方案：

（1）进行扩建，关键工序采用高效率的自动化设备。

（2）改进劳动组织，提高工人的技术熟练程度，采用新的奖励制度等提高劳动生产率。

（3）增加工人，普遍开设两班，关键工序实行三班。

要求预测这三种方案在未来五年发生的可能性如何？

设 X_1、X_2、X_3表示三种方案，$P(X_1)$、$P(X_2)$、$P(X_3)$表示三种方案相互影响发生的概率，Y_1、Y_2、Y_3表示三种方案相互影响发生的时间。可根据各方案间的相互逻辑关系和已知条件，列出如表4-4所示的矩阵表。

表4-4　事件间相互影响表

未来事件	发生概率	各事件间的相互影响								
		X_1			X_2			X_3		
		X_1	$P(X_1)$	Y_1	X_2	$P(X_2)$	Y_2	X_3	$P(X_3)$	Y_3
X_1	0.3	—	0	0	↑	+0.3	1	↓	-0.5	1
X_2	0.5	↑	+0.2	0	—	0	0	↓	-0.1	1
X_3	0.8	↓	-0.3	0	↓	-0.2	0	—	0	0

在分析相互影响前，原定三种案发生概率为$P(X_1)=0.3$，$P(X_2)=0.5$，$P(X_3)=0.8$。即根据最近和未来五年的经济形势及劳动力状况，认为进行扩建，采用自动化设备的可能性最小，用提高劳动生产率的办法提高产量没有把握，只有50%的可能，最切实可行的是增加工人，其发生的概率

为0.8。

在分析相互影响后，发现若采用自动化设备，对提高劳动生产率有正的影响，而对增加工人则有负的影响。这种影响在时间上要一年后才可能发生。

若采用提高劳动生产率的方案，对采用自动化设备很可能有促进作用，即正影响，对增加工人虽有负的影响，但影响强度不大，只有0.1的影响，即在提高劳动产率同时，仍有可能增加工人。

若采用增加工人的方案，对采用自动化设备有负的影响，其影响强度将使采用自动化设备的概率降到0，即完全没有可能，对提高劳动生产率也有负的影响，使提高劳动生产率的可能性大大减少。

根据各方案间的相互影响，修正后的概率为：

$P(X_1)=0.3+0.5\times0.2-0.8\times0.3=0.16$

$P(X_2)=0.5+0.3\times0.3-0.8\times0.2=0.43$

$P(X_3)=0.8-0.3\times0.5-0.5\times0.1=0.6$

因此，可以预测未来五年，该厂进行扩建，采用自动化设备的可能很小，概率只有0.16；采用提高劳动生产率有一定可能，概率为0.43；而增加工人的可能性最大，在制定长远规划应该把立足点放在这一点上。在上述修正概率的计算中，尚未考虑时间滞后的因素。

第二节　简单模型预测

预测分析中的定量预测，多采用数学模型模拟社会经济现象的发展趋势，再进行外推。有的预测对象比较简单，所用的预测模型也比较朴素。本节介绍几种常用的简单模型预测法。

一、序时平均预测法

序时平均预测法就是把研究时期的全部观察值都考虑在内，采用简单算术平均法，求出该时期的序时平均数，作为下一期的预测值。

例4-4：融雪剂是一种专门用于对付雪灾的材料，如2008年我国南方特大雪灾中，融雪剂在保障城市交通安全、高速公路安全通行中发挥了重要作用，某企业2000—2007年生产融雪剂产值如表4-5所示。

表 4-5　　　某企业 2000—2007 年生产融雪剂统计资料

单位：万元

年份	2000	2001	2002	2003	2004	2005	2006	2007
产值	385	413	420	433	443	467	448	470

要求：用序时平均预测法预测该企业 2008 年产值。

$$\hat{y}_t = \frac{385+413+420+433+443+467+448+470}{8} = 434.9\text{（万元）}$$

此法只适用于没有明显增减变动趋势，结构长期稳定的资料，它比只简单地用一个最近期观察值作为预测值使用要可靠些。待有了 2008 年实际资料后，再求全时期 9 年的总平均数，作为 2009 年的预测值。以后各年预测值，依此类推。

二、增减量和平均增减量预测法

一个动态数列资料，可以用最近一期的逐期的增减量来调整最末期的观察值，作为下期的预测值。这种预测方法是假定下期与本期指标值的增减变动与本期和前期的增减变动相同。为了使预测效果更好一些，统计中常用动态数列中的全时期的平均增减量作为下期的增减量进行预测。

例 4-5：利用表 4-5 资料，采用增减量和平均增减量预测法分别对该企业 2008 年融雪剂产值进行预测。

解：

增减量预测：

$$\hat{y}_t = 470 + (470-448) = 492\text{（万元）}$$

平均增减量预测：

$$\hat{y}_t = 470 + \frac{470-385}{8-1} = 482.14\text{（万元）}$$

三、增（降）速度和平均速度预测法

增（降）速度和平均速度预测法是假定动态数列中，预测期与最末期指标值相比的发展速度等于最末期比前期的发展速度。此时，可用最末期比前期的增（降）速度调整，作为预测期的预测值。

为了使预测效果更好些，统计中也常用动态数列全时期的平均发展速度作为预测值的发展速度进行预测。

例 4－6：仍用表 4－5 资料，采用增（降）速度和平均速度预测法分别对该企业 2008 年融雪剂产值进行预测。

解：

增（降）速度预测：

$$\hat{y}_t = 470 \times \frac{470}{448} = 493.1 \text{（万元）}$$

平均速度预测：

$$\hat{y}_t = 470 \times \sqrt[7]{\frac{470}{385}} = 483.6 \text{（万元）}$$

四、移动平均数预测法

（一）加权移动平均

动态数列分析中讲过移动平均法，其所求移动平均数也可直接作为预测值使用。移动平均有简单平均与加权平均之别。在加权平均中可规定适当的权数，其中最简单的权数是用 1、2、3、4 等自然整数加权。加权的目的是加重近期观察值在平均数中的影响。

例 4－7：利用表 4－5，根据最近五年的资料，请采用移动平均数进行预测。

解：

简单移动平均预测：

$$\hat{y}_t = \frac{443 + 443 + 467 + 448 + 470}{5} = 452.2 \text{（万元）}$$

加权移动平均预测：

$$\hat{y}_t = \frac{433 \times 1 + 433 \times 2 + 467 \times 3 + 448 \times 4 + 470 \times 5}{15}$$

$$= 457.5 \text{（万元）}$$

（二）一次移动平均法

一次移动平均方法是收集一组观察值，计算这组观察值的均值，利用这一均值作为下一期的预测值。在移动平均值的计算中包括的过去观察值的实际个数，必须一开始就明确规定。每出现一个新观察值，就要从移动平均中减去一个最早观察值，再加上一个最新观察值，计算移动平均值，这一新的移动平均值就作为下一期的预测值。

1. 移动平均法有两种极端情况

其一，在移动平均值的计算中包括的过去观察值的实际个数 $N=1$，这时利用最新的观察值作为下一期的预测值；

其二，$N=n$，这时利用全部 n 个观察值的算术平均值作为预测值。

当数据的随机因素较大时，宜选用较大的 N，这样有利于较大限度地平滑由随机性所带来的严重偏差；反之，当数据的随机因素较小时，宜选用较小的 N，这有利于跟踪数据的变化，并且预测值滞后的期数也少。

设时间序列为 x_1，x_2…移动平均法可以表示为：

$$F_{t+1}=(x_t+x_{t-1}+\cdots+x_{t-N+1})/N=\frac{1}{N}\sum_{t-N+1}^{t}x_i$$

式中，x_t 为最新观察值；F_{t+1} 为下一期预测值。

由移动平均法计算公式可以看出，每一新预测值是对前一移动平均预测值的修正，N 越大平滑效果愈好。

2. 移动平均法的优点

其一，计算量少；

其二，移动平均线能较好地反映时间序列的趋势及其变化。

3. 移动平均法的两个主要限制

其一，计算移动平均必须具有 N 个过去观察值，当需要预测大量的数值时，就必须存储大量数据；

其二，N 个过去观察值中每一个权数都相等，而早于（$t-N+1$）期的观察值的权数等于 0。在实际中往往是最新观察值包含更多信息，应具有更大权重。

例 4－8：某扶贫救灾机构在 2007 年组织年度捐赠衣物活动，试选用 $N=3$ 和 $N=5$ 用一次移动平均法进行预测，计算结果列入表 4－6 中，请分析预测捐赠衣物的数量。

表 4－6　　1—12 月份捐赠衣物数量　　单位：千件

月份	序号	实际观测值	三个月移动平均值	五个月移动平均值
1	1	203.8		
2	2	214.1		
3	3	229.9		
4	4	223.7	215.9	
5	5	220.7	222.6	
6	6	198.4	224.8	218.4
7	7	207.8	214.6	217.4
8	8	228.5	209.0	216.1
9	9	206.5	211.6	215.8
10	10	226.8	214.3	212.4
11	11	247.8	220.6	213.6
12	12	259.5	227.0	223.5

注：表中第 4 列和第 5 列为预测值。

（三）二次移动平均

1. 基本原理

为了避免利用移动平均法预测有趋势的数据时产生系统误差，产生了线性二次移动平均法。这种方法的基础是计算二次移动平均，即在对实际值进行一次移动平均的基础上，再进行一次移动平均。

2. 计算方法

线性二次移动平均法的通式为：

$S_t' = \dfrac{x_t + x_{t-1} + x_{t-2} + \cdots + x_{t-N+1}}{N}$　用于计算一次移动平均值。

$S_t'' = \dfrac{S_t' + S_{t-1}' + S'_{t-2} + \cdots + S'_{t-N+1}}{N}$　用于计算二次移动平均值。

$a_t = 2S_t' - S_t''$　用于对预测（最新值）的初始点进行基本修正，使得预测值与实际值之间不存在滞后现象。

$b_t = \dfrac{2}{N-1}(S_t' - S_t'')$，式中用 $(S_t' - S_t'')$ 除以 $(N-1)/2$，这是因为移动平均值是对 N 个点求平均值，这一平均值应落在 N 个点的中点。

$F_{t+m} = a_t + b_t m$，m 为预测超前期数。

五、指数平滑预测

移动平均有两个不足之处。首先，每计算一次移动平均值必须储存最近 N 个观察值，当预测项目很多时，就要占据相当大的存储空间；其次，移动平均实际上是对最近的 N 个观察值等权看待，而对 $t-N$ 期以前的数据则完全不考虑，即最近 N 个观察值的权都是 $1/N$，而 $t-N$ 以前的权都为 0。但在实际经济活动中，最新的观察值往往包含着最多的关于未来情况的信息，所以，更为切合实际的方法是对各期观察值依时间顺序加权。

指数平滑法既可以满足这一要求，又不需要存贮很多历史观察数据。平滑之意，就是通过某种平均方式，消除历史统计序列中的随机波动，找出其中的主要发展趋势。根据平滑次数的不同，有一次指数平滑、二次指数平滑、三次指数平滑和高次指数平滑之分，但高次的很少用。指数平滑法最适合用于进行简单的时间分析和中、短期预测。

对时间序列 y_1，y_2，…，y_t，一次指数平滑公式为：

$$S_t^{(1)}=\alpha y_t+(1-\alpha)S_{t-1}^{(1)}$$

这里 $S_t^{(1)}$ 称为 t 期的一次指数平滑值，即 $\hat{y}_{t+1}$。α 为平滑系数，位于 0 到 1 之间。上述公式还可表示为：

$$\hat{y}_{t+1}=\alpha y_t+(1-\alpha)\hat{y}_t=\hat{y}_t+\alpha(y_t-\hat{y}_t)$$

上式表明，$t+1$ 期的预测值 $\hat{y}_{t+1}$ 是 t 期实际值 y_t 和预测值 $\hat{y}_t$ 的加权平均的结果，其权数分别为 α 和 $(1-\alpha)$。

将上式展开，可得：

$$\begin{aligned}S_t^{(1)}&=\hat{y}_{t+1}\\&=\alpha y_t+(1-\alpha)\hat{y}_t\\&=\alpha y_t+(1-\alpha)[\alpha y_{t-1}+(1-\alpha)\hat{y}_{t-1}]\\&\vdots\\&=\alpha y_t+\alpha(1-\alpha)y_{t-1}+\alpha(1-\alpha)^2y_{t-2}+\cdots+\alpha(1-\alpha)^{t-1}y_1\end{aligned}$$

上式表明，$t+1$ 期的预测值 $\hat{y}_{t+1}$ 是 y_1，y_2，…，y_t 的加权平均数，各项权数之和为：

$$\alpha+\alpha(1-\alpha)+\alpha(1-\alpha)^2+\cdots+\alpha(1-\alpha)^{t-1}=\alpha\frac{1-(1-\alpha)^t}{1-(1-\alpha)}$$

当 t 很大时，上式值为 1，即其权数之和为 1，且权数由近及远呈指数衰减，因而既保留了各期数据对平滑值的影响作用，又能克服移动平均法舍弃远期信息的损失。

指数平滑计算中，平滑系数 α 和平滑初始值 $S_0^{(1)}$ 的确定是重要的技术问题。

首先，α 的大小决定了 $(1-\alpha)^i$（$i=1, 2, \cdots, t$）按指数规律递减的速度，从而决定了各期观察值对预测值的作用。如果 α 取得小，$(1-\alpha)^i$ 的递减速度较为缓慢，远期观察值对预测值的作用较大；反之 α 取得大，$(1-\alpha)^i$ 的递减速度较为迅速，近期信息对预测值的形成起较大作用。虽然 α 的值原则上可以任意指定，但取值不同所得出的预测结果就不一样。实际应用中，主要是依据时间序列波动的状况来考虑 α 的取值。当时间序列的变化较为平稳，或虽有上升和下降，但仅是随机因素影响的结果，此时 α 应取较小值（0.1～0.3）；若时间序列受上升或下降的趋势性因素的影响较为明显，则 α 应取较大值（0.4～0.8）。最好的方法是分别选用几个不同的 α 值进行试算，然后选用误差较小者。

其次是平滑初始值 $S_0^{(1)}$ 的确定，这与时间序列的项数有关。样本项数多，经过多次平滑运算，初始值的影响越来越小，可取 $S_0^{(1)}=y_1$；样本项数少，平滑运算的次数有限，初始值的影响仍很大，宜取 $S_0^{(1)}=(y_1+y_2)/2$ 或 $S_0^{(1)}=(y_1+y_2+y_3)/3$。

例 4－9：某地 1996—2007 年的志愿者报名人数如表 4－7 所示，试用指数平滑法预测 2008 年的志愿者报名人数。表中，取平滑系数 $\alpha=0.4$。

表 4－7　某地 1996—2007 年志愿者报名人数　单位：人

年份	志愿者报名人数	一次指数平滑值	相对误差（%）
1996	110 933		
1997	111 268		
1998	110 123		
1999	112 205	110 709.5	1.332 8
2000	113 466	111 307.7	1.902 2
2001	112 314	112 171.0	0.127 3
2002	110 560	112 228.2	－1.509 0
2003	110 509	111 560.9	－0.952 0
2004	109 544	111 140.2	－1.457 0
2005	110 060	110 501.7	－0.401 0
2006	112 548	110 325.0	1.975 1
2007	112 912	111 214.2	－1.504 0
2008	—	111 893.3	

解：平滑初始值 $S_{1997}^{(1)}=(y_{1996}+y_{1997})/2=111\ 100.5$（人）

$S_{1998}^{(1)}=0.4\times110\ 123+0.6\times111\ 100.5=110\ 709.5$（人）

⋮

$S_{2008}^{(1)}=0.4\times112\ 912+0.6\times111\ 214.2=111\ 893.3$（人）

可见，一次指数平滑法是一种加权预测，权数为 α。它既不需要存储全部历史数据，也不需要存储一组数据，从而可以大大减少数据的存储，甚至有时只需一个最新观察值、最新预测值和 α 值，就可以进行预测。它提供的预测值是前一期预测值加上前期预测值中产生的误差的修正值。

一次指数平滑法的初值的确定有几种方法：

其一，取第一期的实际值为初值；

其二，取最初几期的平均值为初值。

一次指数平滑法比较简单，但也有问题。问题之一便是力图找到最佳的 α 值，使均方差最小，这需要通过反复试验确定。

例 4－10：利用表 4－8 中数据运用一次指数平滑法对 2007 年 1 月捐赠衣物进行预测（取 $\alpha=0.3$，0.5，0.7）。并计算均方误差，选择使其最小的 α 进行预测。拟选用 $\alpha=0.3$，$\alpha=0.5$，$\alpha=0.7$ 试预测。

表 4－8　　1—12 月份捐赠衣物数量　　单位：千件

月份	序号	实际观测值	指数平滑法		
			$\alpha=0.3$	$\alpha=0.5$	$\alpha=0.7$
1	1	203.8	—	—	—
2	2	214.1	203.8	203.8	203.8
3	3	229.9	206.9	209.0	211.0
4	4	223.7	213.8	230.0	224.2
5	5	220.7	216.8	226.9	223.9
6	6	198.4	218.0	223.8	221.7
7	7	207.8	212.1	211.1	205.4
8	8	228.5	210.8	209.5	207.1
9	9	206.5	216.1	219.0	222.1
10	10	226.8	213.2	212.8	211.2
11	11	247.8	217.3	219.8	222.1
12	12	259.5	226.5	233.8	240.1

由表 4－8 可见：$\alpha=0.3$，$\alpha=0.5$，$\alpha=0.7$ 时，均方误差分别为：$MSE=$

287.1，$MSE=297.43$，$MSE=233.36$。因此可选 $\alpha=0.7$ 作为预测时的平滑常数。2008 年 1 月捐赠衣物件数的预测值为：$0.7\times259.5+0.3\times240.1=253.68$（千件）。

采用指数平滑法求解直线趋势模型参数，建立直线方程，需计算二次指数平滑值，若以 $S_t^{(1)}$ 表示 t 期的第一次指数平滑值，以 $S_t^{(2)}$ 表示 t 期的第二次指数平滑值，则有：

$$S_t^{(1)}=\alpha X_t+(1-\alpha)S_{t-1}^{(1)}$$

$$S_t^{(2)}=\alpha S_t^{(1)}+(1-\alpha)S_{t-1}^{(2)}$$

用二次指数平滑法配合直线趋势方程，其模型为：

$$\hat{X}_{t+T}=a_t+b_tT$$

上式中 T 为从 t 期向前预测时的期数。求模型参数公式为：

$$\begin{cases}a_t=2S_t^{(1)}-S_t^{(2)}\\ b_t=\left(\dfrac{\alpha}{1-\alpha}\right)(S_t^{(1)}-S_t^{(2)})\end{cases}$$

六、马尔可夫预测

市场占有率是企业风险管理的核心指标之一，马尔可夫（A. A. Markov）过程是以俄国著名的数学家马尔可夫名字命名的一种特殊的描述事物发展过程的方法。马尔可夫过程主要用于对企业产品的市场占有率的预测。由于事物的发展状态总是随着时间的推移而不断地变化，对于某些事物的发展，需要综合考察其过去与现在的状态，才能预测未来。但有些事物的发展，只要知道现在状态，就可以预测将来的状态而不需要知道其过去状态。

（一）转移概率与转移概率矩阵

例 4-11：为了提高农民工的就业技能，预防失业风险，某地方政府要求农民工每年参加一次培训，假定调查 10 000 名农民工，根据本年度调查，有 3 000人参加 A 培训机构的培训，7 000 人参加 B 培训机构的培训。参加 A 培训机构培训的 3 000 人中，有 60% 的人下年度将继续参加 A 培训机构的培训，40% 的人将改为参加 B 培训机构的培训；参加 B 培训机构培训的 7 000 人中，有 70% 的人下年度将继续在 B 培训机构参加培训，30% 的人将改为参加 A 培训机构的培训。据此，可以得到如表 4－9 所示的统计表。

表 4－9　　两个培训机构之间的转移概率　　单位：%

现参加＼拟参加	A 培训机构	B 培训机构
A 培训机构	60	40
B 培训机构	30	70

表 4－9 中的 4 个概率就称为状态的转移概率，而这四个转移概率组成的矩阵：

$$B=\begin{bmatrix}60\% & 40\% \\ 30\% & 70\%\end{bmatrix}$$

称为转移概率矩阵，其特点是其各行元素之和为 1。在本例中，其经济意义是，现在参加某培训机构的人中，下年度参加两个培训机构的人数百分比之和为 1。

（二）用转移概率矩阵预测市场占有率的变化

有了转移概率矩阵，就可以预测，到下年度参加 A 培训机构和 B 培训机构的人数，计算过程如下：

$$(3\,000,\ 7\,000)\begin{bmatrix}60\% & 40\% \\ 30\% & 70\%\end{bmatrix}=(3\,900,\ 6\,100)$$

即下年度参加 A 培训机构培训的人数将为 3 900，而参加 B 培训机构培训的人数将为 6 100。假定转移概率矩阵不变，还可以继续预测下年度的市场占有率：

$$\begin{aligned}&(3\,900,\ 6\,100)\begin{bmatrix}60\% & 40\% \\ 30\% & 70\%\end{bmatrix}\\ =\ &(3\,000,\ 7\,000)\begin{bmatrix}60\% & 40\% \\ 30\% & 70\%\end{bmatrix}\begin{bmatrix}60\% & 40\% \\ 30\% & 70\%\end{bmatrix}\\ =\ &(3\,000,\ 7\,000)\begin{bmatrix}60\% & 40\% \\ 30\% & 70\%\end{bmatrix}^2=(4\,170,\ 5\,830)\end{aligned}$$

我们可以运用 k 步转移概率矩阵预测一下各年度的占有率，设 $P(k)$ 表示 k 步转移概率矩阵，P 表示一步转移概率矩阵，k 步转移概率矩阵由下列矩阵计算式求得：

$$P(k)=P^k=\begin{bmatrix} P_{11} & P_{12} & \cdots & P_{1n} \\ P_{21} & P_{22} & \cdots & P_{2n} \\ \vdots & & & \\ P_{n1} & P_{n2} & \cdots & P_{nn} \end{bmatrix}^k$$

k 表示经历的时间单位数，k 步转移概率矩阵中，各行元素之和也都为1。

第三节 长期趋势模型预测

在一个较长的动态数列中，往往存在着某种长期趋势，可以用适当的方法测定这个趋势，给它配以趋势模型，以作为外推预测的依据。能够反映动态数列变化规律的数学模型很多，建立模型参数的方法也很多，这里主要介绍直线趋势预测法与二次抛物线趋势预测模型及其参数估计的最小平方法。

一、直线趋势预测法

直线趋势预测法，适用于连续性统计数据逐年增减量大致相同，波动并不太大的情况。只有这时，发展趋势才是直线型的，适宜运用相应的统计趋势直线预测未来。

以应急救援志愿者队伍为例，设应急救援队伍趋势直线的方程为：

$$y=ax+b$$

x 为时期，y 为实际参加志愿者队伍人数，a 为直线斜率，b 为截距。

根据历史资料，采用最小二乘法，求出 a 和 b 的值。

$$a=\frac{n\sum_{i=1}^{n}x_iy_i-\sum_{i=1}^{n}x_i\sum_{i=1}^{n}y_i}{n\sum_{i=1}^{n}x_i^2-\left(\sum_{i=1}^{n}x_i\right)^2}$$

$$b=\frac{\sum_{i=1}^{n}y_i-a\sum_{i=1}^{n}x_i}{n}$$

为简化计算，在整理统计资料时，一般取 n 为奇数，并设中间一期的距差 $x_i=x_0=0$，由此可以使 $\sum_{i=1}^{n}x_i=0$，于是得到简化的计算公式：

$$a=\frac{\sum_{i=1}^{n}x_iy_i}{\sum_{i=1}^{n}x_i^2}$$

$$b=\frac{\sum_{i=1}^{n}y_i}{n}$$

由此就确定了志愿者队伍直线方程 $y=ax+b$，该直线上各点与实际参加的志愿者队伍人数各点之间的偏差的平方和最小。所以，该直线较能代表实际参加的志愿者队伍的变化，因而也能作为志愿者队伍情况的根据。

例 4－12：某地过去参加志愿者队伍的资料如表 4－10 所示，请预测 2007 年参加志愿者队伍的人数。

表 4－10　　某地 2001—2005 年参加志愿者队伍人数　　单位：人

年份 x	距差 x_i	实际参加人数 y_i	x_iy_i	x_i^2
2001	－2	1 200	－2 400	4
2002	－1	1 400	－1 400	1
2003	0	1 700	0	0
2004	1	1 600	1 600	1
2005	2	2 000	4 000	4
合计	0	7 900	1 800	10

利用简化公式：

$$a=\frac{\sum_{i=1}^{n}x_iy_i}{\sum_{i=1}^{n}x_i^2}=\frac{1\ 800}{10}=180$$

$$b=\frac{\sum_{i=1}^{n}y_i}{n}=\frac{7\ 900}{5}=1\ 580$$

得到直线趋势方程为：$y=180x+1\ 580$

预测 2007 年参加志愿者队伍的人数为：

$$\begin{aligned}y&=180x+1\ 580\\&=180\times 4+1\ 580\\&=2\ 300\ (\text{人})\end{aligned}$$

如果不用简便方法，就不可用简便公式。对原资料处理如表 4－11 所示。

表 4-11　　某地 2001—2005 年参加志愿者队伍人数　　单位：人

年份 x	距差 x_i	实际参加人数 y_i	$x_i y_i$	x_i^2
2001	1	1 200	1 200	1
2002	2	1 400	2 800	4
2003	3	1 700	5 100	9
2004	4	1 600	6 400	16
2005	5	2 000	10 000	25
合计	15	7 900	25 500	55

$$a = \frac{n\sum_{i=1}^{n} x_i y_i - \sum_{i=1}^{n} x_i \sum_{i=1}^{n} y_i}{n\sum_{i=1}^{n} x_i^2 - (\sum_{i=1}^{n} x_i)^2} = \frac{5 \times 25\ 500 - 7\ 900 \times 15}{5 \times 55 - 15^2} = 180$$

$$b = \frac{\sum_{i=1}^{n} y_i - a\sum_{i=1}^{n} x_i}{n} = \frac{7\ 900 - 180 \times 15}{5} = 1\ 040$$

得到直线趋势方程为：$y = 180x + 1\ 040$

预测 2007 年参加志愿者队伍的人数为：$y = 180x + 1\ 040 = 180 \times 7 + 1\ 040 = 2\ 300$（人）

二、二次抛物线趋势预测模型

二次抛物线趋势预测模型为：

$$\hat{y}_t = a + bt + ct^2$$

设 $\sum t = 0$，求解 a、b、c 的一般公式为：

$$a = \frac{\sum y \sum t^4 - \sum t^2 \sum t^2 y}{n\sum t^4 - (\sum t^2)^2}$$

$$b=\frac{\sum ty}{\sum t^2}$$

$$c=\frac{n\sum t^2y-\sum y\sum t^2}{n\sum t^4-\left(\sum t^2\right)^2}$$

例 4－13：某地自然灾害捐赠额资料如表 4－12 所示，要求建立二次抛物线趋势预测模型，预测 2007 年该地区自然灾害捐赠额。

表 4－12　　某地自然灾害捐赠额　　单位：万元

年份	1998	1999	2000	2001	2002	2003	2004	2005	2006
金额	187	204	229	261	302	349	404	468	540

首先，要分析二次差（二级增减量）是否大致相等。经列表计算分析动态数列的二次差（二级增减量）大致相等（见表 4－13）。其发展的基本趋势属二次抛物线形式。

表 4－13　　某地自然灾害捐赠额一、二次增减量　　单位：万元

年份	1998	1999	2000	2001	2002	2003	2004	2005	2006
一次差	—	17	25	32	41	47	55	64	72
二次差	—	—	8	7	9	6	8	9	8

列计算表（见表 4－14），求出 a、b、c 参数，列出趋势方程。

表 4－14　　二次曲线最小平方法计算表

年份	t	y	t^2	t^4	ty	t^2y
1998	－4	187	16	256	－748	2 992
1999	－3	204	9	81	－612	1 836
2000	－2	229	4	16	－458	916
2001	－1	261	1	1	－261	261
2002	0	302	0	0	0	0
2003	1	349	1	1	349	349

（续上表）

年份	t	y	t^2	t^4	ty	t^2y
2004	2	404	4	16	808	1 616
2005	3	468	9	81	1 404	4 212
2006	4	540	16	256	2 160	8 640
合 计	0	2 944	60	708	2 642	20 822

解：$a=\dfrac{2\,944\times708-60\times20\,822}{9\times708-60^2}=\dfrac{835\,032}{2\,772}=301.238$

$b=\dfrac{2\,642}{60}=44.033$

$c=\dfrac{9\times20\,822-2\,944\times60}{9\times708-60^2}=\dfrac{10\,758}{2\,772}=3.881$

$\hat{y}_t=301.238+44.033t+3.881t^2$

2007 年自然灾害捐赠额的预测值为：

$\hat{y}_{t+1}=301.238+44.033\times(4+1)+3.881\times(4+1)^2=618.4$（万元）

第四节　回归模型预测

回归模型预测是利用统计回归分析方法，以相关数列为依据建立线性回归模型，将一个自变量或几个自变量的给定值代入回归模型，对因变量可能出现的变动趋势和水平进行推测。回归模型预测在实践中运用甚为广泛，这里主要介绍常用的几种回归模型。

一、一元线性回归模型预测

（一）一元线性回归模型的建立

设 x 和 y 为两个相关变量，其中 x 为自变量，y 为因变量。若通过样本数据判定两变量间存在线性相关关系，则其一元线性回归模型为：

$$\hat{y}=\beta_0+\beta_1x+\mu$$

式中，μ 为随机干扰项；β_0、β_1 为待定参数。

（二）参数的估计

一元回归模型参数估计的方法很多，其中使用最广泛的是最小平方法，下面以最小平方法来估计模型参数。

x 和 y 之间的回归预测模型为：

$$\hat{y} = \hat{\beta}_0 + \hat{\beta}_1 x$$

$$\hat{\beta}_0 = \frac{\sum y_i}{n} - \hat{\beta}_1 \frac{\sum x_i}{n}$$

$$\hat{\beta}_1 = \frac{n\sum x_i y_i - \sum x_i \sum y_i}{n\sum x_i^2 - (\sum x_i)^2}$$

（三）一元线性回归预测模型的运用

例 4－14： 调查某企业 15 位退休人员，得知他们的月食品支出 y_i 与月收入 x_i 的有关资料如表 4－15 所示。若月收入增加到 1 250 元时，则月食品支出的预测值是多少？

表 4－15　　一元线性回归计算表　　单位：元

编号	月支出（y）	月收入（x）	xy	x^2	y^2
1	470	910	427 700	828 100	220 900
2	460	880	404 800	774 400	211 600
3	450	885	398 250	783 225	202 500
4	480	910	436 800	828 100	230 400
5	470	855	401 850	731 025	220 900
6	560	1 190	666 400	1 416 100	313 600
7	390	670	261 300	448 900	152 100
8	460	815	374 900	664 225	211 600
9	510	1 015	517 650	1 030 225	260 100
10	510	930	474 300	864 900	260 100
11	540	1 045	564 300	1 092 025	291 600
12	580	1 090	632 200	1 188 100	336 400
13	470	805	378 350	648 025	220 900
14	480	860	412 800	739 600	230 400
15	400	720	288 000	518 400	160 000
合计	7 230	13 580	6 639 600	12 555 350	3 523 100

解：

$$\hat{\beta}_1=\frac{15\times 6\ 639\ 600-13\ 580\times 7\ 230}{15\times 12\ 555\ 350-(13\ 580)^2}=0.360\ 4$$

$$\hat{\beta}_0=\frac{7\ 230}{15}-0.360\ 4\times\frac{13\ 580}{15}=155.717\ 9$$

回归预测模型为：

$\hat{y}=155.717\ 9+0.360\ 4\ x$

式中的 $\hat{\beta}_1=0.360\ 4$ 表示月收入每增加 1 元，月食品支出会增加 0.360 4 元；$\hat{\beta}_0=155.717\ 9$ 表示即使收入为0，也需 150 多元的食品支出，这是基本的生活保障。

因此，若月收入为 1 250 元，则月食品支出的预测值为：

$\hat{y}=155.717\ 9+0.360\ 4\times 1\ 250=606.22$（元）

二、多元线性回归模型预测

（一）多元线性回归模型的建立

一元回归预测研究是因变量与一个自变量之间的相互关系，因变量的值只受一个自变量的影响。但是在现实生活中，某一现象的变动总是同时受多种因素的变动影响。例如，一个企业的利润除了与销售量有关外，还与销售价格、企业的生产成本有关。消费除了与本期的收入水平有关外，还会受以前的消费情况和收入水平的影响。这就是说，影响因变量的因素不止一个，往往是多个的。研究这类问题，一元回归分析是远远不够的，必须引入包含多个自变量的多元回归模型。

多元线性回归模型的基本方程式为：

$\hat{y}=\beta_0+\beta_1x_1+\beta_2x_2+\cdots+\beta_kx_k+\mu$

式中：μ 为随机干扰项；β_0，β_1，…，β_k 为待定参数。

（二）二元线性回归模型参数的估计

设二元线性回归模型为：

$$\hat{y}=\hat{\beta}_0+\hat{\beta}_1x_1+\hat{\beta}_2x_2$$

运用最小平方法估计模型的参数：

$$\begin{cases}\hat{\beta}_0=\bar{y}-\hat{\beta}_1\bar{x}_1-\hat{\beta}_2\bar{x}_2\\ \hat{\beta}_1=\dfrac{(\sum Y_iX_{1i})(\sum X_{2i}^2)-(\sum Y_iX_{2i})(\sum X_{1i}X_{2i})}{(\sum X_{1i}^2)(\sum X_{2i}^2)-(\sum X_{1i}X_{2i})^2}\\ \hat{\beta}_2=\dfrac{(\sum Y_iX_{2i})(\sum X_{1i}^2)-(\sum Y_iX_{1i})(\sum X_{1i}X_{2i})}{(\sum X_{1i}^2)(\sum X_{2i}^2)-(\sum X_{1i}X_{2i})^2}\end{cases}$$

其中，大写字母代表变量的离差，即

$X_{1i}=x_{1i}-\bar{x}_1$，$X_{2i}=x_{2i}-\bar{x}_2$，$Y_i=y_i-\bar{y}$

三、二元线性回归预测模型的运用

例 4－15：某应急物流公司的利润 y，主要取决于 x_1、x_2 两种产品的销售量。现有该公司自 1998 年至 2007 年的统计数据如表 4－16 所示，试求利润与两种产品销售量的回归方程。当 x_1、x_2 两种产品的销售量分别为 50 台和 18 台时，预测该公司的利润。

表 4－16　　某应急物流公司利润与各产品销售量资料

年 份	Y（万元）	x_1	x_2	X_1Y	X_2Y	X_1X_2	X_1^2	X_2^2	Y^2
1998	29	45	16	1.62	2.34	1.17	0.81	1.69	3.24
1999	24	42	14	6.72	2.24	1.47	4.41	0.49	10.24
2000	27	44	15	0.02	−0.06	−0.03	0.01	0.09	0.04
2001	25	45	13	−1.98	3.74	−1.53	0.81	2.89	4.84
2002	26	43	13	1.32	2.04	1.87	1.21	2.89	1.44
2003	28	46	14	1.52	−0.56	−1.33	3.61	0.49	0.64
2004	30	44	16	−0.28	3.64	−0.13	0.01	1.69	7.84
2005	28	45	16	0.72	1.04	1.17	0.81	1.69	0.64
2006	28	44	15	−0.08	0.24	−0.03	0.01	0.09	0.64
2007	27	43	15	0.22	−0.06	−0.33	1.21	0.09	0.04
合计	272	441	147	9.80	14.60	2.3	12.90	12.10	29.60

为了计算方便，仍以 $X_{1i}=x_{1i}-\bar{x}_1$，$X_{2i}=x_{2i}-\bar{x}_2$，$Y_i=y_i-\bar{y}$ 表示各自离差，并由表 4－16 计算得：

$\bar{x}_1=44.1$　$\bar{x}_2=14.7$　$\bar{y}=27.2$

$\sum X_{1i}Y_i=9.8$　$\sum X_{2i}Y_i=14.6$　$\sum X_{1i}X_{2i}=2.3$

$\sum X_{1i}^2=12.9$　$\sum X_{2i}^2=12.1$

利用表中计算结果代入公式得：

$$\hat{\beta}_1=\frac{9.8\times12.1-14.6\times2.3}{12.9\times12.1-2.3^2}=0.564$$

$$\hat{\beta}_2=\frac{14.6\times12.9-9.8\times2.3}{12.9\times12.1-2.3^2}=1.099$$

$$\hat{\beta}_0=27.2-0.564\times44.1-1.099\times14.7=-13.828$$

因此，所求的二元线性回归方程为：

$$\hat{y}=-13.828+0.564x_1+1.099x_2$$

式中，$\hat{\beta}_1=0.564$ 表示，在其他条件不变情况下，x_1产品销售量每增加一个单位，公司的利润平均增加0.564个单位；$\hat{\beta}_2=1.099$ 表示，在其他条件不变情况下，x_2产品销售量每增加一个单位，公司的利润平均增加1.099个单位；$\hat{\beta}_0=-13.828$ 则表示，如果公司不销售 x_1、x_2 两产品，平均就要亏损13.828个单位。

当 $x_1=50$，$x_2=18$ 时，该公司的利润预测值为：

$$\hat{y}=-13.828+0.564\times50+1.099\times18=34.154\text{（万元）}$$

四、运用回归预测模型应注意的问题

回归预测考虑了现象间的联系，也注意到现象的变化趋势，这对提高预测的准确度是有益的。但是，它不便及时更新所用资料，增加一个新的观测值或减少一个观测值，整个回归模型就得重新计算。因此，具体利用回归模型进行预测时应注意如下问题：

（一）对预测对象进行定性分析

在建立回归方程前，首先应对预测对象进行定性分析，以判定现象之间是否确实存在因果关系。如定性分析出错，没有因果关系，则所建立的模型就失去意义。

（二）对回归系数进行分析

回归预测模型中的回归系数表明自变量对因变量的影响方向和影响程度。如例4-14回归预测模型中的$\hat{\beta}_1=0.3604$ 表示人均月收入每增加1元，人均月食品支出会增加0.3604元；$\hat{\beta}_0=155.7179$ 表示即使收入为0，也需150多元的食品支出，这是基本的生活保障。

（三）注意样本资料的结构变形

回归模型的选择是根据样本资料确定的，模型中的参数也是根据样本资料计算出来的。因此，回归模型只能说明变量在一定范围内的因果关系。超过这一范围，不仅模型的函数形式可能发生变化，如果由直线变为曲线，模型中的参数值也可能不再符合实际。如果这时仍以原模型进行外推预测就会出现较大偏差，甚至得出完全错误的结论。

（四）注意因变量的滞后变动

实践中，因变量与自变量的变动并不是同时发生的，两者之间存在或长或短的时间差，一般是自变量变动在先，因变量变动在后。例如，存贷利率变化后，间隔一段时期才有储蓄额、基本建设投资额的变化。因此，进行回归预测还要考虑现象变动的时间差。

（五）注意变量间的非线性关系

线性回归分析法在预测中有着很重要的应用，但客观事物之间并不一定都呈线性关系，在许多情况下，非线性回归模型更为合适。一些非线性形式的回归模型经过适当变换，可以成为线性形式。

第五节　指数曲线趋势法

一、指数曲线趋势的概念

在企业生产过程中，为应对经营风险，经常需要根据市场状况作出应对措施。指数曲线趋势预测法，是指运用企业某产品过去销售情况的统计资料，求出该产品的销售趋势指数曲线，再根据该销售趋势指数曲线的延伸，作出该产品下期市场销售情况预测。

此种方法适用于销售量逐年增减率大致相同的情况，只有在这时销售的发展趋势才是指数曲线型的，才能用相应的销售趋势指数曲线来预测未来。

销售趋势指数曲线的方程为：

$$y = ba^x$$

这一方程式表明，各年的销售量 y 等于最初销售水平 b 乘以平均发展速度 a 的 x 次方，销售趋势指数曲线如图 4－1 所示。

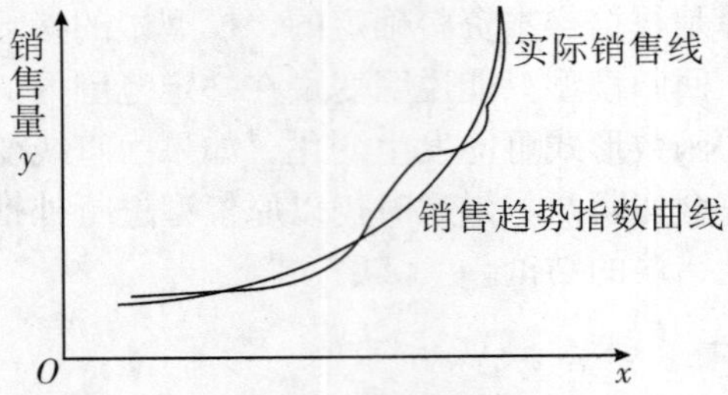

图 4－1　指数曲线

二、指数曲线趋势法的应用

（1）应用指数曲线趋势法进行销售预测，可以事先对指数曲线方程 $y = ba^x$ 两边取自然对数后得到：

$$\ln y = \ln b + x\ln a$$

设：$y' = \ln y$，$a' = \ln a$，$b' = \ln b$，则原指数曲线方程就变为以下的直线形式：

$$y' = a'x + b'$$

（2）根据销售情况的历史统计资料，按表 4－17 整理有关数据。

表 4－17　　　　样表

年份	期数	销售量 y_i	$y' = \ln y_i$	距差 x_i	$x_i y_i$	x_i^2
	1 2 3					
⋮	⋮	⋮	⋮	⋮	⋮	⋮
合计			$\sum_{i=1}^{n} y'$	$\sum_{i=1}^{n} x_i$	$\sum_{i=1}^{n} x_i y'$	$\sum_{i=1}^{n} x_i^2$

（3）根据 y_i^2，$x_i y'$，x_i 的值，运用公式分别求出 a'，b'的值：

$$a' = \frac{n\sum_{i=1}^{n} x_i y_i' - \sum_{i=1}^{n} x_i \sum_{i=1}^{n} y_i'}{n\sum_{i=1}^{n} x_i^2 - (\sum_{i=1}^{n} x_i)^2}$$

$$b' = \frac{\sum_{i=1}^{n} y_i' - a'\sum_{i=1}^{n} x_i}{n}$$

当设 $\sum_{i=1}^{n} x_i = 0$ 时，求 a'，b'的公式可简化为：

$$a' = \frac{\sum_{i=1}^{n} x_i y_i'}{n\sum_{i=1}^{n} x_i^2}$$

$$b' = \frac{\sum_{i=1}^{n} y_i'}{n}$$

（4）将求得的 a'，b'值代入 $y' = a'x + b'$，并将预测期的 x_i 同时代入，就得到 y_i'。

（5）因为 $y' = \ln y$，故 $y_i' = \ln y_i$。根据已求得的 y_i'，就可求出 y_i。

例 4－16：全球气候变暖，给生态环境带来了严峻的挑战，某空调厂 2003 年至 2009 年的空调销售情况如表 4－18 所示，据历史资料粗略估计，该产品的销售量以每年 33%～36% 的速度递增。要求应用指数曲线趋势法，预测 2010 年、2011 年应生产的空调数量，以应对全球气候变暖的挑战。

表 4－18　　　　2003—2009 年空调销售量

年份	期数	销售量 y_i（千台）	$y' = \ln y_i$	距差 x_i	$x_i y_i$	x_i^2
2003	1	5.3	1.667 7	－3	－5.003 1	9
2004	2	7.2	1.947 1	－2	－3.948 2	4
2005	3	9.6	2.261 8	－1	－2.261 8	1
2006	4	12.9	2.557 2	0	0	0
2007	5	17.1	2.839 1	1	2.839 1	1
2008	6	23.2	3.144 2	2	6.288 4	4
2009	7	31.0	3.434 0	3	10.302 0	9
合计			$\sum_{i=1}^{n} y' = 17.878\ 1$	$\sum_{i=1}^{n} x_i = 0$	$\sum_{i=1}^{n} x_i y' = 8.216\ 4$	$\sum_{i=1}^{n} x_i^2 = 28$

解：利用简化公式

$$a' = \frac{\sum_{i=1}^{n} x_i y_i'}{n\sum_{i=1}^{n} x_i^2} = \frac{8.126\,4}{28} = 0.293\,4$$

$$b' = \frac{\sum_{i=1}^{n} y_i'}{n} = \frac{17.878\,1}{7} = 2.554$$

将求得的 a'，b'代入 $y' = a'x + b'$，预测 2010 年、2011 年销售量。

$y'_{2010} = 0.293\,4 \times 4 + 2.554 = 3.727\,6$

$y'_{2011} = 0.293\,4 \times 5 + 2.554 = 4.021\,0$

这样，2010 年、2011 年的空调生产预测值为：

$y_{2010} = 41.58$（千台）

$y_{2011} = 55.76$（千台）

第六节　产品寿命周期分析与预测

一、产品寿命周期各阶段的销售特征

产品寿命周期是指产品从投入市场到从市场消失所经历的时期，它包括投入期、成长期、成熟期和衰退期。每个时期产品的销量是不同的，对企业影响也有明显的区别。对产品寿命周期进行定量分析，可使管理者知道产品寿命处于哪个阶段，掌握新产品的需求动向及其规律，从而作出正确的经营决策。

产品寿命周期分为投入期、成长期、成熟期和衰退期四个阶段。在寿命周期不同阶段的销售特征，应从两个方面加以考察：一是销售量，指该阶段中的销售量随时间的绝对变化，即销售量随着时间增长或减少的具体数量；二是销售量增长率，指该阶段中的销售量增减的相对变化情况，即销售量随着时间增长或减少的快慢程度。

（1）成长期。新产品的销售量与销售量增长率都是增加的（试销——认知——广告）。

（2）成熟期。新产品的销售继续增加，但销售量增长率减少（老用户稳定、新用户增加有限）。

（3）衰退前期。新产品的销售量迅速减少，销售量增长率减少（更替新

产品出现）。

（4）衰退后期。新产品的销售量继续减少，销售量增长率略有回升（更多替换新产品出现，但仍有部分诚心的老客户）。

产品寿命周期反映了企业产品在市场上的变化规律。企业应该根据产品寿命周期各个阶段的不同特征采取相应的市场策略，力争缩短投入期，尽快进入成长期，保持和延长产品成长期，在市场饱和时期及早转产并果断地退出该产品市场。管理者要认真研究本企业产品的寿命周期，以正确地制定产品决策，及时改进老产品，发展新产品，有计划地进行产品更新，正确地制定各项经营策略，指导企业的经营管理，使企业在市场竞争中立于不败之地，尤其是在经济危机影响下对于有效地规避经营风险有着重大的意义。

二、销售特征的数学表示

设某产品的销售量 Q 是时间 t 的函数，其经验公式是：

$$Q = Ka^{b^t}$$

其中，t 代表时间，K，a，b 为三个参数，可根据销售量的时间序列资料求得。将上式两边求自然对数（见图 4－2），得到：

$$\ln Q = \ln K + b^t \ln a$$

销售量的自然对数 $\ln Q$ 也是时间 t 的对数，对上式求一阶导数。

$$(\ln Q)' = b^t \times \ln b \times \ln a$$

$(\ln Q)'$表示销售量 Q 的瞬时增长率。对（$\ln Q$）$'$再求导数，得 $\ln Q$ 的二阶导数为：

$$(\ln Q)'' = b^t \times (\ln b)^2 \times \ln a$$

$(\ln Q)''$表示销售量增长率 Q 的瞬时变化情况。于是，可将各阶段的销售特征用数学方法表示为：

（1）当 $b>1$，$\ln a>0$ 时，$(\ln Q)'>0$，$(\ln Q)''>0$，则 $\ln Q$、$(\ln Q)'$都是递增的，表明产品处于销售量与销售量增长率不断增长的成长期。

（2）当 $0<b<1$ 时，$\ln a<0$ 时，$(\ln Q)'>0$ $(\ln Q)''<0$，则 $\ln Q$ 是递增的、$(\ln Q)'$是递减的，表明产品处于销售量继续增加而销售量增长率减少的成熟期。

（3）当 $b>1$，$\ln a<0$ 时，$(\ln Q)'<0$，$(\ln Q)''<0$，则 $\ln Q$、$(\ln Q)'$，都是

递减的，表明产品处于销售量与销售量增长率都不断减少，且销售量增长率为负值的衰退期。在衰退前期与成熟期的分界点处，$(\ln Q)'=0$，该分界点称为饱和点。

（4）当 $0<b<1$，$\ln a>0$ 时，$(\ln Q)'<0$，$(\ln Q)''>0$，则 $\ln Q$ 是递减的、$(\ln Q)'$ 是递增的，表明产品处于销售量继续减少而销售量增长率有所回升的衰退期。

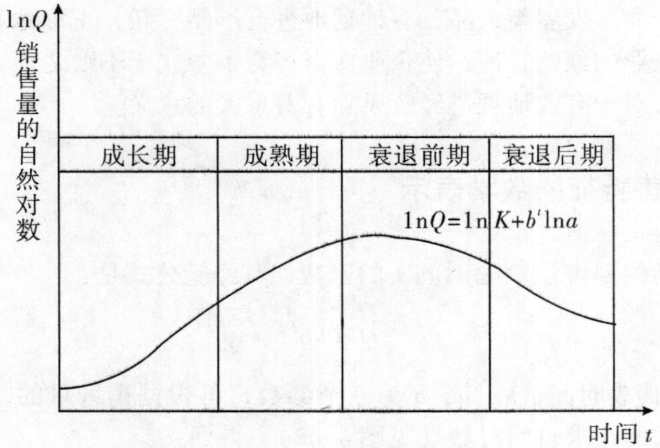

图 4－2　销售量与时间关系图

对于某种产品，只要根据其销售量的时间序列资料，确定 b，$\ln a$，$\ln K$ 等参数值，便能判别该产品处于寿命周期的哪个阶段，并能对用户需求量作出短期预测（一般为 3～5 年）。

三、寿命周期定量分析的具体步骤

（1）设该产品销售量 Q 与时间 t 的关系式为：

$$Q = Ka^{b^t}$$

取其自然对数，得到：

$$\ln Q = \ln K + b^t \ln a$$

其中：b，$\ln a$，$\ln K$ 为参数。

（2）整理产品销售量的时间资料。

设已知某产品的时间序列数据如表 4－19 所示：

表 4-19　　　　产品的时间序列数据对数表

t	0	1	2	…	$3n-1$
Q	Q_0	Q_1	Q_2	…	Q_{3n-1}
$\ln Q$	$\ln Q_0$	$\ln Q_1$	$\ln Q_2$	…	$\ln Q_{3n-1}$

其中 t 为时期数，我们约定共有 $3n$ 期资料，n 为任意正整数，设从 0 期开始，Q 为每期的销售量，$\ln Q$ 为销售量的自然对数，可根据每期的 Q 值，求出自然对数值。由于计算参数的需要，将表 4-19 的数据分为三组，列出分组的时间序列资料，每组有 n 个数据，分列以下三张表（见表 4-20 至表 4-22）。

表 4-20　　　　产品的时间序列数据对数表（1）

t	0	1	…	$n-1$
$\ln Q$	$\ln Q_0$	$\ln Q_1$	…	$\ln Q_{n-1}$
$\sum_{i=0}^{n-1}\ln Q_i$				

表 4-21　　　　产品的时间序列数据对数表（2）

t	n	$n+1$	…	$2n-1$
$\ln Q$	$\ln Q_n$	$\ln Q_{n+1}$	…	$\ln Q_{2n-1}$
$\sum_{i=n}^{2n-1}\ln Q_i$				

表 4-22　　　　产品的时间序列数据对数表（3）

t	$2n$	$2n+1$	…	$3n-1$
$\ln Q$	$\ln Q_{2n}$	$\ln Q_{2n+1}$	…	$\ln Q_{3n-1}$
$\sum_{i=2n}^{3n-1}\ln Q_i$				

在整理产品销售量资料的时间序列资料时，应该注意，对于因特殊原因（如某时期内原材料短缺、经济政策因素等）所造成的较大波动，应该加以适当的修正。

（3）按以下公式分别计算出参数 b，$\ln a$，$\ln K$ 的值：

$$b=\left[\frac{\sum_{i=2n}^{3n-1}\ln Q_i-\sum_{i=n}^{2n-1}\ln Q_i}{\sum_{i=n}^{2n-1}\ln Q_i-\sum_{i=0}^{n-1}\ln Q_i}\right]^{\frac{1}{n}}$$

$$\ln a=\left(\sum_{i=n}^{2n-1}\ln Q_i-\sum_{i=0}^{n-1}\ln Q_i\right)\times\frac{b-1}{(b^n-1)^2}$$

$$\ln K=\frac{1}{n}\left[\sum_{i=0}^{n-1}\ln Q_i-\left(\frac{b^n-1}{b-1}\right)\ln a\right]$$

（4）根据 b，$\ln a$ 的值，可按下表判定产品在其寿命周期中所处的阶段：

$b>1$，$\ln a>0$，产品处于成长期；

$0<b<1$，$\ln a<0$，产品处于成熟期；

$b>1$，$\ln a<0$，产品处于衰退前期；

$0<b<1$，$\ln a>0$，产品处于衰退后期。

（5）将 b，$\ln a$，$\ln K$ 的值代入公式：

$$\ln Q=\ln K+b^t\ln a$$

计算出 $\ln Q$ 的值，并用于该产品的短期预测。

例 4－17：某厂用某种材料生产救急帐篷，主要用于突发自然灾害情况下救急。1985 年至 2008 年的生产量如表 4－23 所示，问该厂用该种材料生产的救急帐篷目前处于生命周期的哪个阶段（新型替代材料问世后，此种材料生产的帐篷可能被淘汰）？并预测 2009 年该厂用该种材料生产救急帐篷的生产量。

表 4－23　某厂 1985 年至 2008 年生产救急帐篷资料　单位：顶

年份	生产量（Q）	年份	生产量（Q）	年份	生产量（Q）
1985	303 449	1993	531 815	2001	1 471 195
1986	417 191	1994	596 755	2002	1 701 925
1987	485 013	1995	417 761	2003	1 900 800
1988	538 574	1996	576 010	2004	1 950 000
1989	162 510	1997	958 429	2005	1 958 349
1990	256 566	1998	1 124 298	2006	2 251 700
1991	261 121	1999	1 261 270	2007	2 465 700
1992	454 684	2000	1 314 459	2008	2 932 400

解：

（1）设帐篷的生产量 Q 与时间 t 的关系式为：

$$Q = Ka^{b^t}$$

取其自然对数为：

$$\ln Q = \ln K + b^t \ln a$$

其中：b，$\ln a$，$\ln K$ 为参数。

（2）按题意，整理帐篷生产量的时间序列资料。

设 t 从 1985 年开始为 0，1986 年为 1，1987 年为 2，以此类推，2008 年为 $3n-1=23$，这里 $n=8$。于是可列出分组的时间序列资料，并分别求出 $\ln Q$ 与 $\sum \ln Q_i$ 的值（见表 4－24）。

表 4－24　　某厂 1985 年至 2008 年帐篷的生产量资料　　单位：顶

年份	t 值	生产量 Q	$\ln Q$	年份	t 值	生产量 Q	$\ln Q$	年份	t 值	生产量 Q	$\ln Q$
1985	0	303 449	12.622 9	1993	8	531 815	13.184 1	2001	16	1 471 195	14.201 6
1986	1	417 191	12.941 2	1994	9	596 755	13.299 3	2002	17	1 701 925	14.347 3
1987	2	485 013	13.091 9	1995	10	417 761	12.942 7	2003	18	1 900 800	14.457 8
1988	3	538 574	13.196 7	1996	11	576 010	13.263 9	2004	19	1 950 000	14.483 3
1989	4	162 510	11.998 5	1997	12	958 429	13.773 1	2005	20	1 958 349	14.487 6
1990	5	256 566	12.455 1	1998	13	1 124 298	13.932 7	2006	21	2 251 700	14.627 2
1991	6	261 121	12.472 7	1999	14	1 261 270	14.047 6	2007	22	2 465 700	14.718 0
1992	7	454 684	13.027 4	2000	15	1 314 459	14.088 9	2008	23	2 932 400	14.891 3
			$\sum_{t=0}^{n-1}\ln Q_i$ 101.806 4				$\sum_{i=n}^{2n-1}\ln Q_i$ 108.532 3				$\sum_{i=2n}^{3n-1}\ln Q_i$ 116.214 1

（3）按公式分别计算参数 b，$\ln a$，$\ln K$ 的值。

$$b = \left[\frac{\sum_{i=2n}^{3n-1}\ln Q_i - \sum_{i=n}^{2n-1}\ln Q_i}{\sum_{i=n}^{2n-1}\ln Q_i - \sum_{i=0}^{n-1}\ln Q_i}\right]^{\frac{1}{n}} = \left(\frac{116.241\,1-108.532\,1}{108.532\,3-101.806\,4}\right)^{\frac{1}{8}}$$

$$=(1.142\,1)^{\frac{1}{8}}=1.061\,7$$

$$\ln a = \left(\sum_{i=n}^{2n-1}\ln Q_i - \sum_{i=0}^{n-1}\ln Q\right)\times\frac{b-1}{(b^n-1)^2}$$

$$=(108.532\,3-101.806\,4)\times\frac{1.016\,7-1}{[(1.016\,7)^8-1]^2}=5.587\,0$$

因为 $b=1.016\,7>1$，$\ln a=5.587\,0>0$

所以，该产品目前处于生产量与生产量增长率均不断增长的成长期。

（4）对 2010 年的帐篷的生产量进行预测。

$$\ln K=\frac{1}{n}\left[\sum_{i=0}^{n-1}\ln Q_i-\left(\frac{b^n-1}{b-1}\right)\ln a\right]$$

$$=\frac{1}{8}\times\left[101.8064-\left(\frac{1.0167^8-1}{1.0167-1}\right)\times 5.587\right]$$

$$=6.8001$$

当预测 2010 年的帐篷生产量时，$t_{2010}=25$，则得：

$$\ln Q_{2010}=\ln K+b^{t_{2010}}\ln a$$

$$=6.8001+(1.0167)^{25}\times 5.587$$

$$=15.2529$$

$$Q_{2010}\approx 4\,209\,692\text{（顶）}$$

所以，预测得知 2010 年帐篷的生产量为 4 209 692 顶。

在产品寿命周期分析中，我们还可以研究寿命周期成本。寿命周期成本评价法的目的是为了降低系统的寿命周期成本，提高系统的经济效益。在不考虑技术细节问题的基础上，同过去传统的概念和工作方法相比，寿命周期评价法有以下显著的特点：

（1）当选择系统时，不仅考虑设置费，还包括研究所有的费用。

（2）在系统开发的初期就考虑寿命周期成本。

（3）进行“费用设计”，像系统的性能、精度、重量、容积、可靠性、维修性等技术规定一样，将寿命周期成本也作为系统开发的主要因素。

（4）透彻地进行设置费和维持费用之间的权衡，系统效率和寿命周期成本之间的权衡，以及开发、设置所需的时间和寿命周期成本之间的权衡。

我们研究应急管理的公共政策时，可以借助产品寿命周期（成本）理论，研究公共政策的寿命周期，评估应急管理公共政策的成本与实效。

本章学习要点

通过各种预测模型可以了解事物发展的未来前景，政府应急管理部门以此为依据，可运筹帷幄，及早应对危机的措施。

关键术语

德尔菲法　相互影响分析　序时平均预测　回归　移动平均　指数平滑　产品寿命周期　马尔可夫预测

思考与练习

1. 德尔菲法的优缺点是什么？执行德尔菲法的具体程序如何？

2. 市场调查包括哪些种类？

3. 什么叫主观概率？什么问题适合采用主观概率进行预测？

4. 什么叫相互影响分析方法？其预测要点是什么？

5. 阐述马尔可夫预测要点。

6. 产品寿命周期包括哪四个阶段？

7. 某地区志愿者组织有了较快的增长，试用增减量预测方法预测 2005 年的志愿者组织数量，并用平均增减量方法预测 2008 年志愿者组织的数量。

年份	志愿者组织数量（个）	逐期增长量（个）
1998	40	—
1999	47	7
2000	56	9
2001	65	9
2002	73	8
2003	80	7
2004	88	5

8. 根据第 7 题资料，用发展速度预测方法预测 2005 年志愿者组织数量；用平均速度预测方法预测 2008 年志愿者组织数量。

9. 根据第 7 题资料，试用二次指数平滑预测方法分别预测 2005 年和 2008 年志愿者组织数量。

单位：个

年份	时期符号 t	志愿者组织数量 x	一次指数平滑值 $S_t^{(1)}$	二次指数平滑值 $S_t^{(2)}$
1998	1	40		
1999	2	47		
2000	3	56		
2001	4	65		
2002	5	73		
2003	6	80		
2004	7	88		

设 1997 年 $S_0^{(1)}=42$，$S_0^{(2)}=44$，$\alpha=0.8$

10. 设某地区民政部门应急库存帐篷数量如下：

单位：百件

期数	1	2	3	4	5	6	7	8	9
库存量	140	159	136	157	173	131	177	188	154

试用二次移动平均法（$N=5$）对第 10、11 和第 12 期的帐篷库存量进行预测。

11. 某地区有下列粮食产量资料（奇数项），请预测 2010 年的粮食产量。

奇数项动态数列以中间项为原点计算表 单位：万吨

年份	年次	粮食产量	计算栏		长期趋势值
	x	y	xy	X^2	Y_t
1999	−5	17 000			
2000	−4	14 350			
2001	−3	14 750			
2002	−2	16 000			
2003	−1	17 000			
2004	0	18 750			
2005	1	19 453			
2006	2	21 400			
2007	3	21 872			
2008	4	20 906			
2009	5	21 097			
合计	0	202 578			

第五章　干预分析模型预测

本章概述

社会管理过程中，政府干预是一种常态，在干预过程中，干预模型与时间序列模型结合在一起运用。经济与社会政策的变化或突发事件的发生所产生的影响不可忽视，政府或社会进行有效干预后，其影响程度如何？这是干预分析模型所要解决的问题。

危机（crisis）是指人类个体或群体无法利用现有资源和惯常应对机制加以处理的事件和遭遇。危机往往是突发的，出乎人们的预期。危机干预中的“干预”是干涉与预防的意思，干预的一般解释是指某些事件出现非常态时所采取的一些措施。如价格干预，就是指重要商品或服务价格显著上涨或有可能显著上涨时，国务院、省、自治区和直辖市政府对部分价格所采取的限定差价率、规定限价、实行提价申报制度和调价备案制度。研究干预分析的目的，就是从定量分析的角度来评估政策干预或突发事件对经济环境和经济过程的具体影响。又如心理危机干预，是采取各种行之有效的办法，帮助处于困境的个体、家庭甚至某一小群体渡过危机，恢复平衡的过程。

干预分析还可以运用于 GDP 预测、外汇市场影响、患者焦虑情绪及心理护理、农产品出口、流动人口性病艾滋病综合防治等众多领域。

第一节　干预及干预分析模型概述

一、干预的含义

危机是出乎人们预期的突发事件，如果不能得到很快控制和及时缓解，危机就会导致人们在认知、情感和行为上出现功能失调以及社会的混乱。社会生活经常会受到特殊事件及势态的影响，如经济政策、改革措施、经济规则等引起的罢工、贱卖、骚乱、促销等非常态现象。时间序列经常会受到特殊事件及态势的影响，这类外部事件被称为干预。预测效果是指预测模型拟合的好坏程度，即由预测模型所产生的模拟值与历史实际值拟合程度的优劣。研究干预分析的目的是从定量分析的角度来评估政策干预或突发事件对经济环境和经济过程的具体影响。

二、干预的方法

干预的方法有电话危机干预、面谈危机干预及社区性危机干预等多种方式，干预技巧既有共性之处，也各有侧重。

电话危机干预比较方便、及时、保密性强且经济，但难度较大，因为互不见面，声音是获得信息、施行干预的唯一途径。治疗者应迅速从音调、语气及简洁应答中判断求助者的心理状态，基本干预策略是先稳住对方的情绪，导其倾诉，晓之以理。

面谈危机干预的基本方法为倾听、评价及干预，干预措施包括：①调整认知；②改善应对技巧；③松弛训练；④充实生活内容；⑤扩大交往，建立支持系统。

以社区为基础的危机干预，具体内容包括：成立各种自助组织，及时识别高危人群（如抑郁悲观者、绝症患者、老人、残疾人及天灾人祸后的当事人等）；普及相关预防知识，在社区中宣传心理卫生知识，提高扶弱济贫救危活动的公众意识，预防危机所产生的不良后果。

三、干预分析模型

将干预分析模型和时间序列分析模型结合进行研究，在对自然灾害或错综复杂的各种因素引起的突发事件进行干预后，时间序列是否发生变化？其影响程度如何？这些是干预模型要解决的问题。

干预分析模型的基本变量是干预变量，有两种常见的干预变量。

第一种是持续性的干预变量，表示 T 时刻发生以后，一直有影响，这时可以用阶跃函数表示，形式是：

$$S_t^T=\begin{cases}0，\text{干预事件发生之前}\ (t<T)\\1，\text{干预事件发生之后}\ (t\geqslant T)\end{cases}$$

第二种是短暂性的干预变量，表示在某时刻发生，仅对该时刻有影响，用单位脉冲函数表示，形式是：

$$P_t^{T'}=\begin{cases}1，\text{干预事件发生时}\ (t=T)\\0，\text{其他时间}\ (t\neq T)\end{cases}$$

四、干预事件的形式

干预事件虽然多种多样，但按其影响的形式，归纳起来基本上有四种类型。

1. 干预事件的影响突然开始，长期持续下去

设干预对因变量的影响是固定的，从某一时刻 T 开始，但影响的程度是未知的，即因变量的大小是未知的，这种影响的干预模型可写为：

$$X_t=\omega S_t^T$$

式中：ω 表示干预影响强度的未知参数。

X_t 不平稳时可以通过差分化为平稳序列，则干预模型可调整为：

$$(1-B)\ X_t=\omega S_t^T$$

其中，B 为后移算子。现在规定一个所谓“后移算子” B，B 作用于一个变量 x 上时，是将它变成前一个时间步长的 x 值。即有：

$$Bx\ (t)\ =x\ (t-1)$$

如果干预事件要滞后若干个时期才产生影响，如 b 个时期，那么干预模型

可进一步调整为：

$$X_t = \omega B^b S_t^T$$

2. 干预事件的影响逐渐开始，长期持续下去

有时候干预事件突然发生，并不能立刻产生完全的影响，而是随着时间的推移，逐渐地感到这种影响的存在。这种形式的最简单情形的模型方程为：

$$X_t = \frac{\omega B}{1-\delta B} S_t^T,\ 0<\delta<1$$

一般的模型是：

$$X_t = \frac{\omega B^b}{1-\delta_1 B-\cdots-\delta_r B^r} S_t^T,\ 0<\delta<1$$

3. 干预事件突然开始，产生暂时的影响

这类干预现象可以用数学模型描述如下：

$$X_t = \frac{\omega B^b}{1-\delta B} P_t^T,\ 0<\delta<1$$

当 $\delta=0$ 时，干预的影响只存在一个时期；当 $\delta=1$ 时，干预的影响将长期存在。

4. 干预事件逐渐开始，产生暂时的影响

干预的影响逐渐增加，在某个时刻到达高峰，然后又逐渐减弱以至消失。这类干预现象可用以下模型表示：

$$X_t = \frac{\omega_0}{1-\delta_1 B-\cdots-\delta_r B^r} P_t^T,\ 0<\delta<1$$

从上述四种干预模型的形式可以看出，当选择恰当的干预变量之后，干预模型将干预因素体现为干预变量，可以较好地反映经济变量的波动情况，较好地解决相应问题。

第二节　单变量干预分析模型的识别与估计

一、干预模型的构造与干预效应的识别

单变量时间序列的干预模型，就是在时间序列模型中加进各种干预变量的影响，分析干预影响的和剔除干预影响的时间序列部分。干预模型的主要目的

是为了测度干预效应，就干预变量而言，剔除了干预影响后的序列，可以看作普通的时间序列，可以用一般的时间序列分析方法加以拟合。设平稳化后的单变量序列满足下述模型：

$$X_t = \frac{\theta(B)}{\varphi(B)} a_t$$

设干预事件的影响为 $X_t = \frac{\omega(B)}{\delta(B)} I_t^T$，式中，$I_t^T$ 为干预变量，它等于 S_t^T 或 P_t^T，则单变量序列的干预模型为：$X_t = \frac{\omega(B)}{\delta(B)} I_t^T + \frac{\theta(B)}{\varphi(B)} a_t$

二、干预效应的识别

在对实际数据进行干预分析的过程中，一个主要的困难是，观察到的序列现实值是受到了干预变量影响的数据，不能保证自相关函数与偏自相关函数所反映的博克斯——詹金斯法的 ARIMA 模型是真实的。

1. 根据序列的具体情况和干预变量的性质进行识别

确定干预变量的影响是短暂的还是长期的，需要进行具体的识别工作。它是利用干预变量产生影响之前或干预影响过后，也就是消除了干预影响或没有干预影响的净化数据，计算出自相关函数与偏自相关函数。首先识别 ARIMA 模型中的 p 和 q，然后估计出 $\theta(B)$，$\varphi(B)$ 中的参数。

假定经过模型识别与参数估计，得到：$\varphi(B) = 1-\varphi_1(B)$，$\theta(B) = 1-\theta_1(B)$，那么待识别的部分只是干预部分。假定干预模型为：

$$\frac{\omega(B)}{\delta(B)} I_t^T = \frac{\omega_0}{1-\delta B} S_t^T$$

组合这两个模型，得到单变量序列的干预分析模型：

$$X_t = \frac{\omega_0}{1-\delta_t B} S_t^T + \frac{1-\theta_1 B}{1-\varphi_1 B} a_t \text{ 或 } (1-\varphi_1 B)\ X_t = \frac{\omega_0\ (1-\varphi_1 B)}{1-\delta_1 B} S_t^T + (1-\theta_1 B)\ a_t$$

2. 已知干预影响的情形

假定在模型识别之前，对干预的影响已很清楚，以至于通过数据分析，能够确定干预变量的影响部分 $\omega(B)/\delta(B)$，并估计出这部分的参数，然后计算出残差序列：

$$\varepsilon_t = X_t - \frac{\hat{\omega}(B)}{\hat{\delta}(B)} I_t^T \qquad \text{式中：} \varepsilon_t = \frac{\theta(B)}{\varphi(B)} a_t$$

这个序列 ε_t 是一个消除了干预变量影响的序列，可计算出它的自相关与偏自相关函数，从而识别出 ARIMA 模型的阶数。

3. 干预模型的建模步骤

干预模型建模的思路：利用干预影响产生前的数据，建立一个单变量的时间序列模型，然后利用此模型进行外推预测，得到的预测值作为不受干预影响的数值，最后将实际值减去预测值，得到的是受干预影响的具体结果，利用这些结果可以求估干预模型的参数。

（1）利用干预影响产生前的数据，建立单变量的时间序列模型。然后利用此模型进行外推预测，得到的预测值作为不受干预影响的数值。

（2）将实际值减去预测值，得到受干预影响的具体结果，利用这些结果求出干预影响的参数。

（3）利用排除干预影响后的全部数据，识别与估计出一个单变量的时间序列模型。

（4）求出总的干预分析模型。

例 5－1：通过房地产价格指数，研究 SARS 对上海房地产价格严重拉升的影响，下例按 SARS 发生前 2001 年 11 月到 2003 年 3 月和 SARS 发生后 2003 年 4 月至 2004 年 12 月两段时期的二手房价格指数的动态变化确定干预分析模型进行分析和预测，定量研究房地产价格指数的运行轨迹。[①]

表 5－1　　2001 年 11 月至 2004 年 12 月上海二手房价格指数

SARS 发生前（2001 年 11 月至 2003 年 3 月）			SARS 发生后（2003 年 4 月至 2004 年 12 月）			影响值
月份	t	原始指数	月份	t	原始指数	Z_t
2001.11	1	1 000	2003.4	18	1 155	10.491
2001.12	2	1 008	2003.5	19	1 125	13.108
2002.1	3	1 010	2003.6	20	1 137	17.075
2002.2	4	1 012	2003.7	21	1 150	21.842
2002.3	5	1 017	2003.8	22	1 173	36.410
2002.4	6	1 027	2003.9	23	1 194	48.778
2002.5	7	1 034	2003.10	24	1 215	60.946
2002.6	8	1 042	2003.11	25	1 236	72.914

① 徐国祥．统计预测与决策［M］．上海：上海财经大学出版社，2005

（续上表）

SARS 发生前（2001 年 11 月至 2003 年 3 月）			SARS 发生后（2003 年 4 月至 2004 年 12 月）			影响值
月份	t	原始指数	月份	t	原始指数	Z_t
2002.7	9	1 048	2003.12	26	1 255	82.683
2002.8	10	1 051	2004.1	27	1 273	91.252
2002.9	11	1 054	2004.2	28	1 289	97.622
2002.10	12	1 056	2004.3	29	1 304	102.792
2002.11	13	1 061	2004.4	30	1 319	107.762
2002.12	14	1 072	2004.5	31	1 336	114.532
2003.1	15	1 08	2004.6	32	1 350	118.103
2003.2	16	1 090	2004.7	33	1 366	123.474
2003.3	17	1 102	2004.8	34	1 382	128.645
—	—	—	2004.9	35	1 399	134.617
—	—	—	2004.10	36	1 418	142.389
—	—	—	2004.11	37	1 448	160.961
—	—	—	2004.12	38	1 490	191.333

解：

（1）根据 SARS 发生前的数据建立一个时间序列模型，选取二次曲线模型进行拟合，方程如下：

$$\hat{x}_{0t}=997.206+4.139t+0.0998t^2$$

其中，t 为自变量，$R^2=0.985$，$F=455.78$（$P=0.000$ 高度显著）。该模型拟合度较好，可以通过参数的显著性检验和整个回归方程的显著性检验（具体方法请参见二次抛物线趋势预测模型）。

干预影响选择以下模型：

$$Z_t=\frac{\omega}{1-\delta B}S_t^T \qquad 其中：S_t^T=\begin{cases}0，2003\text{ 年 4 月之前}\\1，2003\text{ 年 4 月及之后}\end{cases}$$

Z_t 为因变量，表示干预事件对因变量的影响，它的确定是整个模型的关键。

（2）在此基础上分离出干预影响的具体数值，求估干预模型的参数。

用二次曲线模型得出 2003 年 4 月至 2004 年 12 月的二手房指数的预测值 $\hat{x}_{0t}$，然后用实际值 x_t 减去预测值 $\hat{x}_{0t}$ 得到的差值就是 SARS 所产生的干预值，记为 Z_t。求得具体数值见表 5－1 中的第 7 列。

运用表 5－1 中的第 7 列的数据可估计干预模型：

$Z_t=\dfrac{\omega}{1-\delta B}S_t^T$ 中的参数 ω 与 δ 实际上是回归方程 $Z_t=\delta Z_{t-1}+\omega$ 的参数，求得：

$$\begin{cases}\hat{\omega}=5.345,\ \hat{\delta}=1.044\\ Z_t=1.044Z_{t-1}+5.345\end{cases}$$

其中 $R^2=0.992$，$F=1\,112.704$（$P=0.000$ 高度显著），模拟系数的 t 检验也是高度显著，该模型拟合度较好，可以通过参数的显著性检验和整个回归方程的显著性检验。

4. 计算净化系列

净化系列是指消除了干预影响的序列，它由实际的观察序列值 x_t 减去 Z_t 得到，即

$$y_t=x_t-\frac{\hat{\omega}}{1-\hat{\delta}B}S_t^T,\ T=18,\ t=1,\ 2,\ \cdots,\ 38$$

y_t 称为消去了干预影响的净化序列，具体计算见表 5－2。

表 5－2　　净化序列数据

月份	t	y_t	月份	t	y_t
2001.11	1	1 000	2003.4	18	1 104.1
2001.12	2	1 008	2003.5	19	1 111.9
2002.1	3	1 010	2003.6	20	1 119.9
2002.2	4	1 012	2003.7	21	1 128.2
2002.3	5	1 017	2003.8	22	1 136.6
2002.4	6	1 027	2003.9	23	1 145.2
2002.5	7	1 034	2003.10	24	1 154.1
2002.6	8	1 042	2003.11	25	1 163.1
2002.7	9	1 048	2003.12	26	1 172.3
2002.8	10	1 051	2004.1	27	1 181.7
2002.9	11	1 054	2004.2	28	1 191.4
2002.10	12	1 056	2004.3	29	1 201.2
2002.11	13	1 061	2004.4	30	1 211.2
2002.12	14	1 072	2004.5	31	1 221.5
2003.1	15	1 080	2004.6	32	1 231.9

（续上表）

月份	t	y_t	月份	t	y_t
2003.2	16	1 090	2004.7	33	1 242.5
2003.3	17	1 102	2004.8	34	1 253.4
—	—	—	2004.9	35	1 264.4
—	—	—	2004.10	36	1 275.6
—	—	—	2004.11	37	1 287.0
—	—	—	2004.12	38	1 298.7

5. 对净化序列建立拟合模型

仍选取二次曲线模型进行拟合，结果如下：

$$y_t = 997.206 + 4.139t + 0.0998t^2$$

其中：$R^2 = 0.999$，$F = 23\,588.3$（$P = 0.000$ 高度显著），该模型拟合度较好，可以通过参数的显著性检验和整个回归方程的显著性检验。

6. 组建干预分析模型

根据 $y_t = 997.206 + 4.139t + 0.0998t^2$ 与干预参数 ω 与 δ 的估计值 $\hat{\omega}$ 与 $\hat{\delta}$ 代入 $y_t = x_t - \dfrac{\hat{\omega}}{1 - \hat{\delta}B}S_t^T$，$T = 18$，$t = 1, 2, \cdots, 38$ 后，得到干预分析预测模型：

$$x_t = 997.216 + 4.139t + 0.0998t^2 + \frac{5.345}{1 - 1.044B}S_t^T$$

其中：$S_t^T = \begin{cases} 0，2003\text{ 年 }4\text{ 月前}（t < 18） \\ 1，2003\text{ 年 }4\text{ 月及之后}（t \geqslant 18） \end{cases}$

利用干预分析模型计算出预测值 $\hat{x}_t$，并与原始值 x_t 作比较，得到表 5－3。

表 5－3　　原始指数与预测指数的比较

月份	t	原始指数 x_t	预测指数 $\hat{x}_t$	月份	t	原始指数 x_t	预测指数 $\hat{x}_t$
2001.11	1	1 000	1001.4	2003.4	18	1 115	1109.4
2001.12	2	1 008	1005.9	2003.5	19	1 125	1128.7
2002.1	3	1 010	1010.5	2003.6	20	1 137	1139.0
2002.2	4	1 012	1015.4	2003.7	21	1 150	1151.3

（续上表）

月份	t	原始指数 x_t	预测指数 $\hat{x}_t$	月份	t	原始指数 x_t	预测指数 $\hat{x}_t$
2002. 3	5	1 017	1020. 4	2003. 8	22	1 173	1164. 7
2002. 4	6	1 027	1025. 6	2003. 9	23	1 194	1188. 6
2002. 5	7	1 034	1031. 1	2003. 10	24	1 215	1210. 3
2002. 6	8	1 042	1036. 7	2003. 11	25	1 236	1232. 1
2002. 7	9	1 048	1042. 5	2003. 12	26	1 255	1253. 8
2002. 8	10	1 051	1048. 6	2004. 1	27	1 273	1273. 4
2002. 9	11	1 054	1054. 8	2004. 2	28	1 289	1292. 0
2002. 10	12	1 056	1063. 3	2004. 3	29	1 304	1308. 5
2002. 11	13	1 061	1067. 9	2004. 4	30	1 319	1323. 9
2002. 12	14	1 072	1074. 7	2004. 5	31	1 336	1339. 3
2003. 1	15	1 080	1081. 8	2004. 6	32	1 350	1356. 8
2003. 2	16	1 090	1089. 0	2004. 7	33	1 366	1371. 2
2003. 3	17	1 102	1096. 4	2004. 8	34	1 382	1387. 6
—	—	—	—	2004. 9	35	1 399	1 404. 0
—	—	—	—	2004. 10	36	1 418	1 421. 5
—	—	—	—	2004. 11	37	1 448	1 441. 0
—	—	—	—	2004. 12	38	1 490	1 472. 1

第三节　风险预防与政府干预行为分析

干预分析可用于多个领域，大到政府干预、国际干预、股票市场管制与干预、汇市干预、价格干预，小到灾民的心理干预、病人的护理干预等。

以例 5－1 二手房市场干预模型为例，可以发现，除了由于市场固有的功能缺陷导致的市场失灵外，还存在一些由于市场发育不成熟、市场机制不完善以及根源于政府失灵而产生的市场失灵所导致的“非正常市场失灵”，如价格调节机制的滞后、市场的分割、要素流动的障碍、企业竞争意识淡薄以及经济关系扭曲、市场缺陷和市场混乱等。这使得现实中许多行为完全背离了市场经济的客观要求。当然，这类市场失灵最终要靠完善市场机制来解决，但经济发展又不能等到这种机制建立之后才开始，因此现阶段政府采取有效措施，如健全市场法规、规范市场秩序等来尽快建立和完善一个公平竞争的市场环境就成为必然选择。政府管制的最终目标是逐步放松经济管制，不断加强社会管制。

从防范风险发生的角度，或是从减少突发事件的角度来看，不论是经济干预还是其他干预，干预的本来目的就是提高资源利用效率，干预之前要在干预与不干预之间进行成本分析，在干预成本与干预收益之间进行权衡，干预成本的高低是国家、企业或个人作出干预决策的主要依据。如果收益大于成本，则这种干预在经济上是可行的；如果成本大于收益，则这种干预的合理性就值得怀疑。政府行为只有在提供的社会总收益大于总成本时，才是理性的。

干预成本理论的核心是机会成本分析，对于干预方案的选择要通过成本与效益的分析来决定。政府对收入差别过大的干预可以减少人们的仇富心理；政府对药品价格虚高的价格干预可以减少人们对政府医疗保险改革的种种抱怨。市场达到帕累托最优的基本条件是经济处于完全竞争状态，存在完整的市场、完备的信息。现实中这些条件不可能完全满足，于是会产生市场失效，从而产生对政府干预的要求。不同的干预方案对实现人们既定目标的程度有所不同，但在特定的时间与空间范围内，干预方案的选择只能唯一，遵从“不要将幸福建立在别人的痛苦之上”的中国式帕累托原则，在选择的现行方案中对显现的某种社会经济利益关系进行动态调整是必要的，减少现行方案的矛盾摩擦是更现实的选择。

政府承担着界定和保护产权、改革和创新制度、维持经济秩序、提供公共物品等职能，由于这些职能多不具备排他性，在成本一定的情况下，政府可以采取市场管制、交通管制、价格管制、通信管制和新闻管制等有效治理手段，来规范和约束组织或个人的行为。实施风险消除、风险置换、风险隔离、风险分散、风险延缓、风险补偿、个人保护等措施来减少公共政策或现行方案的负效应。采取成本收益分析、零风险分析、比较风险分析等方法，对风险管理活动的效果与效率进行分析评估。当然在干预过程中，干预权介入干预对象的深度应取决于国家干预收益成本与市场自治收益成本的比较，尤其应取决于二者边际成本的比较，当选择国家或市场配置社会资源情形下的边际投入不能再带来交易费用的下降或交易收入的上升时，这种选择就是一种可取的选择。

政府干预往往具有不以直接营利为目的的公共性，政府为弥补市场失灵而直接干预的领域又往往是那些投资大、收益慢且少的公共产品，其供给一般是以非价格为特征的，很难计算其成本。国家干预经济行为成本是指国家干预系统运作中的全部费用支出，它具体包括在经济立法、经济司法、经济执法、经济守法等法治环节中，包括国家为实现权利、履行义务和承担责任所耗费的人力、物力、财力和时间资源。由于政府处于对财政资源及“某些迫切需要的公共产品”（如国防、警察、消防等）的垄断供给地位，极易使政府丧失对效率、效益追求的内部动力和外部压力，缺乏降低成本、提高效益的直接利益驱动，从而缺乏起码的成本—效益意识。对此，为提高政府干预的效益和质量，必须将企业的目标管理、绩效评估、成本核算等引入政府干预领域，使政府真正建设成为企业型政府和责任型政府。

政府干预活动的实质就是在权利义务遮蔽下的利益交易的博弈，国家干预市场失灵的目的不是要取代市场，而是要排除市场失灵为市场机制高效运转而设置的各种障碍，使市场机制发挥其最大功效。干预过程类似于在多种约束条件下的线性与非线性规划的“极值”求解问题，即立足于尽可能促使干预成本最低、收益最高的最优方案评价准则。实践中降低干预成本、发挥最佳干预效益的途径主要包括：①充分发挥市场与政府、政府与企业各自的角色职能，实现干预目标上的均衡；②重视干预的弹性适用，随时关注降低干预实施成本与提高干预效益；③注重对社会经济各种现象干预方案间的支持与协调，发挥规模效益；④实现干预规范的规范化和显性化。

国家干预主义理论强调国家干预经济生活的重要性，认为市场机制因其固有缺陷而不可避免地会产生如公共产品、外部性、收入分配不公等经济问题，只有依靠国家之手对经济进行调节才能解决。政府干预行为因其干预偏好、路径依赖、信息稀缺、知识技术有限、环境改变等原因造成干预决策与现实发生较大偏离，导致干预失败，政府的有限理性决定了干预必须适度。政府在干预过程中可能出现过度干预、负效干预的现象，政府决策，一旦偏离了“公共利益”代言人的初衷，那么，政府介入经济运行将会导致与市场失效同样严重的后果——政府失灵。政府干预必须建立在对市场尊重的基础之上，任何背离市场经济内在要求的干预，只会阻碍甚至破坏现代市场经济的发展。

干预管理、危机管理和应急管理的区别，可以归结为：干预管理和危机管理都是面临事件的积极措施，可以不出现多余成本；而应急管理是灾难性事件管理的高级阶段，它是在已经造成的损失和灾难后果基础上的管理。干预管理需要运用优化理论、运筹学、信息技术等方面的学问，危机管理更需要公关方法和技巧，技术只是辅助因素，而应急管理则需要优化与决策理论、信息技术、心理学、社会学、行业技术等多个学科的支撑。相对于干预管理，危机管理处理的事件更为宏观，且影响面更广，可能造成的损失更大。但是，它和干预管理一样，通过恰当的处置方式，仍然有机会挽回潜在的损失，使事件不至于造成不可挽救的后果。应急管理则是面对突发灾难性事件，而且是在损失已经造成的情况下进行的管理，预警是应急管理的前奏，应急管理面对的是一个无法挽回的损失或灾难事件，只能通过努力减少损失或者终止损失事件的蔓延，而无法在成本不增加的情况下使状态恢复到损失之前。在这样的情况下，应急管理主要研究的是对灾难的缓解、准备、响应和恢复。

本章学习要点

1. 了解引入干预分析模型的意义。
2. 干预模型运用的场合与适用范围。
3. 干预模型的建模步骤与程序。

关键术语

危机　心理危机干预　干预事件　干预效应　政府干预

思考与练习

1. 干预的含义是什么？
2. 干预有哪些基本方法？
3. 阐述干预事件的四种基本类型。
4. 干预模型的建模思路是什么？
5. 社会经济生活中，为什么政府要对经济负面效应进行必要的干预？
6. 阐述干预管理、危机管理和应急管理的区别。

第六章 层次分析方法

本章概述

在处理危机、突发事件的实践中，常常会遇到这样一类决策问题，通常有多种可选择的方案，在对每一种方案进行评价时需要考虑众多方面的因素，但这些方案的本身及影响因素的重要性、优先程度往往难以量化，这时人的主观判断会起着相当重要的作用，如面对突发性自然灾害应急预案的选择，处理化学事故方案的选择等。AHP 法提供了一种解决那些难以完全用定量方法进行分析的公共决策问题的方法，将人们的思维过程和主观判断数学化，不但简化了系统分析与计算工作，而且有助于决策者保持思维过程和决策原则的一致性。因此，层次分析法在处理应急事件、选优排序、发展目标分析等方面得到广泛应用。

第一节 层次分析法概述

20 世纪 70 年代，美国著名运筹学家、匹兹堡大学教授萨特（T. L. Saaty）提出了层次分析法（the analytic hierarchy process，缩写为 AHP），这是一种系统化、层次化的分析方法。其方法思想朴素，但却能有效地整合那些影响一个复杂决策系统的因素和数据信息。可以将一些量化困难的定性问题在严格的数学运算基础上定量化，将一些定量、定性混杂的问题综合成统一整体进行分析。对于那些大量重复的常见的结构化决策问题可以收集到大量的数据资料，一般也有现成的结构模型可用，可以运用定量科学决策方法。但对于一些有人参与的决策现象、决策本身有很强的创造性、人的主观认识起较大作用的决策问题，则需要决策者将定量分析和定性分析相结合。AHP 法正是这样一种多准则的决策方法。应用 AHP 法解决问题的思路是，首先，把要解决的问题层次系列化，将问题分解成不同的因素，按照因素之间的相互影响及隶属关系将其分层聚类组合，形成一个有序的阶梯层次结构模型；其次，对模型中每一层次的相对重要性，依据人对客观现实的判断给予定量表示，再利用数学方法确定每一层次全部因素相对重要性次序的权值；最后，通过综合计算各层因素相对重要性的权值，得到方案层（最低层）相对于总目标层（最高层）重要性秩序的组合权值，以此作为评价和选择方案的依据。

在 1977 年的第一届国际建模会议上，萨特教授发表了《无结构决策问题的建模——层次分析理论》，之后层次分析理论受到人们的重视，这一理论在 1982 年 11 月召开的中美能源、资源、环境学术会议上，由萨特教授的学生格兰桑尼（H. Gholamnezhad）首次介绍给中国学者。天津大学许树柏发表了我国第一篇介绍层次分析理论的论文。层次分析理论的研究和应用在我国得到迅速发展。1988 年国家 AHP 学术讨论会在天津召开，在中国系统工程学会下设立了层次分析法专业学组，并创办了《决策与层次分析法》专业学刊，这进一步推动了 AHP 法在我国的发展。AHP 法经过几十年的发展，通过许多学者针对 AHP 法的缺点进行了修改和完善，形成了一些新的理论和方法，像群组决策、模糊决策和反馈系统理论近年来成为该领域的一大热点。

AHP 法将人的主观判断数据化，不仅简化了系统分析和计算工作，而且有助于决策者保持其思维过程和决策原则的一致性，对于一些难以全部量化处理的公共管理问题，能提供比较满意的决策方案。现在 AHP 法已经有了现成的软件，如 Expert Choice Inc. 公司的 TeamEC，可以直接用于分析计算。Expert Choice 软件是 Expert Choice Inc. 2000 试用版。该软件是根据层次分析法的基本原理编制的，能自动完成建模、判断矩阵、计算排序和一致性检验，同时给出敏感性分析图示。

第二节　层次分析法基本步骤

用 AHP 法分析问题要经过以下五个步骤：建立层次机构模型，建立判断矩阵，层次单排序及一致性检验，层次总排序，层次总排序的一致性检验。层次分析法计算过程如图 6－1 所示。

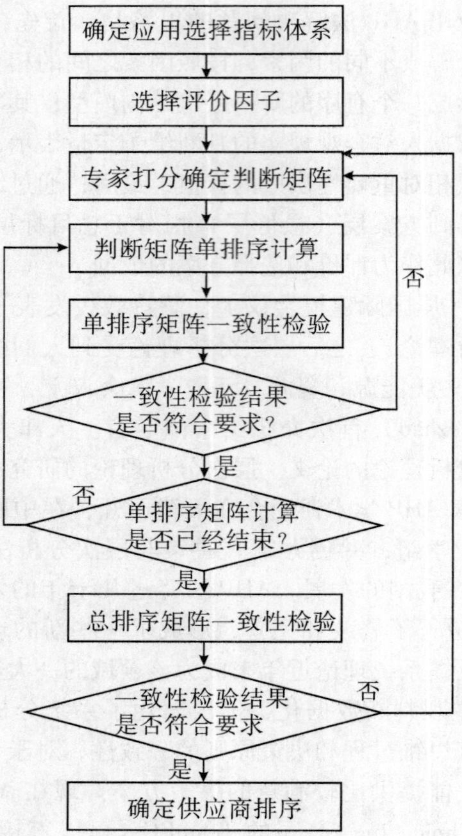

图 6－1　层次分析法计算过程

一、建立层次结构模型

通过对系统的深刻认识，确定该系统的总目标，弄清规划决策所涉及的范围，所要采取的措施方案和政策，实现目标的准则、策略和各种约束条件等。分析系统各因素之间的关系，把问题条理化、层次化，构造出一个层次分析的结构模型。例如，对于决策问题，通常可以将其划分为如图 6－2 所示的层次结构模型。

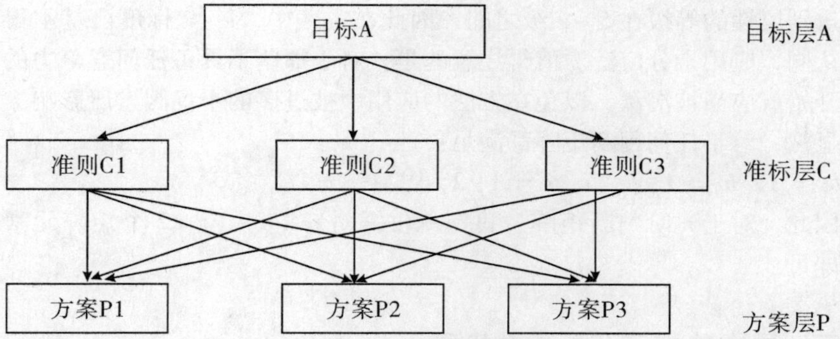

图 6－2 层次分析法结构

二、建立判断矩阵

判断因素的各标度值反映了人们对各因素的相对重要性的主观判断，相对于上一层次某个因素，在下层次中进行因素的两两比较，一般采用 1～9 之间及其倒数的比率标度办法。如因素 i 与 j 相比，取标度值 b_{ij}，标度值越大，表明因素 i 的重要性越强。因素 j 与 i 相比，取标度比率值 $b_{ji}=1/b_{ij}$，主观判断中包括人们的偏好取向、价值观念、情绪等多重判断在内。标度取值及含义如表 6－1 所示。

表 6－1 b_{ij}取值的 1～9 标度及含义

标度	含义：因素 i 比因素 j
1	同等重要
3	稍重要
5	明显重要
7	强烈重要
9	极端重要
2，4，6，8	介于上述两个相邻等级之间
1/2，1/3，…，1/9	i 因素与 j 因素重要性地位互换

为什么要取 1～9 标度作为定性等级量化值？主要是因为用 1～9 之间的整数及其倒数作为量化标度符合人们判断的心理习惯。许多心理学试验亦表明，普通人在对一组事物属性同时进行比较，并使判断保持满意的一致性时，所能

正确辨别属性的等级在5～9级之间。因此在实践中，1～9标度已基本得到了社会认同，应用十分广泛。值得注意的是，对于那些不具备任何竞争力的方案从一开始就应当被淘汰，以免在方法的应用中被过多的干扰因素所影响。

显然，对于任何判断矩阵都满足：

$b_{ii}=1$，$b_{ij}=1/b_{ji}$，i，$j=1, 2, 3, \cdots, n$

因此，对于 n 阶判断矩阵，我们就仅需对 $n(n-1)/2$ 个矩阵元素给出数值即可。

三、层次单排序及一致性检验

由 $AW=\lambda_{max}W$ 求解 W（A 为判断矩阵、λ_{max} 为判断矩阵的最大特征根、W 为特征向量），经归一化即为同层次相应因素对于上一层次某因素相对重要性的层次单排序权值。为了进行层次单排序的一致性检验，需要计算一致性指标 $CI=(\lambda_{max}-n)/(n-1)$。当判断矩阵具有完全一致性时，$CI=0$。$\lambda_{max}-n$ 越大，CI 越大，矩阵的一致性越差。为了检验判断矩阵是否具有满意的一致性，需要将 CI 与平均一致性指标 RI 进行比较。当随机一致性比率 $CR=CI/RI<0.10$ 时，认为层次单排序结果有满意的一致性，否则需调整判断矩阵元素的标度值。对于1～9阶矩阵，平均随机一致性指标 RI 为定值，见表6－2。

表6－2　平均随机一致性指标 *RI* 值

标度	1	2	3	4	5	6	7	8	9
RI 值	0.00	0.00	0.58	0.90	1.12	1.24	1.32	1.41	1.45

四、层次总排序

计算同一层次所有因素对于最高层次相对重要性的排序权值，是从最高层次到最低层次逐层进行的。如层次 A 包含 m 个因素 A_1，A_2，…，A_m，排序权值分别为 a_1，a_2，…，a_m；下一层次 B 包含 n 个因素 B_1，B_2，…，B_n，它们对于因素 A_j 的层次单排序权值分别为 b_{1j}，b_{2j}，…，b_{nj}。当 B_k 与 A_j 无联系时 $b_{kj}=0$，此时 B 层次总排序权值，按表6－3计算。

表 6－3　　B 层次排序权值

层次 B ＼ 层次 A 权数	$A_1\ A_2 \cdots A_m$ $a_1\ a_2 \cdots a_m$	B 层次排序权值
B_1	$b_{11}\ b_{12} \cdots b_{1m}$	$\sum_{j=1}^{m} a_j b_{1j}$
B_2	$b_{21}\ b_{22} \cdots b_{2m}$	$\sum_{j=1}^{m} a_j b_{2j}$
B_n	$b_{n1}\ b_{n2} \cdots b_{nm}$	$\sum_{j=1}^{m} a_j b_{nj}$

五、层次总排序的一致性检验

这一步骤也是从高至低进行的，如果 B 层次某些因素对于 A_j 单排序的一致性指标为 CI_j，相应的平均随机一致性指标为 CR_j，则 B 层次总排序随机一致性比率为：

$$CR = \frac{\sum_{j=1}^{m} a_j CI_j}{\sum_{j=1}^{m} a_j RI_j}$$

当 $CR < 0.10$ 时，认为层次排序结果具有满意的一致性，否则需要调整判断矩阵的标度取值。

AHP 法提出了一套系统分析问题的方法，为科学管理和决策提供了较有说服力的依据。但 AHP 法也有其局限性，主要表现在：①在构建判断矩阵时依赖于人们的经验，受主观因素的影响较大，它至多只能排除思维过程中的严重非一致性，却无法排除决策者个人可能存在的严重片面性；②比较判断过程比较粗糙，不能用于精度要求较高的决策问题。

第三节　层次分析法的计算方法

AHP 法计算的最基本问题就是如何计算出判断矩阵的最大特征值根 λ_{max} 及对应的特征向量 W 。下面介绍最常使用的三种计算方法。

一、幂法

幂法借助于数值计算求解方阵绝对值最大特征根和相应的特征向量，使我们有可能利用计算机得到任意精确度的最大特征根 $\lambda_{\max}$ 及对应的特征向量 W 。这一方法的计算步骤如下：

（1）任取与判断矩阵 B 同阶的正规化初值向量 W^0；

（2）计算 $\overline{W}^{k+1}=BW^k$，$k=0，1，2，\cdots$；

（3）令 $\beta=\sum\limits_{i=1}^{n}\overline{W}_i^{k+1}$，计算 $W^{k+1}=\frac{1}{\beta}\overline{W}^{k+1}$（$k=0，1，2，\cdots$）；

（4）对于预先给定的精确度 ε，当

$$|\overline{W}_i^{k+1}-W_i^k|<\varepsilon$$

对所有 $i=1，2，\cdots，n$ 成立时，则 $W=W^{k+1}$ 为所求特征向量。$\lambda_{\max}$ 可由下式求得：

$$\lambda_{\max}=\sum_{i=1}^{n}\frac{W_i^{k+1}}{nW_i^k}$$

式中，n 为矩阵阶数；W_i^k 为向量 W^k 的第 i 个分量。

二、和积法

为简化计算，可采用近似方法——和积法计算，它使得我们可以仅使用小型计算器在保证足够精确度的条件下运用 AHP。其具体计算步骤如下：

1. 将判断矩阵每一列正规化

$$\overline{b}_{ij}=\frac{b_{ij}}{\sum\limits_{k=1}^{n}b_{kj}}，i，j=1，2，\cdots，n$$

2. 每一列经正规化后的判断矩阵按行相加

$$\overline{W}_i=\sum_{j=1}^{n}\overline{b}_{ij}，i，j=1，2，\cdots，n$$

3. 对向量 $\overline{W}=[W_1，W_2，\cdots，W_n]^T$ 正规化

$$W=\frac{\overline{W}_i}{\sum\limits_{j=1}^{n}\overline{W}_j}，i，j=1，2，\cdots，n$$

所得到的 $W = [W_1, W_2, \cdots, W_n]^T$ 即为所求特征向量。

4. 计算判断矩阵最大特征值 λ_{max}

$$\lambda_{max} = \sum_{i=1}^{n} \frac{(AW)_i}{nW_i}$$

式中 $(AW)_i$ 为向量 AW 的第 i 个分量。

三、方根法

为简化计算，AHP 也可采用另一种近似方法——方根法计算，其步骤为：

1. B 的元素按行相乘

$$u_{ij} = \prod_{j=1}^{n} b_{ij}$$

2. 所得的乘积分别开 n 次方

$$u_i = \sqrt[n]{u_{ij}}$$

3. 将方根向量正规化，即得特征向量 W 的第 i 个分量

$$W_i = \frac{u_i}{\sum_{i=1}^{n} u_i}$$

4. 计算判断矩阵最大特征值 λ_{max}

$$\lambda_{max} = \sum_{i=1}^{n} \frac{(AW)_i}{nW_i}$$

式中，$(AW)_i$ 为向量 AW 的第 i 个分量。

例 6－1：用和积法计算下述判断矩阵的最大特征根及对应的特征向量，判断矩阵列于表 6－4。

表 6－4　　判断矩阵

B	C_1	C_2	C_3
C_1	1	1/5	1/3
C_2	5	1	3
C_3	1	1/3	1

解：依照上述和积法的步骤进行求解：

（1）按列正规化矩阵，得：

$$\begin{bmatrix} 0.111 & 0.130 & 0.077 \\ 0.556 & 0.652 & 0.692 \\ 0.333 & 0.217 & 0.231 \end{bmatrix}$$

（2）按行相加，得：

$$\overline{W}_1=\sum_{j=1}^{n}\overline{b}_{ij}=0.111+0.130+0.077=0.318$$

$$\overline{W}_2=0.556+0.652+0.692=1.900$$

$$\overline{W}_3=0.333+0.217+0.231=0.781$$

（3）将向量正规化，得：

$\overline{W}=[0.318, 1.900, 0.781]^T$正规化，得：

$$\sum_{j=1}^{n}\overline{W}_j=0.318+1.900+0.781=2.999$$

$$W_1=\frac{\overline{W}_1}{\sum_{j=1}^{n}\overline{W}_j}=\frac{0.318}{2.999}=0.106$$

$$W_2=\frac{1.900}{2.999}=0.634$$

$$W_3=\frac{0.781}{2.999}=0.260$$

则所求特征向量 $W=[0.106, 0.634, 0.260]^T$

（4）计算判断矩阵的最大特征根 $\lambda_{\max}$：

$$AW=\begin{bmatrix} 1 & \frac{1}{5} & \frac{1}{3} \\ 5 & 1 & 3 \\ 3 & \frac{1}{3} & 1 \end{bmatrix}\begin{bmatrix} 0.106 \\ 0.634 \\ 0.260 \end{bmatrix}$$

$$(AW)_1=1\times0.106+\frac{1}{5}\times0.634+\frac{1}{3}\times0.260=0.319$$

$$(AW)_2=5\times0.106+1\times0.634+3\times0.260=1.944$$

$$(AW)_3=3\times0.106+\frac{1}{3}\times0.634+1\times0.260=0.789$$

$$\lambda_{\max}=\sum_{i=1}^{n}\frac{(AW)_i}{nW_i}=\frac{(AW)_1}{3W_1}+\frac{(AW)_2}{3W_2}+\frac{(AW)_3}{3W_3}=\frac{0.319}{3\times0.106}+\frac{1.944}{3\times0.634}+\frac{0.789}{3\times0.260}$$

$$=3.037$$

第四节　层次分析法应用

AHP 法在应急管理中有很多用途，下面以方案的选择为例介绍 AHP 法的实际应用。

一、案例分析

某地民政部门为提高本地区应急事件处理能力，联合公安、消防、卫生、传媒等部门进行突发性群体事件应急演练。演练背景是该地区发生了失地农民因为土地补偿问题而出现群体对抗政府部门的状况。处理该应急事件要求从以下三方面着眼：最大限度避免人员伤亡；使社会影响度最小；反应迅速。该地民政部门之前曾依据以往经验制订了五个预备方案用于处理突发性群体事件，现在要对这五种方案进行选优排序，以便领导从中选择一种方案实施处理该地区失地农民对抗政府部门的事件。

演练负责人在听取了来自各部门专业人士对该群体性事件的意见后，分析并建立了如图 6－3 所示的层次结构模型。

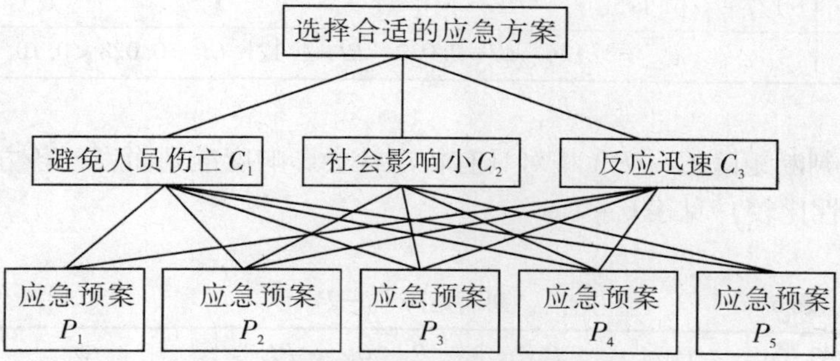

图 6－3　选择最优预案层次结构模型图

根据各因素的重要性比较构造判断矩阵并进行计算，所得判断矩阵及相应计算结果用列表列出。

（1）判断矩阵 $A—C$（相对于总目标而言，各着眼准则之间的相对重要性比较）见表 6－5。

表 6-5　　判断矩阵 A—C

A	C_1	C_2	C_3	W
C_1	1	1/5	1/3	0.104 2
C_2	5	1	3	0.637 2
C_3	3	1/3	1	0.258 3
	$\lambda_{max}=3.038\ 5$　$CI=0.019\ 3$　$RI=0.58$　$CR=0.033\ 2<0.10$			

可见判断矩阵具有满意的一致性。

（2）判断矩阵 C_1—P（相对于最大限度避免人员伤亡而言，各方案之间的相对重要性比较）见表 6-6。

表 6-6　　判断矩阵 C_1—P

C_1	P_1	P_2	P_3	P_4	P_5	W
P_1	1	3	5	4	7	0.491
P_2	1/3	1	3	2	5	0.232
P_3	1/5	1/3	1	1/2	3	0.092
P_4	1/4	1/2	2	1	3	0.138
P_5	1/7	1/5	1/3	1/3	1	0.046
	$\lambda_{max}=5.126$　$CI=0.032$　$RI=1.12$　$CR=0.028<0.10$					

（3）判断矩阵 C_2—P（相对具有较小社会影响度准则而言，各方案之间的相对重要性比较）见表 6-7。

表 6-7　　判断矩阵 C_2—P

C_2	P_2	P_3	P_4	P_5	W
P_2	1	1/7	1/3	1/5	0.055
P_3	7	1	5	3	0.564
P_4	3	1/5	1	1/3	0.118
P_5	5	1/3	3	1	0.263
	$\lambda_{max}=4.117$　$CI=0.039$　$RI=0.90$　$CR=0.043<0.10$				

（4）判断矩阵 C_3—P（相对反应迅速准则而言，各方案之间的相对重要性

比较）见表6-8。

表6-8　　判断矩阵 C_3—P

C_3	P_1	P_2	P_3	P_4	W
P_1	1	1	3	3	0.406
P_2	1	1	3	3	0.406
P_3	1/3	1/3	1	1	0.094
P_4	1/3	1/3	1	1	0.094
	$\lambda_{max}=4.0$　$CR=0$　$RI=0$				

（5）层次总排序，其计算结果见表6-9。

表6-9　　层次总排序

	C_1	C_2	C_3	层次 P 总排序权值	方案排序
	0.104	0.637	0.258		
P_1	0.491	0	0.406	0.157	4
P_2	0.232	0.055	0.406	0.164	3
P_3	0.092	0.564	0.094	0.393	1
P_4	0.138	0.118	0.094	0.113	5
P_5	0.046	0.263	0	0.172	2
	$CI=0.028$　$RI=0.9231$　$CR=0.0305<0.10$				

由以上计算结果可知，为了选择最优方案处理该地出现的群体事件，对于该次演练来说，民政部门的五种预备方案的优先次序为：

（1）方案 P_3——权值为0.393；

（2）方案 P_5——权值为0.172；

（3）方案 P_2——权值为0.164；

（4）方案 P_1——权值为0.157；

（5）方案 P_4——权值为0.113。

领导可参考以上的排序结果进行决策，需要注意的是，不同的人对于各方案重要性的判断不同，用不同的判断值进行计算的结果就不同。所以应该请那些对所处理问题熟悉的专门研究人员来作判断，因为他们对所处理的问题和周围的环境了解得比较透彻，能给予合理的判断，这一点在应急管理中尤为重要。

二、AHP 方法在应急物流中的应用

应用 AHP 法进行应急预案选择的方法步骤：

（1）建立应急预案选择决策的递阶层次结构。

（2）对同一层次的元素进行两两比较，构造比较矩阵。

（3）层次单排序及其一致性检验。

（4）层次总排序及其一致性检验。

应急物流是在自然灾害、公共卫生突发性事件时有发生，并会给社会造成重大影响的背景下发展起来的物流领域中的一个新的分支。目前，国内外的专家学者对应急物流的内涵、规律、保障机制、实现途径等方面进行了广泛深入的研究。但又鉴于当前未见针对突发事件发生时如何有效选择应急方案的专门研究论述，故笔者研究讨论了如何应用层次分析法（AHP 法）进行应急物流中应急方案的选择工作，方法简单、易行、实用，希望能对解决应急物流中的一些实际问题有所帮助。

AHP 方案选择影响因素：

（1）物流服务。应急物流系统本身是一个服务系统，其物流服务理应成为衡量方案优劣的依据。物流服务的核心是满足因突发事件而产生的物流需求，而满足物流需求体现在各个方面，如应急物资的及时送达、保质保量等。应急物流“急”字当先，其服务主要考虑准时性、安全性和缺损率三个方面。

（2）物流成本。应急物流最主要的目标是满足因突发事件而产生的物流需求，保障物资、人员、资金的流动，但同时也应该注意物流成本的节约，避免出现“帕累托无效率”状态。这一点对于我国这样一个资金尚不宽裕的发展中国家显得尤为重要。这里说的物流成本是个广义概念，包括经济成本和社会环境成本。

AHP 法进行方案选择过程：对应急物流预案选择工作仔细分析，可以将预案选择看作一个决策。决策目标为：选择最适宜的应急方案。影响决策的因素有两个：物流服务与物流成本。其中物流服务体现在三个方面：准时性、安全性和缺损率。物流成本包括两部分：经济成本和社会环境成本。这样，预案选择便是一个典型的多目标决策问题，可以应用解决多目标决策问题的 AHP 法来完成方案选择工作。

本章学习要点

通过本章的学习，了解层次分析法的相关概念，掌握层次结构建模、判断矩阵构造、层次排序、一致性检验。熟悉层次分析法的计算方法。重点掌握应用层次分析法处理实际决策问题。

关键术语

层次分析法　幂法　和积法　方根法

思考与练习

1. 层次分析法有哪些步骤？

2. 为什么要对判断矩阵进行一致性检验？

3. 某单位拟从三名应急管理工作人员中提拔一人担任领导工作，干部的优劣（由上级部门提出）用六个属性来衡量：健康状况、业务知识、写作水平、口才、政策水平、工作作风，分别用 P_1、P_2、P_3、P_4、P_5、P_6 来表示。判断矩阵如下表所示：

B	P_1	P_2	P_3	P_4	P_5	P_6
P_1	1	1	1	4	1	1/2
P_2	1	1	2	4	1	1/2
P_3	1	1/2	1	5	3	1/2
P_4	1/4	1/4	1/5	1	1/3	1/3
P_5	1	1	1/3	3	1	1
P_6	2	2	2	3	1	1

组织部门给甲、乙、丙三个人，对每个目标打分。

健康状况 P_1：

B_1	甲	乙	丙
甲	1	1/4	1/2
乙	4	1	3
丙	2	1/3	1

业务水平 P_2：

B_2	甲	乙	丙
甲	1	1/4	1/5
乙	4	1	1/2
丙	5	2	1

写作水平 P_3：

B_3	甲	乙	丙
甲	1	3	1/5
乙	1/3	1	1
丙	5	1	1

口才 P_4：

B_4	甲	乙	丙
甲	1	1/3	5
乙	3	1	7
丙	1/5	1/7	1

政策水平 P_5：

B_5	甲	乙	丙
甲	1	1	7
乙	1	1	7
丙	1/7	1/7	1

工作作风 P_6：

B_6	甲	乙	丙
甲	1	7	9
乙	1/7	1	5
丙	1/9	1/5	1

要求：

（1）画出层次结构分析图。

（2）求出方案层对目标层的最大特征向量。

（3）进行层次总排序，并分析三个人中谁最应该被提拔到该领导岗位上。

补充读物

［1］许树柏．层次分析法原理．天津：天津大学出版社，1988

［2］吕燕，朱慧．管理定量分析．上海：上海人民出版社，2007

［3］李莉，陈忠．管理定量分析．上海：上海交通大学出版社，2007

［4］陈永国．公共管理定量分析方法．上海：上海交通大学出版社，2006

第七章　主成分分析

本章概述

主要阐述主成分分析的基本思想、实际意义及计量运用，并重点介绍了在应急管理实际工作中，利用主成分分析方法以简便和有效地解决一些现实问题。

第一节　主成分分析的基本思想

一、主成分分析的含义

在研究实际问题过程中，要全面准确地反映事物特征及其发展规律，需要尽可能多地考虑描述事物的指标。这些大量指标因为含有重复信息，所以要将多个指标转化为少数几个能反映原来多个指标信息的综合指标，在一个相对低维的空间中去分析。主成分分析就是将多个指标化为少数互相无关的综合指标的统计方法。所谓综合指标，就是原来指标的线性组合。主成分分析是重要的多元统计分析方法，在经济管理和科研中有着广泛的用途。

如建立一个地区经济发展综合评价模型，原来选取衡量经济发展水平的指标有 10 个，采用主成分分析处理，选取两个主成分，即第一主成分和第二主成分，他们提取全部信息量的 93.7%，这样就将 10 个指标简化为 2 个彼此独立的综合指标，使分析系统结构简化。

主成分选取的原则是：

（1）主成分是原变量的线性组合；

（2）各个主成分之间互不相关；

（3）如果原来有 P 个变量，则最多可取 P 个主成分，这 P 个主成分的变化，可以完全反映原来全部 P 个变量的变化；如果选取的主成分少于 P 个，那么，这些较少主成分的变化，应尽可能多地反映原来全部 P 个变量的变化。

二、主成分的定义

假设有 P 个指标组成随机向量 $X=(X_1, X_2, \cdots, X_P)$。随机向量 X 的均值为 u，协方差矩阵为 Σ。

作指标的线性组合，形成新的综合变量，用 Y 表示，即新的综合变量由原来的变量线性表示，满足下式：

$$\begin{cases} Y_1 = u_{11}X_1 + u_{12}X_2 + \cdots + u_{1P}X_P \\ Y_2 = u_{21}X_1 + u_{22}X_2 + \cdots + u_{2P}X_P \\ \qquad\qquad \vdots \\ Y_P = u_{P1}X_1 + u_{P2}X_2 + \cdots + u_{PP}X_P \end{cases}$$

其中组合系数 u_{ij} 由下列条件确定：

(1) 由于 $\mathrm{Var}(Y_i) = \mathrm{Var}(u_i'X) = u_i'\Sigma u_i$，故对于任意常数 c 可得：

$$\mathrm{Var}(cu_i'X) = cu_i'\Sigma u_i c = c^2 u_i'\Sigma u_i$$

若要使 $Y_i = u_i X$ 的方差尽可能大且研究的问题有意义，就要求

$u_i'u_i = 1$，即 $u_{i1}^2 + u_{i2}^2 + \cdots + u_{iP}^2 = 1 \qquad (i=1, 2, \cdots, P)$；

且 Y_i 与 Y_j 相互无关（$i \neq j$；$i, j = 1, 2, \cdots, P$）。

(2) Y_1 是 X_1，X_2，…，X_P 的一切线性组合中方差最大的，Y_2 是与 Y_1 不相关，且在 X_1，X_2，…，X_P 的一切线性组合中方差最大的，…，Y_P 是与 Y_1，Y_2，…，Y_{P-1} 都不相关，且在（X_1，X_2，…，X_P）的线性组合中方差最大的。

根据以上条件所确定的 Y_1，Y_2，…，Y_P 分别为原变量 X 的第一，第二，…，第 P 个主成分。

方差越大，包含的信息越多，所以 Y_1 包含信息最多，Y_2，…，Y_P 包含的信息依次递减，在总方差中占的比重也依次递减。

在实际的研究工作中，只挑选前几个方差最大的主成分，这样虽然会损失一部分信息，但抓住了问题的实质部分，并从原始数据中进一步提取了某些新信息。因此，使问题的研究得到简化。

三、主成分的几何意义

主成分分析数学模型中的正交变换，在几何上就是作一个坐标旋转。因此，主成分分析在二维空间中有明显的几何意义。设共有 n 个样本，每个样本

都测量了两个指标（X_1，X_2），它们大致分布在一个椭圆内，如图 7－1 所示。事实上，散点的分布总有可能沿着某一个方向略显扩展，这个方向就把它作为椭圆的长轴方向。很显然，在坐标系 x_1Ox_2 中，只看这 n 个点的分量 X_1 和 X_2，它们沿着 x_1 方向和 x_2 方向都具有较大的离散性，其离散的程度可以分别用 X_1 和 X_2 的方差测定。如果仅考虑 X_1 或 X_2 中的任何一个分量，那么包含在另一个分量中的信息将会缺失。所以，直接舍弃某个分量不是“降维”的有效方法。

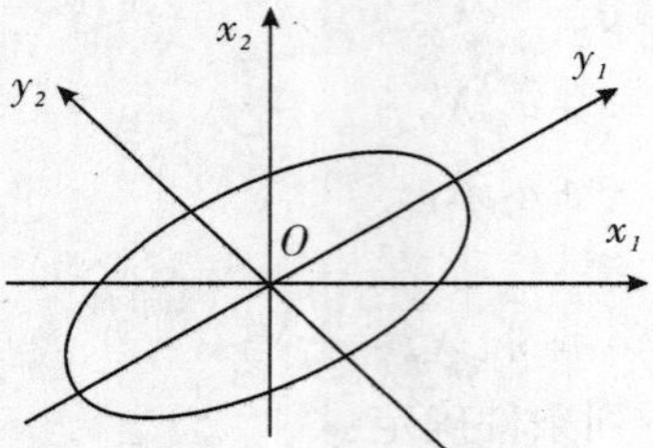

图 7－1

如果将该坐标系按逆时针方向旋转某个角度 θ 变为新坐标系 y_1Oy_2，这样 y_1 就是椭圆的长轴方向，y_2 是椭圆的短轴方向。旋转公式为：

$$\begin{cases} Y_1 = X_1 \cos\theta + X_2 \sin\theta \\ Y_2 = -X_1 \sin\theta + X_2 \cos\theta \end{cases}$$

我们看到新的变量 Y_1 和 Y_2 是原变量 X_1 和 X_2 的线性组合，用矩阵表示就是

$$\begin{bmatrix} Y_1 \\ Y_2 \end{bmatrix} = \begin{pmatrix} \cos\theta & \sin\theta \\ -\sin\theta & \cos\theta \end{pmatrix} \begin{bmatrix} X_1 \\ X_2 \end{bmatrix} = U'X$$

其中，U' 为旋转变换矩阵，显然 $U' = U^{-1}$ 且是正交矩阵，即 $U'U = I$。

可见，n 个点在新坐标系下的坐标 Y_1 与 Y_2 几乎不相关。它们为原始变量 X_1 和 X_2 的综合变量，n 个点在 y_1 轴上的方差达到最大，即在此方向上包含了有关 n 个样本的最大信息量。因此，要将二维空间的点投影到某一维方向上，则选择 y_1 轴方向能使信息的损失最小。Y_1 为第一主成分，Y_2 为第二主成分，第一主成分的效果与椭圆的形状有很大的关系，椭圆越是扁平，n 个点在 y_1 轴上的方差就相对越大，在 y_2 轴上的方差就相对越小，用第一主成分代替所有样品所造成的信息损失就越小。

有两种情况要考虑：一是椭圆的长轴与短轴的长度相等，即椭圆变为圆，第一主成分只包含二维空间点约一半信息，如果只用一个综合变量，则将损失约50%的信息，显然不可取。原因是原始变量 X_1 和 X_2 相关程度几乎为零，其信息几乎不重复，无法用一个一维的综合变量来代替。二是椭圆扁平到了极限，变为 y_1 轴上的一条线，主成分包含有二维空间点的全部信息，仅用这一个综合变量可代替原始变量，而不会有任何的信息损失，此时主成分分析的效果是非常理想的，因为第二主成分不包含任何信息，舍弃它没有信息的损失。

一般情况下，p 个变量组成 p 维空间，n 个样品就是 p 维空间的 n 个点，对 p 元正态分布变量来说，找主成分的问题就是找 p 维空间中椭圆球体的主轴问题。

第二节　主成分的导出

一、主成分的数学推导

随机向量 $X=(x_1,x_2,\cdots,x_p)'$，其协方差矩阵为 $\Sigma>0$，$\lambda_1\geqslant\lambda_2\geqslant\lambda_3\cdots\geqslant\lambda_p>0$，$\lambda_i$ 是 Σ 的非零特征值，u_i 为对应 λ_i 的标准特征向量，则第 i 主成分为 $F_i=u'_iX$，$i=1,2,\cdots,p$。

推导过程：

设 $F=a_1x_1+a_2x_2+\cdots+a_px_p=a'X$

其中 $a=(a_1,a_2,\cdots,a_p)'$，$X=(x_1,x_2,\cdots,x_p)'$

为求主成分，要 Var $(a'X)$ 最大，而

$$
\begin{aligned}
&\mathrm{Var}(a'X)\\
&=E[a'X-E(a'X)][a'X-E(a'X)]'\\
&=a'E[X-EX][X-EX]'a\\
&=a'\Sigma a
\end{aligned}
$$

令 $a'a=1$ 为约束条件，

$$
U=(u_1,u_2,\cdots,u_p)=\begin{pmatrix} u_{11} & u_{12} & \cdots & u_{1p}\\ u_{21} & u_{22} & \cdots & u_{2p}\\ \vdots & \vdots & & \vdots\\ u_{p1} & u_{p2} & \cdots & u_{pp} \end{pmatrix}
$$

根据线性代数可知 U 是正交阵，即 $U'U=UU'=I$，

且 $\Sigma = U\begin{pmatrix}\lambda_1 & & & 0\\ & \lambda_2 & & \\ & & \ddots & \\ 0 & & & \lambda_p\end{pmatrix}U' = \sum_{i=1}^{p}\lambda_i u_i u_i'$

所以：

$$\begin{aligned}a'\Sigma a &= \sum_{i=1}^{p}\lambda_i a'u_i u'_i a\\ &= \sum_{i=1}^{p}\lambda_i\ (a'u_i)\ (a'u_i)'\\ &= \sum_{i=1}^{p}\lambda_i\ (a'u_i)^2\end{aligned}$$

因此：

$a'\Sigma a \leqslant \lambda_i \sum_{i=1}^{p}\ (a'u_i)^2 = \lambda_1\ (a'U)\ (a'U)' = \lambda_1 a'a = \lambda_1$

当 $a=u_1$ 时

$$u_1'\Sigma u_1 = u_1'(\sum_{i=1}^{p}\lambda_i u_i u_i')\ u_1 = \sum_{i=1}^{p}\lambda_i u_1' u_i u_i' u_1 = \lambda_1\ (u_1'u_1)^2 = \lambda_1$$

得到 $a=u_1$ 要使 Var（$a'X$）取到最大值，且：

Var（$u_1'X$）$=u_1'\Sigma u_1=\lambda_1$

同理有

Var（$u_i'X$）$=\lambda_i$，$i=2$，3，…，p

可得

$$\begin{aligned}\mathrm{Cov}\ (u_j'X,\ u_k'X) &= u_j'\Sigma u_k\\ &= u_j'(\sum_{i=1}^{p}\lambda_i u_i u_i')\ u_k\\ &= \sum_{i=1}^{p}\lambda_i\ (u_j'u_i)\ (u_i'u_k)\\ &= 0\ (j\neq k)\end{aligned}$$

所以，X 的 p 个主成分为

$$F_1=u_1'X,\ F_2=u_2'X,\ \cdots,\ F_p=u_p'X$$

注意：

（1）因为 Var$F_i=\lambda_i$，$i=1$，2，…，p，而 $\lambda_1\geqslant\lambda_2\geqslant\cdots\geqslant\lambda_p>0$，故主成分的顺序是按 Σ 的特征根大小顺序排列的；

（2）如果 Σ 为未知时，用相关系数阵 R 来代替。

设原始资料样本矩阵为：

$$X=(x_1, x_2, \cdots, x_p)=\begin{pmatrix} x_{11} & x_{12} & \cdots & x_{1p} \\ x_{21} & x_{22} & \cdots & x_{2p} \\ \vdots & \vdots & & \vdots \\ x_{n1} & x_{n2} & \cdots & x_{np} \end{pmatrix}$$

则样本协方差矩阵为 $S=(s_{ij})_{p\times p}$，$s_{ij}=\frac{1}{n}\sum_{k=1}^{n}(x_{ki}-\overline{x_i})(x_{ij}-\overline{x_j})$，

而相关系数阵为：

$$R=(r_{ij})_{p\times p},\ r_{ij}=\frac{s_{ij}}{\sqrt{s_{ii}}\sqrt{s_{jj}}}$$

若为：

$$X^*=\left[\frac{x_1-\overline{x_1}}{\sqrt{s_{11}}}, \frac{x_2-\overline{x}_2}{\sqrt{s_{22}}}, \cdots, \frac{x_p-\overline{x_p}}{\sqrt{s_{pp}}}\right],$$

则：

$$R=X^{*\prime}X^*$$

二、主成分的方差贡献率

主成分分析的目的是要降维，所以找到了 p 个主成分之后，我们通常要选取 m（$m<p$）个主成分来代替原来的 p 个变量，那么，m 应该取多大呢？

设 $X=(x_1, x_2, \cdots, x_p)'$的协方差阵为 $\Sigma=(\sigma_{ij})$，λ_1，λ_2，$\cdots$，λ_p 为其特征值。

且 $\lambda_1\geqslant\lambda_2\geqslant\cdots\geqslant\lambda_p>0$，$F_1$，$F_2$，$\cdots$，$F_m$ 为 X 的 m 个主成分，则

（1）$\frac{\lambda_k}{\sum_{i=1}^{p}\lambda_i}$为主成分 F_k 的贡献率；

（2）$\frac{\sum_{k=1}^{m}\lambda_k}{\sum_{i=1}^{p}\lambda_i}$为主成分 F_1，F_2，$\cdots$，F_m 的累计贡献率；

（3）$v_i=\frac{\sum_{k=1}^{m}\lambda_k u_{ik}^2}{\sigma_{ii}}$为 m 个主成分 F_1，F_2，$\cdots$，F_m 对于原变量 x_i 的贡献率。

主成分个数的确定依赖于主成分的贡献大小，一般有如下三种方法。

（1）经验法：根据经验来确定，主成分的积累贡献率达到 80% 以上就可

以了。但有的学者认为85%以上效果才好，也有的学者认为70%，甚至65%也可以。

（2）Bartlett 检验：对特征值是否等于0作假设检验，如后面的几个特征值均与0无统计学差异，则不考虑，而只取特征值不为0的主成分。

（3）均数法：计算特征值的均数 $\bar{\lambda}$，选择大于 $\bar{\lambda}$ 的特征值对应的主成分。对基于相关矩阵得到的特征值，其均数为1，故保留大于1的特征值对应的主成分。

第二种方法受样本含量的影响，当样本含量较大时，常得到较多主成分；而当样本含量较少时，得到的主成分较少。目前，用得较多的是经验法。累积贡献到底取多大视不同专业背景而定，当无法确定时，用均数法。

三、主成分的导出步骤

综上所述，主成分可以通过以下步骤求解：

设样本容量是 n 个，对每个样本观测 p 个指标，得到原始数据矩阵：

$$X=(x_1, x_2, \cdots, x_p)'=\begin{pmatrix} x_{11} & x_{12} & \cdots & x_{1p} \\ x_{21} & x_{22} & \cdots & x_{2p} \\ \vdots & \vdots & & \vdots \\ x_{n1} & x_{n2} & \cdots & x_{np} \end{pmatrix}$$

其中 x_{ij} 是第 i 个样本单位第 j 个指标的观测值。

（1）把原始数据标准化，以消除纲量影响。

$$x_{ij}^*=\frac{x_{ij}-\bar{x}_j}{\sqrt{\mathrm{Var}(x_j)}}\ (i=1, 2, \cdots, n;\ j=1, 2, \cdots, p)$$

其中，$\bar{x}_j$ 和 $\sqrt{\mathrm{Var}(x_j)}$ 分别是第 j 个变量的平均值和标准差，并写出标准化数据矩阵 X^*。

（2）写出相关系数矩阵：$R=X^{*\prime}X^*=(r_{ij})$。

（3）求出 R 的特征值和相应的标准特征向量。

特征值一般按以下规则命名：

$\lambda_1 \geqslant \lambda_2 \geqslant \cdots \geqslant \lambda_p > 0$。

此时，主成分已按从大到小排列的顺序求出。

（4）利用特征值从大到小累计，计算前 m 个特征值累计可解释的方差在总方差中所占的比例：

$$\frac{\sum_{k=1}^{m}\lambda_k}{\sum_{i=1}^{p}\lambda_i}\quad(m<p)$$

然后根据研究目的确定可选择哪些主成分而略去另外哪一些主成分，最后用于统计数据分析。

第三节　主成分的计量

在现实问题中，往往涉及众多变量，它们之间既然有一定的相关性，就必然存在起支配作用的共同点，通过对原始变量相关矩阵内部结构的分析，找出影响某一研究过程的几个综合指标。综合指标不仅保留了原始变量的主要信息，彼此之间又不相关，又比原始变量具有某些更优越的性质，使我们在研究复杂的管理时容易抓住主要矛盾，能够对复杂现象进行综合评价。

通过以上的分析，我们举例说明主成分分析在应急管理中的应用。

例 7－1：某市应急管理办公室针对公共卫生事件中的传染病疫情，测得了 20 例肝病患者的四项肝功能指标：转氨酶（x_1），肝大指数（x_2），硫酸锌浊度（x_3）和胎甲球（x_4），表 7－1 是其中 20 人的四项数据指标，试对其进行主成分分析。

表 7－1　　　　肝功能指标调查数据

序号	x_1	x_2	x_3	x_4
1	40	2.0	5	20
2	10	1.5	5	30
3	120	3.0	13	50
4	250	4.5	18	0
5	120	3.5	9	50
6	10	1.5	12	50
7	40	1.0	19	40
8	270	4.0	13	60
9	280	3.5	11	60
10	170	3.0	9	60
11	180	3.5	14	40

（续上表）

序号	x_1	x_2	x_3	x_4
12	130	2. 0	30	50
13	220	1. 5	17	20
14	160	1. 5	35	60
15	220	2. 5	14	30
16	140	2. 0	20	20
17	220	2. 0	14	10
18	40	1. 0	10	0
19	20	1. 0	12	60
20	120	2. 0	20	0

第一步，对原始数据标准化，得 X^*，见表 7－2。

表 7－2　　**标准化数据**

序号	X_1	X_2	X_3	X_4
1	－1. 102 51	－0. 308 13	－1. 347 76	－0. 708 45
2	－1. 440 02	－0. 782 18	－1. 347 76	－0. 251 38
3	－0. 202 5	0. 639 96	－0. 269 55	0. 662 74
4	1. 260 01	2. 062 1	0. 404 33	－1. 622 57
5	－0. 202 5	1. 114 01	－0. 808 65	0. 662 74
6	－1. 440 02	－0. 782 18	－0. 404 33	0. 662 74
7	－1. 102 51	－1. 256 22	0. 539 1	0. 205 68
8	1. 485 02	1. 588 05	－0. 269 55	1. 119 8
9	1. 597 52	1. 114 01	－0. 539 1	1. 119 8
10	0. 36	0. 639 96	－0. 808 65	1. 119 8
11	0. 472 51	1. 114 01	－0. 134 78	0. 205 68
12	－0. 09	－0. 308 13	2. 021 63	0. 662 74
13	0. 922 51	－0. 782 18	0. 269 55	－0. 708 45
14	0. 247 5	－0. 782 18	2. 695 51	1. 119 8
15	0. 922 51	0. 165 92	－0. 134 78	－0. 251 38
16	0. 022 5	－0. 308 13	0. 673 88	－0. 708 45

（续上表）

序号	X_1	X_2	X_3	X_4
17	0.922 51	-0.308 13	-0.134 78	-1.165 51
18	-1.102 51	-1.256 22	-0.673 88	-1.622 57
19	-1.327 52	-1.256 22	-0.404 33	1.119 8
20	-0.202 5	-0.308 13	0.673 88	-1.622 57

第二步，建立指标间的相关系数矩阵：$R = X^{*}{}'X^{*}$，见表 7-3。

表 7-3　　　　相关系数矩阵

	X_1	X_2	X_3	X_4
X_1	1.000 0	0.695 0	0.219 5	0.024 9
X_2	0.695 0	1.000 0	-0.148 0	0.135 1
X_3	0.219 5	-0.148 0	1.000 0	0.071 3
X_4	0.024 9	0.135 1	0.071 3	1.000 0

第三步，求 R 的特征值和特征向量。特征值及累计贡献率见表 7-4。

表 7-4　　　　特征值及累计贡献率

序号	特征值	方差贡献率（%）	累计贡献率（%）
1	1.718 25	42.956 3	42.956
2	1.093 54	27.338 4	70.295
3	0.981 35	24.533 7	94.828
4	0.206 87	5.171 6	100.000

特征值所对应的特征向量如表 7-5 所示。

表 7-5　　　　特征向量表

序号	物征向量 1	物征向量 2	物征向量 3	物征向量 4
1	0.699 964	0.095 010	-0.240 049	-0.665 883
2	0.689 798	-0.283 647	0.058 463	0.663 555
3	0.087 939	0.904 159	-0.270 314	0.318 895
4	0.162 777	0.304 983	0.930 532	-0.120 830

第四步：写出并解释主成分。

从表 7-3 可知，x_1（转氨酶）和 x_2（肝大指数）这两个指标变量是相关的（$r=0.6950$）。从表 7-4 可知特征值 $\lambda_1=1.71825$，$\lambda_2=1.09354$，$\lambda_3=0.98135$，$\lambda_4=0.20687$，即前两个特征值大于 1，第三个特征值接近 1，第四个特征值小于 1。而从主成分贡献率来看，第一至第四主成分的贡献率分别为 42.96%、27.34%、24.53% 和 5.17%。前三个主成分的累计贡献率达到 94.83%，即前三个主成分包含了原来四个指标的 94.83% 的信息。由此可以确定主成分的个数为 3 个较合理。即三个主成分的表达式为：

$$Y_1=0.699964X_1+0.689798X_2+0.087939X_3+0.162777X_4$$

$$Y_2=0.095010X_1-0.283647X_2+0.904159X_3+0.304983X_4$$

$$Y_3=-0.240049X_1+0.058463X_2-0.270314X_3+0.930532X_4$$

这里 X_i 是标准指标变量，$i=1$，2，3，4。在第一主成分 Y_1 中，指标 X_1 和 X_2 对 Y_1 的影响最大，因此，第一主成分反映转氨酶和肝大指数的综合指标，即第一主成分可以作为急性肝炎的描述指标。第二主成分 Y_2 中，指标 X_3 对 Y_2 的影响最大，因此，第二主成分反映的是硫酸锌浊度指标，即第二主成分可以作为慢性肝炎的描述指标。在第三主成分 Y_3 中，指标 X_4 对 Y_3 的影响最大，因此，第三主成分反映的是胎甲球指标，即第三主成分可以作为原发性肝癌的描述指标。

例 7-2：某省应急管理办公室对省内某江流域的水资源进行承载能力评价，并根据此评价结果作出相应的水资源可持续利用的预期对策，以促进水资源与社会经济的协调发展。影响区域水资源承载能力的因素很多，这里选取耕地灌溉率（x_1），水资源利用率（x_2），水资源开发程度（x_3），供水模数（x_4），需水模数（x_5）和人均供水量（x_6）这六个主要因素作为评价因素，作为水资源承载力的评价指标，并按照行政分区将这流域分成五个区域分别对其进行评价，分别是 A 区、B 区、C 区、D 区、E 区（见表 7-6）。用主成分分析法对其进行计量。

表 7-6　　各分区指标数值

指标 地区	耕地灌溉率 x_1(%)	水资源利用率 x_2(%)	水资源开发程度 x_3(%)	供水模数 x_4 ($10^4m^3/km^2$)	需水模数 x_5 ($10^4m^3/km^2$)	人均供水量 x_6(m^3 /人)
A 区	72.35	67.93	14.32	11.04	10.30	766.82
B 区	86.23	77.90	13.90	18.10	18.00	627.12
C 区	95.51	76.70	96.55	102.20	100.30	742.33

（续上表）

地区 \ 指标	耕地灌溉率 x_1（%）	水资源利用率 x_2（%）	水资源开发程度 x_3（%）	供水模数 x_4（$10^4m^3/km^2$）	需水模数 x_5（$10^4m^3/km^2$）	人均供水量 x_6（m^3／人）
D 区	96.20	75.02	63.30	61.99	57.81	229.92
E 区	79.03	77.66	55.59	65.93	65.88	175.36

第一步：将原始数据标准化，见表 7－7。

表 7－7　标准化数据

序号	X_1	X_2	X_3	X_4	X_5	X_6
A 区	−1.30	−1.72	−0.98	−1.09	−1.09	0.91
B 区	0.04	0.69	−0.99	−0.90	−0.88	0.42
C 区	0.93	0.40	1.36	1.34	1.35	0.82
D 区	1.00	−0.01	0.41	0.27	0.20	−0.98
E 区	−0.66	0.63	0.20	0.37	0.42	−1.17

第二步：建立变量的相关系数阵，见表 7－8。

表 7－8　相关系数表

	X_1	X_2	X_3	X_4	X_5	X_6
X_1	1.000	0.552	0.694	0.663	0.640	−0.153
X_2	0.552	1.000	0.417	0.505	0.518	−0.419
X_3	0.694	0.417	1.000	0.992	0.985	−0.207
X_4	0.663	0.505	0.992	1.000	0.999	−0.242
X_5	0.640	0.518	0.985	0.999	1.000	−0.235
X_6	−0.153	−0.419	−0.207	−0.242	−0.235	1.000

第三步：求 R 的特征值和特征向量，见表 7－9。

表 7－9　特征值与方差贡献率

序号	特征值	方差贡献率（%）	累积贡献率（%）
1	3.95	65.90	65.90
2	1.07	17.82	83.72
3	0.63	10.42	94.14
4	0.35	5.86	100

由于前两个特征值的累计贡献率已达 83.72%，所以取前两个特征值所对应的特征向量如表 7-10 所示。

表 7-10　特征向量

序号	特征向量 1	特征向量 2
1	-0.398 2	-0.061 5
2	-0.335 3	0.468 9
3	-0.477 6	-0.237 7
4	-0.485 1	-0.172 5
5	-0.482 9	-0.169 3
6	0.179 8	-0.813 3

第四步：建立并根据实际研究解释主成分。

$Y_1 = 0.398\ 2X_1 - 0.335\ 3X_2 - 0.477\ 6X_3 - 0.485\ 1X_4 - 0.482\ 9X_5 + 0.179\ 8X_6$

$Y_2 = -0.061\ 5X_1 - 0.468\ 9X_2 - 0.237\ 7X_3 - 0.172\ 5X_4 - 0.169\ 3X_5 + 0.081\ 33X_6$

我们由主成分 Y_1，Y_2 与客观权重 e_1，e_2 之积，即 $Y^* = \sum_{j=1}^{n} e_j Y_j$，得出各个分区水资源承载能力的综合评分值。

由上式可计算出各地区的综合得分，并可据此排序（见表 7-11）。

表 7-11　各分区水资源承载能力的综合评价结果

地区	Y_1	Y_2	Y^*	排序
A 区	69.119	-603.304	-61.959	1
B 区	28.189	-488.286	-68.436	2
C 区	-74.403	-631.206	-161.513	5
D 区	-110.341	-193.260	-107.154	4
E 区	-116.325	-146.806	-102.819	3

由表 7-11 可知，利用主成分分析法和综合评价的结果显示：流域中上游的 A 区、B 区水资源承载能力较大，水资源开发利用程度较低；下游的 C 区、D 区和 E 区水资源承载能力较小，水资源的开发利用程度已较高。

本章学习要点

1. 主成分分析适用于简化数据结构，方法是将原有的众多变量转化为几个综合变量，并保证原有的大部分统计信息在综合变量中同样得到反映。

2. 主成分分析具有明确的几何意义，它通过把坐标轴旋转获得新坐标，并使新坐标轴的方向与数据分布变差最大的方向一致。可以证明协方差矩阵（或相关矩阵）的单位特征向量的方向就是新坐标轴的方向。

3. 主成分分析在各变量间的相关关系比较密切时才会有明显价值，此时，数学上表现为各特征值相差较大。一般情况下，特征值差异越大，主成分分析的效果越好。

关键术语

贡献率　累计贡献率　特征根与特征向量　相关系数　线性方程组

思考与练习

1. 简述主成分分析的基本思想。

2. 什么是贡献率和累计贡献率？

3. 随机抽取管理学院 10 名学生，对其 4 门课程的考试成绩进行统计，这 4 门课程分别为 x_1 管理学，x_2 多元统计分析，x_3 经济学，x_4 运筹学。请根据下表信息，使用主成分分析方法对学生的考试成绩进行分析。

学生考试成绩

学生编号	管理学	多元统计分析	经济学	运筹学
1	72	81	65	80
2	66	75	79	80
3	69	72	71	77
4	77	79	68	69
5	60	66	80	72
6	55	63	67	76
7	68	81	70	66
8	70	82	64	68
9	57	75	64	74
10	80	73	69	73

补充读物

[1] 葛新权，王斌．应用统计．北京：社会科学文献出版社，2006

[2] 朱建平．应用多元统计分析．北京：科学出版社，2008

[3] 计雷．突发事件应急管理．北京：高等教育出版社，2006

第八章 因子分析

本章概述

通过学习因子分析的基本原理及运用，学会利用因子分析的方法简化实际问题，利用因子分析以高效快速地解决应急管理的相关问题。

因子分析是主成分分析的推广和发展，它也是多元统计分析中降维的一种方法。因子分析的形成和早期发展，一般认为是从 Charles Spearman 在 1904 年发表的文章开始的。他提出这种方法来解决智力测验得分的统计分析。目前，因子分析在心理学、社会学、经济学等学科都取得成功的应用。应急管理作为一门需要以多学科为知识背景的复合型学科，也需要借助因子分析这个工具。例如，预警系统对环境污染的监测、突发事件应急处理的医疗救治中对病人生理指标的分析、突发事件后社会公众的心理测量分析等。

第一节 因子分析的基本理论

因子分析与主成分分析有很多相似之处：①都是降维的思想；②都要求变量之间具有不完全的相关性；③数据都无量纲化，求相关系数矩阵的特征值和特征向量，通过累计贡献率确定主成分个数、因子个数；④都没有考虑原始变量之间的关系，直接用线性关系处理变量与主成分和因子之间的关系。

同时，作为两种不同的方法，它们的差异主要表现在：①方差损失上：主成分解释了原始变量的全部方差，无方差损失；因子模型中除了有公因子外还有特殊因子，公因子只解释了部分信息，有方差损失。②唯一性：主成分分析不存在因子旋转，主成分是唯一的；因子分析进行因子旋转，解不唯一。③实际意义：主成分没有实际意义；公因子有实际意义。④应用：主成分侧重信息贡献、影响力综合评价；因子分析侧重成因清晰性的综合评价。

一、因子分析的基本原理

因子分析是将错综复杂的众多因子（变量或样品）归结为少数独立的几个综合因子的一种多元统计分析方法。统计体系中的某些统计描述指标具有很强的相关性，在这些强相关的统计指标中，统计对象在某一个统计指标上的状况即可表明该对象在其他指标的大部分状况，从而可以把这些强相关的统计指标合并在一起，更为清晰地反映统计对象的特征，使统计系统得以简化和基本变量结构更加明确。

二、因子分析的基本思想

因子分析的基本思想是根据相关性大小把原始变量分组，使得同一组内的变量之间相关性较高，而不同组的变量间的相关性则较低。每组变量代表一个基本结构，并且一个不可观测的综合变量表示，这个基本结构就称为公共因子。对于所研究的某一具体问题，原始变量可以分解成两部分：一部分是少数几个不可测的所谓公共因子的线性函数；另一部分是与公共因子无关的特殊因子。

在经济统计中，描述一种经济现象的指标可以有很多，比如要反映物价的变动情况，对各种商品的价格做全面调查固然可以达到目的，但这样做显然耗时耗力，为实际工作者所不取。实际上，某一类商品中很多商品的价格之间存在明显的相关性或相互信赖性，只要选择几种主要商品的价格或进而对这几种主要商品的价格进行综合，得到某一种假想的“综合商品”的价格，就足以反映某一类商品的物价变动情况。这里，“综合商品”的价格就是提取出来的因子。这样对各类商品物价或仅对主要商品类别的物价进行类似分析然后加以综合，就可以反映出物价的整体变动情况。这一过程也就是从一些有错综复杂关系的经济现象中找出少数几个主要因子，每一个主要因子就代表经济变量间相互信赖的一种经济作用。抓住这些主要因子就可以帮助我们对复杂的经济问题进行分析和解释。

第二节　因子分析的数学模型

通过因子分析原理的讲解，我们可以发现因子分析的运用对于应急管理的重要作用。突发事件的预警、控制、事后处理的三个阶段，各种问题的分析均可以利用因子分析进行统计分析，以简化统计指标，使我们对问题有更加清晰、系统、全面的认识，这样在应急管理的过程中才能更加快速、有效地采取各种应对措施。例如，应急管理的各个阶段中，通过对各种经济指标的统计，分析经济的发展变化情况，评估应急管理的措施是否有效，以判断是继续使用应急管理预案抑或改变策略。应急管理是一门有较强实践指导意义的学科，运用因子分析进行应急管理的统计分析，最重要的是要学会将现实问题转化为因子分析的数学模型。这一节主要介绍因子分析的数学模型，以更好地指导将现实问题转化为数学模型。

由于样本内含样品和指标的两维性，因子分析分为 R 型和 Q 型，前者是基于指标的分析，而后者是基于样品的分析。

一、数学模型（正交因子模型）

R 型因子分析数学模型

$$\begin{cases} X_1 = a_{11}F_1 + a_{12}F_2 + \cdots + a_{1m}F_m + \varepsilon_1 \\ X_2 = a_{21}F_1 + a_{22}F_2 + \cdots + a_{2m}F_m + \varepsilon_2 \\ \qquad\vdots \\ X_p = a_{p1}F_1 + a_{p2}F_2 + \cdots + a_{pm}F_m + \varepsilon_p \end{cases}$$

此时，X_1，X_2，…，X_p 表示 P 个指标。

用矩阵表示：$\begin{bmatrix} X_1 \\ X_2 \\ \vdots \\ X_P \end{bmatrix} = \begin{bmatrix} a_{11} & a_{12} & \cdots & a_{1m} \\ a_{21} & a_{22} & \cdots & a_{2m} \\ \vdots & \vdots & & \vdots \\ a_{p1} & a_{p2} & \cdots & a_{pm} \end{bmatrix} \begin{bmatrix} F_1 \\ F_2 \\ \vdots \\ F_m \end{bmatrix} + \begin{bmatrix} \varepsilon_1 \\ \varepsilon_2 \\ \vdots \\ \varepsilon_p \end{bmatrix}$

简记为 $\underset{(p\times 1)}{X} = \underset{(p\times m)}{A}\ \underset{(m\times 1)}{F} + \underset{(p\times 1)}{\varepsilon}$

且满足：

（1）$m \leqslant p$；

（2）Cov（F，ε）=0，即 F 与 ε 是不相关的；

（3）$D(F)=\begin{bmatrix}1 & & 0 \\ & 1 & \\ 0 & & \ddots & \\ & & & 1\end{bmatrix}=I_m$，即 F_1，…，F_m 不相关，且方差皆为1。

$$D(\varepsilon)=\begin{bmatrix}\sigma_1^2 & & 0 \\ & \sigma_2^2 & \\ 0 & & \ddots & \\ & & & \sigma_p^2\end{bmatrix}$$，即 ε_1，…，ε_m 不相关，且方差不同。

式中，$X=(X_1, \cdots, X_P)$ 是可观测的 P 个指标所构成 P 维随机向量；$F=(F_1, \cdots, F_m)$ 是不可观测的向量，F 称为 X 的公共因子或潜因子，即前面所说的综合变量，可以把它们理解为在高维空间中的互相垂直的 m 个坐标轴；a_{ij} 称为因子载荷，它是第 i 个变量在第 j 个公共因子上的负荷，如果把变量 X_1 看成 m 维因子空间中的一个向量，则 a_{ij} 表示 X_i 在坐标轴 F_j 上的投影；矩阵 A 称为因子载荷矩阵；ε 为 X 的特殊因子，通常理论上要求 ε 的协方差是对角线，ε 中包括了随机误差。

由上述模型满足的条件可知，F_1，F_2，…，F_m 是不相关的。若 F_1，F_2，…，F_m 相关时，则 $D(F)$ 就不是对角阵，这时的模型称为斜交模型。

类似地，Q 型因子分析数学模型为：

$$\begin{cases}X_1=a_{11}F_1+a_{12}F_2+\cdots+a_{1m}F_m+\varepsilon_1 \\ X_2=a_{21}F_1+a_{22}F_2+\cdots+a_{2m}F_m+\varepsilon_2 \\ \vdots \\ X_p=a_{n1}F_1+a_{n2}F_2+\cdots a_{nm}F_m+\varepsilon_n\end{cases}$$

此时 X_1，X_2，…，X_n 表示 n 个样品。

因子分析的目的就是通过模型 $X=AF+\varepsilon$ 以 F 取代 X，由于 $m<p$，$m<n$，从而达到简化变量维数的目的。

二、因子模型中，公共因子、因子载荷和变量共同度的统计意义

为了便于对因子分析计算结果做解释，将因子分析数学模型中各个量的统计意义加以说明是十分必要的。

（一）因子载荷

假定因子模型中，各个变量以及公共因子、特殊因子都已经是标准化

（均值为0、方差为1）的变量。

已知模型：$X_i = a_{i1}F_1 + a_{i2}F_2 + \cdots + a_{ij}F_j + \cdots + a_{im}F_m + \varepsilon_i$

两端乘 F_j 得：$X_iF_j = a_{i1}F_1F_j + a_{i2}F_2F_j + \cdots + a_{ij}F_jF_j + \cdots + a_{im}F_mF_j + \varepsilon_iF_j$，

于是：$E(X_iF_j) = a_{i1}E(F_1F_j) + a_{i2}E(F_2F_j) + \cdots + a_{ij}E(F_jF_j) + \cdots$
$+ a_{im}E(F_mF_j) + E(\varepsilon_iF_j)$

由于在标准化下有：$E(F)=0, E(\varepsilon)=0, \mathrm{Var}(\varepsilon_i)=1, E(X_i)=0, \mathrm{Var}(X_i)=1$，因此 $E(X_iF_j)=r_{X_iF_j}, E(F_iF_j)=r_{F_iF_j}, E(\varepsilon_iF_j)=r_{\varepsilon_iF_j}$。

所以上式可写成：

$$r_{X_iF_j} = a_{i1}r_{F_1F_j} + a_{i2}r_{F_2F_j} + \cdots + a_{ij}r_{F_iF_j} + \cdots + a_{im}r_{F_mF_j} + r_{\varepsilon_iF_j} = a_{ij}$$

因为各因子不相关，所以相关系数为0。故因子载荷 a_{ij} 的统计意义就是第 i 个变量与第 j 个公共因子的相关系数，即表示 X_i 信赖于 F_i 的分量（比重）。因此，用统计学的术语应该叫做权数，但由于历史的原因，心理学家将它叫做载荷，即表示第 i 个变量在第 j 个公共因子上的负荷，它反映了第 i 个变量在第 j 个公共因子上的相对重要性。

（二）变量共同度的统计意义

所谓变量 X_i 的共同度定义为因子载荷 A 中第 i 行元素的平方和，即 $h_i^2 = \sum_{j=1}^{m} a_{ij}^2$，$i=1$，$\cdots$，$p$。

为了说明它的统计意义，将下列两边求和差，即

$$X_i = a_{i1}F_1 + a_{i2}F_2 + \cdots + a_{ij}F_j + \cdots + a_{im}F_m + \varepsilon_i$$

$$\begin{aligned}\mathrm{Var}(X_i) &= a_{i1}^2\mathrm{Var}(F_1) + a_{i2}^2\mathrm{Var}(F_2) + \cdots + a_{im}^2\mathrm{Var}(F_m) + \mathrm{Var}(\varepsilon_i) \\ &= a_{i1}^2 + a_{i2}^2 + \cdots + a_{im}^2 + \sigma_i^2 = h_i^2 + \sigma_i^2\end{aligned}$$

由于 X_i 已经标准化了，所以 $1 = h_i^2 + \sigma_i^2$，此式说明变量 X_i 的方差由两部分组成：第一部分为共同度 h_i^2，它刻画全部公共因子对变量 X_i 的总方差所作的贡献，h_i^2 越接近于1，说明该变量的几乎全部原始信息都被所选取的公共因子说明了。如 $h_i^2=0.96$，则说明 X_i 的96%的信息被 m 个公共因子说明了，也就是说，由原始变量空间转为因子空间转化的性质越好，保留原来信息量越多，因此 h_i^2 是 X_i 方差的重要组成部分。当 $h_i^2 \approx 0$ 时，说明公共因子对 X_i 影响很小，主要由特殊因子 ε_i 来描述。第二部分 σ_i^2 是特定变量所产生的方差，称为特殊因子方差，仅与变量 X_i 本身的变化有关，它是使 X_i 的方差为1的补充值。

（三）公共因子 F_j 的方差贡献的统计意义

将因子载荷矩阵中的各元素的平方和记为：$S_j=\sum_{i=1}^{p}a_{ij}^2$，$(j=1,\ \cdots,\ p)$。称 S_j 为公共因子 F_j 为 X 的贡献，即 S_j 表示同一公共因子 F_j 对诸变量所提供的方差贡献之总和，它是衡量公共因子相对重要性指标。

第三节　因子载荷的求解

上一节讲解了因子分析的数学模型，这一节我们将重点介绍因子载荷的求解过程，并利用例题来说明应急管理中因子分析的运用。

一、因子载荷的求解

用主成分法确定因子载荷，是在进行因子分析之前先对数据进行一次主成分分析，然后把前面几个主成分作为未旋转的公因子。相对于其他确定因子载荷的方法而言，主成分法比较简单。但是由于用这种方法所得的特殊因子 ε_1，ε_2，…，ε_p 之间并不相互独立，因此，用主成分法确定因子载荷不完全符合因子模型的假设前提，也就是说，所得的因子载荷并不完全正确。但是当共同度较大时，特殊因子所起的作用较小，因而特殊因子之间的相关性所带来的影响几乎可以忽略。事实上，很多有经验的分析人员在进行因子分析时，总是先用主成分法进行分析，然后再尝试其他方法。

用主成分法寻找公因子的方法如下：

假定从相关系数矩阵出发求解主成分，设有 P 个变量，则我们可以找出 P 个变量，即可以找出 P 个主成分。将所得的 P 个主成分按由大到小的顺序排列，记为 Y_1，Y_2，…，Y_P，则主成分与原始变量之间存在如下关系式：

$$\begin{cases} Y_1=r_{11}X_1+r_{12}X_2+\cdots+r_{1p}X_p \\ Y_2=r_{21}X_1+r_{22}X_2+\cdots+r_{2p}X_p \\ \quad\vdots \qquad \vdots \qquad \vdots \qquad\quad \vdots \\ Y_p=r_{p1}X_1+r_{p2}X_2+\cdots+r_{pp}X_p \end{cases} \qquad \text{式 (8-1)}$$

式中，r_{ij} 为随机变量 X 的相关矩阵的特征值所对应的特征量的分析，因为特征向量之间彼此正交，从 X 到 Y 的转换关系是可逆的，很容易得出由 Y 到 X 的转换关系为：

$$\begin{cases} X_1 = r_{11}Y_1 + r_{21}Y_2 + \cdots + r_{p1}Y_p \\ X_2 = r_{12}Y_1 + r_{22}Y_2 + \cdots + r_{p2}Y_p \\ \vdots \quad \vdots \quad \vdots \quad \vdots \quad \vdots \\ X_P = r_{1p}Y_1 + r_{2p}Y_2 + \cdots + r_{pP}Y_p \end{cases} \quad 式（8-2）$$

我们对上面每一等式只保留前 m 个主成分而把后面的部分用 ε_i 代替，则式（8-2）变为：

$$\begin{cases} X_1 = r_{11}Y_1 + r_{21}Y_2 + \cdots + r_{m1}Y_m + \varepsilon_1 \\ X_2 = r_{12}Y_1 + r_{22}Y_2 + \cdots + r_{m2}Y_m + \varepsilon_2 \\ \vdots \quad \vdots \quad \vdots \quad \vdots \quad \vdots \\ X_P = r_{1P}Y_1 + r_{2P}Y_2 + \cdots + r_{mP}Y_m + \varepsilon_P \end{cases} \quad 式（8-3）$$

式（8-3）在形式上已经与因子分析数学模型相一致，且 $Y_i(i=1,2,\cdots,m)$ 之间相互独立，为了把 Y_i 转化成合适的因子，将主成分 Y_i 变成方差为 1 的变量。为完成此变换，必须将 Y_i 除以其标准差，由主成分分析的知识可知这个标准差就是特征根的平方根 $\sqrt{\lambda_i}$。于是令 $F_i = \frac{y_i}{\sqrt{\lambda_i}}$，$a_{ij} = \sqrt{\lambda_i}\, y_{ji}$，则式（8-3）变为

$$\begin{cases} X_1 = a_{11}F_1 + a_{12}F_2 + \cdots + a_{1m}F_m + \varepsilon_1 \\ X_2 = a_{21}F_1 + a_{22}F_2 + \cdots + a_{2m}F_m + \varepsilon_2 \\ \vdots \quad \vdots \quad \vdots \quad \vdots \quad \vdots \quad \vdots \\ X_p = a_{p1}F_1 + a_{p2}F_2 + \cdots + a_{pm}F_m + \varepsilon_p \end{cases} \quad 式（8-4）$$

这与因子分析数学模型完全一致，这样就得到了载荷 A 矩阵和一组初始公因子（未旋转）。

一般设 $\lambda_1 \geqslant \lambda_2 \geqslant \cdots \geqslant \lambda_p$ 为样本相关系数矩阵 R 的特征根，r_1，r_2，…，r_p 为对应的标准正交化特征向量。因子载荷矩阵 A 的一个解为：$\hat{A} = (\sqrt{\lambda_1}r_1, \sqrt{\lambda_2}r_2, \cdots, \sqrt{\lambda_m}r_m)$。共同度的估计为：$\hat{h}_i^2 = \hat{a}_{i1}^2 + \hat{a}_{i2}^2 + \hat{a}_{im}^2$

如何确定公共因子的数目，这取决于问题的研究者本人，对于同一问题进行因子分析时，不同的研究者可能会给出不同的公共因子数。当然，有时候由数据本身的特征可以很明确地确定出因子的数目。当用主成分法进行因子分析时，也可以借鉴确定主成分个数的准则，如所选取的公共因子的信息量的和达到总体信息量的一个合适比例为止。但对于这些准则不应生搬硬套，应具体问题具体对待，总之，要使所选取的公共因子能够合理地描述原始变量相关阵的结构，同时要有利于因子模型的解释。

载荷矩阵 A 的意义：

载荷矩阵 A 是 $p\times m$ 矩阵

$$A=\begin{bmatrix} a_{11} & a_{12} & \cdots & a_{1j} & \cdots & a_{1m} \\ a_{21} & a_{22} & \cdots & a_{2j} & \cdots & a_{2m} \\ \vdots & \vdots & & \vdots & & \vdots \\ a_{i1} & a_{i2} & \cdots & a_{ij} & \cdots & a_{im} \\ \vdots & \vdots & & \vdots & & \vdots \\ a_{p1} & a_{p2} & \cdots & a_{pj} & \cdots & a_{pm} \end{bmatrix} \qquad \text{式（8-5）}$$

（1）A 中任一元素 a_{ij} 是第 i 个变量 X_i 与第 j 个公共因子 F_j 的协方差，即

$$\mathrm{Cov}(X_i,\ F_j)=a_{ij}$$

如果观测变量 X_i 也是标准化变量，那么 a_{ij} 就是 X_i 与 F_j 的相关系数，它表示 X_i 与 F_j 线性联系的紧密程度。第 i 行的因子负荷量 a_{i1}，a_{i2}，…，a_{im} 说明第 i 个变量 X_i 信赖于各个因子的程度；而第 j 列的因子负荷量 a_{1j}，a_{2j}，…，a_{pj} 则说明第 j 个因子 F_j 与各个变量的联系程度，常常根据该列负荷中绝对值较大的负荷所对应的变量来说明这个因子的意义。

（2）A 中任一行元素的平方和 h_i^2 等于第 i 个变量 X_i 的方差与特殊因子 ε_i 的方差之差，也就是

$$\mathrm{Var}(X_i)=h_i^2+\mathrm{Var}(\varepsilon_i) \qquad \text{式（8-6）}$$

$$\sigma_{ii}=(a_{i1}^2+a_{i2}^2+\cdots+a_{im}^2)+\psi_i \qquad \text{式（8-7）}$$

变量方差 = 公因子方差 + 特殊因子方差，称 $h_i^2=\sum\limits_{j=1}^{m}a_{ij}^2$（$i=1$，2，…，$p$）为公因子方差，或叫做 X_i 的共通性或共同度，它表示 m 个公共因子对第 i 个变量 X_i 的方差贡献。h_i^2 越大，表示 X_i 对这 m 个因子的共同信赖程度越大，也就是说，用这 m 个因子描述变量 X_i 就越有效。

如果 X_i 是标准化变量，那么式（8-7）就变成了 $h_i^2+\psi_i=1$，因此共同度 h_i^2 就等于公共因子的方差在变量 X_i 的总方差中所占的比例。

（3）A 中任一列元素的平方和

$$\begin{aligned} U_j &= \sum_{i=1}^{p}a_{ij}^2 \qquad (i=1,\ 2,\ \cdots,\ m) \\ &= a_{1j}^2+a_{2j}^2+\cdots+a_{pj}^2 \end{aligned}$$

表示第 j 个公共因子的方差贡献，它与 p 个变量 X_1，X_2，…，X_p 的总方差之比 $\frac{U_j}{U}=\frac{a_{1j}^2+a_{2j}^2+\cdots+a_{pj}^2}{\mathrm{Var}(X_1)+\mathrm{Var}(X_2)+\cdots+\mathrm{Var}(X_p)}$ 叫做第 j 个公共因子 F_j 的方差贡献率。贡献率越大，该因子就相对越重要。

如果 X_1，X_2，…，X_P 都是标准化变量，那么第 j 个因子的贡献率就等于 F_j 的方差贡献率

$$\frac{U_j}{p}=\frac{\sum_{i=1}^{p}a_{ij}^2}{p}$$

二、因子旋转

因子旋转的目的是要弄清公共因子在原变量系统中的概括含义。公共因子在原变量体系中的不同负荷绝对值（投影长度）越大，公共因子与这些变量的联系就越密切。所谓旋转，就是把某一个公共因子中的变量旋转到某些原变量的最大投影方向。如果无论怎样旋转，因子负荷在原变量中的投影始终相差不远，因子分析就没有多大意义了。

所以，在有意义的因子分析中，旋转后的因子负荷矩阵应满足以下要求：

（1）每一列上多数因子负荷取值接近于零；

（2）每一列上只有少数的因子负荷取较大值；

（3）每两列中，因子负荷较大和较小的排列结构明显不同。

满足上述要求时，因子分析将可以得到明确而简明的解释。最常用的因子旋转方头是“方差最大正交旋转”。

三、因子分析在应急管理中的应用举例

例 8－1：传染病多发的季节，为了有效预防各种疾病，某地区应急管理办公室要求疾病控制中心对当地居民进行体检，表 8－1 是其中测试的 25 人的 7 项生化指标，试对其进行因子分析。

表 8－1　　　25 名健康人的 7 项生化指标

序号	x_1	x_2	x_3	x_4	x_5	x_6	x_7
1	3.76	3.66	0.54	5.28	9.77	13.74	4.78
2	8.59	4.99	1.34	10.02	7.50	10.16	2.13
3	6.22	6.14	4.52	9.84	2.17	2.73	1.09
4	7.57	7.28	7.07	12.66	1.79	2.10	0.82
5	9.03	7.08	2.59	11.76	4.54	6.22	1.28
6	5.51	3.98	1.30	6.92	5.33	7.30	2.40
7	3.27	0.62	0.44	3.36	7.63	8.84	8.39
8	8.74	7.00	3.31	11.68	3.53	4.76	1.12
9	9.64	9.49	1.03	13.57	13.13	18.52	2.35
10	9.73	1.33	1.00	9.87	9.87	11.06	3.70
11	8.59	2.98	1.17	9.17	7.85	9.91	2.62
12	7.12	5.49	3.68	9.72	2.64	3.43	1.19
13	4.69	3.01	2.17	5.98	2.76	3.55	2.01
14	5.51	1.34	1.27	5.81	4.57	5.38	3.43
15	1.66	1.61	1.57	2.80	1.78	2.09	3.72
16	5.90	5.76	1.55	8.84	5.40	7.50	1.97
17	9.84	9.27	1.51	13.60	9.02	12.67	1.75
18	8.39	4.92	2.54	10.05	3.96	5.24	1.43
19	4.94	4.38	1.03	6.68	6.49	9.06	2.81
20	7.23	2.30	1.77	7.79	4.39	5.37	2.27
21	9.46	7.31	1.04	12.00	11.58	16.18	2.42
22	9.55	5.35	4.25	11.74	2.77	3.51	1.05
23	4.94	4.52	4.50	8.07	1.79	2.10	1.29
24	8.21	3.08	2.42	9.10	3.75	4.66	1.72
25	9.41	6.44	5.11	12.50	2.45	3.10	0.91

解：第一步，对原始数据标准化，以消除量纲的影响。

设原始数据的矩阵为：$X=\begin{bmatrix} x_{11} & x_{12} & \cdots & x_{1p} \\ x_{21} & x_{22} & \cdots & x_{2p} \\ \vdots & \vdots & \vdots & \vdots \\ x_{n1} & x_{n2} & \cdots & x_{np} \end{bmatrix}$，对矩阵 X 按列标准化，公式为：$x_{ij}^{*}=\frac{x_{ij}-\bar{x}_j}{\sigma_j}$，$i=1, 2, \cdots, n$，$j=1, 2, \cdots, p$，其中 σ_j 为相应变量的标准差，$\sigma_j=\sqrt{\frac{1}{n-1}\sum_{i=1}^{n}(x_{ij}-\bar{x}_j)^2}$，$\bar{x}_j$ 为每列的平均数。标准化后的数据见表 8－2。

表 8－2　　　　标准化后的数据表

序号	x_1^*	x_2^*	x_3^*	x_4^*	x_5^*	x_6^*	x_7^*
1	-1.44	-0.46	-1.09	-1.28	1.32	1.44	1.51
2	0.64	0.09	-0.61	0.29	0.62	0.66	-0.13
3	-0.38	0.57	1.30	0.23	-1.00	-0.97	-0.78
4	0.20	1.04	2.83	1.16	-1.12	-1.11	-0.95
5	0.83	0.95	0.14	0.87	-0.28	-0.21	-0.66
6	-0.68	-0.33	-0.63	-0.74	-0.04	0.03	0.03
7	-1.65	-1.72	-1.15	-1.92	0.66	0.37	3.75
8	0.71	0.92	0.58	0.84	-0.59	-0.53	-0.76
9	1.09	1.95	-0.79	1.47	2.34	2.49	0.00
10	1.13	-1.42	-0.81	0.24	1.35	0.85	0.84
11	0.64	-0.74	-0.71	0.01	0.73	0.60	0.17
12	0.01	0.30	0.80	0.19	-0.86	-0.82	-0.72
13	-1.04	-0.73	-0.11	-1.05	-0.82	-0.79	-0.21
14	-0.68	-1.42	-0.65	-1.11	-0.27	-0.39	0.67
15	-2.34	-1.31	-0.47	-2.11	-1.12	-1.11	0.85
16	-0.52	0.41	-0.48	-0.10	-0.02	0.07	-0.23
17	1.18	1.86	-0.50	1.48	1.09	1.21	-0.37
18	0.56	0.06	0.11	0.30	-0.46	-0.42	-0.57
19	-0.93	-0.16	-0.79	-0.82	0.32	0.42	0.29
20	0.06	-1.02	-0.35	-0.45	-0.33	-0.39	-0.05
21	1.02	1.05	-0.79	0.94	1.87	1.98	0.05
22	1.05	0.24	1.14	0.86	-0.82	-0.80	-0.80

（续上表）

序号	x_1^*	x_2^*	x_3^*	x_4^*	x_5^*	x_6^*	x_7^*
23	-0.93	-0.10	1.29	-0.36	-1.12	-1.11	-0.66
24	0.48	-0.70	0.04	-0.02	-0.52	-0.55	-0.39
25	0.99	0.69	1.66	1.11	-0.92	-0.89	-0.89

第二步，建立指标间的相关系数矩阵 R，见表 8－3。

表 8－3　**相关系数矩阵**

	x_1^*	x_2^*	x_3^*	x_4^*	x_5^*	x_6^*	x_7^*
x_1^*	1.000	0.580	0.201	0.909	0.283	0.287	-0.533
x_2^*	0.580	1.000	0.364	0.837	0.166	0.261	-0.608
x_3^*	0.201	0.364	1.000	0.436	-0.704	-0.681	-0.649
x_4^*	0.909	0.837	0.436	1.000	0.163	0.203	-0.678
x_5^*	0.283	0.166	-0.704	0.163	1.000	0.990	0.427
x_6^*	0.287	0.261	-0.681	0.203	0.990	1.000	0.357
x_7^*	-0.533	-0.608	-0.649	-0.678	0.427	0.357	1.000

利用原始数据求相关系数矩阵，相关系数矩阵公式为：

$$r_{ij}=\frac{\sum_{i=1}^{n}(x_{ij}-\bar{x}_j)(x_{ik}-\bar{x}_k)}{\sqrt{\sum_{i=1}^{n}(x_{ij}-\bar{x}_j)^2\cdot\sum_{i=1}^{n}(x_{ik}-\bar{x}_k)^2}}$$

利用标准化后的数据表求相关系数矩阵，相关系数矩阵公式：

$$r_{ij}=\frac{\sum_{i=1}^{n}x_{ij}x_{ik}}{\sqrt{\sum_{i=1}^{n}x_{ij}^{2}\sum_{i=1}^{n}x_{ik}^{2}}}=\frac{1}{n}\sum_{i=1}^{n}x_{ij}\cdot x_{ik}$$

第三步，求 R 的特征值和特征向量。特征值及累计贡献率见表 8－4。

表 8－4　　　　特征值及累计贡献率

序号	特征值	方差贡献率（%）	累积贡献率（%）
1	3. 395	48. 503	48. 503
2	2. 806	40. 090	88. 593
3	0. 436	6. 236	94. 828
4	0. 276	3. 946	98. 775
5	0. 081	1. 160	99. 935
6	0. 004	0. 059	99. 994
7	0. 000	0. 006	100. 000

由于前两个特征值的累计贡献率已达 88. 593%，所以取前两个特征值所对应的特征向量如表 8－5 所示。

表 8－5　　　　特征向量表

序号	第一特征向量 u_1	第二特征向量 u_2
1	0. 404 9	0. 291 9
2	0. 432 0	0. 222 1
3	0. 384 8	－0. 356 4
4	0. 494 4	0. 232 2
5	－0. 127 0	0. 574 9
6	－0. 096 1	0. 580 3
7	－0. 480 9	0. 130 7

第四步，建立因子载荷阵，见表 8－6。

表 8－6　　　　旋转前因子载荷表

指标	因子	
	1	2
x_1	0. 746	0. 489
x_2	0. 796	0. 372
x_3	0. 709	－0. 597
x_4	0. 911	0. 389
x_5	－0. 234	0. 963
x_6	－0. 177	0. 972
x_7	－0. 886	0. 219

第五步，对因子载荷阵实行方差最大旋转，旋转后的矩阵见表8－7。

表8－7　　正交因子表

指标	因子	
	1	2
x_1	0.878	0.161
x_2	0.878	0.033
x_3	0.421	－0.826
x_4	0.990	0.004
x_5	0.159	0.979
x_6	0.215	0.964
x_7	－0.732	0.547

从表8－7可见，每个因子只有少数几个指标的因子载荷较大，因此可根据该表进行分类，将7个指标高载荷分成两类，列于表8－8。

表8－8　　高载荷指标

	高载荷指标
1	x_1，x_2，x_4，x_7
2	x_3，x_5，x_6

四、因子分析法的计算步骤

设原始数据资料如表8－9所示。

表8－9　　原始数据资料表

变量／样品	x_1	x_2	…	x_p
1	x_{11}	x_{12}	…	x_{1p}
2	x_{21}	x_{22}	…	x_{2p}
⋮	⋮	⋮		⋮
n	x_{n1}	x_{n2}	…	x_{np}

第一步：将原始数据标准化。

原始数据的矩阵为：$X=\begin{bmatrix} x_{11} & x_{12} & \cdots & x_{1p} \\ x_{21} & x_{22} & \cdots & x_{2p} \\ \vdots & \vdots & \vdots & \vdots \\ x_{n1} & x_{n2} & \cdots & x_{np} \end{bmatrix}$，对矩阵 X 按列进行标准化，公式为：$x_{ij}^{*}=\dfrac{x_{ij}-\bar{x}_j}{\sigma_j}$，$i=1, 2, \cdots, n$，$j=1, 2, \cdots, p$，其中 σ_j 为相应变量的标准差，$\sigma_j=\sqrt{\dfrac{1}{n-1}\sum_{i=1}^{n}(x_{ij}-\bar{x}_j)^2}$，$\bar{x}_j$ 为每列的平均数。

第二步：建立变量的相关系数矩阵 $R=(r_{ij})_{p\times p}$。

利用原始数据求相关系数矩阵，相关系数矩阵公式为：

$$r_{ij}=\frac{\sum_{i=1}^{n}(x_{ij}-\bar{x}_j)(x_{ik}-\bar{x}_k)}{\sqrt{\sum_{i=1}^{n}(x_{ij}-\bar{x}_j)^2\cdot\sum_{i=1}^{n}(x_{ik}-\bar{x}_k)^2}}$$

利用标准化后的数据表求相关系数矩阵，相关系数矩阵公式为：

$$r_{ij}=\frac{\sum_{i=1}^{n}x_{ij}x_{ik}}{\sqrt{\sum_{i=1}^{n}x_{ij}{}^2\sum_{i=1}^{n}x_{ik}^2}}=\frac{1}{n}\sum_{i=1}^{n}x_{ij}\cdot x_{ik}$$

第三步：求 R 的特征根及相应的单位特征向量，分别记为 $\lambda_1\geqslant\lambda_2\geqslant\cdots\geqslant\lambda_p>0$ 和 $u_1, u_2, \cdots, u_p$ 记为 $U=(u_1, u_2, \cdots, u_p)=\begin{bmatrix} u_{11} & u_{12} & \cdots & u_{1p} \\ u_{21} & u_{22} & \cdots & u_{2p} \\ \vdots & \vdots & & \vdots \\ u_{p1} & u_{p2} & \cdots & u_{pp} \end{bmatrix}$

根据累计贡献率的要求比如 $\dfrac{\sum_{i=1}^{m}\lambda_i}{\sum_{i=1}^{p}\lambda_i}\geqslant 85\%$，取前 m 个特征根及相应的特征向量写出因子载荷阵：

$$A=\begin{bmatrix} a_{11} & a_{12} & \cdots & a_{1m} \\ a_{21} & a_{22} & \cdots & a_{2m} \\ \vdots & \vdots & & \vdots \\ a_{p1} & a_{p2} & \cdots & a_{pm} \end{bmatrix}=\begin{bmatrix} u_{11}\sqrt{\lambda_1} & u_{12}\sqrt{\lambda_2} & \cdots & u_{1m}\sqrt{\lambda_m} \\ u_{21}\sqrt{\lambda_1} & u_{22}\sqrt{\lambda_2} & \cdots & u_{2m}\sqrt{\lambda_m} \\ \vdots & \vdots & & \vdots \\ u_{p1}\sqrt{\lambda_1} & u_{p2}\sqrt{\lambda_2} & \cdots & u_{pm}\sqrt{\lambda_m} \end{bmatrix}$$

第四步：对 A 施行方差最大正交旋转。

第五步：计算因子得分。

本章学习要点

1. 了解因子分析的基本原理。
2. 掌握因子分析的数学模型。
3. 掌握因子分析的求解方法。

关键术语

因子分析　公共因子　因子载荷　变量共同度

思考与练习

1. 试述因子分析的主要作用。
2. 了解因子分析与主成分分析之间的异同及各自的作用。
3. 某省应急管理办公室对某大型化工厂空气污染情况进行监测，在厂区及邻近地区挑选有代表性的 8 个大气取样点，每日 4 次同时抽取大气样品，测定其中包含的 6 种气体珠浓度，前后共 4 天，每个样品每种气体实测 16 次，并计算出每个取样点每种气体的平均浓度，试用因子分析处理表中的数据。

大气污染数据　　单位：mg/m^3

取样点＼气体名	氯	硫化氢	二氧化硫	C_4	环氧氯丙烷	环己烷
1	0.056	0.084	0.031	0.038	0.008 1	0.022 0
2	0.049	0.055	0.100	0.110	0.022 0	0.007 3
3	0.038	0.130	0.079	0.170	0.058 0	0.043 0
4	0.034	0.095	0.058	0.160	0.200 0	0.029 0
5	0.084	0.066	0.029	0.320	0.012 0	0.041 0
6	0.064	0.072	0.100	0.210	0.028 0	1.380 0
7	0.048	0.089	0.062	0.260	0.038 0	0.036 0
8	0.069	0.087	0.027	0.050	0.089 0	0.021 0

第九章　聚类分析

本章概述

本章的学习目的主要是了解与掌握统计分析中的重要方法——聚类分析及其在应急管理中的应用。即通过聚类分析，展开对应急管理中的样品或指标的量化分类，客观地揭示应急管理不同方面的本质差别和联系，为应急管理理论研究与实际应用划分相应的类别，为应急管理工作奠定良好的基础。

第一节　聚类分析的思想与方法

在对经济、社会、管理和自然科学等领域的研究中，不可避免地存在着许多数据量化分类问题。在聚类方法出现之前，人们主要依靠自身的经验作为分类的依据，很少利用数学工具，这样的定性分类往往具有很强的主观性和随意性，不能客观、科学地显示样品间的本质区别和联系。在应急管理研究中，如果只是主观臆断事件的类别归属，而缺乏科学的划分，那么应急管理工作的展开就无从着手。

为了克服主观分类的缺点和不足，同时，随着科学技术的发展，特别是计算机的发展和普及，人们开始把一些数学工具和方法引入分类学中，形成了数值分类学。其后，随着多元统计分析的发展，聚类分析又渐渐地从数值分类学中分离出来，成为一个相对独立的分支。

所谓聚类分析，就是研究将样品或指标进行量化分类的一种多元统计方法。它是将一批样品或变量按照它们在性质上的相似、疏远程度来进行分类的一种科学方法。一般可以把聚类分析分为 Q 型聚类和 R 型聚类两种，其中 Q 型聚类是指对样品进行分类处理，R 型聚类是指对变量进行分类处理。

聚类分析的基本思想是在样品之间定义距离，在变量之间定义相似系数，距离或相似系数代表样品或变量之间的相似程度，然后按相似程度的大小，将样品或变量逐一归类。将一些距离较近或相似程度较大的样品和变量聚合为一类，其他的样品和变量也聚合为一类，然后按照同样的方法渐渐将所有样品聚类完毕，至不能再分类为止。在聚合完毕后，可以把不同的类型一一划分出来，形成一个由小到大的分类系统，这个系统可以用一张图形象地表现出来，一目了然。

将聚类分析的思想引入应急管理的研究中，对应急管理的发展具有重要的推动作用。突发事件的类型成千上万，特点各不相同，根据它们之间的本质区别与联系将它们分类正是聚类分析所要做的。

聚类分析的方法可分为层级分析法和非层级分析法。层级分析法又可分为凝聚型和分支型两种不同的方法。其中，凝聚型是将相似的样品逐次凝聚在一起，最终聚集为若干个不同的类别；分支型则相反，一开始是假设所有的样品都属于同一类，然后逐次进行分割，最后将所有的样品分为若干个不同的类别。非层级分析法有多种不同的方法，比如密度探索法、最佳化法等，但其不像层级分类那样应用广泛。

聚类分析的内容非常丰富，主要包括系统聚类法、有序聚类法、动态聚类法、图论聚类法、模糊聚类法等。本章主要介绍系统聚类法和动态聚类法两种。

系统聚类法是目前国内外使用得最多的一种聚类分析方法，它是指距离近的样品先聚成类，距离远的样品后聚成类，一直这样进行下去，最后每个样品都能聚到合适的类中。

动态聚类法是指在分类过程中，类别中心可以不断修改和变动，分类的数目也可以用分裂和合并的方法不断增减和调整，从而使分类结果更加合理的一种聚类方法。

第二节　距离和相似系数

为了对样品或变量进行分类，就必须研究它们之间的关系，描述样品间亲疏和相似程度的统计量很多。在聚类分析中，通常会采用不同类型的统计量，一般 Q 型聚类采用距离统计量，R 型聚类则采用相似系数统计量。

一、距离

在 Q 型聚类中，常用距离来测量样品之间的相似程度。假设有这样一个样本，它有 n 个样品，每个样品有 p 个指标从不同的方面描述其性质，形成一个 p 维的向量，数据结构为：

$$\begin{pmatrix} x_{11} & x_{12} & \cdots & x_{1p} \\ x_{21} & x_{22} & \cdots & x_{2p} \\ \vdots & \vdots & \vdots & \vdots \\ x_{n1} & x_{n2} & \cdots & x_{np} \end{pmatrix}$$

其中，x_{ij}表示第 i 个样品第 j 个指标的观测值。如果把 n 个样品看成 p 维空间中的 n 个点，则两个样品间的相似程度就可以用 p 维空间中的两点距离公式来度量。我们令 $|x_i - x_j|$ 表示第 i 样品点与第 j 样品点间的距离，距离越短，则表明两个样品点之间的相似程度越高。两点距离公式可以从不同角度进行定义，主要存在以下距离公式。

（一）明考夫斯基（Minkowski）距离

$$d_{ij}(q) = \left(\sum_{\alpha=1}^{p} |x_{i\alpha} - x_{j\alpha}|^q\right)^{1/q}$$

明考夫斯基距离简称明氏距离，按照 q 的不同取值又分为以下三种：
绝对距离（$q=1$）

$$d_{ij}(1) = \sum_{\alpha=1}^{p} |x_{i\alpha} - x_{j\alpha}|$$

欧氏（Euclid）距离（$q=2$）

$$d_{ij}(2) = \left(\sum_{\alpha=1}^{p} |x_{i\alpha} - x_{j\alpha}|^2\right)^{1/2}$$

切比雪夫（Chebyshev）距离（$q=\infty$）

$$d_{ij}(\infty) = \max_{1 \leqslant \alpha \leqslant p} |x_{i\alpha} - x_{j\alpha}|$$

在这里，欧氏距离有它的不足之处。一是没有考虑到总体样本的变异对距离远近的影响，因为一个变异程度大的总体可能与更多样品接近，即使它们的欧氏距离不是最近的；二是欧氏距离容易受到变量的量纲影响，这对多元数据的处理是非常不利的。由此，印度统计学家马哈拉诺比斯提出了著名的“马氏距离”概念来克服这些不足。

（二）马氏（Mahalanobis）距离

设$\sum$表示指标的协方差阵，即

$$\sum = (\sigma_{ij})_{p \times p}$$

其中：

$$\sigma_{ij} = \frac{1}{n-1}\sum_{\alpha=1}^{n}(x_{\alpha i} - \bar{x}_i)(x_{\alpha j} - \bar{x}_j) \qquad (i, j = 1, \cdots, p)$$

如果$\sum^{-1}$存在，则两个样品间的马氏距离为：

$$d_{ij}^2(M) = (x_i - x_j)^T \sum^{-1}(x_i - x_j)$$

马氏距离又被称为广义欧氏距离，因为欧氏距离是马氏距离中$\sum = I$（I为单位矩阵）的特殊情况。马氏距离克服了明考夫斯基距离的不足，考虑了观测变量之间的相关性，它还考虑了观测变量之间的变异性，不再受各指标量纲的影响，即将原始数据作线性变换后，马氏距离不变。

（三）兰氏（Canberra）距离

$$d_{ij}(L) = \frac{1}{p}\sum_{\alpha=1}^{p}\frac{|x_{i\alpha} - x_{j\alpha}|}{x_{i\alpha} + x_{j\alpha}}$$

兰氏距离仅适用于一切$x_{ij} > 0$的情况，它也可以克服各个指标之间量纲的影响。虽然兰氏距离有助于克服明氏距离的缺点，但它没有考虑指标之间的相关性。这是一个自身标准化的量，由于对大的奇异值不敏感，它特别适合于高度偏倚的数据。

（四）选择距离公式的原则

在实际应用中，同一批样品数据如果采用不同的距离公式，就会得到不同的分类结果。究其原因，主要是由于不同的距离公式的侧重点和实际意义都是不同的。因此，在运用聚类分析时，我们应该根据实际需要，恰当地选择距离公式。一般而言，距离公式选择的原则主要有三个方面：

1. 距离公式在实际应用中要有明确的意义

只有具有明确、具体的意义，所进行的聚类分析才有价值。比如说欧氏距离具有明确的空间距离概念，马氏距离具有消除量纲影响的作用。

2. 注意研究对象的特点和计算量的大小

在进行一些大容量样品的聚类时，就要避免选择工作量大的距离公式。

3. 考虑对样本观测数据的处理和将要采用的聚类分析方法

比如说，已经在聚类分析之前对变量作了标准化处理，就通常可采用欧氏距离；打算采用“离差平方和法”，就可以选择欧氏距离。

距离公式的选择是一个复杂的问题，它往往具有主观性和变化的特点，我们应该根据研究对象的不同特点作出具体的分析，然后再进行选择。另外，在实际应用中，我们可以试探性地多选择几个距离公式分别进行聚类分析，再将所有的聚类结果进行对比，从中选择最合适的距离公式。

二、相似系数

样品之间的关系，除了用距离表示之外，还有相似系数，它是用来描写样品之间相似程度的一个量。在 R 型聚类中，我们一般会采用相似系数来表示指标之间的相似程度。相似系数介于 -1 和 1 之间。绝对值越接近于 1，则表示变量间的相似程度越高；绝对值越接近于 0，则表示变量间的相似程度越低。常见的相似系数有两种：

1. 夹角余弦

$$C_{ij}(1)=\frac{\sum_{k=1}^{n}x_{ki}x_{kj}}{\left[\left(\sum_{k=1}^{n}x_{ki}^{2}\right)\sum_{k=1}^{n}x_{kj}^{2}\right]^{\frac{1}{2}}}$$

2. 相关系数

$$C_{ij}(2)=\frac{\sum_{k=1}^{n}(x_{kj}-\bar{x}_i)(x_{kj}-\bar{x}_i)}{\left[\sum_{k=1}^{n}(x_{ki}-\bar{x}_i)^2\sum_{k=1}^{n}(x_{kj}-\bar{x}_i)^2\right]^{\frac{1}{2}}}$$

第三节　系统聚类

系统聚类法（hierachical clustering methods）是聚类分析中应用最为广泛的一种方法，凡是具有数值特征的变量和样本都可以采用系统聚类分析方法。

系统聚类的基本思想：在聚类过程中，距离相近的样品先聚成类，距离远的样品后聚成类，一直进行该过程，直到每个样品都能聚到合适的类中为止。

我们可以先了解系统聚类的具体过程：假设一个样本中总共包含 n 个样

品，首先我们将每个样品独自聚成一类，共有 n 类；其次根据所确定的样品距离公式，把距离相近的两个样品聚合为一类，剩余其他的样品仍然各自聚为一类，这样就聚成 $n-1$ 类；然后我们可以继续将距离最近的两个类进一步聚类，共聚成 $n-2$ 类……以此类推，以上步骤一直进行下去，直到所有的样品都归为一类为止。在使用过程中，为了直观、形象地反映以上的系统聚类结果，一般会将整个分类系统用谱系图表达出来。

一、系统聚类方法

在进行系统聚类之前，我们要定义类与类之间的距离。由于类间距离的定义有许多种，包括最近距离、最远距离或两个类的重心之间的距离等，因此类间距离选择的不同就会产生不同的聚类方法。常见的系统聚类法主要有八种：最短距离法、最长距离法、中间距离法、重心法、类平均法、可变类平均法、可变法、离差平方和法。下面我们用 d_{ij} 表示样品 X_i 与 X_j 之间的距离，用 D_{ij} 表示类 G_i 与 G_j 之间的距离来一一介绍以上八种不同的系统聚类方法。

（一）最短距离法

我们先定义类 G_i 与 G_j 之间的距离为两类最近样品之间的距离：

$$D_{ij}=\min_{x_i\in G_i,x_j\in G_j} d_{ij}$$

再假设类 G_p 与 G_q 合并成一个新类 G_r，则由此知道任一类 G_k 与 G_r 的距离为：

$$\begin{aligned}D_{kr}&=\min_{x_i\in G_k,x_j\in G_r} d_{ij}\\&=\min\left\{\min_{x_i\in G_k,x_j\in G_p} d_{ij},\ \min_{x_i\in G_k,x_j\in G_q} d_{ij}\right\}\\&=\min\left\{D_{kp},\ D_{kq}\right\}\end{aligned}$$

利用最短距离法的步骤如下：

（1）定义样品之间的距离，计算出样品两两之间的距离，得到一个距离矩阵 $D_{(0)}$，这时每个样品自成一类，即 $G_{ij}=d_{ij}$。

（2）从矩阵中找出距离最小的元素，令其为 D_{pq}，将 G_p 和 G_q 合并成一个新类，记为 G_r，即 $G_r=\left\{G_p,\ G_q\right\}$。

（3）计算新类与其他类之间的距离。

（4）重复以上两个步骤，直到所有的元素都聚成一类为止。

（二）最长距离法

我们定义类 G_p 与 G_q 之间的距离为两类最远样品之间的距离：

$$D_{pq} = \max_{x_i \in G_p, x_j \in G_q} d_{ij}$$

最长距离法和最短距离法的进行步骤是一样的，都是将所有样品先自成一类，然后将距离最小的两类合并。假设将类 G_p 与 G_q 合并为 G_r，则任一类 G_k 与 G_r 的距离用最长距离公式表示为：

$$\begin{aligned} D_{kr} &= \max_{x_i \in G_k, x_j \in G_r} d_{ij} \\ &= \max\left\{ \max_{x_i \in G_k, x_j \in G_p} d_{ij},\ \max_{x_i \in G_k, x_j \in G_q} d_{ij} \right\} \\ &= \max\left\{ D_{kp},\ D_{kq} \right\} \end{aligned}$$

再找距离最小的两类合并，直到所有样品全归为一类为止。

从上易见最长距离法与最短距离法只有两点不同：一点是类与类之间的距离定义不同；另一点是计算新类与其他类的距离所用的公式不同。

（三）中间距离法

中间距离法是因为其定义类与类之间的距离既不采用两类之间最近的距离，也不采用两类之间最远的距离，而是采用介于两者之间的距离，故得其名。

中间距离将类 G_p 与类 G_q 合并为类 G_r，则任意的类 G_k 和 G_r 的距离公式为：

$$D_{kr}^2 = \frac{1}{2}D_{kp}^2 + \frac{1}{2}D_{kq}^2 + \beta D_{pq}^2 \left(-\frac{1}{4} \leqslant \beta \leqslant 0 \right)$$

设 $D_{kq} > D_{kp}$，如果采用最短距离法，则 $D_{kr} = D_{kp}$；如果采用最长距离法，则 $D_{kr} = D_{kq}$。当 $\beta = -\frac{1}{4}$ 时，它表示取中间点算距离，公式为：

$$D_{kr} = \sqrt{\frac{1}{2}D_{kp}^2 + \frac{1}{2}D_{kq}^2 - \frac{1}{4}D_{pq}^2}$$

（四）重心法

重心法利用两类重心之间的距离来定义类间距离，从物理的角度看，一个类用它的重心（各类样品的均值）作代表也比较合理。

设 G_p 与 G_q 分别有样品 n_p，n_q 个，将 G_p 和 G_q 合并为 G_r，则 G_r 内样品个数为 $n_r = n_p + n_q$，它的重心是 $\overline{X}_r = \frac{1}{n_r}(n_p\overline{X}_p + n_q\overline{X}_q)$，类 G_k 的重心是 $\overline{X}_k$，它与新类 G_r 的距离为：

$$D_{kr}^2 = \frac{n_p}{n_r}D_{kp}^2 + \frac{n_q}{n_r}D_{kq}^2 - \frac{n_p}{n_r}\frac{n_q}{n_r}D_{pq}^2$$

（五）类平均法

类平均法定义类间距离平方为这两类元素两两之间距离平方的平均数，即

$$D_{pq}^2 = \frac{1}{n_p n_q}\sum_{x_i \in G_q}\sum_{x_j \in G_q} d_{ij}^2$$

将 G_p 与 G_q 合并为 G_r，则类 G_k 与 G_r 的距离为：

$$D_{kr}^2 = \frac{n_p}{n_r}D_{kp}^2 + \frac{n_q}{n_r}D_{kq}^2$$

（六）可变类平均法

可变类平均法定义类间距离与类平均法的相同，只不过类 G_k 与新并类 G_r 的距离变成了：

$$D_{kr}^2 = \frac{n_p}{n_r}(1-\beta)D_{kp}^2 + \frac{n_q}{n_r}(1-\beta)D_{kq}^2 + \beta D_{pq}^2$$

其中 β 是可变的且 $\beta < 1$。

（七）可变法

可变法定义两类之间的距离也与类平均法相同，但类 G_k 与新并类 G_r 的距离公式为：

$$D_{kr}^2 = \frac{1-\beta}{2}(D_{kp}^2 + D_{kq}^2) + \beta D_{pq}^2$$

其中 β 是可变的，且 $\beta < 1$。很明显，在可变类平均法中取 $\frac{n_p}{n_r} = \frac{n_q}{n_r} = \frac{1}{2}$，即为可变法。在这里我们应该注意，可变类平均法与可变法的分类效果与 β 的选择关系很大，在实际应用中 β 常取负值。

（八）离差平方和法

这个方法是由 Ward 提出来的，所以又被称为 Ward 法。他的思想来源于方差分析，如果类分得正确，同类样品的离差平方和应当较小，类与类之间的离差平方和应当较大。

它的具体过程是先将 n 个样品各自成一类，然后每次缩小一类，每缩小一类，离差平方和就要增大，选择使方差增加最小的两类合并，直到所有的样品归为一类为止。如果我们将 G_p 与 G_q 的距离定义为：

$$D_{pq}^2 = S_r - S_p - S_q$$

其中 $G_r = G_p \cup G_q$，我们就可以证明 Ward 法的类间距离公式为：

$$D_{kr}^2 = \frac{n_k + n_p}{n_r + n_k} D_{kp}^2 + \frac{n_k + n_q}{n_r + n_k} D_{kq}^2 - \frac{n_k}{n_r + n_k} D_{pq}^2$$

二、系统聚类方法的统一

1967 年，Lance 和 Williams 给出了合并前与合并后类与类之间的距离统一递推公式，这样为编制统一的计算程序提供了很大的方便。

设 G_p 与 G_q 合并为 G_r：$G_r = \{G_p, G_q\}$，则新类 G_r 与其他类 G_k（$k \neq p, q$）的平方距离为：

$$D_{rk}^2 = \alpha_p D_{pk}^2 + \alpha_q D_{qk}^2 + \beta D_{pq}^2 + \gamma \left| D_{pk}^2 - D_{qk}^2 \right|$$

其中，α_p，α_q，β 和 γ 是参数，不同的系统聚类方法有不同的取值，见表 9－1。

表 9－1　系统聚类法的参数取值表

方法	α_p	α_q	β	γ
最短距离法	1/2	1/2	0	−1/2
最长距离法	1/2	1/2	0	1/2
中间距离法	1/2	1/2	$-1/4 \leqslant \beta$	0
重心法	n_p/n_r	n_q/n_r	$-\frac{n_p}{n_r} \cdot \frac{n_q}{n_r}$	0
类平均法	n_p/n_r	n_q/n_r	0	0
可变类平均法	$(1-\beta)\ n_p/n_r$	$(1-\beta)\ n_q/n_r$	$\beta<1$	0
可变法	$(1-\beta)/2$	$(1-\beta)/2$	$\beta<1$	0
离差平方和法*	$\frac{n_p+n_k}{n_r+n_k}$	$\frac{n_q+n_k}{n_r+n_k}$	$-\frac{n_k}{n_r+n_k}$	0

注：右上角有“＊”的方法要求样品间的距离取欧氏距离。

三、系统聚类在应急管理中的应用

表 9－2 是 2007 年某省应急管理办为了调查该省在灾后一年中居民的生活状况，统计了该省 16 个县市居民在灾后生活一年中消费支出方面的抽样调查数据。每个县市调查了反映每人平均生活消费支出情况的六个经济指标，是我们聚类分析的变量。我们利用马克威统计分析软件进行聚类分析计算，在此，我们选择“类平均法”进行聚类。

表 9－2　　16 个县市居民灾后生活一年中消费支出水平调查表

县市	食品	衣着	燃料	住房	交通和通信	娱乐、教育和文化
1	190.33	43.77	9.73	60.54	49.01	9.04
2	135.2	36.4	10.47	44.16	36.49	3.94
3	95.21	22.83	9.3	22.44	22.81	2.8
4	104.78	25.11	6.4	9.89	18.17	3.25
5	128.41	27.63	8.94	12.58	23.99	2.27
6	145.68	32.83	17.79	27.29	39.09	3.47
7	159.37	33.38	18.37	11.81	25.29	5.22
8	116.22	29.57	13.24	13.76	21.75	6.04
9	221.11	38.64	12.53	115.65	50.82	5.89
10	144.98	29.12	11.67	42.6	27.3	5.74
11	169.92	32.75	12.72	47.12	34.35	5
12	135.11	23.09	15.62	23.54	18.18	6.39
13	144.92	21.26	16.96	19.52	21.75	6.73
14	140.54	21.5	17.64	19.19	15.97	4.94
15	115.84	30.26	12.2	33.6	33.77	3.85
16	101.18	23.26	8.46	20.2	20.5	4.3

通过数据输入和统计分析，统计软件所输出的聚类过程如表 9 - 3 所示。

表 9 - 3　　聚类步骤表

步骤	类 1	类 2	系数
1	12	13	0.465 6
2	3	16	0.902 8
3	3	4	1.127 8
4	12	14	1.292 8
5	10	11	1.588 6
6	2	15	1.648 9
7	3	5	2.080 6
8	2	10	2.866 5
9	6	7	3.215 8
10	8	12	3.234 3
11	2	6	5.475 3
12	2	8	7.221 1
13	2	3	9.293 4
14	1	9	9.741 1
15	1	2	28.619 3

从表 9 - 3 我们可以看出，在步骤 1 中，县市 12 和县市 13 聚成一类，在步骤 6 时县市 2 和县市 15 聚成一类，而在步骤 8 时，该类以 2 为标号与县市 10 聚成一类，如此等等，直到所有的县市都聚成一类为止。

通过统计分析输出的谱系图如图9－1所示。

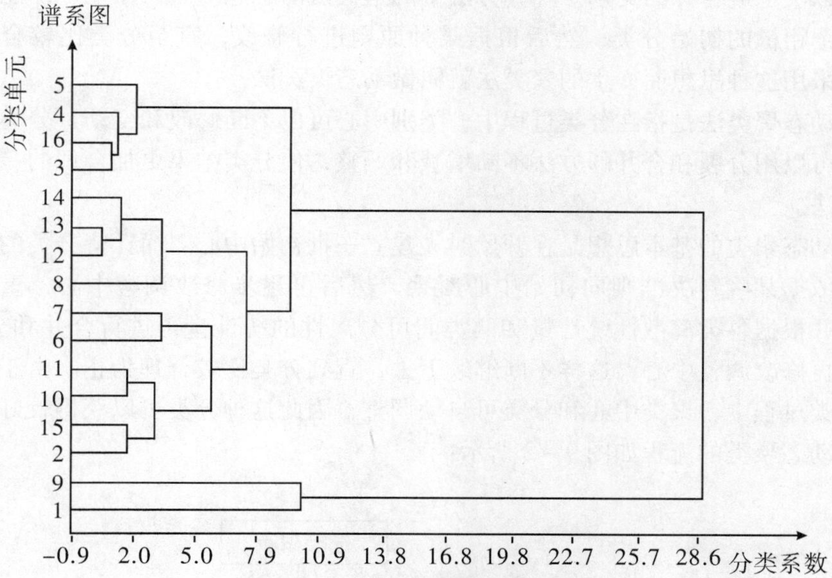

图9－1　类平均法聚类的谱系图

在谱系图中，纵坐标的1~16表示16个县市，横轴表示"类间距离"。我们可以把这16个县市分成四类，第一类包括县市5、4、16、3；第二类包括县市14、13、12、8、7、6、11、10、15、2；第三类为县市9；第四类为县市1 。联系表9－2可以看出，第三类和第四类的县市灾后消费支出最高，第二类县市灾后消费支出较高，第一类的县市灾后消费支出最低。

通过系统聚类法在应急管理研究中的应用，我们可以将突发事件、应急管理保障所需的各种保障能力、应急管理经验等进行聚类，将它们当中性质、特点相近的内容归类，通过归类，我们可以更加清晰地掌握应急管理的各种信息，为应急管理工作、应急管理研究提供便利。

第四节　动态聚类

一、动态聚类的含义

在进行系统聚类过程中，当样本容量很大时，需要占据足够大的计算机内存空间，同时，在并类过程中，需要花费较多的时间将每类样品逐一进行对比，以决定应合并的类别。计算方法中的迭代法的思想给我们启发，即能否先给一个粗糙的初始分类，然后根据某种原则进行修改，直至分类比较合理为止，采用这种思想而产生的聚类法就叫做动态聚类法。

动态聚类法是指在分类过程中，类别中心可以不断修改和变动，分类的数目也可以用分裂和合并的方法不断增减和调整，使分类结果更加合理的一种聚类方法。

动态聚类的基本思想是在开始时先建立一批初始中心，而让待分类的各个样品依据某些判决准则向初始中心凝聚，然后再逐步修改调整中心，重新分类，并根据各类离散性统计量和两类间可分离性的统计量再进行合并和分裂。此后再修改调整中心，这样不断继续下去，直到分类比较合理为止。由于在动态聚类过程中，聚类中心和分类可自动调整，因此这种分类可以获得较好的效果。动态聚类的流程如图 9－2 所示：

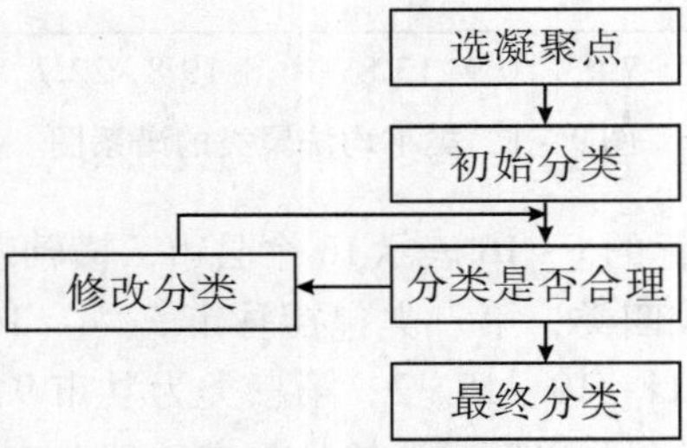

图 9－2　动态聚类流程图

图 9－2 中的选凝聚点、初始分类、修改分类三个部分都有许多种方法，这些方法按照图 9－2 进行组合就会得到不同的动态聚类法。我们这里按照这三个部分来讨论动态聚类。

（一）凝聚点的选择

凝聚点就是一批具有代表性的点，是预形成类的中心，它的选择决定了初始分类，对最终分类有很大影响，选择时要慎重，选择凝聚点的方法有如下五种：

1. 经验选择

如果对问题已有相当的了解，根据以往经验大体知道样品应如何分类、分成几类，这样就可以从每一类选择一个有代表性的样品作为凝聚点。

2. 将所有样品人为地分为 n 类

计算每一类的重心，并将这些重心作为凝聚点。

3. 人为地先选择一个正数 d

把所有样品的重心作为第一个凝聚点，然后输入每个样品，如果输入的样品与已经确定的凝聚点的距离都大于 d，则将该样品作为一个新的凝聚点，否则不计。直到把所有的样品输完为止，这样便选出了若干个两两距离都大于 d 的凝聚点。

4. 密度法

先人为地选定两个正数 d_1 和 d_2（$d_1 > d_2$），以每个样品点为球心，以 d_1 为半径，落在该球内的样品数（不包括球心的样品）称为该样品的密度。首先选取具有最大密度的样品点作为第一凝聚点，再选择具有次大密度的样品点计算它与第一凝聚点的距离，如果距离大于 d_2，该点就作为第二凝聚点，否则取消。按照这个方法从密度由大到小的顺序选下去，每一次选取的凝聚点都必须和已经选好的凝聚点的距离大于 d_2。这样便得到了若干个两两距离都大于 d_2 的凝聚点。

5. 随机选择

如果对样品的性质毫不知情，可采用随机数表来选择，打算分几类就选几个凝聚点，或者就用前面的 n 个样品作为凝聚点。

（二）初始分类

有了凝聚点之后如何进行分类呢？初始分类有许多方法：

（1）定义样品之间的距离，每个样品向最靠近的凝聚点归类。

（2）选择一批凝聚点之后，每个凝聚点自成一类，样品依次进入，每进一个样品就将它们划入最近凝聚点的一类，并计算该类的重心，以这个重心替代原来的凝聚点，再进入下一个样品，并按同样的原则处理。

（3）先将数据作标准化处理，仍用 x_{ij} 表示标准化后第 i 个样品的第 j 个指标。令

$$G = \sum_{j=1}^{m} x_{ij}, \quad R = \max_{1 \leqslant i \leqslant n} G - \min_{1 \leqslant i \leqslant n} G$$

如果要将全部样品分为 k 类，则对每个样品 $X_{(i)}$ 计算：

$$\frac{(k-1)(G - \min G)}{R} + 1$$

假设与这个数接近的整数为 s，则将样品 $X_{(i)}$ 归入第 s 类（$1 \leqslant s \leqslant k$）。

（三）修改分类的方法

样品进行了初始分类后，对于不合理的分类要进行判断和修正，这里我们介绍两种方法。

1. 按批修改法

它的计算步骤如下：

（1）选择一批凝聚点，并定义样品之间的距离；

（2）将所有样品按最近凝聚点归类；

（3）计算每一类的重心，将重心作为新的凝聚点。如果所有的新凝聚点与上一次的原凝聚点重合，过程中止，否则回到步骤（2）。

2. 逐个修改法

按批修改法是将全部样品输入后形成各个类才改变凝聚点，另一种自然的想法是每进一个样品就将它分类，同时改变凝聚点，这就产生了逐个修改法。这种方法最早是由 Mac Queen 在 1967 年提出来的，也叫 K—均值法。随后许多人对此作出了改进。简单的逐个修改法的步骤如下：

（1）定出分类数目 k，按样品编号取前 k 个样品作为凝聚点；

（2）将余下的 $n-k$ 个点逐个输入，每输入一个点就将它归入最靠近的凝聚点那一类，立刻重新计算该类的最新凝聚点，并用它替代原凝聚点；

（3）将 n 个样品点再逐个输入，每输入一个点就将它归到最近凝聚点那一类，立刻重新计算该类重心以代替原凝聚点。如果 n 个点输完后所得的分类与原来分类相同则过程停止，否则再重复输入 n 个样品点。

二、动态聚类过程中的常见问题

（一）偏差阈值、迭代次数和聚类中心移动问题

动态聚类时，聚类中心的逐步调整（修改），通常用绝对偏差阈值和迭代次数来控制。即在每次分类后，用各类均值向量代替原来的中心建立新中心，然后重新分类。这样一次次迭代下去，直到某次迭代时，新老中心偏差小于规定的偏差阈值或者迭代次数已达到规定的次数时为止。

（二）初始中心与分类效果问题

初始中心向量值不同，迭代后获得的分类结构也可能不同。这和通常用“迭代法求解”有很大差别。在迭代法求解时，初值可以任意给定，而不影响

最终结果。

（三）类的分裂与合并的准则问题

不管初始中心数和实际存在的类别数是否相同，在迭代过程中，聚类中心可以在上述各种特定的集群空间位置上得到稳定。所以，在迭代收敛后还必须考虑是否需要进一步分裂或合并。如果两类间可分离性统计量太小，则需要合并；如果类内方差太大，则需要分裂；在分类数已知的条件下，分裂与合并的准则是使总类内离差平方和 *SSE* 为最小。

因此，在动态聚类时，通过聚类中心的调整、类的分裂与合并以及中心的再调整，最终就可使分类取得正确的结果。在应急管理研究中，一些样本的容量太大，用其他的等级聚类分类方法对数据进行处理不太适用，而利用动态聚类，我们可以对大样本展开合理分类，直到最后满意为止。

本章学习要点

本章介绍了聚类分析及其在应急管理中的应用。聚类分析的基本思想是在样品之间定义距离，在变量之间定义相似系数，距离或相似系数代表样品或变量之间的相似程度，然后按相似程度的大小，将样品或变量逐一归类。将聚类分析运用到应急管理中，可以更好地根据突发事件的本质与联系将其分类。距离和相似系数是聚类分析中常用的、基本的两个统计量。本章还重点介绍了系统聚类和动态聚类的基本知识，并运用实际案例阐述了它们在应急管理中的应用。系统聚类中，我们介绍了八种不同的系统聚类方法，即最短距离法、最长距离法、中间距离法、重心法、类平均法、可变类平均法、可变法、离差平方和法。在动态聚类的介绍中，我们描述了几种动态聚类过程中常见的问题，并总结了解决方法。

关键术语

聚类分析　距离　相似系数　系统聚类　类平均法　动态聚类

思考与练习

1. 什么是聚类分析？聚类分析有哪些常用方法？
2. 简述系统聚类法的基本思路。
3. 下面是七个样品两两间的距离矩阵：

$$D=\begin{pmatrix} 0 & & & & & & \\ 4 & 0 & & & & & \\ 7 & 3 & 0 & & & & \\ 12 & 8 & 5 & 0 & & & \\ 18 & 14 & 11 & 6 & 0 & & \\ 19 & 15 & 12 & 7 & 1 & 0 & \\ 21 & 17 & 14 & 9 & 3 & 2 & 0 \end{pmatrix}$$

请分别用最短距离法、最长距离法、类平均法进行聚类，并画出谱系聚类图。

4. 某城市应急管理办公室委托该市环保部门监测 16 个指定区域的大气污染元素含量，每个区域设立一个环保监测站。环保监测站每日三次定时抽取大气样品，测量大气中二氧化硫、氮氧化物和飘尘的含量，前后五天，每个监测点对每种污染元素实测 15 次，取 15 次实测值的平均值作为该检测点大气污染元素的含量，所得数据如下表所示。试用几种系统聚类方法对数据进行聚类分析，并给出综合的分析结果。

某市 16 个监测点大气污染数据

污染元素 / 样品号	二氧化硫 (X_1)	氮氧化物 (X_2)	飘尘 (X_3)
1	0.045	0.043	0.265
2	0.066	0.039	0.264
3	0.094	0.061	0.194
4	0.003	0.003	0.102
5	0.048	0.015	0.106
6	0.210	0.066	0.263
7	0.086	0.072	0.274
8	0.196	0.072	0.211
9	0.187	0.082	0.301
10	0.053	0.060	0.209
11	0.020	0.008	0.112
12	0.035	0.015	0.170
13	0.205	0.068	0.284
14	0.088	0.058	0.215
15	0.101	0.052	0.181
16	0.045	0.005	0.122

补充读物

［1］高惠璇．应用多元统计分析．北京：北京大学出版社，2005

［2］葛新权，王斌．应用统计．北京：社会科学文献出版社，2006

［3］陈国华，张新梅，金强．区域应急管理实务．北京：化学工业出版社，2008

［4］段华明．突发事件应对能力提升．广州：广东人民出版社，2007

［5］杨静，陈建明，赵红．应急管理中的突发事件分类分级研究．管理评论，2005（4）

第十章 线性规划

本章概述

通过学习本章内容，结合应急管理的相关知识，能够运用线性规划的数学模型去解决应急管理的问题，实现应急管理资源最优化。

线性规划被广泛用于工业、农业、交通运输、管理等各方面，以求解有限资源的最优配置问题。对于应急管理来说，线性规划的作用更不可忽视。如何高效地利用有限的资源，及时、有效地应对突发事件，最大限度地保护人民生命财产安全，成为各级政府和城市管理者面临的严峻挑战。建立高效的应急管理体系，已经成为现代公共管理所要面对的现实问题。利用线性规划的基本原理解决现实的问题，有助于提高应急管理的效率，实现资源的充分利用，建立高效的应急管理体系。

第一节 线性规划问题及数学模型

应急救援中资源的利用、物资的调运等相关问题均需要利用线性规划来解决，以达到高效利用人力、物力和财力，对突发事件快速作出反应，减少经济损失和人员伤亡的目标。将这些现实的问题转化成数学模型则是非常关键的一步，这一节我们将介绍线性规划数学模型的建立。

一、线性规划的数学模型

线性规划主要是解决实践中遇到的难题，实现从多种解决方案中选择最优方案。下面我们用实例来讲解线性规划的问题及数学模型。

例 10－1：某地应急管理办公室监测到该地区环境污染指数超标，因此决定加大对环境污染的治理力度，受资源的限制只能优先考虑三种行业的一部分企业，如表 10－1 所示。现有 100 小时的技术服务，600 万的资金投入和 300 小时的行政管理可供使用，应如何分配资源以实现效用最大化？

表 10－1　　资源分配表

行业	资源			效用
	技术服务	资金投入	行政管理	
A	1	10	2	10
B	1	4	2	6
C	1	5	6	4

建立线性规划问题的数学模型的步骤：

（1）确定决策变量。决策变量是指问题中要确定的未知量，可由决策者决定和控制。确定合适的决策变量是建立数学模型的关键。这里我们确定在这三个行业中，要投入环境治理资源的企业数量分别为 x_1，x_2，x_3。

（2）确定目标函数。目标函数是指决策变量的函数，按优化目标可在其前加以 Max 或 Min。该题的目标函数是使 $Z=10x_1+6x_2+4x_3$ 最大，即

$$\text{Max } Z=10x_1+6x_2+4x_3$$

（3）确定约束条件。约束条件是指决策变量取值时受到各种条件（如资源等）的限制，通常表示为含决策变量的等式或不等式。这里的约束条件为：

$$x_1+x_2+x_3\leqslant 100$$
$$10x_1+4x_2+5x_3\leqslant 600$$
$$2x_1+2x_2+6x_3\leqslant 300$$
$$x_1,\ x_2,\ x_3\geqslant 0$$

因此，我们得到的数学模型如下：

$$\text{Max } Z=10x_1+6x_2+4x_3$$
$$s.t.\begin{cases}x_1+x_2+x_3\leqslant 100\\10x_1+4x_2+5x_3\leqslant 600\\2x_1+2x_2+6x_3\leqslant 300\\x_1,\ x_2,\ x_3\geqslant 0\end{cases}$$

例 10－2：某地发生了突发事件，需要政府为当地灾民提供救灾物资。已

知一个成人正常情况下需要摄取的维生素量如下：A 为 12 个单位，B 为 20 个单位。市场上现有甲、乙、丙三种食品材料，都含有这两种维生素，但含量各不相同，食品价格也不相同，具体如表 10－2 所示。

表 10－2 维生素含量

维生素	食品			每天需要量
	甲	乙	丙	
A	1	3	1	12
B	2	1	3	20
单价（元）	4	3	8	—

在不影响健康的条件下，应如何选配食品，才能使政府为灾民提供的饮食所花的钱最省？

解：设 x_1，x_2，x_3 为选配的甲、乙、丙三种食品的数量，则线性规划的数学模型如下：

$$\text{Min } Z = 4x_1 + 3x_2 + 8x_3$$

$$s.t.\begin{cases} x_1 + 3x_2 + x_3 \geqslant 12 \\ 2x_1 + x_2 + 3x_3 \geqslant 20 \\ x_1,\ x_2,\ x_3 \geqslant 0 \end{cases}$$

通过后面的学习，可得到最优解：$x_1 = 9.6$，$x_2 = 0.8$，$x_3 = 0$，目标函数的最优值 $Z = 40.8$。所以，政府应为灾民提供食品甲 9.6，食品乙 0.8，不购买丙，这样花的钱最少。

通过以上两个例子可以看出，线性规划问题是寻求满足若干线性等式与不等式的一组变量值，以使得某一个线性函数取得最大值或最小值的极值问题。线性规划的一般形式如下：

目标函数：Max（或 Min）$Z = \sum_{j=1}^{n} c_j x_j$

约束条件：$\begin{cases} \sum_{j=1}^{n} a_{ij} x_j \leqslant (\text{或} \geqslant)\ b_j & (i = 1, \cdots, m) \\ x_j \geqslant 0 & (j = 1, \cdots, n) \end{cases}$

其中 x_j（$j = 1, \cdots, n$）为决策变量，a_{ij}（$i = 1, \cdots, m$；$j = 1, \cdots, n$）为技术系数。

二、线性规划问题的相关概念

1. 目标函数

$$\text{Max 或（Min）} Z=\sum_{j=1}^{n}c_jx_j$$

2. 约束条件

$$\begin{cases}\sum_{j=1}^{n}a_{ij}x_j\leqslant（或=，\geqslant）b_i & (i=1,\cdots,m)\\ x_j\geqslant 0 & (j=1,\cdots,n)\end{cases}$$

3. 可行解

满足约束条件的解 $X=(x_1, \cdots, x_n)^T$。全部可行解的集合称为可行域。

4. 最优解

使目标函数达到最大值的可行解。

5. 基

设 A 为约束方程的 $m\times n$ 阶系数矩阵，设（m，n），其秩为 m，B 为矩阵 A 中的一个 $m\times m$ 阶的满秩子矩阵，称 B 为线性规划的一个基。设

$$B=\begin{bmatrix}a_{11} & \cdots & a_{1m}\\ \vdots & \vdots & \vdots\\ a_{m1} & \cdots & a_{mm}\end{bmatrix}=(a, \cdots, a_m)$$

B 中每一个列向量 a_j（$j=1, \cdots, m$）称为基向量；与基向量 a_j 对应的变量 x_j 称为基变量。基变量以外的变量称为非基变量。

6. 基本解

在约束条件方程组中，令所有非基变量 $x_{m+1}=x_{m+2}=\cdots=x_n=0$。此时有唯一解 $X_B=(X_1, \cdots, X_m)^T$。将此解加上非基变量取 0 的值，有 $X=(x_1, x_2, \cdots, x_m, 0, \cdots, 0)^T$，称 X 为线性规划问题的基本解。基本解总数不超过 C_n^m。基本解不一定取非负值，因此不一定是可行解。

7. 基本可行解

满足非负条件的基本解。

8. 可行基

对应于基本可行解的基。若某基可行解存在取零值的基变量，则称它为退化的基可行解；否则，称为非退化的基可行解。

第二节 线性规划的标准形式

为了统一处理，我们往往需要将线性规划的数学模型转化成标准形式，标准型为：

目标函数：
$$\text{Max } Z=\sum_{j=1}^{n}c_jx_j$$

约束条件：
$$\begin{cases}\sum_{j=1}^{n}a_{ij}x_j=b_i & (i=1,\ \cdots,\ m)\\ x_j\geqslant 0 & (j=1,\ \cdots,\ n)\end{cases}$$

需要注意的是约束条件右端项 $b_i\geqslant 0$，否则，在等式两端乘以“-1”。因此，标准型的约束条件就是由约束方程组和变量非负条件两部分组成。

线性规划模型都必须转化成标准形式后再求解，标准化的方法：

（1）最小化问题转化为最大化问题，只要改变目标函数的符号就可以实现两者之间的转化，即求 Min Z 等价于求 Max（$-Z$）。

（2）不等式约束条件转化为等式约束条件。通过引入松弛变量（剩余变量）可将不等式转化为等式，即

$\sum_{j=1}^{n}a_{ij}x_j\leqslant b_i$ 等价于 $\sum_{j=1}^{n}a_{ij}x_j+x_s=b_i$，$x_s\geqslant 0$，其中 x_s 称为松弛变量。

$\sum_{j=1}^{n}a_{ij}x_j\geqslant b_i$ 等价于 $\sum_{j=1}^{n}a_{ij}x_j-x_s=b_i$，$x_s\geqslant 0$，其中 x_s 称为剩余变量。

（3）符号无限制变量与非正变量的处理：

①如果 $x_t\leqslant 0$，则令 $x_t'=-x_t$，那么新变量 x_t'即为非负变量。

②如果 x_t 是符号无限制的变量，则令 $x_t=x_t'-x_t''$，其中 x_t'，$x_t''\geqslant 0$。

例 10－3：把下面的线性规划问题转化为标准型

$$\text{Min } Z=x_1+4x_2-2x_3$$
$$s.\,t.\begin{cases}x_1+2x_2+x_3\leqslant 7\\ -2x_1-x_2+x_3\geqslant 2\\ 3x_1+x_2-3x_3=5\\ x_1\leqslant 0,\ x_2\geqslant 0,\ x_3\text{ 为自由变量}\end{cases}$$

解：标准化的过程如下：

（1）令 $x_1=-x_1'$，$x_3=x_4-x_5$，其中 x_4，$x_5\geqslant 0$；

（2）在第一个约束不等式“$\leqslant$”号的左端加入松弛变量 x_6，在第二个约束不等式“$\geqslant$”号的左端减去剩余变量 x_7；

（3）令 $z' = -z$，把求 Min z 改为求 Max Z'，于是便可以得到该问题的标准型

$$\text{Max } Z' = x_1' - 4x_2 + 2x_4 - 2x_5$$

$$s.t.\begin{cases} -x_1' + 2x_2 + x_4 - x_5 + x_6 = 7 \\ 2x_1' - x_2 + x_4 - x_5 - x_7 = 2 \\ -3x_1' + x_2 + 3x_4 - 3x_5 = 5 \\ x_1',\ x_2,\ x_4,\ x_5,\ x_6,\ x_7 \geqslant 0 \end{cases}$$

第三节　单纯形表

一、单纯形表的迭代原理

（一）数学模型化为标准型

具备以下条件的数学模型称为单纯形表标准型：

（1）约束条件为等式形式；

（2）约束条件的等号右边常数非负；

（3）变量非负；

（4）目标函数为 Max 型。

（二）数学模型化为典式

具备以下条件的数学模型为典式：

（1）标准型；

（2）约束条件系数矩阵中至少含有一个单位子矩阵，对应的变量为基变量；

（3）目标函数中不含基变量。

（三）确定初始基本可行解

在典式中，令非基变量 $x_j = 0$，求出基变量 x_i，即得初始基本可行解。

注：对于现实问题，直接找初始基是比较困难的。

（四）最优性检验

在得到初始基本可行解后，要检验一下是否为最优解。如果是最优解则停止

迭代；如果不是，则继续迭代，但每次迭代后都要检验一下当前解是否为最优解。

各种判别的准则：

1. 最优解判别定理

若 $X^{(0)} = (b_1', b_2', \cdots, b_m', 0, \cdots, 0)^T$ 为对应于基 B 的基本可行解，且对于一切 $j = m+1, \cdots, n$，有 $\sigma_j \leqslant 0$，则 $X^{(0)}$ 为最优解。其中，σ_j 为检验数：$\sigma_j = c_j - \sum_{i=1}^{m} c_i a_{ij}$。

2. 无有限最优解判别定理

若 $X^{(0)} = (b_1', b_2', \cdots, b_m', 0, \cdots, 0)^T$ 为一基本可行解，有一个 $\sigma_{m+k} > 0$，且对所有 $i = 1, \cdots, m$，有 $a_{i,m+k}' \leqslant 0$，那么该线性规划问题就无有限最优解或无解。

3. 入基变量的确定

设不是上述两种情况。若有两个以下的 $\sigma_j > 0$，为了使目标函数值增加得快，一般选 $\sigma_j > 0$ 中最大者，即 Max（$\sigma_j > 0$）$= \sigma_k$。

其对应的 x_k 即为入基变量。

注：记 $Z_j = \sum_{i=1}^{m} c_i a_{ij}'$，$Z_j$ 等于两个 m 维向量 C_i 与 Z_j'的内积（两向量相应分量乘积之和），其中 C_i 的分量是基变量在目标函数中的系数，而 Z_j'是典式中系数矩阵的第 j 列。因此，也可以计算基变量的检验数，易见所有基变量的检验数都等于零。

为了简洁、紧凑地描述单纯形法的步骤，专门设计了一种计算表格，称为单纯形表，它是由典式的系数组成的。

二、单纯形表法的计算步骤

（1）将数学模型化为典式，找出初始可行基，确定初始基本可行解，建立初始单纯形表。

（2）检查对应于非基变量的检验数 σ_j，若所有的 $\sigma_j \leqslant 0$（$j = m+1, \cdots, n$），则已得最优解，停止计算，否则转入第三步。

（3）在所有 $\sigma_j > 0$ 中，若有一个 σ_k 对应的 x_k 的系数列向量 $a_k \leqslant 0$（即对 $i = 1, \cdots, m$ 均有 $\sigma_{ik} \leqslant 0$），则此问题无解，停止计算。否则转入第四步。

（4）入基变量、出基变量以及主元素确定如下：

由 Max（$\sigma_j > 0$）$= \sigma_k$，确定 x_k 为入基变量，相应的列为主元列。

由 Min（$\theta_i = \frac{b_i}{a_{ik}}$）$= \frac{b_l}{a_{lk}}(a_{ik} > 0)$，确定 x_l 为出基变量，相应的行为主元行。于是，得到主元素 a_{lk}，转入第五步。

（5）在表中以 a_{lk} 为主元素进行旋转运算（即用高斯消去法进行迭代），把 x_k 所对应的列向量

$$a_k=\begin{bmatrix}a_{1k}\\a_{2k}\\\vdots\\a_{lk}\\\vdots\\a_{mk}\end{bmatrix}\xrightarrow{\text{变换为}}\begin{bmatrix}0\\0\\\vdots\\l\\\vdots\\0\end{bmatrix}\quad\text{第 } l \text{ 列}$$

将 x_k 与 x_l 对换位置，则得到新的单纯形表。再以它为起点重复第二步，第三步……一直到得到最优解为止。

注：（1）当进行迭代后，在 b 列出现 0 元素，此为退化情况。

（2）当计算中碰到两个或更多相同的 θ 时，则从相同的 θ 所对应的基变量中，选择下标最大的那个基变量为出基变量。

（3）当最后一行所有检验数都已非负时，这表示目标函数已不可能再增大，得到最优解。

我们通过一个例题的讲解过程来说明单纯形表的计算方法。

例 10－4：用单纯形表法求解

$$\text{Max } Z=3x_1+2x_2+5x_3$$

$$s.t.\begin{cases}x_1+2x_2+x_3\leqslant 430\\3x_1+2x_3\leqslant 460\\x_1+4x_2\leqslant 420\\x_1,\ x_2,\ x_3\geqslant 0\end{cases}$$

该数学模型的典式为：

$$\text{Max } Z=3x_1+2x_2+5x_3+0\cdot x_4+0\cdot x_5+0\cdot x_6$$

$$s.t.\begin{cases}x_1+2x_2+x_3+x_4=430\\3x_1+2x_3+x_5=460\\x_1+4x_2+x_6=420\\x_1,\ x_2,\ x_3,\ x_4,\ x_5,\ x_6\geqslant 0\end{cases}$$

建立初始单纯形表：

单纯形表的第一行是目标函数系数。第二行是表头，其中 C_B，X_B 分别代表基变量的目标函数系数和基变量。b 表示典式的右端项，也是基变量的当前值。第三行起（除最后一行）的主要部分是典式的方程组系数和右端项。最

后一行是目标函数值（等于 C_B 与 b的内积，写在 b列的格中）和各变量的检验数，x_j 列的检验数可用它“最上面”的目标函数系数减去 C_B 列与该列的内积。最右边一列用来确定出基变量，它是用入基列向量的各元素去除 b列的对应元素而得到的（见表 10－3）。

表 10－3　　　　初始单纯形表

$c_j \longrightarrow$			3	2	5	0	0	0	
C_B	X_B	b'	x_1	x_2	x_3	x_4	x_5	x_6	θ_i
0	x_4	430	1	2	1	1	0	0	430
0	x_5	460	3	0	[2]	0	1	0	←230
0	x_6	420	1	4	0	0	0	1	
		0	3	2	5 ↑ 入基	0	0 ↓ 出基	0	

σ_1，σ_2，σ_3 均大于零，并且不存在它们所对应的 x_k 的系数列向量 $a_k \leqslant 0$（即对 $i=1$，…，m 均有 $\sigma_{ik} \leqslant 0$），所以有解。而 $\sigma_3=5$ 最大，因此 x_3 为入基变量；$\theta_5=230$ 最小，因此 x_5 为出基变量。

具体迭代过程：

为使 x_3 入基变量取代 x_5，则 x_3 列下各元素应由原数作如下变化：

$$\begin{bmatrix}1\\2\\0\\5\end{bmatrix}\xrightarrow{\text{变为}}\begin{bmatrix}0\\1\\0\\0\end{bmatrix}$$

为此进行旋转变换，把 x_k 所对应的列变换为单位列向量（主元 a_{lk} 变为 1）。旋转变换具体运算如下：

（1）把主元行除以主元得到新表最先行（新表 x_k 所在行）

（2）对于 $i \neq l$，则新表第 i 行 = 旧表第 i 行 $- a'_{ik} \times$ 新表最先行（其中 a'_{ik}是旧表第 i 行与主元列的交）将 X_B 列中的 x_l 换为 x_k，得到新的单纯形表。例如主元行为使主元 2 变为 1，故此行各元素应除以主元，其结果填在表格的下一行，称为新行；为使入基列的其他元素皆变为 0，进行下列计算：

第二个表基变量 x_4 这行新元素的取得见表 10－4。

表 10－4　　　新元素的取得

x_4 行原元素	430	1	2	1	1	0	0
1	230	3/2	0	1	0	1/2	0
	200	－1/2	2	0	1	－1/2	0

迭代过程如表 10－5 所示：

表 10－5　　　迭代表

$c_j \longrightarrow$			3	2	5	0	0	0		
C_B	X_B	b'	x_1	x_2	x_3	x_4	x_5	x_6	θ_i	
0	x_4	430	1	2	1	1	0	0	430	初始
0	x_5	460	3	0	[2]	0	1	0	←230	
0	x_6	420	1	4	0	0	0	1		
		0	3	2	5 ↑ 入基	0	0 ↓ 出基	0		
0	x_4	200	－1/2	[2]	0	1	－1/2	0	←100	迭代一
5	x_3	230	3/2	0	1	0	1/2	0	—	
0	x_6	420	1	4	0	0	0	1	105	
		1150	－9/2	－2 ↑ 入基	0	0 ↓ 出基	－5/2	0		
2	x_2	100	－1/4	1	0	1/2	－1/4	0		迭代二
5	x_3	230	3/2	0	1	0	1/2	0		
0	x_6	20	2	0	0	－2	1	1		
		1 350	－4	0	0	－1	－2	0		

从表中可见，迭代二表中，其检验数 σ_j 已全部非正，故已得到最优解 $X=(0,\ 100,\ 230,\ 0,\ 0,\ 20)^T$，Max $Z=1\ 350$。

本章学习要点

1. 了解线性规划的数学模型及相关概念。
2. 能够利用单纯形表法求解线性规划的相关问题。

关键术语

线性规划的数学模型　数学模型的标准形式　单纯形表

思考与练习

1. 求解下列线性规划模型

$$\text{Max } Z = 7x_1 + 4x_2 + 8x_3$$

$$s.t.\begin{cases} \frac{9}{2}x_1 + x_2 + 4x_3 \leqslant 8 \\ \frac{5}{2}x_1 + x_2 + 2x_3 \leqslant 5 \\ x_1,\ x_2,\ x_3 \geqslant 0 \end{cases}$$

2. 某地发生了洪涝灾害，该地区应急管理中心的物资储备库要向四个分别位于东、西、南、北方向的灾民安置点配送救灾物资。已知现有 36 辆卡车可以利用，其中有能装 5 吨的大型卡车 9 辆，能装 2 吨的中型卡车 12 辆和每辆能装 1 吨的小型卡车 15 辆。东、西、南、北四个灾民安置点分别需要物资 14 吨、10 吨、20 吨、8 吨，每种卡车向四个安置点配送物资一次的费用如下表所示。若每辆卡车只送一次物资，该地应急管理中心应如何安排才能使配送物资的费用最小?

应急物资配送表　　单位：吨

	东	西	南	北
大型卡车	63	75	92	80
中型卡车	60	42	55	50
小型卡车	15	22	38	20

补充读物

［1］薛声家，左小德．管理运筹学（第四版）．广州：暨南大学出版社，2010

［2］胡运权．运筹学教程（第三版）．北京：清华大学出版社，2007

［3］鲍祥霖．运筹学．北京：机械工业出版社，2005

第十一章　投入产出分析

本章概述

投入产出分析是研究经济系统各个部分间表现为投入与产出的相互依存关系的经济数量方法，对于编制国民经济中期和长期计划，分析一个国家、一个地区或一个企业的经济结构以及经济活动之间的数量关系，对于进行经济预测和研究采取某项重要经济政策后对经济的影响等，都有重要的作用。政府应急管理要讲究投入产出，以增加应急管理绩效。企业也可以建立产品生产投入产出模型、安全生产投入产出模型。投入产出分析还可以应用于分析环境污染、国际贸易、社会人口流动、就业等问题。

第一节　投入产出分析的概念

投入产出分析的核心是编制投入产出表，它有各种各样的类型，按编制的范围分，有全国表、地区表、部门表和企业表；按编制的任务和计量单位分，有实物型和价值型；按是否含有时间变量分，有静态模型和动态模型等。投入产出分析中有以下五个重要概念。

1. 投入与产出

“投入是进行一项活动的消耗。如生产过程的消耗包括本系统内各部门产品的消耗（中间投入）和初始投入要素的消耗（最初投入）。产出是指进行一项活动的结果。如生产活动的结果为本系统各部分生产的产品（物质产品和劳务）。”（陈锡康，投入产出分析讲义，2004）在价值形态上，投入与产出相等。

2. 直接消耗和间接消耗

企业在生产过程中对另一种产品的直接耗用称为直接消耗；由某种产品的直接消耗所形成的对另一种产品的派生耗用，称为间接消耗。如以汽车生产对电力的消耗为例：加工汽车零件和装配汽车需要消耗电力，这是汽车对电力的直接消耗；生产汽车需要钢材，而生产这些钢材也需要消耗电力，这是间接形式对电力的消耗，叫做一次间接消耗；为了生产这些钢材，必须增加冶金设备，而生产这些冶金设备也需要消耗电力，这是汽车对电力的二次间接消耗；继续分析下去，还可以找出汽车对电力的三次、四次甚至更多的间接消耗。

3. 总产品、中间产品、最终产品

企业在一定时期内生产活动的全部有效成果即为企业的总产品。总产品按其使用方向可分为两部分：一部分是企业在本期内生产，又在本期内企业再生产过程中被消耗，这部分称为中间产品；另一部分则在本期内不再加工，可供社会使用或企业下期用于扩大再生产，这部分称为最终产品。

4. 中间消耗与增加值

企业总产品的货币表现称为总产出，包括中间消耗和增加值。中间消耗指企业一定时期内生产活动所消耗的外购或自产的物质产品与劳务的价值。增加值是企业在一定时期内通过生产所增加的价值，包括新创造的价值和固定资产折旧。

5. 影响力系数和感应度系数

影响力系数反映了国民经济某部门增加一个最终使用单位时，对国民经济各部门产生的生产需求波及程度。当影响力系数大于 1 时，表示该部门生产对其他部门所产生的影响程度超过社会平均水平，是国民经济发展速度的关键。感应度系数反映国民经济各部门均增加一个最终使用单位时，某一部门由此而受到的需求感应程度。当感应度系数大于 1 时，表示该部门受其他生产部门生产的影响大，感受的需求压力大。

投入产出表是投入产出分析的主要工具，它是以对部门间产品流向的分析为基础的。任何一个部门的产品，按其流向可分为三类：一是本部门自身的生产消耗所用；二是供其他部门生产的中间消耗（第一和第二部门都是中间产品）；三是直接提供给居民、集体和国家的消费以及积累、出口（包括调出）等的最终产品。

以静态价值型投入产出模型为例说明投入产出的模型结构（见表 11 - 1）。可在此基础上进行动态和非线性的演化。

表 11－1　　　　　　　　**静态价值型投入产出表**

产出 / 投入		中间产品 1	2	…	n	合计	最终产品 消费	储备	出口	合计	总产出
部门	1	x_{11}	x_{12}	…	x_{1n}					y_1	x_1
	2	x_{21}	x_{22}	…	x_{2n}					y_2	x_2
	3	x_{31}	x_{32}	…	x_{3n}					y_3	x_3
	⋮	⋮	⋮		⋮					⋮	
	n	x_{n1}	x_{n2}	…	x_{nn}					y_n	x_n
合计											
折旧		d_1	d_2	…	d_n						
新创造价值	工资	v_1	v_2	…	v_n						
	利润	m_1	m_2	…	m_n						
	合计										
总产出		x_1	x_2	…	x_n						

$\sum_{i=1}^{n} x_{ij} + D_j + v_j + m_j = x_j$ 为投入方程组，其中 $j=1$，2，…，n。

在该方程中，x_{ij}表示生产的 i 产品中作为 j 产品的中间投入部分，D_j 表示固定资产折旧，v_j 表示劳动报酬部分，m_j 表示劳动者创造的社会纯收入，如利润、税金等。x_j 表示第 j 部门的总产出。

$\sum_{j=1}^{n} x_{ij} + y_i = x_i$ 为产出方程组，这里的 y_i 表示最终产品，其中 $i=1$，2，…，n。

投入产出分析中所谓的部门是指生产同类产品的“纯部门”，对于一个企业来说，所说的“部门”就是企业生产的不同产品，按其用途它们分为中间产品和最终产品，而最终产品量可以简单地看成商品量。以下我们以生产三种产品的企业为例加以分析，并假设该企业在进行生产时，需要外购两种原料。自然这些外购原料将全部消耗在三种产品的生产过程中，在此基础上作一实物型投入产出表。

第二节 投入产出方程与应用

为简便起见，现以实物型投入产出表为分析对象，表 11-2 中 x_{ij}（$i=1, 2, 3$；$j=1, 2, 3$）表示第 j 种产品在生产过程中对第 i 种自产产品的消耗量；y_i（$i=1, 2, 3$）为第 i 种产品的商品量；X_i（$i=1, 2, 3$）为第 i 种产品的总产量。显然有

$$\sum_{j=1}^{3} x_{ij} + y_i = X_i \quad (i=1, 2, 3) \tag{11.1}$$

表 11-2　　实物型投入产出表

产出 投入		中间产品			商品量	总产量
		Ⅰ	Ⅱ	Ⅲ		
自然产品	Ⅰ	x_{11}	x_{12}	x_{13}	y_1	X_1
	Ⅱ	x_{21}	x_{22}	x_{23}	y_2	X_2
	Ⅲ	x_{31}	x_{32}	x_{33}	y_3	X_3
外购原料	Ⅰ	l_{11}	l_{12}	l_{13}	—	L_1
	Ⅱ	l_{21}	l_{22}	l_{23}		L_2

l_{kj}（$k=1, 2$；$j=1, 2, 3$）表示第 j 种产品在生产过程中对第 k 种外购原料的消耗量；L_k（$k=1, 2$）为第 k 种外购原料的总量。则有

$$\sum_{j=1}^{3} l_{kj} = L_k \quad (k=1, 2) \tag{11.2}$$

若把自产产品扩大到 n 种，外购原料扩大到 m 种，则有

$$\begin{cases} x_{11} + x_{12} + \cdots + x_{1n} + y_1 = X_1 \\ x_{21} + x_{22} + \cdots + x_{2n} + y_2 = X_2 \\ \cdots\cdots \\ x_{n1} + x_{n2} + \cdots + x_{nn} + y_n = X_n \end{cases} \tag{11.3}$$

$$\begin{cases} l_{11} + l_{12} + \cdots + l_{1n} = L_1 \\ l_{21} + l_{22} + \cdots + l_{2n} = L_2 \\ \cdots\cdots \\ l_{m1} + l_{m2} + \cdots + l_{mn} = L_m \end{cases} \tag{11.4}$$

或简写为：

$$\sum_{j=1}^{n} x_{ij} + y_i = X_i \qquad (i=1, 2, \cdots, n) \tag{11.5}$$

$$\sum_{j=1}^{n} l_{kj} = L_k \qquad (k=1, 2, \cdots, m) \tag{11.6}$$

一、直接消耗系数的计算

直接消耗系数，也称为投入系数，记为 a_{ij} $(i, j=1, 2, \cdots, n)$，它是指在生产经营过程中第 j 产品（或产业）部门的单位总产出所直接消耗的第 i 产品部门货物或服务的价值量，将各产品（或产业）部门的直接消耗系数用表的形式表现就是直接消耗系数表或直接消耗系数矩阵。

表 11－2 中的 x_{ij} 和 l_{kj} 表示了总产量为 X_j 的第 j 种产品在生产过程中对第 i 种自产产品和第 k 种外购原料的直接消耗量。这个量的大小还不足以反映各产品之间的技术关系，因为相同的总产量可能有不同的消耗量；反之，相同的消耗量也可能有不同的总产量。容易理解，在相同的总产量下，消耗量少的技术水平较高；而在相同的消耗量下，总产量多的技术水平就高。为了反映这一事实，引入自产产品直接消耗系数 a_{ij} 和外购原料直接消耗系数 d_{kj}：

$$a_{ij} = \frac{x_{ij}}{X_i} \qquad (i, j=1, 2, \cdots, n) \tag{11.7}$$

$$d_{kj} = \frac{l_{kj}}{X_j} \qquad (k=1, 2, \cdots, m; j=1, 2, \cdots, n) \tag{11.8}$$

a_{ij} 表示生产一个单位的第 j 种产品对第 i 种自产产品的消耗量，也就是单位 j 产品对 i 产品的消耗定额。

d_{kj} 表示生产一个单位的第 j 种产品对第 k 种外购原料的消耗量，也就是单位 j 产品对 k 原料的消耗定额。

直接消耗系数也称投入系数或技术系数。从直接消耗系数的定义和计算方法可以看出，直接消耗系数的取值范围为 $0 \leqslant a_{ij} < 1$，a_{ij} 越大，说明第 j 部门对第 i 部门的直接依赖性越强；a_{ij} 越小，说明第 j 部门对第 i 部门的直接依赖性越弱；$a_{ij}=0$ 则说明第 j 部门对第 i 部门没有直接的依赖关系。同理，对外购材料的直接消耗系数也符合这一论述。

例 11－1：现给出一个有具体数字的企业实物型投入产出表（见表 11－3），请对此进行分析。

表 11－3　　企业实物型投入产出表

投入＼产出		中间产品 I	中间产品 Ⅱ	中间产品 Ⅲ	商品量	总产量
自然产品	I	10	19	1	10	40
	Ⅱ	5	89	40	106	240
	Ⅲ	5	37	37	106	185
外购原料	I	17	72	36	—	125
	Ⅱ	14	48	78		140

根据（11.7）、（11.8）式，可以算出表 11－3 所对应的各直接消耗系数，并列成直接消耗系数表（见表 11－4）。

表 11－4　　直接消耗系数表

产品来源＼消耗去向		I	Ⅱ	Ⅲ
自产产品	I	$\frac{10}{40}=0.25$	$\frac{19}{240}=0.079$	$\frac{1}{185}=0.0054$
	Ⅱ	$\frac{5}{40}=0.125$	$\frac{89}{240}=0.371$	$\frac{40}{185}=0.216$
	Ⅲ	$\frac{5}{40}=0.125$	$\frac{37}{240}=0.154$	$\frac{37}{185}=0.2$
外购原料	I	$\frac{17}{40}=0.425$	$\frac{72}{240}=0.3$	$\frac{36}{185}=0.194$
	Ⅱ	$\frac{14}{40}=0.35$	$\frac{48}{240}=0.2$	$\frac{78}{185}=0.422$

这一计算过程，若用矩阵来表示，可写为：

$$\begin{pmatrix} 10 & 19 & 1 \\ 5 & 89 & 40 \\ 5 & 37 & 37 \end{pmatrix} \begin{pmatrix} \frac{1}{40} & 0 & 0 \\ 0 & \frac{1}{240} & 0 \\ 0 & 0 & \frac{1}{185} \end{pmatrix} = \begin{pmatrix} 0.25 & 0.079 & 0.0054 \\ 0.125 & 0.371 & 0.216 \\ 0.125 & 0.154 & 0.2 \end{pmatrix} \qquad (11.9)$$

$$\begin{pmatrix} 17 & 72 & 36 \\ 14 & 48 & 78 \end{pmatrix} \begin{pmatrix} \frac{1}{40} & 0 & 0 \\ 0 & \frac{1}{240} & 0 \\ 0 & 0 & \frac{1}{185} \end{pmatrix} = \begin{pmatrix} 0.425 & 0.3 & 0.194 \\ 0.35 & 0.2 & 0.422 \end{pmatrix} \tag{11.10}$$

（11.9）式表示了自产产品直接消耗系数的计算过程；（11.10）式表示了外购原料直接消耗系数的计算过程。

对于有 n 种自产产品和 m 种外购原料的情况，便有：

$$\begin{pmatrix} x_{11} & x_{12} & \cdots & x_{1n} \\ x_{21} & x_{22} & \cdots & x_{2n} \\ \cdots & \cdots & \cdots & \cdots \\ x_{n1} & x_{n2} & \cdots & x_{nn} \end{pmatrix} \begin{pmatrix} \frac{1}{X_1} & & & 0 \\ & \frac{1}{X_2} & & \\ & & \ddots & \\ 0 & & & \frac{1}{X_n} \end{pmatrix} = \begin{pmatrix} a_{11} & a_{12} & \cdots & a_{1n} \\ a_{21} & a_{22} & \cdots & a_{2n} \\ \cdots & \cdots & \cdots & \cdots \\ a_{n1} & a_{n2} & \cdots & a_{nn} \end{pmatrix} \tag{11.11}$$

$$\begin{pmatrix} l_{11} & l_{12} & \cdots & l_{1n} \\ l_{21} & l_{22} & \cdots & l_{2n} \\ \cdots & \cdots & \cdots & \cdots \\ l_{m1} & l_{m2} & \cdots & l_{mn} \end{pmatrix} \begin{pmatrix} \frac{1}{X_1} & & & 0 \\ & \frac{1}{X_2} & & \\ & & \ddots & \\ 0 & & & \frac{1}{X_n} \end{pmatrix} = \begin{pmatrix} d_{11} & d_{12} & \cdots & d_{1n} \\ d_{21} & d_{22} & \cdots & d_{2n} \\ \cdots & \cdots & \cdots & \cdots \\ d_{m1} & d_{m2} & \cdots & d_{mn} \end{pmatrix} \tag{11.12}$$

（11.11）和（11.12）式右端的矩阵分别称为自产产品的直接消耗系数矩阵和外购原料直接消耗系数矩阵，并分别记为 A 和 D。

现与投入产出表联系起来。将（11.7）式代入（11.5）式，（11.8）式代入（11.6）式，可得

$$\sum_{j=1}^{n} a_{ij}X_j + y_i = X_i \qquad (i=1,\ 2,\ \cdots,\ n) \tag{11.13}$$

$$\sum_{j=1}^{n} d_{ki}X_j = L_k \qquad (k=1,\ 2,\ \cdots,\ m) \tag{11.14}$$

这些等式用矩阵形式可具体表示为：

$$\begin{pmatrix} a_{11} & a_{12} & \cdots & a_{1n} \\ a_{21} & a_{22} & \cdots & a_{2n} \\ \cdots & \cdots & \cdots & \cdots \\ a_{n1} & a_{n2} & \cdots & a_{nn} \end{pmatrix} \begin{pmatrix} X_1 \\ X_2 \\ \vdots \\ X_n \end{pmatrix} + \begin{pmatrix} y_1 \\ y_2 \\ \vdots \\ y_n \end{pmatrix} = \begin{pmatrix} X_1 \\ X_2 \\ \vdots \\ X_n \end{pmatrix}$$

$$\begin{pmatrix} d_{11} & d_{12} & \cdots & d_{1n} \\ d_{21} & d_{22} & \cdots & d_{2n} \\ \cdots & \cdots & \cdots & \cdots \\ d_{m1} & d_{m2} & \cdots & d_{mn} \end{pmatrix} \begin{pmatrix} X_1 \\ X_2 \\ \vdots \\ X_n \end{pmatrix} = \begin{pmatrix} L_1 \\ L_2 \\ \vdots \\ L_m \end{pmatrix}$$

若记 $X = [x_1, x_2, \cdots, x_n]^T$为总产量向量；

$Y = [y_1, y_2, \cdots, y_n]^T$为商品量向量；

$L = [L_1, L_2, \cdots, L_m]^T$为外购原料总量向量。

则上述两式可简写为：

$$AX + Y = X \tag{11.15}$$

$$DX = L \tag{11.16}$$

（11.15）式可化为：

$$Y = (I - A)X \tag{11.17}$$

由于直接消耗系数是由生产过程中的技术水平确定的，所以是已知的，而且认为在一定时期内是不变的。这样，（11.17）式就建立了总产量和商品量之间的关系，这是投入产出分析的基本公式。而（11.16）式建立了总产量与外购原料总量之间的关系，习惯上写成：

$$L = DX \tag{11.18}$$

二、间接消耗和完全消耗系数的计算

产品在生产过程中不仅有直接消耗，还有间接消耗。例如，在炼钢过程中消耗的电力，是对电力的直接消耗。但炼钢还需要生铁、焦炭、冶金设备等，而在炼铁、炼焦、制造机械设备的过程中也要消耗电力，这就是钢对电力的间接消耗。对于多数产品来说，间接消耗是不能忽视的，而且常常大于直接消耗。因此，对企业进行投入产出分析时，必须同时考虑直接消耗和间接消耗。直接消耗与间接消耗的总和我们称为完全消耗，如果能求出完全消耗系数，问题也就解决了。

完全消耗系数是指第 j 产品部门每提供一个最终使用单位时，对第 i 产品部门货物或服务的直接消耗和间接消耗之和。将各产品部门的完全消耗系数用表的形式表现出来，就是完全消耗系数表或完全消耗系数矩阵。例如，炼钢需要生铁，炼铁需要电力，而炼铁还需要焦炭，炼焦又需要电力……我们只要知道炼一吨钢需要多少铁，炼一吨铁需要多少度电；炼一吨铁还需要多少焦炭，炼一吨焦炭又需要多少度电……经过一一折算，就可求得间接消耗系数；最后把各种间接消耗系数和直接消耗系数相加，就可得到完全消耗系数，而上述折算中的比数就是直接消耗系数。

为了简便，只要将（11.17）式和（11.18）式稍加变换，便可得到完全消耗系数的计算公式。对于投入产出分析来说，可以证明 $(I-A)^{-1}$ 是存在的。所以可用它乘（11.17）式的两边，得：

$$(I-A)^{-1}Y=(I-A)^{-1}(I-A)X$$

若 $I-A$ 可逆，则 $X=(I-A)^{-1}Y$ (11.19)

此式可作这样的解释：若提供的商品量为 Y，则需要总产量达到 X。因此就有 $X-Y$ 的产品在生产过程中完全消耗掉了（直接和间接消耗）。显然，这个完全消耗量可表达为：

$$X-Y=(I-A)^{-1}Y-Y=[(I-A)^{-1}-I]Y \tag{11.20}$$

当 Y 为单位向量时，不妨设 $y_1=y_2=\cdots=y_{j-1}=0$，$y_j=1$，$y_{j+1}=y_{j+2}=\cdots=y_n=0$，则（11.20）是生产一个单位的第 j 种商品（最终产品）所完全消耗的其他产品的数量，所以 $(I-A)^{-1}-I$ 正是完全消耗系数矩阵。这里要特别注意的是：完全消耗是不包括作为商品的那一个单位产品自身的，因为从消耗的观点来看，它没有在生产过程中被消耗掉，而是作为商品提供给了社会。

上面所说的是自产产品的完全消耗系数矩阵，常记为 B，即

$$B=(I-A)^{-1}-I \tag{11.21}$$

式中的 A 为直接消耗系数矩阵，I 为单位矩阵，B 为完全消耗系数矩阵。

而外购原料的完全消耗系数矩阵的推导是将（11.19）代入（11.18）式，得

$$L=D(I-A)^{-1}Y \tag{11.22}$$

由于外购原料在企业的生产过程中是完全消耗掉的，因此（11.22）式就表示了商品量为 Y 时外购原料的完全消耗。同样，当 Y 为单位向量时，便表示生产一个单位产品时所完全消耗的各种外购原料量，所以 $D(I-A)^{-1}$ 正是外购原料的完全消耗系数矩阵，可记为 H：

$$H=D(I-A)^{-1} \tag{11.23}$$

将（11.21）代入，还可表示为：

$$H=D(I+B) \tag{11.24}$$

下面给出对应于表 11－4 的完全消耗系数表 11－5（计算过程从略）。

表 11－5　完全消耗系数表

产品来源＼消耗去向		Ⅰ	Ⅱ	Ⅲ
自产产品	Ⅰ	0.374	0.187	0.059 9
	Ⅱ	0.372	0.735	0.476
	Ⅲ	0.286	0.367	0.351
外购原料	Ⅰ	0.751	0.671	0.430
	Ⅱ	0.676	0.567	0.686

投入产出分析在预测中的应用，大多是根据商品需求量的估计来预测中间产品的需要量，从而确定总产量。然后根据总产量确定外购原料的总量。这里，我们假定直接消耗系数和完全消耗系数在一定的时期内是不变的。

由于（11.19）和（11.20）两式等价，故当已知商品需求量的估计值 Y（或知道相对于上期的增长率），便可由（11.20）式求出中间产品的需求量 $X-Y$，或由（11.19）式求出总产量 X，进而算出中间产品之间的流量 x_{ij}，这是因为由（11.7）式可得

$$x_{ij}=a_{ij}x_i \qquad (i,\ j=1,\ 2,\ \cdots,\ n)$$

写成矩阵形式有：

$$\begin{pmatrix} x_{11} & x_{12} & \cdots & x_{1n} \\ x_{21} & x_{22} & \cdots & x_{2n} \\ \cdots & \cdots & \cdots & \cdots \\ x_{n1} & x_{n2} & \cdots & x_{nn} \end{pmatrix}=\begin{pmatrix} a_{11} & a_{12} & \cdots & a_{1n} \\ a_{21} & a_{22} & \cdots & a_{2n} \\ \cdots & \cdots & \cdots & \cdots \\ a_{n1} & a_{n2} & \cdots & a_{nn} \end{pmatrix}\begin{pmatrix} X_1 & & & 0 \\ & X_2 & & \\ & & \ddots & \\ 0 & & & X_n \end{pmatrix} \tag{11.25}$$

接着，由（11.18）或（11.22）算出 L，进而由（11.8）算出外购原料在各种产品上的消耗量 l_{kj}，写成矩阵形式为：

$$\begin{pmatrix} l_{11} & l_{12} & \cdots & l_{1n} \\ l_{21} & l_{22} & \cdots & l_{2n} \\ \cdots & \cdots & \cdots & \cdots \\ l_{n1} & l_{n2} & \cdots & l_{nn} \end{pmatrix}=\begin{pmatrix} d_{11} & d_{12} & \cdots & d_{1n} \\ d_{21} & d_{22} & \cdots & d_{2n} \\ \cdots & \cdots & \cdots & \cdots \\ d_{n1} & d_{n2} & \cdots & d_{nn} \end{pmatrix}\begin{pmatrix} X_1 & & & 0 \\ & X_2 & & \\ & & \ddots & \\ 0 & & & X_n \end{pmatrix} \tag{11.26}$$

例如前述实例中的三种产品的商品量，估计将分别增加 5%、10%、15%，则预计的商品量向量 Y 为：

$$Y=[10.5 \quad 116.6 \quad 121.9]^T$$

于是可预测出中间产品需求量为：

$$\begin{pmatrix} 0.374 & 0.187 & 0.0599 \\ 0.372 & 0.735 & 0.476 \\ 0.286 & 0.367 & 0.351 \end{pmatrix}\begin{pmatrix} 10.5 \\ 116.6 \\ 121.9 \end{pmatrix}=\begin{pmatrix} 33.03 \\ 147.63 \\ 88.58 \end{pmatrix}$$

而总产量向量为：

$$X=[33.03\quad 147.63\quad 88.58]^T+[10.5\quad 116.6\quad 121.9]^T$$
$$=[43.53\quad 264.23\quad 210.48]^T$$

外购原料总量向量为：

$$\begin{pmatrix} 0.425 & 0.3 & 0.194 \\ 0.35 & 0.2 & 0.422 \end{pmatrix}\begin{pmatrix} 43.53 \\ 264.23 \\ 210.48 \end{pmatrix}=\begin{pmatrix} 138.6 \\ 156.9 \end{pmatrix}$$

中间产品之间的流量为：

$$x_{ij}=\begin{pmatrix} 0.25 & 0.079 & 0.0054 \\ 0.125 & 0.271 & 0.216 \\ 0.125 & 0.154 & 0.2 \end{pmatrix}\begin{pmatrix} 45.53 & 0 & 0 \\ 0 & 264.23 & 0 \\ 0 & 0 & 210.48 \end{pmatrix}=\begin{pmatrix} 10.88 & 20.87 & 1.136 \\ 5.44 & 98.03 & 45.46 \\ 5.44 & 40.69 & 42.10 \end{pmatrix}$$

外购原料在各种产品中的消耗量为：

$$l_{kj}=\begin{pmatrix} 0.425 & 0.3 & 0.194 \\ 0.35 & 0.2 & 0.422 \end{pmatrix}\begin{pmatrix} 43.53 & 0 & 0 \\ 0 & 264.23 & 0 \\ 0 & 0 & 210.48 \end{pmatrix}=\begin{pmatrix} 18.50 & 79.27 & 40.83 \\ 15.24 & 52.85 & 88.82 \end{pmatrix}$$

以上计算，计量单位可根据不同企业不同产品加以确定。若已知外购原料总量向量为 L，则可由解方程组 $DX=L$ 求得总产量向量 X。而当系数矩阵 D 和增广矩阵 $[D \mid L]$ 的秩相同时，方程组有解，当未知数的个数 n 大于这个秩的时候，方程组有无穷多个解，即总产量向量有无穷多种选择方法。在此情况下，可根据企业的技术经济条件，选择适当的总产量向量 X^*，然后根据（11.17）算出相应的商品可供量 Y^*：$Y^*=(I-A)X^*$。

第三节　企业安全生产投入产出表

一、投入产出表与方程

投入产出技术作为一门软科学，对于研究经济、科技、教育、社会、能源、环境保护、安全生产等领域投入与产出的关系具有十分重要的作用。我国近些年来各地连续发生了在建楼房倒塌、列车相撞、大桥坍塌、工程施工垮塌、煤矿透水、瓦斯爆炸、花炮厂燃塌、办公楼爆炸等生产安全事故，出现了较为严重的人员伤亡，给人民的生命财产安全造成了重大损失。以新疆为例，2008 年新疆各类事故总量下降，但由于较大以上事故数量上升，共造成 2 775 人死亡，经济损失达 3.5 亿元。① 公众更加期盼的是“以人为本”的理念在生产安全中得到最为严格的贯彻，是安全生产法得到最强有力的执行，是对安全生产全员、全过程、全方位管理受到无盲点、无死角的监督，是少出甚至不出生产安全事故，是每一位劳动者有尊严、有安全保障的劳动权利。多年的实践证明，投入产出表及其分析技术已成为我国宏观经济调控、决策、管理和加强微观经济管理不可或缺的重要手段。借鉴上述方法，如何编制政府或企业的应急管理投入产出表，这是我们需要研究的重要问题。如我们需要建立企业安全生产投入产出表和投入产出模型，可以在静态价值型投入产出表（表11－1）的基础上作一定的改进。在横栏内增加工伤事故损失项目，在竖栏增加安全投入项目，尤其是针对煤矿、建筑企业而言，这种投入产出表对反映企业安全生产情况有较大的实用价值（见表 11－6）。

表 11－6　　　　安全生产静态价值型投入产出表

产出／投入		中间产品消耗									最终产品				总产品
		行业生产部门				事故损失				事故损失合计	消费	储备	出口	合计	
		1	2	…	n	1	2	…	m						
生产部门	1	x_{11}	x_{12}	…	x_{1n}	k_{11}	k_{12}	…	k_{1m}	w_1				y_1	x_1
	2	x_{21}	x_{22}	…	x_{2n}	k_{21}	k_{22}	…	k_{2m}	w_2				y_2	x_2
	3	x_{31}	x_{32}	…	x_{3n}	k_{31}	k_{32}	…	k_{3m}	w_3				y_3	x_3
	⋮	⋮	⋮		⋮	⋮	⋮		⋮	⋮				⋮	⋮
	n	x_{n1}	x_{n2}	…	x_{nn}	k_{n1}	k_{n2}	…	k_{nm}	w_n				y_n	x_n
安全投入	1	p_{11}	p_{12}	…	p_{1n}									Z_1	q_1
	2	p_{21}	p_{22}	…	p_{2n}									Z_2	q_2
	3	p_{31}	p_{32}	…	p_{3n}									Z_3	q_3
	⋮	⋮	⋮		⋮									⋮	⋮
	m	p_{m1}	p_{m2}	…	p_{mn}									Z_m	q_m
合计															

① 资料来源：湖北安全生产信息网，2009－02－21

（续上表）

<table>
<tr><td colspan="2" rowspan="3">产出
投入</td><td colspan="9">中间产品消耗</td><td colspan="4">最终产品</td><td rowspan="3">总产品</td></tr>
<tr><td colspan="4">行业生产部门</td><td colspan="4">事故损失</td><td rowspan="2">事故损失合计</td><td rowspan="2">消费</td><td rowspan="2">储备</td><td rowspan="2">出口</td><td rowspan="2">合计</td></tr>
<tr><td>1</td><td>2</td><td>…</td><td>n</td><td>1</td><td>2</td><td>…</td><td>m</td></tr>
<tr><td colspan="2">折旧</td><td>d_1</td><td>d_2</td><td>…</td><td>d_n</td><td></td><td></td><td></td><td></td><td></td><td></td><td></td><td></td><td></td><td></td></tr>
<tr><td rowspan="3">新创造价值</td><td>工资</td><td>v_1</td><td>v_2</td><td>…</td><td>v_n</td><td></td><td></td><td></td><td></td><td></td><td></td><td></td><td></td><td></td><td></td></tr>
<tr><td>利润</td><td>m_1</td><td>m_2</td><td>…</td><td>m_n</td><td></td><td></td><td></td><td></td><td></td><td></td><td></td><td></td><td></td><td></td></tr>
<tr><td>合计</td><td></td><td></td><td></td><td></td><td></td><td></td><td></td><td></td><td></td><td></td><td></td><td></td><td></td><td></td></tr>
<tr><td colspan="2">总产出</td><td>x_1</td><td>x_2</td><td>…</td><td>x_n</td><td></td><td></td><td></td><td></td><td></td><td></td><td></td><td></td><td></td><td></td></tr>
</table>

根据表 11-6，可以建立同行业生产部门安全生产静态价值型投入产出表，从生产部门的第 1 行至第 n 行中反映行业生产分配和事故耗费情况，建立平衡方程如下：

以安全生产静态价值型投入产出模型为例说明投入产出的模型结构。可在此基础上进行动态和非线性的演化。

$$\sum_{i=1}^{n} x_{ij} + \sum_{i=1}^{n} P_{ij} + D_j + v_j + m_j = x_j \quad \text{本式为投入方程组，其中} j = 1, 2, \cdots, n。 \tag{11.27}$$

在该方程中，x_{ij}表示生产的 i 产品中作为 j 产品的中间投入部分，P_{ij} 表示安全投入，D_j 表示固定资产折旧，v_j 表示劳动报酬部分，m_j 表示劳动者创造的社会纯收入，如利润、税金等。x_i 表示第 i 部门的总产品或总投入。

$$\sum_{j=1}^{n} x_{ij} + \sum_{j=1}^{n} k_{ij} + y_i = x_i \tag{11.28}$$

其中：$\sum_{j=1}^{n} k_{ij} = W_i$

本式为产出方程组，W_i 表示事故损失，y_i 表示最终产品，其中 $i = 1, 2, \cdots, n$。

在上述方程中，除了一般价值型投入产出表的直接消耗系数、间接消耗系数和完全消耗系数以外，还需要确定以下五个系数：

（1）安全事故损失直接消耗系数 S_{ij}，表示生产一个单位的第 i 种产品对第 j 种行业引起安全事故损失的消耗量，也就是单位 i 产品对 j 产品的消耗。

$$S_{ij} = \frac{k_{ij}}{X_i} \qquad (i, j = 1, 2, \cdots, n) \tag{11.29}$$

（2）安全投入直接消耗系数 c_{ij}，表示生产一个单位的第 j 种产品对第 i 行业的消耗量，也就是单位 j 产品为防止事故发生对 i 的消耗价值。

$$c_{ij}=\frac{P_{ij}}{X_j} \qquad (i=1,\ 2,\ \cdots,\ m;\ j=1,\ 2,\ \cdots,\ n) \tag{11.30}$$

（3）安全投入效果系数 e_{ij}，表示为了获得 q_i 的产出需要对第 j 种行业安全生产上的投入。

$$e_{ij}=\frac{P_{ij}}{q_i} \qquad (i,\ j=1,\ 2,\ \cdots,\ n) \tag{11.31}$$

（4）安全事故损失率，用全部安全事故损失值除以总产出。

$$\frac{\text{安全事故总损失}}{\text{全行业总产出}}=\frac{\sum_{i=1}^{n}\sum_{j=1}^{n}k_{ij}}{\sum_{i=1}^{n}x_i} \qquad (i,\ j=1,\ \cdots,\ n) \tag{11.32}$$

（5）安全投入占产出比重，用安全投入价值除以总产出。

$$\frac{\text{安全生产总投入}}{\text{行业总产出}}=\frac{\sum_{i=1}^{n}\sum_{j=1}^{n}p_{ij}}{\sum_{i=1}^{n}x_i} \qquad (i,\ j=1,\ \cdots,\ n) \tag{11.33}$$

利用上述安全生产静态价值型投入产出表的平衡关系，可以考察一国（或行业、部门、地区）的安全生产与投入的依存关系，作为政府与企业，在重视人的生命与搞好企业生产的同时，应时刻不忘安全生产，杜绝工伤事故的发生。

二、事故损失的计算

在上述静态价值型投入产出表中，工伤事故损失的计算一般采取以下计算办法与指标：

（一）企业职工伤亡事故经济损失计算

（1）直接经济损失的统计范围包括：①人身伤亡后所支出的费用、医疗费用（含护理费用），丧葬及抚恤费用，补助及救济费用，歇工工资；②善后处理费用、处理事故的事务性费用，现场抢救费用，清理现场费用，事故罚款和赔偿费用；③财产损失价值，包括固定资产损失价值和流动资产损失价值。

（2）间接经济损失的统计范围包括：①停产、减产损失价值；②工作损失价值；③资源损失价值；④处理环境污染的费用；⑤补充新职工的培训费用；⑥其他损失费用。

理论计算方法：上述国际规范的计算方法仅仅考虑了"有价损失"（可用货币直接计算的损失），未考虑"无价损失"，具有实际可操作性容易的特点。但作为事故损失的全面计算和反映，用于效益的全面评价和有助于安全活动的经济决策，这样的计算范畴是不够的。为此，根据"理论计算法"，事故的总损失为：

$$\begin{aligned}\text{事故总损失 } L &= \text{事故经济损失} + \text{事故非经济损失} \\ &= \text{事故直接经济损失} + \text{事故间接经济损失} + \text{事故直接非经济损失} + \text{事故间接非经济损失}\end{aligned} \tag{11.34}$$

事故直接经济损失计算包括：①设备、设施、工具等固定资产的损失；②材料、产品等流动资产的物质损失。

事故间接经济损失计算包括：①事故现场抢救与处理费用，根据实际开支统计；②事故事务性开支，根据实际开支统计；③人员伤亡的丧葬、抚恤、医疗及护理、补助及救济费用，根据实际开支统计。

事故直接非经济损失的计算包括：①人的生命与健康的价值损失；②环境破坏的损失。

事故间接非经济损失的计算包括：①工作影响，即由于事故造成了职工心理的影响，从而导致工作效率的降低；②声誉损失，可以企业产品经营效益的下降来估算，它应包含产品质量和事故对产品销售的影响损失。③政治与社会安定的损失，这是一种潜在的损失，可用占事故的总经济损失比例（或占 D 部分的损失比例）来估算。

（二）职业病经济损失估算

在很多工矿企业的采矿、碎石加工、焊接、建材加工、建筑等生产作业过程中，存在着大量的粉尘、金属烟尘、放射性等有毒有害物质，从而对职工的健康产生极大的危害，严重的将导致肺尘埃沉着病、硅沉着病等职业病。医学资料显示，尘肺病是一种无法治愈的职业病，随着病情加重，肺部坚硬如石，病人最后窒息而亡。这种病每年杀死上万名在粉尘中工作过的中国民工。[①] 这种职业病的危害也给企业带来严重的经济损失，对企业和国家的生产和经济效益的提高造成巨大的影响，因此在研究安全经济问题时必须考虑职业病的损失

---

① 赵尚渝．近百农民赴深圳打工后疑患尘肺病．潇湘晨报，2009－07－21

问题。

职业病给企业带来的经济损失，主要包括职业病患者劳动期间的工资、治疗费、抚恤费、丧葬费及由于健康的影响所造成的劳动能力的降低而减少为国家创造的财富等。目前对职业病经济损失的计算还缺乏统一标准，职业病经济损失可以用下列公式估算

$$L_{总} = \sum M_i \left(L_{直} + L_{间}\right) = Px + Ej + \left[\left(F + y\right) t\right] + \left[G\left(t + j\right)\right] \tag{11.35}$$

其中，$L_{总}$为总经济损失，$L_{直}$为直接经济损失，$L_{间}$为间接经济损失，P 为平均每年的抚恤费，x 为抚恤时间，E 为发现肺癌至死亡时平均每年的费用，j 为发现肺癌至死亡的时间，F 为患者损失的劳动时间平均工资，y 为患者损失劳动能力期间年均医药费，t 为患者实际损失的劳动时间，G 为年均创劳动效益，M_i 为患肺癌人数。

（三）火灾经济损失计算

通常火灾造成的经济损失包括六个方面：①火灾中人受到伤亡所支出的费用（直接和间接的费用）；②被火烧毁、烧损、烟熏和在灭火中破折、水渍等所造成的物质和财产的直接损失；③停产和减产的损失；④资源遭受破坏的损失；⑤人员受伤亡后所需补充新职工的培训费用；⑥其他损失费用，如处理环境污染费用等。

火灾物质损失额的计算方法包括：固定资产类的火灾损失、流动资产类的火灾损失等。

（1）固定资产类损失计算。

①房屋建筑物的火灾损失额按重置完全价值折旧方法计算。计算公式为：

$$火灾损失额 = 重置完全价值 \times (1 - 年平均折旧率 \times 已使用时间) \times 烧损率 \tag{11.36}$$

其中：重置完全价值是指重新建造或重新购置所需的金额或按现行固定资产的调拨价计算，重置完价值的数据，可从各地房产管理部门及有关部门规定的重置完全价值表中查出；年平均折旧率 =1/规定的使用年限；固定资产的使用年限按国务院发布的《国营企业固定资产折旧试行条例》规定执行，其中房屋建筑物使用年限的确定，可按城乡环境保护部印发的《经理房屋资产估价原则》的规定执行；烧损率是指实际被烧损的程度，按百分比计算。

②机器、设备、仪器、仪表、车辆、飞机、船舶等火灾损失额，也按重置完全价值折旧方法计算，计算公式同上述的房屋建筑物火灾损失计算方法。

③对于交通运输企业和其他企业专业车队的客货运汽车、大型设备、大型建筑施工机械，根据国务院有关文件规定，按工作量进行折旧。

④固定资产的使用已接近、等于或超过规定的使用年限，但仍有使用价值的，其火灾损失额按重置完全价值的20%计算。

⑤当重置完全价值在特殊情况下无法确定时，用原值代替重置完全价值计算。

⑥古建筑火灾损失，按修复费计算或根据古建筑的保护级别，分别按每平方米建筑面积1 000～5 000元计算。

（2）流动资产类的火灾损失额，按购入价扣除残值计算。

（3）商品火灾损失额按进货价扣除残值计算；成品、半成品火灾损失额，一律按成本价扣除残值计算；衣物和日常生产用品火灾损失额，以新旧程度相同的同类物品价值计算；书画古董、美术工艺品、珠宝等物品火灾损失额均按国家规定的国内牌价计算。

（4）牲畜、家禽、粮、棉、油等农副产品的火灾损失额均按国家收购牌价计算。

（5）园林、集体林、个体林、草原的火灾损失额按当地有关部门的规定计算。

（四）交通事故经济损失的计算

交通事故经济损失计算方法与生产事故经济损失计算方法相似，不同之处在于，对人员伤亡的补偿额有明确的规定。如果是企业职工在工作期间因交通事故造成伤亡，按《道路交通事故处理办法》的规定处理，职工所在单位还应当按照有关部门规定给予抚恤、劳动保险等赔偿，在计算经济损失时应包括企业按规定给予部分支付的这部分。另外，在总体的计算思路上与上面介绍的生产事故损失计算也有一定的差异。

交通事故人员伤亡经济损失计算中影响经济赔偿的因素包括：①当事人的经济负担；②当事人的年龄；③当事人的劳动技能。

交通事故受害者无论有无责任，均应积极抢救，所需的抢救费、医疗费、住院费、结案费应按照交通事故责任承担。各项费用包括：医疗费、护理费、残疾生活补助费、残疾用具费、丧葬费、被抚养人生活费、交通费、当事人亲属的费用。

本章学习要点

1. 投入产出分析方法是一种对于经济系统生产与消耗的依存关系进行综合考察的数量分析的方法，用于国民经济系统、部门经济系统、安全生产系统等领域。

2. 投入产出表分为实物型和价值型两种类型，实物型投入产出表反映部门间的实物联系，不受价格的影响。从横向看，每一部门的总产品，等于该部门流向各个部门作为中间消耗用的实物产品与提供给社会的最终实物产品之和。纵向由于各部门计量单位不同而不能相加；从价值型投入产出表的横向看，每一部门的总产出，等于该部门流向各个部门作为中间消耗用的产品与提供给社会的最终产品之和，反映部门总产出的流向，这一关系称为“产出分配方程”；从价值型投入产出表的纵向看，每一部门的总产出，等于各个部门作为中间消耗用的产品流向该部门的产品与固定资产的价值转移以及新创造的价值总和，反映部门总产出的构成，这一关系式称为“产值方程”。

3. 安全生产投入产出表为静态价值型投入产出表，将各部门的事故损失和安全生产投入加入其中，可以考察一国（或行业、部门、地区）的安全生产与投入的依存关系。

关键术语

投入产出分析　直接消耗系数　间接消耗系数　灾害损失

思考与练习

某城镇有 3 个企业：煤矿、电厂和铁路，是本地的主要经济系统。生产价值 1 元的煤，需消耗 0.2 元的电费和 0.35 元的运费；生产价值 1 元的电，需消耗 0.4 元的煤、0.05 元的电费和 0.10 元的运费；提供价值 1 元的铁路运输，则需消费 0.45 元的煤、0.10 元的电费。在某一周，除了 3 个企业的彼此需求，煤矿得到 50 000 元的订单，电厂得到 25 000 元的电量供应需求，铁路得到价值 30 000 元的运输需求，请问：

（1）3 个企业本周内各应生产多少产值才可满足内外需求？

（2）除了内部需求外，试求本周内各企业之间的消耗需求，同时计算各企业新创造的价值。

（3）如果煤矿需增加产量 10 000 元，它对各个企业的产品和服务的完全需求分别是多少？

（4）假定 3 个企业的外部需求仍是用于城镇的各种消费和积累，其中用于消费的产品价值分别是 35 000 元、18 000 元和 20 000 元；又假定 3 个企业的新创造价值仅包括支付劳动报酬和纯收入，其中支付劳动报酬分别是 25 448 元、10 146 元和 14 258 元，试分析各企业产品使用情况的比例关系，分析本周系统的经济效益。

（5）若在以后的 3 周内，企业对外部需求的增长速度是：煤每周增长 15%、电力每周增长 3%，铁路每周增长 12%，那么各企业的总产值平均每周增长多少？

第十二章　成本收益分析

本章概述

经济学的成本收益分析方法是一个普遍的方法。成本收益分析方法的前提是追求效用的最大化。从事经济活动的主体，从追求利润最大化出发，总要力图用最小的成本获取最大的收益。在经济活动中，人们之所以要进行成本收益分析，就是要以最少的投入获得最大的收益。对突发公共事件的应急管理已成为现代政府必须履行的职能之一，应急管理投资项目的公共支出决策虽然要最大限度地保障人民的生命财产安全，但也需要有资源配置效率的客观标准。成本收益分析正是使决策具有更大的客观性的一种定量分析技术。它从全社会角度衡量项目或方案的成本和收益，并据此作出支出项目的决策。

第一节　货币的时间价值

应急管理一项重要的内容就是在突发事件未发生时采取各项措施，以期可以避免突发事件给人民生产生活造成危害或最大限度地减少这种危害造成的损失。那么，对于成本和收益未同时发生的应急管理项目，对其进行成本收益评估时，就必须考虑货币的时间价值这一客观经济因素。离开了时间因素，就无法精确地计量项目或方案的成本和收益，因而影响决策的科学性。下面我们将介绍货币时间价值的有关问题。

一、货币时间价值的内涵

货币的时间价值是指同一货币量在不同时间内价值量的差额（利息收入），是指货币所有人参与分享生产劳动工人创造的剩余价值。年初的 1 元钱与年末 1 元钱具有不同的经济价值。在不考虑通货膨胀因素的情况下，年初将 1 元钱存入银行，假定银行以 10% 计算存款利息，年末能拿到 1.10 元，这 0.10 元的差额就是货币的时间价值。

货币时间价值的产生必须同时具备两个前提条件：一是资金必须投入周转使用，二是有一定的时间间隔。由于货币时间价值产生的根本原因是资金被投入使用而创造出了新的价值，因此，只有周转使用中的资金才具有时间价值[①]。货币的时间价值在任何经济形态下都是客观存在的，是货币经过一定期间的投资和再投资所增加的价值，其实质是资金周转使用后的增值额，是在没有风险和通货膨胀情况下的社会平均资金利润率。

二、货币时间价值的计算

计算货币的时间价值首先要明确以下四个基本要素：①现值（本金）：是指现在收款或付款的价值，现值是唯一的；②终值：是指若干期以后的未来价值，包括本金和利息，又叫本利和，终值可以是一个（如一次性收付款终值），也可以是若干个（如系列收付款及其特殊形式年金，对于决策时点而言实际都是不同时点的终值，只不过不是项目终结时的终值）；③利率：是指资金增值与投入资金的价值比；④期数：是指计算利息的期间数。

货币的终值和现值是一对与一定利率和一定期限相联系的相对概念，它们之间存在着一定的函数关系。由于货币的终值与现值之间的差额就是货币的时间价值，因此在应急管理的资金筹集、资金投资和使用以及资金分配等实际中，对货币时间价值的计算就转化为对终值和现值的计算，其方法通常有以下三种。

（一）单利终值和现值的计算

单利是指在只对本金按照不同时期分段计算利息的一种特定计息办法。由于货币时间价值反映的是资金的增值额，因此，相对于一定量的增值额，有两

---

① 张纯．财务管理学．上海：上海财经大学出版社，2005

个金额与之对应，即资金原有的金额和增值后的金额，也就是现值和终值。

1. 单利终值

单利终值是指只按本金计算利息的方式下，一定量本金在若干期后的本利和。其计算公式为：

$$F = P \times (1 + i \times n)$$

式中，F 为单利终值，P 为单利现值，i 为利率，n 为计息期数。

例 12－1：某应急管理项目目前需支付 20 000 元，假定年利率为 6%，计算单利条件下 5 年后该项目的成本终值。

$$F = 20\,000 \times (1 + 6\% \times 5) = 26\,000 \text{（元）}$$

即 26 000 元是 20 000 元现值按利率 6% 五年期单利计算的终值。

2. 单利现值

单利现值指在单利计算方式下，未来一定量货币的现在价值。其计算公式为：

$$P = F \times (1 + i \times n)^{-1}$$

例 12－2：某市应急管理办公室计划 5 年后实施一个应急管理方案，预计投入 20 万元，计算在利率为 6% 的条件下目前需储备的资金（单利计算）。

$$P = 20 / (1 + 6\% \times 5) = 15.38 \text{（万元）}$$

即 15.38 万元是 20 万元终值按利率 6% 五年期单利计算的现值。

（二）复利终值和现值的计算

复利是指将本金及其在一定期间所得利息累计在一起，据此计算下期应获得利息的特定计算办法。

1. 复利终值

复利终值是指在复利计息方式下，现时的一定量的货币在若干期限以内的总价值。其计算公式为：

$$F = P \times (1 + i)^n$$

式中，$(1+i)^n$ 通常称"复利终值系数"。

例 12－3：某应急管理项目目前需支付 20 000 元，假定年利率为 6%，计算复利条件下 5 年后该项目的成本终值。

$$F = 20\,000 \times (1 + 6\%)^5 = 26\,765 \text{（元）}$$

即26 765元是20 000元现值按利率6%五年期复利计算的终值。

2. 复利现值

复利现值指在复利计息方式下，未来若干时期以后的一笔资金的现在价值。

$$P=F\times(1+i)^{-n}$$

式中，$(1+i)^{-n}$通常称“复利现值系数”。

例12-4：某市应急管理办公室计划5年后实施一个应急管理方案，预计投入20万元，计算在利率为6%的条件下目前需储备的资金（复利计算）。

$$P=20/(1+6\%)^{5}=14.95\text{（万元）}$$

即14.95万元是20万元终值按利率6%五年期复利计算的现值。

（三）年金的计算

年金是指每隔相同时间（一年、半年、一季度等）收入或支出相等金额的款项，是商业保险与社会保险中的一种资金变动形式，如分期付款赊购、分期偿还贷款、发放养老金、分期支付工程款等，都属于年金的收付形式。按照收付的时间和次数的不同，年金一般可分为“普通年金”、“预付年金”、“递延年金”和“永续年金”四种，无论哪种年金，都是建立在复利基础之上的。

1. 普通年金

普通年金是收付时间均发生在每个间隔期期末的年金，又称后付年金。

（1）普通年金终值：是指在复利计息方式下于若干间隔期末收到（或付出）的等额款项的未来总价值，其公式为：

$$FVA_n=A[(1+i)^n-1]/i$$

式中，FVA_n为n期普通年金终值，A为年金，$[(1+i)^n-1]/i$为普通年金终值系数。

例12-5：某市应急管理部门为应对本地区可能出现的重大突发公共事件，每年年末存入银行50万元，并且每年年末提息转存为本金。计算年利率为4%时10年期的普通年金终值。

$$FVA_n=50\times[(1+4\%)^{10}-1]/4\%=600.31\text{（万元）}$$

（2）普通年金现值：普通年金现值是各期普通年金的贴现值之和。普通年金现值是各期年金在第一期初点上的现值。根据普通年金终值的计算公式推算，普通年金现值是普通年金终值的贴现值，即是普通年金终值乘以一个期数为n的复利现值系数。

$$PVA_n = A\left[(1+i)^n - 1\right] / \left[i(1+i)^n\right]$$

式中，PVA_n 为 n 期普通年金现值，A 为年金；$\left[(1+i)^n - 1\right]/i(1+i)^n$ 为普通年金现值系数。

例 12－6：某市应急管理部门为应对本地区可能出现的重大突发公共事件，每年年末存入银行 50 万元，每年年末提息转存为本金，年利率为 4%，那么，10 年期的普通年金现值为：

解：$PVA_n = 50 \times \left[(1+4\%)^{10} - 1\right] / \left[4\% \times (1+4\%)^{10}\right] = 405.55$（万元）

2. 预付年金

预付年金是收付时间均发生在每个间隔期期初的年金，又称先付年金或即付年金。

（1）预付年金终值。

预付年金终值是各期预付年金的复利终值之和。预付年金终值是各期年金在 n 期期末点上的价值。

$$FVD_n = A\left\{\left[(1+i)^{n+1} - 1\right]/i - 1\right\}$$

例 12－7：某单位为应对突发事故，每年年初存入银行 10 000 元，每年年末提息转存，年利率为 4%，共存 10 年，其预付年金的终值为：

$$\begin{aligned} FVD_n &= 10\,000 \times \left\{\left[(1+4\%)^{10+1} - 1\right]/4\% - 1\right\} \\ &= 10\,000 \times (13.486 - 1) = 124\,860\text{（元）} \end{aligned}$$

（2）预付年金现值。

普通年金现值是预付年金延长期期初点上的价值。而预付年金现值是第一期期初这一点上的价值。两者仅差一期利息。因此，预付年金现值是普通年金现值再乘以一个期数为 1 的复利终值系数。

$$\begin{aligned} PVD_n &= A\left\{\left[(1+i)^n - 1\right]/i(1+i)^n\right\} \times (1+i) \\ &= A\left\{\left[(1+i)^{n-1} - 1/i(1+i)^{n-1}\right] + 1\right\} \end{aligned}$$

式中，PVD_n 为预付年金的现值，$\left[(1+i)^{n-1} - 1/i(1+i)^{n-1}\right] + 1$ 为预付年金现值系数，可直接查预付年金的现值系数表求得。

例 12－8：某单位为应对突发事故，每年年初存入银行 10 000 元，每年年末提息转存，年利率为 4%，共存 10 年，其预付年金现值为：

$$\begin{aligned} PVD_n &= 10\,000 \times \left\{\left[(1+4\%)^{10-1} - 1/4\% \times (1+4\%)^{10-1}\right] + 1\right\} \\ &= 10\,000 \times (7.435 + 1) = 84\,350\text{（元）} \end{aligned}$$

3. 递延年金

递延年金是指收付发生在第一期期末以后的年金，又称延期年金。

递延年金终值按普通年金终值公式计算。递延年金现值可以看作是两个现值之差，即是按递延期和年金发生期计算的年金现值，减去按递延期计算的年金现值。其计算公式为：

$$PV=A\left[(1+i)^{m+n}-1\right]/i(1+i)^{m+n}-A\left[(1+i)^{m}-1\right]/i(1+i)^{m}$$

式中，PV 为递延年金现值，m 为递延期。

此外，递延年金现值也可先按年金发生期计算现值，再将其按递延期贴现为现在的价值，其计算公式为：

$$PV=A\left[(1+i)^{n}-1\right]/i(1+i)^{n}\times 1/(1+i)^{m}$$

例 12-9：某应急管理部门一项投资在第 3 年后发挥效益，预计每年年末产生收益 1 000 元，共收入 5 年，年利率为 4%，其递延年金的现值按第一种方法计算为：

$$\begin{aligned}PV&=1\,000\times\left[(1+4\%)^{3+5}-1\right]/4\%(1+4\%)^{3+5}-1\,000\times\left[(1+4\%)^{3}-1\right]/4\%(1+4\%)^{3}\\&=1\,000\times 6.733-1\,000\times 2.755=3\,958\ (元)\end{aligned}$$

按第二种方法计算为：

$$\begin{aligned}PV&=1\,000\times\left[(1+4\%)^{5}-1\right]/4\%(1+4\%)^{5}\times 1/(1+4\%)^{3}\\&=1\,000\times 4.452\times 0.889=3\,957.83\ (元)\end{aligned}$$

4. 永续年金

永续年金是指无限期收付的年金，又称永久年金或终身年金。从数学角度看，永续年金的终值是发散的，当期数 n 趋向无穷大时，其终值也趋向无穷大。永续年金的现值是收敛的，当期数 n 趋向无穷大时，其现值趋向于 A/i。其推导公式如下：

$$PVA=A\left[(1+i)^{n}-1\right]/i(1+i)^{n}=(A/i)\left[(1+i)^{n}-1\right]/(1+i)^{n}\approx A/i$$

例 12-10：某应急管理办公室准备设立一项永久性突发安全生产事故应急管理基金，每年支取一次，每次支取金额为 2 000 元，年利率为 5%，那么，该基金存款数为：

$$PVA\approx 2\,000/5\%=40\,000\ (元)$$

第二节　收益、成本与风险

成本收益分析指（cost－benefit analysis）首先确定一个项目或方案的所有潜在成本和收益，并把它们转换成货币单位，依据决策标准进行比较，最后从全社会的角度确定该项目或方案是否可行。需要指出的是，对于成本和收益的评估问题是建立在未来的收益或成本都是可以确切了解这一假设基础上的，但现实是我们往往无法准确预测未来的情况，尤其是对于各种重大的灾难。因此，在评估一些项目的成本和收益时必须将其风险性考虑进去。

一、成本和收益

（一）确定成本和收益

在拟议的应急管理项目目标确定之后，就要列举与该项目有关的所有成本和收益。与其他公共支出项目一样，应急管理项目的成本和收益亦有直接成本和间接成本、直接收益和间接收益之分。直接成本是该应急管理投资项目所使用的直接投入的成本，如劳动力、资本等。间接成本是指项目的建设和经营所导致的外部成本，通常表现为给人们带来不便、不舒服、不愉快，难以用定量方式直接估价。直接收益是指直接收益项目所导致的产出增加或生产率提高，并由该项目产品的直接使用者享有的收益。间接收益是指该项目产品的非使用者所获得的外溢或外部收益。

对于应急管理的成本与收益可作以下分析①：

1. 应急机制“实体系统”的成本

“实体系统”是突发公共事件预防、应急机制的组织机构、物质和人员的保障系统，包括组织指挥机构系统、应急保障系统、防灾设施系统、监测报警系统、物资储备供应系统和信息系统等内容。在完善应急管理机制时，需要加大对各应急系统的货币（购买设备、购置应急物资、培训费用、人员工资等）投入，亦即应急机制“实体系统”的成本。

组织指挥机构系统是由若干个中心组成的工作机构，负责突发公共事件的预测、监测和评估，制订应急计划，领导应急救援行动，并负责事故应急培

① 刘修远．突发公共事件预防、应急机制建立的成本收益分析．现代商贸工业，2008（11）

训、演习等事务。它主要包括安全管理组织网络、应急指挥场所和基本配置、灾情信息采集和分析、应急救援行动、应急指挥决策咨询等机构和人员。

在突发事件发生时，工作繁杂，需要各方面的积极配合，不仅要求各类抢险和急救队伍（信息、通信、指挥技术工程、交通、医疗、部队等抢险救灾人员）立刻进入现场，而且要保证各类救援物资及时供给，包括车辆、食品、药品等。这些都是应急管理保障机制的重要内容。

防灾设施系统，如消防队伍的基本设备、消防设施等。

监测、预警系统。公共安全的监测网络包括通信网络、人员、机构网络等，有专家、职能部门对危险区域坚持常年监测。预警系统是在监测的基础上，对大量信息进行分析，对险情进行预测，一旦出现危害，通过警报系统预警，并尽可能将问题处理在萌芽状态。

建立科学的通信系统，保证在任何情况下准确、及时传递信息，对预防、应急措施的采取、对社会公共安全和公共秩序的维护意义重大，这就要求建立完善的应急管理信息系统。一方面通过收集大量信息，为及时、科学的决策提供依据，再者，通畅的信息系统也是组织指挥系统决策得以及时执行的保证。另一方面，及时公开信息，使公众了解事实真相，知晓应对措施，配合、协助政府的工作。

2. 应急预案建立的成本

应急预案是指用于指导应急救援行动的具体方案，包括突发事件的抢险、救灾、医疗急救、社会援助、信息传递等方案，是应急措施的重要组成部分。有效的应急预案不仅可以快速整合社会人、财、物等各方面的关键安全资源，而且可以指导应急人员的日常培训和演习，保证各种应急资源处于良好的备战状态，还可以指导应急行动按计划有序进行，防止因行动组织不力或现场工作的混乱而延误事故的应急，降低人员伤亡和财产的损失。针对不同的情况制定有效的应急预案，需要专家们的研究论证，这是制定应急预案的人力资源成本和其他边际投入成本，比如考察费用等，而且根据预案进行的应急人员的培训和演习，也需要投入大量的物资。

3. 公共安全规划制定成本

随着经济和社会的快速发展，我国城市化进程加快，人口和社会财富日益集中，由此产生的公共安全问题日益突出。突发公共事件的频繁发生以及带来的灾难，要求人们加强对公共安全的管理，将公共安全规划纳入国家和社会发展规划范围，制定国家和各地方公共安全规划，克服人类经济、社会活动的盲目性和主观随意性，降低自然灾害事件的发生几率。制定公共安全规划也离不开有关部门的人力、物力和财力的支持。

4. 立法成本

法律法规体系是预防、应急措施采用的法律上的保障。国家通过制定法律法规建立统一的组织指挥机构，明确各部门、各机构在突发公共事件预防、应急措施中的责任，理顺综合管理体制；通过立法确定社会各界、公民在突发事件中的地位、责任、义务与权利，以确保社会体系在紧急状态下的稳定有序。立法过程中有关人员的工资福利及资料收集成本等都是应急管理成本的范畴。

5. 经济收益

突发公共事件预防、应急机制的经济收益主要体现为预防和应急机制建立，对突发公共事件造成的直接和间接经济损失的避免或减少，以及对社会正常经济秩序的维护。如果没有高效可行的预防、应急机制，突发公共事件一旦发生，造成的直接和间接的经济损失将非常巨大。资料显示，我国每年因公共安全问题造成的经济损失达 6 500 亿元，其中安全生产事故引发的损失共计 2 500亿元，社会治安事件引发的损失共计 1 500 亿元，自然灾害造成的损失共计 2 000 亿元，生物侵害导致的损失共计 500 亿元。这些经济损失约占 GDP 总量的 6%，这些问题每年夺去 20 万人的宝贵生命。而且实际造成的负面效应靠这几个量化指标是无法表达的。突发公共事件预防和应急机制的建立与运行，可以在突发公共事件发生之时，迅速采取应急措施，防止事件损害的扩大与延伸，将损失降到最低程度。而有些突发公共事件，特别是人为的突发公共事件，如果预防措施得当，甚至可以避免事件和损失的发生。

6. 社会收益

相比上述直接或间接的经济收益，应急管理的社会收益更为巨大。因为突发公共事件预防和应急机制作为公共产品，其社会收益体现为维护人民的生命健康权利、维护社会核心价值观和道德观、消除不安定因素产生的社会心理影响、维护国际声誉，树立我国良好的国际形象等方面。然而，绝大多数应急管理项目的社会收益无法得到精确的计量，在运用成本收益分析法时，只能采取一定的技术加以估算。

消除或降低突发公共事件对人民生命健康的威胁，维护人民的生命健康权利，这是预防和应急机制所产生的最大的收益。突发公共事件一旦发生，首先直接面临威胁的是广大人民的生命健康权利。例如，在 1976 年唐山大地震中，短短的 30 多秒中，24.2 万人死亡，16 万人受重伤。维护人民的生命健康权利是我国预防和应急机制建立的首要目的。突发公共事件一旦发生，预防和应急机制的启动与运行，可迅速整合社会资源，及时、有序地转移受灾地区的群众，或采取其他必要措施，保障人民生命安全。

维护社会核心价值观和道德观也是预防和应急机制所产生的收益。重大突发公共事件的发生，不仅会对一国经济产生巨大的破坏，极大地损害人民的身体健康，还会破坏社会核心的价值观和道德观，而且，从某种程度而言，一些重大的突发公共事件的发生，正是由于社会核心的价值观和道德观的破坏所引起的。在国家社会经济发展中，当经济发展与人的生存发展存在尖锐矛盾时，当社会的发展与自然生态环境的维护存在冲突时，当突发公共事件对人民的生命健康造成严重威胁时，是永无止境地追求经济和物质的利益，保护社会的物质财富，还是不惜一切代价保障人民的生命安全，维护自然生态环境，体现了一个国家或社会的核心价值观和道德观。我国突发公共事件预防和应急机制的建立，正是为了维护社会主义的“以人为本”、“人类社会的发展与自然生态环境协调发展”的核心价值观和道德观。

建立预防和应急机制产生的收益还包括消除其他不安定因素产生的社会心理影响。突发事件一旦发生，如果缺乏应急机制，没有通畅的信息渠道，没有对公共秩序维护的措施，就会导致谣言四起，产生社会心理的恐慌，导致社会秩序混乱，甚至一些不法之徒还会乘机实施违法犯罪活动。建立突发公共事件预防和应急机制，提高政府在突发公共事件中危机的应对和化解能力，以一个诚实、高效和负责任的政府形象，引导公众应对危机，不仅可以促进社会更加团结与和谐，还可树立我国良好的国际形象，维护国际声誉。

总体来说，应急管理需要投入很大的成本，但同时也能产生巨大的经济收益和社会收益。我国在围绕“一案三制”展开政府应急管理工作的过程中，主要应做到以下六点：第一，整合资源，优化机制，降低“实体系统”建设的成本；第二，以预防为主，预防和应急机制相结合，最大限度地减轻灾害损失；第三，应优化立法和制度建设资源，降低立法和制度建设成本；第四，以人为本，实现收益的最大化；第五，加强科技研究，为突发公共事件预防和应急提供有力的支撑；第六，加强国际合作和信息沟通，借鉴各国有益经验，降低成本，增加收益，提高突发公共事件预防和应急机制的效率。

二、评估成本和收益

1. 影子价格

成本收益分析是以标准的完全竞争模型为基础的，理想的价格组合就应该是完全竞争市场决定的、能够真实反映社会边际成本的价格。如果认为市场价格是帕累托效率的，那么就应该使用市场价格来计算净收益和成本。但是市场并不一定是帕累托效率的，市场价格也并不一定存在，那么就需要根据市场价格计算出影子价格来反映社会边际成本。

影子价格是指商品市场价格背后的、一项资源的社会边际成本的真正价格。当存在完全竞争的市场时，可以用市场均衡价格来衡量项目的成本，当市场不存在或者市场不是完全竞争的时候，就要运用影子价格来反应产品的真实价值。在垄断市场中，垄断产品的市场价格高于其他边际成本（在无外部影响时，其边际私人成本就是其边际社会成本，也是其边际机会成本）。政府项目购买的垄断厂商生产的投入品恰好是垄断厂商新增产品的数量，对私人需求市场没有影响，那么该投入品的社会机会成本就是其边际生产成本；如果政府购买的投入品不是垄断厂商新生产的，而是从私人需求市场挤占的，那么投入品的社会机会成本就应是其市场价格。如果两种情况都出现，就应取市场价格和边际生产成本的加权平均数。

2. 消费者剩余

利用消费者剩余可以度量政府应急管理项目的社会收益。消费者剩余是消费者为某种商品或劳务愿意支付的最大价格总额减去实际支付的价格总额之间的差额（见下图）。可以用补偿性需求曲线来度量消费者剩余。补偿性需求曲线可以通过实际调查得到。比如政府兴修一大型水利工程，可以大大促进农业的生产，降低农业的边际成本，从而使食品价格下降，应当如何对增加食品的收益进行计量，按原来的价格还是按降低的价格，或是两者之间的某个价格？

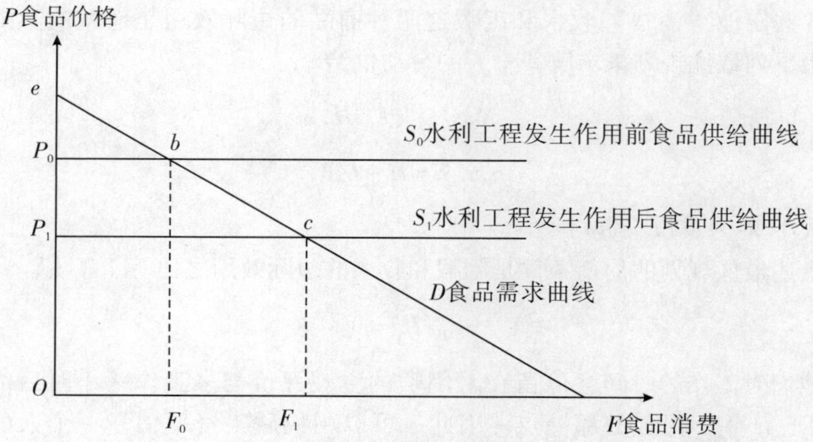

消费者剩余

通过 S_0 和 S_1 的变化，价格下降到 P_1，食品消费增加到 F_1，这里消费者剩余是多少呢？回答这个问题的经济工具是消费者剩余，即消费者本愿意支付的价格比他们实际支出的数额多出的部分。在概念上是图中由需求曲线之下和市场价格水平线之上的面积来表示：当价格为 P_0 时，就是图中 P_0eb 面积。当价格为 P_1 时，就是图中 P_1ec 面积。显然，价格由 P_0 下降到 P_1，消费者剩余 P_0eb 增大到 P_1ec，净增部分为 P_1P_0bc，消费者剩余的净增部分是由于价格下降、消费者消费增多所得到的好处，这也是该工程项目的收益。

3. 无形价值的评估

从上面的分析可以看出，应急管理的项目所产生的成本和收益很多是无形的或无法用货币来衡量的，例如，维护人民的生命健康权利、维护社会核心价值观和道德观、消除不安定因素产生的社会心理影响及维护国际声誉等。在进行项目的成本收益分析时，要尽力将这些无形的价值用货币价值加以表示。某项无形资产的总效益是使用者愿意支付的最大金额，而总成本是项目的成本负担者愿意承担的最小金额。对于存在市场的商品，价格会发挥货币的价值尺度作用。而对于不存在市场的无形价值来说，它们的货币价值无法从市场上得到，只能参考其他市场上的经济行为来推断这些无形资产的货币价值。

（1）时间价值。

可选用劳动供给理论中的闲暇—收入选择模型，一个人的追求分为两个目标，一方面需要挣钱养家糊口，另一方面他需要休息，终日工作无时间花钱也没有人生的意义。在这两个抽象的目标之间有着两个互相替代的关系。将全部时间 T 分为挣钱 I 和闲暇 H 两部分。将一个人的效用 U 写作收入和闲暇的函数，并假定他“消费”收入和闲暇这两种商品的边际效用是递减的。则可以确定用下列最优规划来求解一个人的劳动供给。

$$\text{Max } U(I,\ H)$$

$$s.t.\ T = H + I/W$$

式中 W 为单位工资。

上述最优规划的均衡条件是闲暇和收入的边际效用之比等于工资。

$$U'_H / U'_I = W$$

他们对工作的时间会停留在对闲暇的主观评价与多工作一小时后的收入（税后工资率）相等的那一点。因此，可以用税后工资率估量一个人的时间价值。

（2）生命价值。

生命无价，但又需对生命的价值作出估价，休伯纳提出了著名的人生价值理论：每个人有两种财产，一是已获财产，二是潜在财产。人的生命价值就是一个人扣除自己生活费用后的将来净收入的现值，在衡量生命价值时要考虑三个基本要素：基本收入、奖励收入、花边收入。

4. 社会贴现率

许多应急管理项目的建设周期较长，其使用周期可能更长。在确定成本和收益时，不仅要确定项目的成本流和现金流，还要确定贴现率。前面已提到，货币是具有时间价值的。所以对于建设和使用周期长的项目来说，应将各个时期的成本和收益折算成现值进而计算总成本和总收益。简单来说，社会贴现率是指整个社会愿意用将来消费换取现在消费的比率。

社会贴现率的确定是十分重要的。因为贴现率的高低将直接影响到一个项目净现值的大小。如果社会贴现率过高，那么净收益的现值就会表现得过低，会使好的项目难以实施；而过低的社会贴现率又会使项目的净收益值表现过高，错误地指导项目实施。社会贴现率的确定有多种方法，这里主要介绍三种。

（1）如果某项投资的资金来源减少了私人部门可用于投资的资金，那么投资利率就是适当的贴现率。投资利率是私人投资的税前收益率。比如，私人、企业投资 1 000 元的年税前收益率为 16%，如果政府为实施一个应急项目将 1 000 元从私人手中拿走，使私人投资减少 1 000 元，社会将损失投资的 160 元的收益，这也是该项投资 1 000 元的机会成本。在评价项目时，就必须看其投资能否带来 16% 的收益率，若能带来，就是可行的，否则就是不可行的。

（2）若某项目的投资资金来源减少了私人部门可用于消费的资金，那么消费利率就是适当的贴现率。消费利率是私人储蓄者所收到的税后收益率。比如，某一消费者打算把 1 000 元用于本年的消费，他就必须放弃未来这 1 000 元的消费及 1 000 元的储蓄收益。因此，该消费者现在消费 1 000 元的机会成本是如果把这笔钱储蓄起来所获得的收益率。可是，未来可用于消费的这笔储蓄收益额只能是纳税后的收益额，所以，现在消费的实际机会成本是税后收益率。反过来说，如果应急项目的资金筹措减少了消费者现在的消费，这种消费减少给消费者带来的损失也只是税后收益率。因此，以消费减少为代价的资金要按税后收益率贴现。

（3）投资利率和消费利率的加权平均利率是适当的贴现率。上述分析表明，投资利率显然比消费利率大得多，甚至可能高出 1 倍。而且在现实中，应急项目的公共支出可能会同时减少私人部门的投资和消费，因此，投资利率和消费利率的加权平均值也许是适当的贴现率。但问题在于，项目资金来源于投资资金和消费资金的比例几乎无法确定，也就无法用这种方法来确定贴现率。

5. 确定成本和收益时应注意的问题

成本收益分析的关键在于准确界定哪些部分是成本，哪些部分是收益。在实际操作中，常常会出现一些错误。特里斯克将常见错误归纳为以下三个方面：

（1）连锁反应：为使一个项目能通过成本收益分析，这个项目的支持者会尽力夸大其可能带来的收益，将这个项目的所有间接效应都加入收益部分，通过累加它的连锁效应使其现值成为正值，而忽略其带来的连锁的间接损失。

（2）劳动力成本：当某个应急项目可以增加就业机会时，劳动力就业机会的增加应该当作收益还是成本？如果从保障社会经济良好运行和保持充分就业的角度来考虑，增加就业该当作收益。但在进行成本收益分析时，对一个项目的净收益现值进行测算时，雇用劳动力花费的资金应该当作成本而非收益。

（3）重复计算：一个项目的收益往往需要一个前提条件才能实现。比如修建地铁，只有人们愿意利用它出行，才能发挥作用，实现预想的收益。但某个项目的预想收益可能因前提条件的欠缺无法实现，这种“收益”就不应记入收益当中，只应该把那些可以实现的收益记入收益一项。

三、风险决策

上述对于成本和收益的评估问题是建立在一个假设基础上的，那就是这些未来的收益或成本都是可以确切了解的。但现实是我们往往无法准确预测未来的情况，尤其是对于各种重大的灾难，我们更无法作出确切判断。因此，在评估一些项目的成本和收益时必须将其风险性考虑进去。

第一，对于存在风险的项目，一种情况是可以把该项目可能带来的所有结果都列举出来，并且可以赋予每种结果一个发生的概率。此时，可以考虑运用项目结果的期望值将成本收益分析与风险联系起来。

概率分析是指通过计算不确定性因素出现的概率来分析建设项目某种经济效益指标的变动程度，用以判断项目投资的风险程度。概率的确定办法主要有两种：一是根据历史数据计算出来的客观概率；二是根据专家的意见得出的主观概率。

例 12－11：已知某建设项目的投资大约为 400 万～500 万元，两年建成。建成后，第 3 年的收益为 50 万元。第 4 年至第 10 年，当投资为 400 万元时，年收益为 80 万元；当投资为 500 万元时，年收益为 90 万元；第 11 年至第 20 年，当投资为 400 万元时，年收益为 70 万元；当投资为 500 万元时，年收益为 60 万元。在投资为 500 万元的确定情况下，投资回收期为 8 年，要求通过投资回收期指标分析项目的概率风险（见表 12－1、表 12－2、表 12－3）。

表 12－1 投资与风险概率表

投资额（万元）	概率
400	0.30
500	0.70

投资期望值 $= 400 \times 0.3 + 500 \times 0.7 = 470$（万元）

表 12－2 投资收益与风险概率表

投资额（万元）	投资收益（万元）		概率 P
	4～10 年	11～20 年	
400	80	70	0.40
500	90	60	0.60

表 12－3 期望值表

项目 年份	投资期望值（万元）	收益期望值（万元）	差额（净收益）（万元）
T_1	0	0	0
T_2	470	0	－470
T_3	0	50	－420
T_4	0	86	－334
T_5	0	86	－248
T_6	0	86	－162
T_7	0	86	－76
T_8	0	86	10

从表中可见，投资期望值到第 8 年初还有 76 万元没有收回，所以第 8 年需要 10.6（$76 \div 86 \times 12 = 10.6$）个月才可以全部收回，比 500 万元的确定投资额条件下 8 年投资回收期少 1.4 个月。

对于能确定不同情况发生概率的项目，还可以用敏感性分析法进行分析。敏感性分析法是指投资规模、建设工期、生产成本、产量、价格和收入等不确定性因素发生变化时，给项目的投资效益带来的影响程度所进行的定量分析。当计算出项目的净现值指标（或现值指数或内部收益率）之后，考察某一变动因素（现金流入或现金流出因素）发生变化时，对净现值指标（或现值指数或内部收益率）的影响程度如何。一般来说，敏感性越低越好，越低表明项目的经济生命力越强。

第二，对于存在风险但无法确定各种可能结果的概率的项目，可以使用贝叶斯标准对其进行成本收益分析（见表 12－4）。

表 12－4　　按贝叶斯标准决策

项目	假设的净收益现值		
	1	2	3
A	50	45	3
B	82	20	30
C	45	36	5

例 12－12： 如表 12－4 所示，假设有三个项目 A、B、C，在三种假设条件 1、2、3 下，每种项目都可能产生三种净收益现值。设定每一种可能发生的事件都有 1/3 的概率，每个项目在各种情况下的净收益现值如表 12－4 所示。那么每个项目的净收益现值的期望值分别为：

项目 A：$50/3+45/3+3/3=98/3$

项目 B：$82/3+20/3+30/3=132/3$

项目 C：$45/3+36/3+5/3=86/3$

根据贝叶斯标准，项目 B 应该被选中。

还有两种原则可用于这种情况的成本收益分析：最大最小标准和最小最大缺憾标准。最大最小标准认为决策者都是风险的厌恶者，他们总是在作出决策时考虑到最坏的结果。这种方法就是将各个项目在各种情况下最坏的结果列出来。就拿上面的例子来说：项目 A、C 的最坏结果在第 3 种情况；B 的最坏结果在第 2 种情况。再从这几个最坏的结果中选出最大的一个，即项目 B。

最小最大缺憾标准也可用上面的例子来说明。假设会出现第 1 种情况，那么项目 B 是最合理的，因为条件 1 下 B 项目可实现最大净收益现值。但如果在条件 1 下选择了其他两个项目，就会为错误的决策付出成本。因为项目 B 在第 1 种条件下的净收益现值比项目 A 多了 32，所以选择 A 的损失就是 32。以此类推，可得表 12－5。

表 12－5　　按最小最大缺憾标准决策

项目	假设的净收益现值			
	1	2	3	总计
A	32	0	27	59
B	0	25	0	25
C	37	9	25	71

由此可见，项目 B 的总成本最低，应该被选择①。

第三节　投资项目的经济评价

成本收益分析的最终目的是要帮助管理者作出有效率的支出决策，就要首先选择科学的支持项目评估原则或标准。总的原则是，如果一个政府应急项目的社会总收益超过其社会总成本，且如果没有其他备选项目的收益大于成本，那么，这个项目就应当实施。在成本收益分析的实际应用中，决策标准多种多样，在此只介绍三种常用标准，即净现值标准、内部收益率、收益—成本比率。

一、用净现值标准进行评价

在判断一个项目的可行性时，我们可以采用现值标准；在判断多个项目的优先性时，也可以采用现值标准。为确定一个项目的收益是否大于其成本，需要计算该项目的净现值，此时需要考虑之前介绍的货币时间价值因素。令 r 代表实际社会贴现率，贴现未来的成本和收益。如果贴现一个项目发生在每一年的收益，并把它们的现值加总，就找到该项目的收益现值（PVB）。同样，贴现和加总该项目寿命期限内发生的成本，就得到成本现值（PVC）。一个项目的净现值（NPV）等于 PVB 减去 PVC。因此，可得出一个项目的净现值公式：

$$NPV=\sum_{t=0}^{T}\frac{B_t}{(1+r)^t}-\sum_{t=0}^{T}\frac{C_t}{(1+r)^t}$$

式中，B_t 为第 t 年的收益；C_t 为第 t 年的成本；r 为贴现率；T 为该项目

① 崔鑫生．公共部门经济学．北京：对外经济贸易大学出版社，2007. 173～175

寿命的年限。如果一个项目的 *NPV* 是正值，我们就认为这个项目是可取的；在多个项目之间筛选时，应当选择净现值最大的项目。*NPV* 是决定实施还是放弃一个项目的良好标准，因为它衡量的是该项目给经济创造的净增财富。政府的效率目标就是要使本国的经济财富尽可能地高。

假定某一政府应急项目持续 4 年，把实施的当年作为第 0 年。当年没有收益，只有成本 1 000 元，而且以后各年不再有成本；下一年开始有收益 350 元，而且以后每年都有这笔数额相同的收益。表 12－6 第一行是适用于各年成本和收益的贴现系数，假定社会贴现率为 5%。也就是说，第 t 年的贴现系数为$\frac{1}{(1+0.05)^t}$。*NPV* 的计算过程和结果如表 12－6 所示。

表 12－6　　　　*NPV* 计算的数字

项目	第 0 年	第 1 年	第 2 年	第 3 年	总额
t 年的贴现系数（当社会贴现率为 5%时）	1	0.952	0.907	0.864	
t 年的收益（元）	0	350	350	350	1 050
t 年的收益与贴现系数的乘积（元）	0	333.33	317.46	302.34	953.13
t 年的成本（元）	1 000	0	0	0	1 000
t 年的成本与贴现系数的乘积（元）	1 000	0	0	0	1 000
NPV（元）					－46.87

由此可见，尽管收益总额（1 050 元）超过成本总额（1 000 元），但贴现后的收益（*PVB*）小于贴现后的成本（*PVC*），所以，净现值是负数（－46.87）。因此，政府不应当实施该项目。

二、用内部收益率进行评价

内部收益率标准（*IRR*）就是使一个项目净收益的现值等于零的贴现率。随着贴现率的提高，净收益的现值降低，终究会在某一点上恰好等于成本的现值，这时的贴现率称为内部收益率。因此，计算 *IRR* 与计算 *NPV* 不同：在计算 *NPV* 时，社会贴现率是既定的，*IRR* 的计算则是让贴现率的值作为要找的未知变量。内部收益率的计算公式为：

$$NPV = 0 = \sum_{t=0}^{T} \frac{B_t}{(1+IRR)^t} - \sum_{t=0}^{T} \frac{C_t}{(1+IRR)^t}$$

假设一个应急管理项目在第一年投资 200 万元，第二年、第三年各得收益 150 万元。计算该项目的内部报酬率时，可解方程式：

$$150/(1+IRR) + 150/(1+IRR)^2 - 200 = 0$$

若解得的 *IRR* 大于作为贴现率的利息率，则这一项目应该投资；否则应该取消。

运用内部收益率方法时，首先要计算出内部收益率，再将内部收益率与适度的市场收益率作比较。如果内部收益率大于市场收益率，说明在风险相同的情况下，将资源投入这个项目能够获得比投入其他项目更多的收益。从机会成本的角度来看，这个项目是可行的。如果内部收益率小于市场收益率，则投资项在这个项目的机会成本就是投资在其他项目的净收益，这时机会成本大于投资这个项目得到的净收益。可以判断这个项目是不可行的。当内部收益率等于市场收益率时，是否进行这项投资就无所谓了。

但是，按照内部收益率来选择优先项目有可能导致不良的决策。假定有一个项目 A，现在需要投入 100 元，一年后可以得到 105 元，该项目的内部收益率为 5%。另一项目 B 现在需投入 1 000 元，一年后可得 1 040 元，其内部收益率为 4%。假定企业可以按照 3% 的利率自由贷款。按照内部收益率标准，项目 A 明显优于项目 B，但减去利息成本之后，项目 B 的收益为 10，多于项目 A，因此得出了与内部收益率标准不同的结果。由此，内部收益率方法忽略了项目的规模问题，可能会提供错误的指导，有其使用局限。

三、用收益—成本比率进行评价

收益—成本比率标准（*BCR*）在以前是成本收益分析使用的主要标准。简单来说，收益—成本比率就是项目的收益与成本的比率。准确地说，收益—成本比率是项目的收益现值与成本现值的比率：$BCR = \frac{PVB}{PVC}$，计算公式为：

$$BCR = \frac{\sum_{t=0}^{T} \frac{B_t}{(1+r)^t}}{\sum_{t=0}^{T} \frac{C_t}{(1+r)^t}}$$

根据 *BCR*，如果一个项目的 *BCR* 大于 1，该项目就是可取的。在表 12 – 6 所举的数字例子中，*BCR* 等于 0.953（953.13/1 000），这说明该项目不能接受。显然，*BCR* 与 *NPV* 标准密切相关。事实上，只要 *NPV* 是正数，*BCR* 就会大于 1；若 *NPV* 是负数，*BCR* 就会小于 1。

与内部收益率方法一样，收益—成本比率在项目优先性的选择中亦有其使用局限。如现有两个项目 X 和 Y，X 的成本现值是 200，收益现值是 450，可求出收益—成本比率为 450/200 = 2.25；项目 Y 的成本现值是 4 000，收益现值是 8 000，可求出收益—成本比率为 8 000/4 000 = 2。若按照收益—成本比率判断，项目 X 将被选中，但项目 Y 的净收益远远大于项目 X 的净收益，按现值标准应选择项目 Y。

从以上三种方法的分析中可以看出，在对某项目进行成本收益分析时，内部收益率方法和收益—成本比率方法都存在一定的弊端，项目规模的不同以及对成本和收益的不同界定都会导致错误的指导。只有净现值方法才是最为可靠的。

四、成本收益分析的作用与局限性

成本收益分析方法最早出现于美国《1936 年防洪法案》，第二次世界大战期间，美国将其用于指导军事工程的建造，并于 20 世纪 60 年代出现计划方案预算制度之后得到系统的应用。此后，成本收益分析对美国联邦政府各部门的政策设计和制定影响日增，而且在英国、加拿大、日本等国也应用普遍。我国对于公共支出的成本收益分析起步较晚，但目前政府部门对这一问题给予高度重视，并逐步将这一方法运用于各项公共支出项目的评价，比如应急管理支出项目的评价。

虽然可以运用成本收益分析方法评价应急管理这一公共支出项目，但它的局限性也是显而易见的。这首先表现在对应急管理项目的成本和收益，尤其是其外部成本和外部收益的衡量存在困难。由于分析对象无法计量，企图通过量化手段来进行决策分析的初衷受到挑战。其次，社会贴现率选择的主观性和随意性，无法保证成本收益分析方法的客观性。在某些项目的实施决策中，成本收益分析方法甚至成为决策者操纵决策结果的工具。最后，由于应急管理投资项目给各个经济主体带来的收益不同，投资决策的价值判断就十分重要，而此时的成本收益分析方法就显得苍白无力了。

本章学习要点

通过本章的学习，要求了解货币的时间价值的相关概念，掌握单利、复利和年金条件下现值与终值的计算；熟悉收益、成本与风险的内涵及确定方法；重点学会运用成本收益定量分析方法评价应急管理的投资项目。

1. 货币的时间价值。

2. 成本、收益与风险的确定。

3. 投资项目的经济评价方法。

关键术语

现值　货币时间价值　贴现率　影子价格　消费者剩余　净现值

内部收益率　收益—成本比率

思考与练习

1. 某应急项目现阶段的收益为 140 万元，1 年后的收益为 60 万元，2 年后的收益为 30 万元；项目现阶段无成本，但 2 年后的成本为 200 万元。假设利率是 10%。如果项目可取的标准是其收益成本比率大于 1，计算分析该项目是否可取？

2. 现有一应急管理投资项目，其预期成本现值为 90 万元，第 1 年、第 2 年、第 3 年的预期收益终值分别为 12 万元、60 万元、60 万元，如果利率为 10%，计算该项目的净收益现值、内部收益率和收益—成本比率，并给出是否投资的建议。

补充读物

崔鑫生．公共部门经济学［M］．北京：对外经济贸易出版社，2007

第十三章 库存分析

本章概述

为应对突发事件，迅速调拨重要商品，按照商品区域优势，建立应急商品数据库和有效实施重要应急商品库存调拨。主要内容包括重点企业应急商品的生产能力、库存水平、运输方式等情况。通过各类情况下库存模型的学习，了解库存决策的重大意义，掌握在应急状态下如何调配救灾资源，保障应急物质的充分与有效供给。

在应急管理过程中，有时需要相关的物质贮备，尤其是灾后重建过程中的物质调配与物质库存。库存是指为满足应急需要而存储起来的货物或物料。之所以持有库存，其部分原因在于难以精确地预测应急的需求水平、发生的时间等，因此，库存是对不确定性及波动因素的一个缓冲，通过持有可得的物料，以备应急所需。理论上，物质贮备越充分，应急过程就会越从容，但同时会带来总体库存成本的上升。如在粮食应急状态下，对原粮及库存成品粮采购、调拨、加工、运输、供应等方面的应急处置行动。在下列情况下必须启动粮食紧急处置预案，此时粮食库存问题尤为突出：

(1) 发生洪水、地震以及其他严重自然灾害，造成粮食市场异常波动。

(2) 发生重大传染性疫情、群体性不明原因疾病、重大食物中毒和职业中毒等突发公共卫生事件，引起公众恐慌，造成粮食市场异常波动。

(3) 粮食价格波动逼近或超过“安全警戒线”。

(4) 其他引发粮食市场异常波动的情况。

因此，在涉及库存的应急管理中，管理者必须考虑两个问题：

一是库存补货的订货量是多少；二是何时进行库存补货，使应急物质既可以满足应急所需，又不至于带来过大的成本负担。这两个问题也就是库存论中的存贮策略。

第一节　库存论的基本概念

从应急管理运作流程纵向集成的角度，恢复期物资的需求量依赖于响应期物资短缺量，将应急库存物资划分为响应期物资与恢复期物资两大类。基于跨期一体化的最优订货量单周期库存模型，存贮量因需求而减少，因补充而增加。

一、库存需求

对存贮来说，由于需求，从存贮中取出一定的数量，使存贮量减少，这就是存贮的输出。有的需求是间断式的，有的需求是连续均匀的，有的需求是季节性波动的。

图 13－1 和图 13－2 分别表示 t 时间内的输出量皆为 $S-W$，但两者的输出方式不同。图 13－1 是间断式的，图 13－2 是连续的。

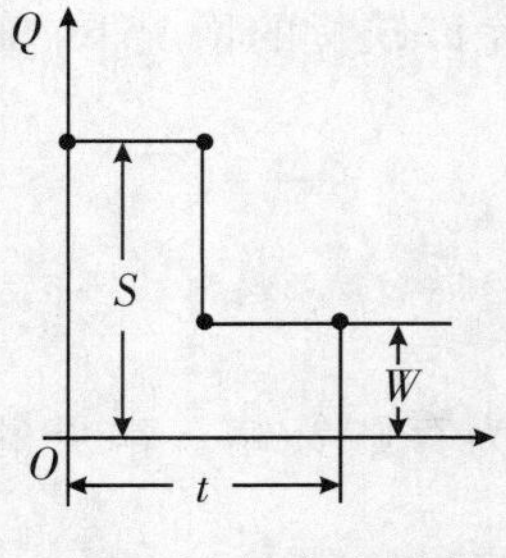

图 13－1　间断式输出

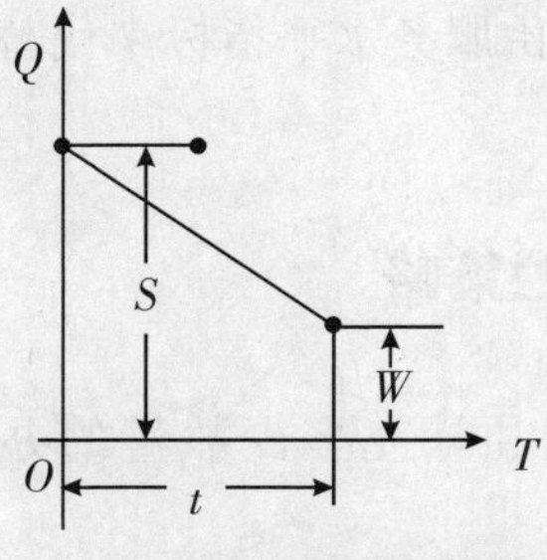

图 13－2　连续输出

二、补充（生产或订货）

补充的办法可能是向其他工厂购买，从订货到货物进入“存贮”往往需要一段时间，这段时间称为拖后时间。为了在某一时刻能补充存贮，必须提前订货，那么这段时间也可称为提前时间（或称备货时间）。拖后时间可以是随机性的，也可以是确定性的。

三、成本或费用

存贮过程中发生的成本或费用包括以下四个方面：

1. 持有成本（holding cost，C_h）

其中包括货物占用资金应付的利息以及使用仓库、保管货物、货物损坏变质等支出的费用。有时用货物价值的百分比来表示。

2. 订货费用（ordering cost，C_o）

其中包括两项费用，一项是订购费用，如手续费、电信往来、派人员外出采购等费用，与订货次数有关而与订货数量无关。另一项是货物的成本费用，它与货物的数量 Q 和单价 P 有关。由于 P、Q 是一个常量，通常在建立库存模型时不考虑该项。

3. 装设费用（set up cost，C_s）

补充存贮时，如果不需向外厂订购，由本厂自行生产，这时仍需支出更换模具、夹具或添置某些专用设备等各项费用。它与生产次数有关而与生产数量无关，和订货费用是同一类性质的费用，有时不加区分地用 C_o/ C_s来表示这类费用。

4. 缺货费用（penalty cost，C_p）

它是指当存贮供不应求时所引起的损失，如失去销售机会的损失、停工待料的损失以及不能履行合同而缴纳的罚款等。有时由于物品的种类不具有可比性，缺货费用由服务水平指标来代替。在不允许缺货的情况下，缺货费用为无穷大。

四、存贮策略

何时补充和补充多少数量的办法被称为存贮策略。常见的策略有三种类型：

（1）t_0循环策略：每隔 t_0时间补充存贮量 Q。

（2）（s，S）策略：每当存贮量 $x>s$ 时不补充；当 $x\leqslant s$ 时补充存贮。补充量 $Q=S-x$（即将存贮量补充到 S）。

（3）（t，s，S）混合策略：每经过 t 时间检查存贮量 x，当 $x>s$ 时不补充；当 $x\leqslant s$ 时，补充贮存量使之达到 S。

从存贮模型来看可以分为两类：一类叫做确定性模型，即模型中的数据皆为确定的数值；另一类叫做随机性模型，即模型中含有随机变量，而不是确定的数值。

一个好的存贮策略，既可以使总费用最小，又可以避免因缺货而影响利润。

第二节　确定性存贮模型

在研究建立模型时，需要作一些假设。基于不同的假设，就会有不同的模型。根据应急管理的要求，应急物资通常不允许缺货，或即使缺货，但补货或补充调用时间很短。下面介绍和这些限制条件有关的模型。

一、模型一：ABC 模型

ABC 分类方法是库存管理中最常用的方法，基本思想如下：

（1）采用的指导思想是 20/80 原则，20% 左右的因素占有（或提供）80% 的成果，实际上采用的是重点管理法的思想，如图 13－3 所示。

（2）找出占用资金量大的少数物资加以重点管理和控制。

（3）物资的分类：

A 类物资：占用了 65%～80% 的价值的 15%～20% 的物品；

B 类物资：占用了 15%～20% 的价值的 30%～40% 的物品；

C 类物资：占用了 5%～15% 的价值的 40%～55% 的物品。

ABC 方法的优点是控制方法操作简单，能够对库存控制做到重点与一般相结合，有利于降低库存，节约保管费用，减少资金占用，加速资金周转。

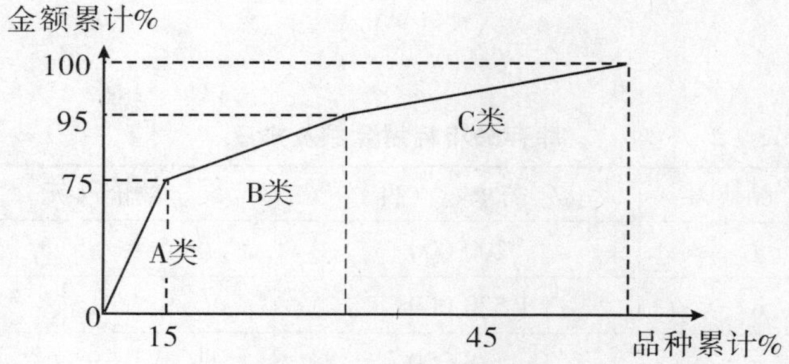

图 13－3　ABC 分类

基本步骤是：

（1）统计应急物资的年需求量以及单价；

（2）计算年耗用金额，年耗用金额 = 需求量 × 单价，并按年耗用金额作降序排列；

（3）计算各应急物资的累计耗用金额和累计的百分比；

（4）按照约定的比例，将所有的应急物资分成 A、B、C 三类。

例 13 – 1： 某小型应急物质储备中心拥有 10 项库存品，各种库存品的年需要量、单价如表 13 – 1 所示。为了加强库存品的管理，企业计划采用 ABC 库存管理法，决定按 20% 的 A 类物资、30% 的 B 类物资、50% 的 C 类物资来建立 ABC 库存分析系统。问该配送中心应如何进行分类。

表 13 – 1　　某小型配送中心库存需求情况

库存品代号	年需求量（件）	单价（元）
a	40 000	5
b	190 000	8
c	4 000	7
d	100 000	4
e	2 000	9
f	250 000	5
g	15 000	6
h	80 000	4
i	10 000	5
j	5 000	7

解：（1）计算出各种库存品的年耗用金额，并按从大到小排序，如表 13 – 2 所示。

表 13 – 2　　库存品年耗用金额及排序

库存品代号	年需求量（件）	单价（元）
a	200 000	5
b	1 520 000	1
c	28 000	9

（续上表）

库存品代号	年需求量（件）	单价（元）
d	400 000	3
e	18 000	10
f	1 520 000	2
g	90 000	6
h	320 000	4
i	50 000	7
j	35 000	8

（2）计算出各库存品的累积耗用金额和累积的分比，如表 13－3 所示。

表 13－3　　　　　　　　库存消耗资料

库存品代号	年耗用金额（元）	累积耗用金额（元）	累积百分比（%）	分类
a	1 520 000	1 520 000	38.9	A
b	1 250 000	2 770 000	70.8	A
c	400 000	3 170 000	81.1	B
d	320 000	3 490 000	89.2	B
e	200 000	3 690 000	94.3	B
f	90 000	3 780 000	96.6	C
g	50 000	3 830 000	97.9	C
h	35 000	3 865 000	98.8	C
i	28 000	3 893 000	99.5	C
j	18 000	3 911 000	100.0	C

（3）按照题目的规定，把库存品划分为 A、B、C 三类，如表 13－4 所示。

表 13－4　　库存分类

分类	每类金额（元）	库存品数百分比（%）	耗用金额百分比（%）	累积耗用金额百分比（%）
A＝b，f	2 770 000	20	70.8	70.8
B＝d，h，a	920 000	30	23.5	94.3
C＝g，i，j，c，e	221 000	50	5.7	100

二、模型二：不允许缺货，生产时间很短（EOQ）

（1）缺货费用无穷大；

（2）当存贮降至零时，可以立即得到补充（即生产时间或拖后时间很短，可以近似地看作零）；

（3）需求是连续的、均匀的，设需求速率 R（单位时间的需求量）为常数，则 t 时间的需求量为 Rt；

（4）每次订货量不变，订购费不变（每次生产量不变，装配费不变）；

（5）单位存贮费不变。

存贮量变化情况如图 13－4（a）所示，成本曲线如图 13－4（b）所示。

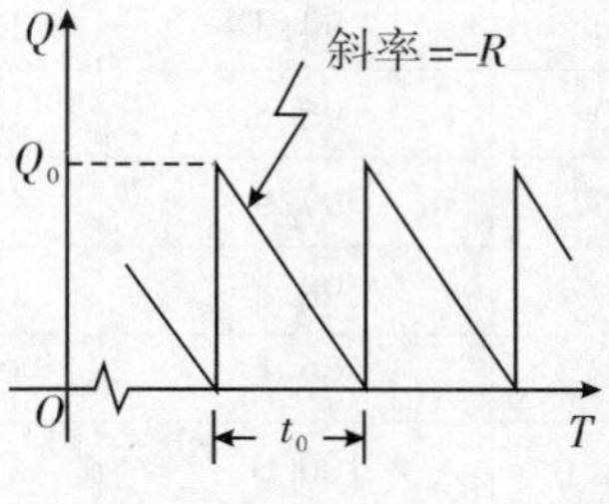

图 13－4（a）　存贮变化情况

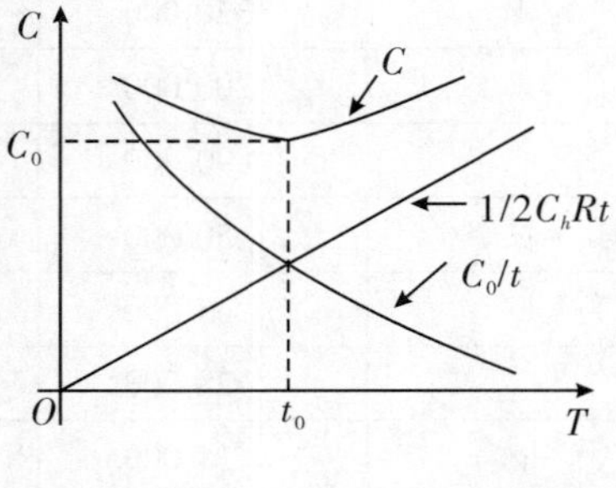

图 13－4（b）　成本曲线

由于可以立即得到补充，所以不会出现缺货。

假设每隔 t 时间补充一次存贮，那么订货量必须满足 t 时间的需求 Rt，记订货量为 Q，则 $Q=Rt$；订购费用为 C_o，t 时间内的平均订货费用为 C_o/t；t 时间内的平均存贮量为 $\frac{1}{t}\int_0^t Rt\mathrm{d}t=\frac{1}{2}Rt$，单位持有成本为 C_h，t 时间内所需平均

存贮费用为$\frac{1}{2}C_hRt$，则 t 时间内总的平均费用为

$$C(t) = C_o/t + \frac{1}{2}C_hRt \tag{13.1}$$

令

$$\frac{dC(t)}{dt} = -\frac{C_o}{t^2} + \frac{1}{2}C_hR \tag{13.2}$$

则

$$t_o = \sqrt{\frac{2C_o}{C_hR}}$$

即每隔 t_o时间订货一次可使 $C(t)$ 最小。

订货批量

$$Q_o = Rt_o = \sqrt{2C_oR/C_h} \tag{13.3}$$

总成本

$$\text{Min } C = \sqrt{2C_oC_hR} \tag{13.4}$$

公式（13.3）即存贮论中的经济订购批量（economic order quantity, EOQ），如成本曲线如图 13－4 所示。

例 13－2：某应急管理物质贮备仓库每月按计划需要角钢 3 000 吨，每吨每月需存贮费 5.3 元，每次订货需要处理订单往返沟通和运输费共 2 500 元。试比较按月配送贮备和按 *EOQ* 配送贮备的费用情况。

解：（1）按月配送贮备：

该仓库每月配送贮备角钢一次，批量为 3 000 吨，

每月需总费用：$5.3 \times \frac{1}{2} \times 3\,000 + 2\,500 = 10\,450$（元/月）

全年所需费用为：$10\,450 \times 12 = 125\,400$（元/年）。

（2）按 *EOQ* 配送贮备：

批量　$Q_o = \sqrt{2 \times C_o \times R/C_h}$（$C_0$：订货费用；$R$：需求速率；$C_h$：持有成本）

$= \sqrt{2 \times 2\,500 \times 3\,000/5.3} \approx 1\,682$（吨）

利用 Q_o计算出全年应生产 n_o吨：

$$n_o = \frac{3\,000 \times 12}{Q_o} = 21.4 \text{（吨）}$$

全年共需费用为：$21.4 \times \left(2\,500 + \frac{5.3 \times 12}{21.4} \times \frac{1\,682}{2}\right) = 106\,988$（元/年）。

（1）和（2）相比较，该仓库在利用 *EOQ* 公式求出经济批量进行配送贮备即可节约资金 $125\,400 - 106\,988 = 18\,412$（元/年）。

三、模型三：不允许缺货，补货需一定时间（EPQ）

（1）缺货费用无穷。

（2）补货批量为 Q，所需补货时间为 T，补货速度为 $P=Q/T$。

（3）需求是连续的、均匀的。已知需求速率为 R（$R<P$），补货的产品一部分满足需求，剩余部分才作为存贮。这时存贮变化如图 13-5 所示，t 时间的需求量为 Rt。

（4）每次订货量不变，订购费不变（每次补货量不变，订货费不变）。

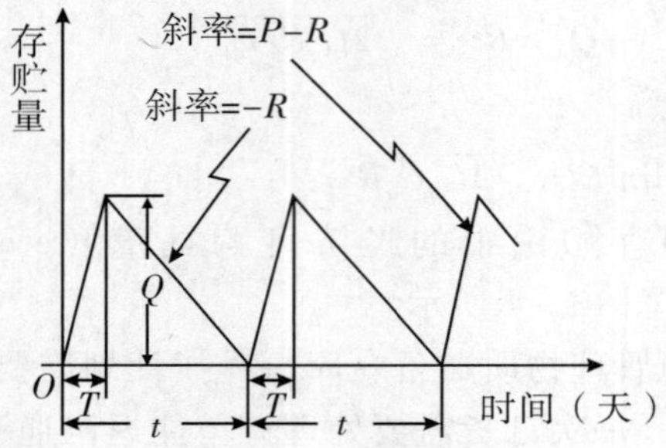

图 13-5　存贮变化

（5）单位存贮费不变。

在［0，T］区间内，存贮以速率 $P-R$ 增加，在［T，t］区间内存贮以速率 T 减少，如图 13-5 所示。T 与 t 皆为待定数。

从图 13-5 知，$(P-R)\ T=R\ (t-T)$，即 $PT=Rt$

则
$$T=\frac{Rt}{P}$$

t 时间内的平均存贮费用为$\frac{1}{2}\ (P-R)\ T$

订货费用为$\frac{1}{2}C_h\ (P-R)\ Tt$

t 时间内的平均存贮量为 C_o。

单位时间总费用（平均费用）$C\ (t)$：

$$C\ (t)\ =\frac{1}{t}\ \left[\frac{1}{2}C_h\ (P-R)\ Tt+C_o\right]\ =\frac{1}{t}\ \left[\frac{1}{2}C_h\ (P-R)\ \frac{Rt^2}{P}+C_o\right] \tag{13.5}$$

（13.5）式对 t 求导数，令$\frac{dC\ (t)}{dt}=\frac{1}{2}C_h\ (P-R)\ \frac{R}{P}-\frac{C_o}{t^2}=0$

则
$$t_o = \sqrt{\frac{2C_oP}{C_hR\ (P-R)}} \tag{13.6}$$

相应的补货批量
$$Q_o = EPQ = \sqrt{\frac{2C_oPR}{C_h\ (P-R)}} \tag{13.7}$$

成本
$$\text{Min } C\ (t_o) = \sqrt{2C_oC_hR\frac{(P-R)}{P}} \tag{13.8}$$

利用 t_o可求出最佳补货时间

$$T_o = \frac{Rt_o}{P} = \sqrt{\frac{2C_oR}{C_hP\ (P-R)}} \tag{13.9}$$

例 13－3：中心应急贮备仓库拥有对某应急物质年库存补货容量为 60 000 箱的补货能力。某地区仓库对某应急物质估计每年的需求量为 26 000 箱，全年的需求量不变。与补货有关的通信、沟通、准备及启动成本大约为 135 元，每箱应急物质的成本为 4.5 元，年持有成本率为 24%，则 $C_h = 0.24 \times 4.5 = 1.08$ 元，那么建议的补货批量为多少呢？

解：利用公式（13.7）可得

$$EPQ = \sqrt{\frac{2\times 26\ 000\times 135\times 60\ 000}{1.08\times\ (60\ 000-26\ 000)}} = 3\ 387\text{（件）}$$

$$\text{Min } C = \sqrt{2\times 1.08\times 135\times 26\ 000\times\frac{60\ 000-26\ 000}{60\ 000}} = 2\ 073\text{（件）}$$

$$T_o = \sqrt{\frac{2\times 135\times 26\ 000}{1.08\times 60\ 000\times\ (60\ 000-26\ 000)}} = 0.056\ 4\text{（年）}\approx 20.6\text{（天）}$$

四、模型四：允许缺货（缺货需补足），补货时间很短（EOQ with Backorder）

（1）允许缺货，缺货损失很少或不受损失；

（2）存贮可降至零；

（3）需求是连续的、均匀的，设需求速率 R（单位时间的需求量）为常数，则 t 时间的需求量为 Rt；

（4）每次订货量不变，订购费不变（每次补货量不变，订货费不变）；

（5）单位存贮费不变。

假设最初存贮量为 S，可以满足 t_1 时间的需求，t_1 时间的平均存贮量为 $\frac{1}{2}S$，在 $(t-t_1)$ 时间的存贮为零，平均缺货量为 $\frac{1}{2}R\ (t-t_1)$，由于 S 仅能满

足 t_1 时间的需求 $S=Rt_1$，如图 13－6 所示。

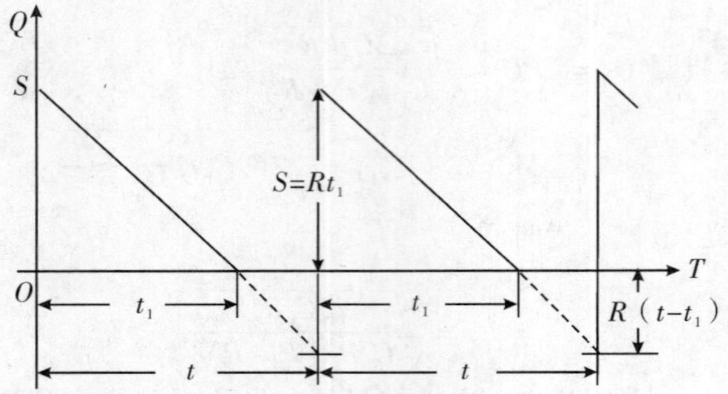

图 13－6

则 $t_1=S/R$

在 t 时间内所需存贮费用 $C_h\frac{1}{2}St_1=\frac{1}{2}C_h\frac{S^2}{R}$

在 t 时间内的缺货费用 $C_p\frac{1}{2}R(t-t_1)^2=\frac{1}{2}C_p\frac{(Rt-S)^2}{R}$

订货费用为 C_o

平均总费用 $C(t,s)=\frac{1}{t}\left[C_h\frac{S^2}{2R}+C_p\frac{(Rt-S)^2}{2R}+C_o\right]$ （13.10）

式中有两个变量，利用多元函数求极值的方法求 $C(t,s)$ 的最小值：

$\frac{\partial C}{\partial s}=\frac{1}{t}\left[C_h\frac{S}{R}-C_p\frac{(Rt-S)}{R}\right]=0$ 则 $S=\frac{C_pRt}{C_h+C_p}$

$\frac{\partial C}{\partial t}=-\frac{1}{t^2}\left[C_h\frac{S^2}{2R}+C_p\frac{(Rt-S)^2}{2R}+C_o\right]+\frac{1}{t}\left[C_p(RT-S)\right]=0$

则：$-C_h\frac{S^2}{2}-C_h\frac{(Rt-S)^2}{2}-C_oR+tR\left[C_p(Rt-S)\right]=0$

得：$t_o=\sqrt{\frac{2C_o(C_h+C_p)}{C_hRC_p}}$ （13.11）

$S_o=\sqrt{\frac{2C_pC_oR}{C_h(C_h+C_p)}}$ （13.12）

$\mathrm{Min}\ C(t,S)=C_o(t_o,S_o)=\sqrt{\frac{2C_hC_pC_oR}{C_h+C_p}}$ （13.13）

模型的进一步分析：

（1）当 C_p 很大时（即不允许缺货），$C_p \to \infty$，$\frac{C_p}{C_h + C_p} \to 1$

则 $t_o = \sqrt{\frac{2C_o}{C_h R}}$，$S_o = \sqrt{\frac{2RC_o}{C_h}}$，$C_o = \sqrt{2C_h C_o R}$，即 EOQ 模型。

（2）模型三中由于允许缺货，最佳周期 t_o 为不允许缺货周期 t 的 $\sqrt{\frac{C_p + C_h}{C_p}}$ 倍，又由于 $\sqrt{\frac{C_p + C_h}{C_p}} > 1$，因此两次订货间隔时间延长了。

（3）在不允许缺货的情况下，为满足 t_o 时间内的需求，订货量 $Q_o = Rt_o$，

即
$$Q_o = \sqrt{\frac{2RC_o C_p + C_h}{C_h C_p}} \tag{13.14}$$

（4）在允许缺货的情况下，存贮量只需达到 S_o 即可，$S_o = \sqrt{\frac{2RC_o C_p}{C_h\ (C_p + C_h)}}$。

显然 $Q_o > S_o$，它们的差值 $Q_o - S_o = \sqrt{\frac{2RC_o C_h}{C_p\ (C_p + C_o)}}$ 表示在 t_o 时间内的最大缺货量。

在允许缺货条件下，经过研究而得出的存贮策略是隔 t_o 时间订货一次，订货量为 Q_o，用 Q_o 中的一部分补足所缺货物，剩余部分 S_o 进入存贮。很明显，在相同的时间段里，允许缺货的订货次数比不允许缺货的订货次数减少了。

例 13－4：收音机是一种地震救灾应急物质，假设对某应急物质贮备仓库对收音机的延迟订货模型的假设是有效的。该仓库的基本情况如下：需求速率 $R = 2\ 000$ 个/年，持有成本费率为 20%，每份订单的订货费用为 25 元/年，产品单价为 50 元。仓库考虑允许该产品适当地出现一些延迟订货，预计每年延迟订货的单位成本为 30 元。求该问题的最优批量。

解：$C_h = 20\% \times 50 = 10$ 元，则

$$Q_o = \sqrt{\frac{2 \times 2\ 000 \times 25}{10} \times \frac{10 + 30}{30}} = 115.47\text{（件）}$$

$$S_o = \sqrt{\frac{2 \times 2\ 000 \times 30 \times 25}{10 \times\ (10 + 30)}} = 86.6\text{（件）}$$

最大缺货量 = $Q_o - S_o = 28.87$（件）。

五、模型五：价格折扣模型

在日常生活中，人们可以看到商品有所谓零售价、批发价和出厂价三种价

格。购买同一种商品，数量不同，商品的单价也不同。一般情况下，购买数量越多则商品的单价越低；在少数情况下，某种商品限额供应，超过限额部分的商品单价要提高，这类问题是价格折扣的存贮问题。

（1）货物单价随订购数量而变化；

（2）缺货费用无穷大；

（3）当存贮降至零时，可以立即得到补充（即生产时间或拖后时间很短，可以近似地看作零）；

（4）需求是连续的、均匀的，设需求速率 R（单位时间的需求量）为常数，则 t 时间的需求量为 Rt；

（5）每次订货量不变，订购费用不变（每次生产量不变，装配费不变）；

（6）单位存贮费用不变。

记货物单价 $K(Q)$，设 $K(Q)$ 按三个数量等级变化，如图 13－6 所示，平均单位货物费用如图 13－7 和图 13－8 所示。

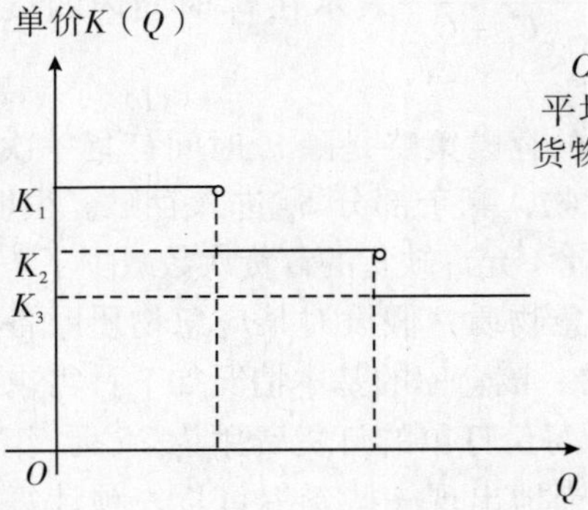

图 13－7

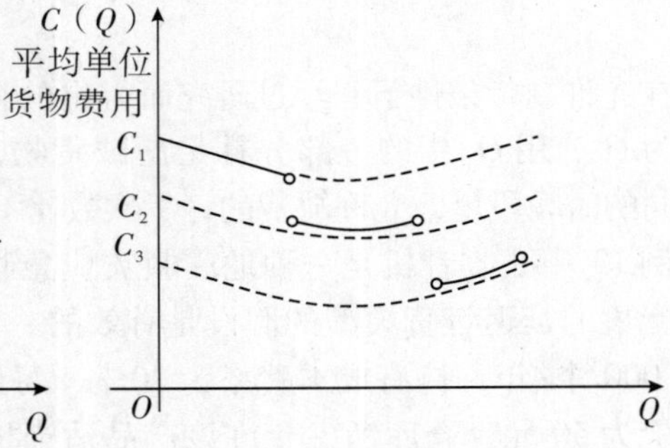

图 13－8

当订购量为 Q 时，一个周期内所需费用为

$$\frac{1}{2}C_hQ\frac{Q}{R}+C_o+K(Q)Q \tag{13.27}$$

$Q\in(0, Q_1)$ 时，有 $\frac{1}{2}C_hQ\frac{Q}{R}+C_o+K_1Q$

$Q\in(Q_1, Q_2)$ 时，有 $\frac{1}{2}C_hQ\frac{Q}{R}+C_o+K_2Q$

$Q\geqslant Q_2$ 时，有 $\frac{1}{2}C_hQ\frac{Q}{R}+C_o+K_3Q$

平均单位货物所需费用：

$$C_1(Q)=\frac{1}{2}C_h\frac{Q}{R}+\frac{C_o}{Q}+K_1 \qquad Q\in(0,\ Q_1)$$

$$C_2(Q)=\frac{1}{2}C_h\frac{Q}{R}+\frac{C_o}{Q}+K_2 \qquad Q\in(Q_1,\ Q_2)$$

$$C_3(Q)=\frac{1}{2}C_h\frac{Q}{R}+\frac{C_o}{Q}+K_3 \qquad Q\geqslant Q_2 \tag{13.28}$$

如果不考虑 $C_1(Q)$，$C_2(Q)$，$C_3(Q)$ 的定义域，它们之间只差一个常数，因此，它们的导函数相同。为求极值，令导函数为零，解得 Q_o。Q_o 落在哪一个区间事先难以预计，但是可以依照下面的求解步骤求得最佳订购批量 Q^*。

（1）对 $C_1(Q)$（不考虑定义域）求得极值点为 Q_o。

（2）若 $Q_o<Q_1$，计算

$$C_1(Q_o)=\frac{1}{2}C_h\frac{Q_o}{R}+\frac{C_o}{Q_o}+K_1$$

$$C_2(Q_1)=\frac{1}{2}C_h\frac{Q_1}{R}+\frac{C_o}{Q_1}+K_2$$

$$C_3(Q_2)=\frac{1}{2}C_h\frac{Q_2}{R}+\frac{C_o}{Q_2}+K_3$$

即比较 $C_1(Q_o)$ 的极小值，C_2和 C_3的端点值。

由 $\mathrm{Min}\{C_1(Q_o),\ C_2(Q_1),\ C_3(Q_2)\}$ 得到单位货物最小费用的订购批量 Q^*。

（3）若 $Q_1\leqslant Q_o<Q_2$，则计算 $C_2(Q_o)$ 和 $C_3(Q_2)$，由 $\mathrm{Min}\{C_2(Q_o),\ C_3(Q_2)\}$ 决定 Q^*。

（4）若 $Q_2\leqslant Q_o$，则取 $Q^*=Q_o$。

以上步骤易于推广到单价折扣为 m 个等级的情况。

设订购量为 Q，其单价为 $K(Q)$。

$$K(Q)=\begin{cases}K_1,\ 0\leqslant Q<Q_1\\ K_2,\ Q_1\leqslant Q<Q_2\\ \vdots\\ K_j,\ Q_{j-1}\leqslant Q<Q_j\\ \vdots\\ K_m,\ Q_{m-1}\leqslant Q\end{cases}$$

对 $C_1(Q)$ 求得极值点为 Q_o，若 $Q_{j-1}\leqslant Q_o<Q_j$，求 $\mathrm{Min}\{C_j(Q_o),\ C_{j+1}(Q_j),\ \cdots,\ C_m(Q_{m-1})\}$，设从此式得到的最小值为 $C_j(Q_{l-1})$，则取 $Q^*=Q_{l-1}$。

例 13－5：某应急贮备仓库每年需某种元件 5 000 个，每次订购费用 $C_o=50$ 元，保管费每件每年 $C_h=1$ 元，不允许缺货，元件单价 K 随采购数量的不同而变化，比较分别订购 707 个和 1 500 个元件所需的费用，试求最佳订购量。

解：利用 EOQ 公式计算

$$Q_o=\sqrt{\frac{2C_oR}{C_h}}=\sqrt{\frac{2\times 50\times 5\,000}{1}}=707\text{（个）}$$

分别计算每次订购 707 个和 1 500 个元件平均单位元件所需费用：

$$C\text{（707）}=\frac{1}{2}\times 1\times\frac{707}{5\,000}+\frac{50}{707}+2=2.141\,4\text{（元/件）}$$

$$C\text{（1 500）}=\frac{1}{2}\times 1\times\frac{1\,500}{5\,000}+\frac{50}{1\,500}+1.9=2.083\,3\text{（元/件）}$$

因为 C（1 500）$<C$（707），可知最佳订购量为 $Q^*=1\,500$（件）。

由于订购批量不同，订货周期长短不一样，因此才利用平均单位货物所需费用比较优劣。当然也可以利用不同批量，计算其全年所需费用来比较优劣。

特例：有折扣条件：当 $Q<Q_1$ 时，$K(Q)=K_1$；当 $Q>Q_1$ 时 $K(Q)=K_2$。超过 Q_1 部分，$(Q-Q_1)$ 按 K_2 计算货物单位。

如果 $K_2<K_1$，显然是鼓励大量购买货物，和前面的模型相同。在特殊情况下，会出现 $K_2>K_1$，这时要利用价格的变化限制购货数量，将本节提供的方法稍加变化后就可以解决这类问题。

第三节　随机性存贮模型

随机性存贮模型的重要特点是需求为随机的。如果零售商既不想因为缺货而失去销售机会，又不想因滞销而过多积压资金，这时必须采用新的存贮策略。可供选择的策略主要有三种：

第一种策略：定期订货，但订货数量需要根据上一个周期末剩下货物的数量决定订货量。剩下的数量少，可以多订货；剩下的数量多，可以少订或不订货，这种策略称为定期订货法。

第二种策略：定点订货，存贮降到某一确定的数量时即订货，不再考虑时间的间隔。这一数量值称为订货点，每次订货的数量不变，这种策略可称为定点订货法。

第三种策略：把定期订货与定点订货综合起来，隔一定时间检查一次存贮，如果存贮数量高于一个数值 s，则不订货；小于 s 时则订货补充存贮，订货量要使存贮量达到 S，这种策略可以简称为（s，S）存贮策略。

在本节中只介绍需求是随机离散的模型，也即报童问题。

例 13-6：报童问题：报童每天售报数量是一个随机变量。报童每售出一份报纸赚 K 元。如报纸未能售出，每份赔 h 元，每日售出报纸份数 r 的概率 $P(r)$ 根据以往的经验是已知的，问报童每日最好准备多少份报纸。

这个问题问的是报童每日报纸的订货量 Q 为何值时，赚钱的期望值最大；或者是如何适当地选择 Q 值，使因不能售出报纸的损失及因缺货失去销售机会的损失，两者期望值之和最小。

解：设售出报纸数量为 r，其概率 $P(r)$ 为已知，$\sum_{r=0}^{\infty} P(r)=1$；设报童订购报纸数量为 Q。

（1）当供过于求时，即 $r \leqslant Q$，这时报纸因不能售出而承担的损失，其期望值为

$$\sum_{r=0}^{Q} h(Q-r)P(r) \tag{13.29}$$

（2）当供不应求时，即 $r>Q$，这时因缺货而少赚钱的损失，其期望值为

$$\sum_{r=Q+1}^{\infty} K(r-Q)P(r) \tag{13.30}$$

综合（1）、（2）两种情况，当订货量为 Q 时，损失的期望值为

$$C(Q)=h\sum_{r=0}^{Q}(Q-r)P(r)+K\sum_{r=Q+1}^{\infty}(r-Q)P(r) \tag{13.31}$$

要从（13.31）中决定 Q 的值，使 $C(Q)$ 最小。

由于报童订购报纸的份数职能取整数，r 是离散变量，所以不能用求导数的方法求极值，为此，设报童每日订购报纸份数最佳量为 Q，其损失的期望值应有

（3）$C(Q) \leqslant C(Q+1)$

（4）$C(Q) \leqslant C(Q-1)$

从（3）出发：

$$h\sum_{r=0}^{Q}(Q-r)P(r)+K\sum_{r=Q+1}^{\infty}(r-Q)P(r) \leqslant h\sum_{r=0}^{Q+1}(Q+1-r)P(r)+K\sum_{r=Q+2}^{\infty}(r-Q-1)P(r)$$

经化简后得 $$(k+h)\sum_{r=0}^{Q}P(r)-K\geqslant 0$$

即 $$\sum_{r=0}^{Q}P(r)\geqslant\frac{k}{k+h}\tag{13.32}$$

从（4）出发：

$$h\sum_{r=0}^{Q}(Q-r)P(r)+K\sum_{r=Q+1}^{\infty}(r-Q)P(r)\leqslant h\sum_{r=0}^{Q-1}(Q-1-r)P(r)+K\sum_{r=Q}^{\infty}(r-Q+1)P(r)$$

经化简后得 $$(k+h)\sum_{r=0}^{Q-1}P(r)-k\leqslant 0$$

即 $$\sum_{r=0}^{Q-1}P(r)\leqslant\frac{k}{k+h}\tag{13.33}$$

报童应准备的报纸最佳数量 Q 按下列不等式确定：

$$\sum_{r=0}^{Q-1}P(r)<\frac{k}{k+h}\leqslant\sum_{r=0}^{Q}P(r)\tag{13.34}$$

例 13－7：某商店拟在新年期间出售一批日历画片，每售出一千张可赢利 70 元。如果在新年期间不能售出必须削价处理，作为画片出售。由于削价，一定可以售完，此时每千张赔 40 元。根据以往的经验，市场需求的概率，如表 13－5 所示。

表 13－5　市场需求概率表

需求量 r（千张）	0	1	2	3	4	5
概率 $P(r)$	0.05	0.10	0.25	0.35	0.15	0.10

每年只能订货一次，问：应订购日历画片多少千张才能使获利的期望值最大？

解：已知 $k=70$，$h=40$，$\frac{k}{k+h}=\frac{70}{110}=0.636$

$P(0)=0.05\quad P(1)=0.10\quad P(2)=0.25\quad P(3)=0.35$

$\sum_{r=0}^{2}P(r)=0.05+0.10+0.25=0.4$

$\sum_{r=0}^{3}P(r)=0.4+0.35=0.75$

$\sum_{r=0}^{2}P(r)<0.636<\sum_{r=0}^{3}P(r)$

可知该店应订购日历画片 3 千张。

事实上，我们可以计算出不同订购决策下的获利情况。

以订货 4 千张为例：

当市场需求为 0 时，获利 $D(0) = -40 \times 4 = -160$（元）

当市场需求为 1 时，获利 $D(1) = -40 \times 3 + 70 = -50$（元）

……

当市场需求为 5 时，获利 $D(5) = -40 \times 0 + 70 \times 4 = 280$（元）

当订货策略为 0，1，2，3，4，5 时，不同市场需求下的获利期望值，如表 13－6 所示。

表 13－6　　获利期望值表　　单位：元

需求 / 获利 / 订货量	0	1	2	3	4	5	获利的期望值
0	0	0	0	0	0	0	0
1	－40	70	70	70	70	70	64.5
2	－80	30	140	140	140	140	118.0
3	－120	－10	100	210	210	210	144.0 *
4	－160	－50	60	170	280	280	131.5
5	－200	－90	20	130	240	350	102.5

从表 13－6 可知，订购量为 3 千张时期望获利最大为 144.0 元。

例 13－8：某店拟出售甲商品成本 50 元，售价 70 元，如不能售出必须减价为 40 元，减价后一定可以售出。已知售货量 r 的概率服从泊松分布：

$$P(r) = \frac{e^{-x}\lambda^{r}}{r!}\text{（}\lambda\text{ 为平均售出数）}$$

根据以往的经验，平均售出数为 6 单位（$\lambda = 6$）。问：该店订购量应为多少单位？

解：该店的销售收入，每单位商品为 $70-50=20$；滞销损失，每单位商品为 $50-40=10$，$k=20$，$h=10$，则：

$$\frac{k}{k+h} = \frac{20}{20+10} = 0.667$$

$P(r)=\frac{e^{-6}6^r}{r!}$，$\sum_{r=0}^{2}P(r)$ 记作 $F(Q)$，可查统计表

$$F(6)=\sum_{r=0}^{6}\frac{e^{-6}6^r}{r!}=0.606\ 3 \qquad F(7)=\sum_{r=0}^{7}\frac{e^{-6}6^r}{r!}=0.744\ 0$$

因为 $F(6)<\frac{k}{k+h}<F(7)$，故订货量应为7单位，此时损失的期望值最小。

本章学习要点

1. 了解库存的含义。
2. 掌握库存论的几个确定性存贮模型。
3. 掌握随机性存贮模型。

关键术语

处理与存储成本　机会成本　经济批量生产　批量价格折扣　最小总费用

思考与练习

1. 珍巴巴士公司有一套著名的巴士司机培训程序。该培训为期6周，并且面向公司所有的新司机。只要培训班的人数小于或等于35人，则在这6周内，培训的总成本为22 000元，主要包括教师、设备等成本。该培训项目每月至少要为珍巴巴士公司提供大约5个新司机，培训结束后，新司机暂时还不能上岗，要一直等待有空缺的全职司机岗位，但等待时间的工资为每月1 600元，珍巴巴士公司将这1 600元看成一笔持有成本，用来确保有需要时就能获得新司机。如果把这些等待中的司机看成是一项库存，则要使该公司一年中用于培训和支付暂时不工作的司机的总花费最少，培训班应该招收多少人？一年中开办几次这样的培训班？根据你的计算结果，年度总成本为多少？

2. 假设你在评估一项关于生产批量的决策，其中 $P=8\ 000$ 单位/年，$D=2\ 000$ 单位/年，$C_s=300$ 元，$C_h=1.60$ 单位/年。再假设现行做法要求每3个月生产500单位的产品。你觉得这样的生产批量有必要改动吗？请给出你的理由。如果变成你所建议的生产批量，则将为公司节省多少钱？

3. 一个允许缺货的EOQ模型的费用绝不会超过一个具有相同存贮费、订购费，但不允许缺货的EOQ模型的费用，试说明之。

4. 某生产企业对物料A的年需求量为 $D=2\ 500$ 单位，订购成本 $S=80$ 元/次，存储成本 $H=12$ 元/单位/年，提前期 $T=7$ 天，单价 $C=120$ 元，求经济订购批量、再订购点和年总成本。

第十四章　决策分析

本章概述

决策是为了实现特定的目标，根据客观的可能性，在占有一定信息和经验的基础上，借助一定的工具、技巧和方法，对影响未来目标实现的诸因素进行准确的计算和判断选优后，对未来行动作出决定。通过本章学习，了解决策的分类，掌握不确定型决策及风险型决策的基本求解方法；了解企业在风险管理中的价格策略、经营策略等。

在政府和企业应急管理中，实现某特定目标，往往涉及多个方案，但作为最优方案，可以使政府或企业应急管理获得较好的经济绩效，投入少、产出大。决策分析就是从多种可供选择的方案中找出最优方案的过程。

决策从不同的角度分类有：

（1）按决策问题所处的条件分为确定型决策、不确定型决策和对抗型决策。

（2）按问题的性质分为程序化决策和非程序化决策。

（3）按决策涉及的范围分为总体决策和局部决策。

（4）按决策过程是否运用数学模型来辅助决策分为定性决策和定量决策。

（5）按决策目标的数量分为单目标决策和多目标决策。

（6）按决策的整体构成分为单阶段决策和多阶段决策。

本章主要介绍确定型决策分析、风险型决策分析、不确定型决策分析。

第一节　确定型决策分析

确定型决策分析，是指决策者掌握了决策所需的各种情报信息，决策面临多种可行方案，各种可行方案的后果，都可以用确定的值来衡量，这时的决策分析是确定型的。应用确定型决策分析时，被决策问题应具备下述四个条件：

（1）存在决策者希望达到的一个明确目标（收益较大或损失较小）；

（2）只存在一个确定的自然状态（客观条件唯一）；

（3）存在着两个以上的行动方案；

（4）可以计算各种行动方案在确定状况下的损益值。

例 14－1：某企业生产的某种产品在市场上畅销，但该厂由于资金不足，不能增加产量以满足市场需求，如要增加产量，需要向银行贷款，年利率为10%，当该企业资金利润率为18%时，贷款500 万元是否可行？

解：企业面临确定的自然状况（银行贷款年利率为10%），有两种选择方案（贷款或不贷款）。

行动方案1：贷款500 万元时，收益增长值为：500×（18%－10%）＝40（万元）。

行动方案2：不贷款时，收益增长值为0。

例 14－2：某企业生产一种产品，定价 350 元/台时，年销量可达到 12 000台；定价400 元/台时，年销量可达到8 000 台；定价450 元/台时，年销量可达到4 000 台。问：该厂生产该产品的固定成本为50 万元，单位产品的变动成本为300 万元时，该产品定价多少时企业收益最大？

解：可以运用确定型决策方法

本题有三种可供选择的行动方案（三种不同定价），并可计算三种状态下的不同收益：

收益＝销售收入－销售成本

　　＝销售单价×销售量－（变动成本＋固定成本）

　　＝销售单价×销售量－（单位产品变动成本×销售量＋固定成本）

行动方案1：350×12 000－（300×12 000＋500 000）＝100 000（元）

行动方案2：400×8 000－（300×8 000＋500 000）＝300 000（元）（最佳）

行动方案3：450×4 000－（300×4000＋500 000）＝100 000（元）

第二节　风险型决策分析

风险型决策是根据预测各种事件可能发生的先验概率，然后再采用期望效果最好的方案作为最优决策方案。先验概率是根据过去经验或主观判断而形成的对各自然状态的风险程度的测算值。简而言之，原始的概率就称为先验概率。

这种决策所需要的大量情报信息都是具备的，且每种方案还面临多种后果。究竟出现何种后果，预先不能确定，只能借助统计资料，推算各种方案出现的可能性。风险型决策面临以下五个条件：

（1）存在决策者希望达到的目标（收益较大或损失最小）；

（2）存在两个或两个以上的自然状态；

（3）存在两个或两个以上的行动方案；

（4）可以计算各种行动方案在不同自然状态下的损益值；

（5）对于未来将出现的各种自然状态的可能性（概率）可预先知道。

一、最大可能法

最大可能法，就是在风险决策中选择一个概率最大的自然状态进行决策，其他概率较小的自然状态可以不管。通过这种方法，将风险型决策分析问题变成了确定型决策分析问题。

步骤：

（1）明确决策目标，收集可决策问题的有关信息；

（2）找出可能出现的自然状态；

（3）列出主要而且可行的行动方案；

（4）根据前期资料和经验，确定各种自然状态出现的概率；

（5）计算每一行动方案在概率最大的自然状态下相应的损益值；

（6）列出决策表；

（7）确定最优方案。

例 14－3：某企业要确定下一期的生产批量，经市场调查和预测，已知销路好、一般、差的可能性（概率）分别为 0.3、0.5 和 0.2。经计算，产品采用大、中、小批量生产时，可能获得以下决策表（见表 14－1），要求通过决策分析，确定合理批量，使企业效益最大。

表 14 - 1　　决策表　　单位：万元

收益 \ 自然状态 / 概率 / 方案	产品销路 θ_1	θ_2	θ_3
概率	0.3	0.5	0.2
A_1（大批量生产）	2.0	1.2	0.8
A_2（中批量生产）	1.6	1.6	1.0
A_3（小批量生产）	1.2	1.2	1.2

解：在自然状态 θ_2的概率 P（θ_2）为0.5时，出现产品销路一般的可能性最大，在应用最大可能性时，我们只考虑按这一最大可能出现的自然状态进行决策，这时应采取中批量生产方案，最大可能收益为1.6万元。

以最大可能性为标准的决策方法适用于各种自然状态中其中某一状态的概率显著地高于其他方案所出现的概率，而期望值又相差不大的情况。

当某一种自然状态概率差别大时，这时采取最大可能法；当概率差别不大时，不宜采用最大可能法。

二、期望值法

期望值法是以收益和损失矩阵为依据，计算出每个行动方案的期望值，然后加以比较。如果决策目标是效益最大，则采取期望值最大的行动方案，如果决策目标是费用支出或损失最小，则采取期望值最小的方案。

其计算公式 为：

$$E(d_i) = \sum_{j=1}^{m} x_{ij} p(\theta_j)$$

其中，$E(d_i)$ 表示第 i 个方案的期望值；x_{ij}表示采取第 i 个方案，出现第 j 种状态时的损益值；θ_j 表示第 j 种状态时的损益值；p（θ_j）表示第 j 种状态发生的概率，总共可能出现 m 种状态。

步骤：

(1) 明确决策目标，收集可决策问题的有关信息；

(2) 找出可能出现的自然状态；

(3) 列出主要而且可行的行动方案；

(4) 根据前期资料和经验，确定各种自然状态出现的概率；

（5）计算每一行动方案在不同的自然状态下相应的损益值；

（6）列出决策表，并计算每个行动方案的损益期望值；

（7）比较分析，确定最优方案。

对例 14－3 进行期望值法分析（见表 14－2）。

表 14－2　　决策表　　单位：万元

方案 \ 收益 \ 概率 \ 自然状态	产品销路 θ_1	θ_2	θ_3	损益期望值 $E(d_i)$
	0.3	0.5	0.2	
A_1（大批量生产）	2.0	1.2	0.8	1.36
A_2（中批量生产）	1.6	1.6	1.0	1.48
A_3（小批量生产）	1.2	1.2	1.2	1.20

由 $E(d_i)=\sum_{j=1}^{m}x_{ij}p(\theta_j)$ 计算后得知，这时中批量生产的损益期望值为 1.48 万元，应采用中批量生产方案。

以期望值为标准的决策方法一般适用于如下情况：

（1）概率的出现具有明显的客观性质，而且比较稳定；

（2）决策不是解决一次性问题，而是解决多次重复的问题；

（3）决策的结果不会对决策者带来严重的后果。

三、马尔科夫决策

马尔科夫决策方法就是根据某些变量的现在状态及其变化趋向，来预测它在未来某一特定期间可能出现的状态，从而提供某种决策的依据。马尔科夫决策基本方法是用转移概率矩阵进行预测和决策。

（一）转移概率矩阵及其决策特点

设 p_{ij} 表示概率值，$p^{(k)}$ 表示 k 步转移概率矩阵，则有：

$$p^{(k)}=\begin{bmatrix} p_{11}^{k} & p_{12}^{k} & \cdots & p_{1n}^{k} \\ p_{21}^{k} & p_{22}^{k} & \cdots & p_{2n}^{k} \\ \vdots & \vdots & \vdots & \vdots \\ p_{m1}^{k} & p_{m2}^{k} & \cdots & p_{mn}^{k} \end{bmatrix}$$

转移概率矩阵用于市场决策时，矩阵中的元素是市场或顾客的保留，获得或者失去的概率。矩阵中各行概率表示状态 A_i 经过 k 步转移到状态 A_i 后的概率。

转移概率矩阵的特点：

（1）转移矩阵中的元素非负，即 $P_{ij} \geqslant 0$。

（2）矩阵各行元素之和等于1，即 $\sum_{j=1}^{n} P_{ij} = 1$。

用马尔科夫决策方法进行决策的特点：

（1）转移概率矩阵中的元素是根据近期市场或顾客的保留与得失流向资料确定的。

（2）下一期的概率只与上一期的预测结果有关，不取决于更早期的概率。

（3）利用转移概率矩阵进行决策，其最后结果取决于转移矩阵的组成，不取决于原始条件，即最初占有率。

（二）转移概率矩阵决策的应用步骤

1. 建立转移概率矩阵

例 14－4：为了预防失业风险，有三家培训机构对农民工进行岗前免费培训，由于培训的服务态度、培训内容及培训预期等因素的不同和变化，参加培训人员有不同的选择和流动，如表 14－3 和表 14－4 所示。

表 14－3　　三家培训机构参加培训人员流动情况　　单位：人

培训机构	7月1日参训人员	得到			失去			8月1日参训人员
		自 A	自 B	自 C	于 A	于 B	于 C	
A	200	0	35	25	0	20	20	220
B	500	20	0	0	35	0	15	490
C	300	20	15	15	25	20	0	290

表 14－4　　三家培训机构参加培训人员保留情况　　单位：人

培训机构	7月1日参训人员	失去	保留	8月1日保留概率
A	200	40	160	160/200 = 0.8
B	500	50	450	450/500 = 0.9
C	300	45	255	255/300 = 0.85

根据以上两表资料，建立得失的转移概率矩阵：

$$\begin{array}{c} \\ A \\ B \\ C \end{array}\begin{array}{c} \begin{array}{ccc} \quad A \quad & \quad B \quad & \quad C \quad \end{array} \\ \begin{bmatrix} 160/200=0.8 & 20/200=0.1 & 20/200=0.1 \\ 35/500=0.07 & 450/500=0.9 & 15/500=0.03 \\ 25/300=0.083 & 20/300=0.067 & 255/300=0.85 \end{bmatrix} \end{array}$$

其中横行表示各培训机构失去参加培训人员到其他培训机构的概率，如 $p_{12}=0.1$ 表示 A 培训机构失去了 10% 的参加培训人员转移到 B 培训机构；纵列表示各培训机构从其他培训机构得到参加培训人员的概率，如 $p_{21}=0.07$ 表示 A 培训机构得到了 B 培训机构参加培训人员的 7%。

2. *利用转移概率矩阵进行模拟预测*

根据例 14－4，8 月 1 日各培训机构参加培训人员占有率分别为 220/1 000＝0.22、490/1 000＝0.49、290/1 000＝0.29。预测 9 月 1 日各培训机构参加培训人员占有率的方法是将前一期的参加培训人员占有率乘上转移概率矩阵，即 9 月 1 日各培训机构参加培训人员占有率计算如下：

$$(0.22 \quad 0.49 \quad 0.29)\begin{bmatrix} 0.8 & 0.1 & 0.1 \\ 0.07 & 0.9 & 0.03 \\ 0.083 & 0.067 & 0.85 \end{bmatrix} = (0.234 \quad 0.483 \quad 0.283)$$

若要预测 k 期的参训人员占有率，可用本期占有率乘以转移概率矩阵的 k 次方。如预测 10 月 1 日的占有率，用转移矩阵的二次方乘以 8 月 1 日的占用率即可得到。

3. *求出转移概率矩阵的平衡状态，即稳定状态*

只要转移概率矩阵不变，不管占用率如何变化，最后总会达到平衡状态，即稳定状态，这里占有率不再变化，称此占有率为最后占有率。假定三家培训机构的参加培训人员占有率分别稳定在 x_1，x_2 和 x_3，经过多期转移后，占有率已微不足道，可视为保持不变，因此：

$$(x_1 \quad x_2 \quad x_3)\begin{bmatrix} 0.8 & 0.1 & 0.1 \\ 0.07 & 0.9 & 0.03 \\ 0.083 & 0.067 & 0.85 \end{bmatrix} = (x_1 \quad x_2 \quad x_3)$$

且 $(x_1+x_2+x_3)=1$。将转移矩阵列成如下代数议程组：

$$\begin{cases} x_1 = 0.8x_1 + 0.07x_2 + 0.083x_3 \\ x_2 = 0.1x_1 + 0.9x_2 + 0.067x_3 \\ x_3 = 0.1x_1 + 0.03x_2 + 0.85x_3 \\ x_1 + x_2 + x_3 = 1 \end{cases}$$

解方程组后得到：

$$\begin{cases} x_1 = 0.273 \\ x_2 = 0.454 \\ x_3 = 0.273 \end{cases}$$

即为最后稳定状态参加培训人员占有率。

如果将方程组的解代入下面的矩阵加以检查，可以验证它们的结果是相同的，说明用方程组求解的结果是正确的，上面关于矩阵状态的推论也是正确的。

$$(0.273 \quad 0.454 \quad 0.273)\begin{bmatrix} 0.8 & 0.1 & 0.1 \\ 0.07 & 0.9 & 0.03 \\ 0.083 & 0.067 & 0.85 \end{bmatrix} = (0.273 \quad 0.454 \quad 0.273)$$

由此可得出占有率与矩阵状态的关系如下：

（1）占有率不能决定矩阵的最后平衡状态，只有转移概率矩阵才能决定矩阵的最后平衡状态。

（2）最初占有率越接近于最后平衡状态时的占有率，则能越快达到平衡状态。

（3）只要没有一个培训机构占有率是零，不论各培训机构的最初占有率（原始状态）如何，其最后的平衡状态是相同的。

4. 应用转移概率矩阵进行决策

由于最后占有率不取决于原始条件，而取决于转移概率矩阵，所以决策的对策是提高培训质量和对培训的预期，改善服务态度，以提高培训机构的竞争力。

在例 14－4 中，若 A 培训机构提高占有率，有两个行动方案可以选择：

方案 1：与 B 培训机构竞争，从流失到 B 培训机构的参加培训人员争回 5%，转移概率矩阵如下：

$$\begin{bmatrix} 0.85 & 0.05 & 0.1 \\ 0.07 & 0.9 & 0.03 \\ 0.083 & 0.067 & 0.085 \end{bmatrix}$$

求得最后占有率为：$x_1=0.336$，$x_2=0.367$，$x_3=0.297$。

方案2：与C培训机构竞争，从流失到C培训机构的参加培训人员争回5%，转移概率矩阵如下：

$$\begin{bmatrix} 0.85 & 0.1 & 0.05 \\ 0.07 & 0.9 & 0.03 \\ 0.083 & 0.067 & 0.85 \end{bmatrix}$$

求得最后占有率为：$x_1=0.33$，$x_2=0.467$，$x_3=0.203$。

若两个行动方案费用相同，第一行动方案的最后占有率（0.336）高于第二行动方案的最后占有率（0.33），A培训机构应该采用第一方案。

第三节　不确定型决策

当决策者只能掌握各种方案可能出现的结果，而不能预知各种后果发生的概率时，这时的决策分析就是不确定型的，应用不确定型决策分析时，被决策的问题应具备以下四个条件：

（1）存在决策者希望的（收益较大或损失较小）；

（2）存在两个或两个以上的自然状态；

（3）存在两个以上的可供选择的行动方案；

（4）可以计算出各种行动方案在不同自然状态下的损益值。

不确定型决策与风险型决策方法的区别：

其一，风险型决策方法从合理行为假设出发，有严格的推理和论证。

其二，不确定型决策方法是人为制定的原则，带有某种程度上的主观随意性。

一、乐观法（最大最大收益值法 max max）

乐观法：决策者在此类决策中，对客观事物抱乐观态度，把事情想象得非常顺利。

步骤：

（1）求出每一方案在各种自然状态下的最大收益值；

（2）对各方案的最大收益值加以比较，取其中的最大值，所对应的行动方案就是最优方案。

例14－5：某地发生特大自然灾害，大量的救援队伍奔赴该地区，本着实效又不能浪费灾区资源的原则，需要某大型餐饮企业安排盒饭应急配送，可供选择的行动方案如表 14－5 所示，试用乐观法确定日供应量计划方案。

表 14－5　　决策表　　单位：万元

收益　日消耗量 日供应量	18 000 千盒	19 000 千盒	20 000 千盒	最大收益值
18 000 千盒	900	900	900	900
19 000 千盒	750	950	950	950
20 000 千盒	600	800	1 000	1 000

解：（1）求出每一方案在各种自然状态下的最大收益值。

（2）对各方案的最大收益值加以比较，其中 1 000 万元为最大值，所对应的方案为日供应量 20 000 千盒，故确定日供应量 20 000 千盒为最优方案。

二、悲观法（最大最小法或小中取大法 max min）

悲观法：决策者应用这种决策方法时，对客观事物抱悲观态度，把事情估计得很不顺利。但同时力图在各种最坏情况下选择最优方案。

步骤：

（1）求出每一方案在各种自然状态下的最小收益值；

（2）对各方案的最小收益值加以比较，取其中的最大值，所对应的行动方案就是最优方案。

对例 14－5，应用悲观法确定日产量方案。

表 14－6　　决策表　　单位：万元

收益　日消耗量 日供应量	18 000 千盒	19 000 千盒	20 000 千盒	最小收益值
18 000 千盒	900	900	900	900
19 000 千盒	750	950	950	750
20 000 千盒	600	800	1 000	600

解：（1）求出每一方案在各种自然状态下的最小收益值。

（2）对各方案的最小收益值加以比较，其中 900 万元为最大值，所对应的方案为日产量 18 000 千盒，故确定日供应量 18 000 千盒为最优方案。

三、乐观系数法

乐观系数法：决策者对客观情况的估计既不过于乐观，也不过于悲观，而是处于中间状态。

步骤：

（1）先确定乐观系数（主观概率），通常用 a 表示，乐观系数 a 表示决策者的乐观程度。a 值在 0 至 1 之间（$0 \leqslant a \leqslant 1$）

（2）计算每一方案在各种自然状态下的期望损益值，计算时区分以下两种情况：

①若计算的是收益，则期望收益值的计算公式为：

期望收益值 $= a \times$ 最大收益值 + $(1-a) \times$ 最小收益值

②若计算的是损失值，则期望损失值的计算公式为：

期望损失值 $= a \times$ 最小损失值 + $(1-a) \times$ 最大损失值

对例 14－5 进行计算：

表 14－7　　**决策表**　　单位：万元

日消耗量 / 收益 / 日供应量	18 000 千盒	19 000 千盒	20 000 千盒	期望收益值
18 000 千盒	900	900	900	900
19 000 千盒	750	950	950	910
20 000 千盒	600	800	1 000	920

解：

（1）乐观系数 $a = 0.8$，$1 - a = 0.2$。

（2）日产量为 18 000 千盒时，期望收益值 $= 900 \times 0.8 + 900 \times 0.2 = 900$（元）

日产量为 19 000 千盒时，期望收益值 $= 950 \times 0.8 + 750 \times 0.2 = 910$（元）

日产量为 20 000 千盒时，期望收益值 $= 1\,000 \times 0.8 + 600 \times 0.2 = 920$（元）

（3）比较以上计算结果可知，日产量 20 000 千盒为最优方案。

四、后悔值法（最小最大值或大中取小法）

后悔值法是以方案的后悔值大小来判别方案优劣的一种决策分析方法。当一种自然状态出现后，通过列表就能明显地显示出哪个方案是最优的（收益值最大）。如果决策者没有采取这个方案，而是采取了别的方案，这里决策者就会有后悔的感觉。所谓后悔值，就是指最大收益值与所采取方案的收益值之差。

后悔值 = 某种自然状态下的最大收益值 − 某方案收益值

在例 14 − 5 中，在日销售量为 18 000 千盒的自然状态下，最大收益值为 900 万元。当日产量方案取值 18 000 千盒、19 000 千盒、20 000 千盒时，各方案的后悔值分别为：

后悔值（日产量 18 000 千盒）= 900 − 900 = 0（万元）

后悔值（日产量 19 000 千盒）= 900 − 750 = 150（万元）

后悔值（日产量 20 000 千盒）= 900 − 600 = 300（万元）

运用以上方法，可以计算各方案在各种自然状态下的后悔值，并列出每种方案的最大后悔值。把各个方案的最大后悔值加以比较，后悔值的最小方案就是最优方案。

步骤：

计算各方案在各种自然状态下的后悔值，列出每个方案的最大后悔值。

比较各方案的最大后悔值，取后悔值最小的方案就是最优方案。

对例 14 − 5 运用后悔值法确定日产量计划方案。

表 14 − 8　　决策表　　单位：万元

日消耗量 / 收益 / 日供应量	18 000 千盒	19 000 千盒	20 000 千盒	最大后悔值
18 000 千盒	0	50	100	100
19 000 千盒	150	0	50	150
20 000 千盒	300	150	0	300

日产 180 00 千盒，最大后悔值为 100 万元；日产 19 000 千盒，最大后悔值为 150 万元，日产 20 000 千盒，最大后悔值为 300 万元。在各方案最大后悔值中，最小后悔值为 100 万元。因此，应确定日产量 18 000 千盒为最优方案。

第四节　确定型决策中的其他方法

一、价值分析法

企业风险管理中，对于价格决策、投资决策、销售决策等，任何决策都是为了以一定的耗费达到一定的目标，以减少风险损失。如果将有关方案的活劳动和物化劳动的耗费与其所可能取得的目标的满足程度进行比较，就可以确定有关方案价值的大小。能用最少的耗费使决策目标得到最大满足的方案就是最优方案。

（一）单一目标决策

方案的目标就是为了达到某种功能，如增加利润、降低成本、节约消耗、提高效率、扩大销售等。这里可以直接用以下公式计算各种方案的价值：

$$V = F/C$$

V 为价值系数，F 为功能（可以用货币单位、实物单位或评分法进行计量），C 为费用（或成本）。

这里计算的价值系数实质上是一种边际收益，也就是每增加一个单位费用，所可能得到的功能。方案的 V 值越大，说明该方案的价值越大，V 值的大小决定方案的优劣。

例 14－6：某企业为了扩大产品的销售，制订了三种方案，三种方案所需的费用与可能得到的结果如表 14－9 所示：

表 14－9　　**价值系数表**　　单位：万元

方案	费用 C	销售量增长额 F	价值系数 V
1	5.4	9.2	1.7
2	7.2	18.1	2.51
3	9.5	22.3	2.34

本例中方案 2 为最优方案（销售量增长最大不一定是最优方案，费用太大）。

（二）多目标决策

多目标决策是对多个相互矛盾的目标进行科学、合理的选优，然后作出决策的理论和方法。它是 20 世纪 70 年代后迅速发展起来的管理科学的一个新的分支。多目标决策与只为了达到一个目标而从许多可行方案中选出最佳方案的一般决策有所不同。在多目标决策中，要同时考虑多种目标，而这些目标往往是难以比较的，甚至是彼此矛盾的；一般很难使每个目标都达到最优，作出各方面都很满意的决策。

因此，多目标决策实质上是在各种目标之间和各种限制之间求得一种合理的妥协，这就是多目标最优化的过程。当决策不止一项时，方案必须具有多种功能，多属性效用方法计算方案价值系数的公式如下：

$$V = \frac{F_1 + F_2 + \cdots F_n}{C}$$

为了将不同功能相加起来，需要解决两个问题：一是要按各项功能的相对重要性确定各项功能的权数；二是统一用金额来衡量功能，特别是在经营管理的方案中，大多数功能都可用价值量来计算，或是给各种功能计分（百分制、十分制或五分制均可）

$$V = \sum_{i=1}^{n} \frac{F_i a_i}{C} \quad 或 \quad V = \sum_{i=1}^{n} M_i a_i$$

其中，a_i 为权数，n 为功能数，M_i 为分数。

例 14－7：某企业在编制年度生产计划时，有三个目标：（1）增加利润总额；（2）扩大市场占有率；（3）增加销售额。为了实现这三个目标，分别制订了三种方案，如何对这三种方案作出决策？

表 14－10　　综合价值系数　　单位：万元

目标 / 权数 / 方案	利润总额	市场占有率	销售额	综合价值系数 V
权数	0.5	0.2	0.3	
1	6	3	8	6.0
2	2	7	9	5.1
3	5	6	10	6.7

方案3为最优方案。

多目标决策方法现已广泛地应用于工艺过程、工艺设计、配方配比、水资源利用、能源、环境、人口、教育、经济管理、应急管理等领域。主要包括：

（1）化多为少法：将多目标问题化成只有一个或两个目标的问题，然后用简单的决策方法求解，最常用的是线性加权和法。

（2）分层序列法：将所有目标按其重要性程度依次排序，先求出第一个最重要的目标的最优解，然后在保证前一目标最优解的前提下依次求下一目标的最优解，一直求到最后一个目标为止。

（3）直接求非劣解法：先求出一组非劣解，然后按事先确定好的评价标准从中找出一个满意的解。

（4）目标规划法：对于每一个目标都事先给定一个期望值，然后在满足系统一定约束条件下，找出与目标期望值最接近的解。

（5）多属性效用法：各个目标均用表示效用程度大小的效用函数表示，通过效用函数构成多目标的综合效用函数，以此来评价各个可行方案的优劣。

（6）层次分析法：把目标体系结构予以展开，求得目标与决策方案的计量关系。

（7）重排序法：把原来的不好比较的非劣解通过其他办法使其排出优劣次序来。

（8）多目标群决策和多目标模糊决策等。

二、费用分析法

费用分析法决策的特点就是要在能够实现目标的各种方案中选用费用最小的方案作为最优方案。

在对实际问题的分析中，发生的费用大致可以分为三类：

（1）费用 A 与某种变量（产量、质量、使用时间等）成正比关系，若某变量为 X，则费用 A 的总量为 aX；

（2）费用 B 与某种变量（如批量、间隔期等）成反比关系，若某变量为 X，则费用 B 的总量为 b/X；

（3）费用 C 与变量 X 无关系，基本上固定不变。

以上三类费用的总和（总费用）可用以下公式表示：

$$Y = aX + \frac{b}{X} + C$$

为了求总费用最小时的 X 值，可在上式中求 Y 对 X 的导数，并令其结果等于0。

$$\frac{d_Y}{d_X}=\frac{d\left(aX+\frac{b}{X}+C\right)}{dX}=0$$

即得：$a-\frac{b}{X^2}=0$

当 $X=\sqrt{\frac{b}{a}}$ 时，总费用最小。

费用分析法可以应用于许多经济问题的决策。如用于确定经济批量或设备的经济寿命，也可用于确定产品的经济质量或经济功能。

三、量本利分析与边际贡献

企业经营管理的所有决策几乎都与产量、成本、利润有关。例如：企业是否应该购置新设备？是否应该进行技术改造？某种亏损产品是否应该淘汰？某种零件应该自制还是外购？产品价格是否应该向上（下）浮动？企业目前的经营状况如何？某种产品生产多少才可赢利等？

（一）产量、成本、利润的关系

产品销售利润＝产品销售收入－产品销售成本－产品销售税金

其中：

产品销售收入＝产品销售量×产品单价

产品销售成本＝变动费用＋固定费用

边际贡献是运用盈亏分析原理进行产品生产决策的一项十分重要指标。通常，边际贡献又称为“边际利润”或“贡献毛益”等。

所谓边际贡献是指产品销售收入超过变动成本部分的金额。边际贡献通常有两种表现形式：一是单位产品的边际贡献（简称单位边际贡献），它等于产品的单位销售价格减去该产品的单位变动成本。二是产品的品种边际贡献总额（简称品种边际贡献），它等于某一产品的销售收入总额减去该产品的变动成本总额。计算公式分别为：

单位边际贡献＝单位产品售价－单位变动成本

品种边际贡献＝销售收入总额－变动成本总额

或：品种边际贡献＝单位边际贡献×产品销售量

例 14－8：某企业甲产品的销售价格为 30 元，单位产品的变动成本为 21 元，若已知该产品的产销量均为 1 000 件，该产品的单位边际贡献和品种边际贡献各为多少？

解：（1）单位边际贡献＝30－21＝9（元）

（2）品种边际贡献＝9×1 000＝9 000（元）

从边际贡献的计算公式中可以看出，边际贡献实际上包含两部分基本内容：其中一部分是单位产品中应当包含的固定成本；另一部分则是单位产品所能提供的利润。因此，在产品销售过程中，一定量的品种边际贡献首先是用来弥补企业生产经营活动所发生的固定成本总额，在弥补了企业所发生的所有固定成本后，如有多余，才能构成企业的利润。这就有可能出现以下三种情况：

（1）当提供的品种边际贡献刚好等于所发生的固定成本总额时，企业只能保本，即做到不赢不亏。

（2）当提供的品种边际贡献小于所发生的固定成本总额时，企业就要发生亏损。

（3）当提供的品种边际贡献大于所发生的固定成本总额时，企业将会赢利。

因此，品种边际贡献的实质所反映的就是产品为企业赢利所能作出的贡献大小，只有当产品销售达到一定的数量后，所得品种边际贡献才有可能弥补所发生的固定成本总额，为企业赢利作贡献。产品盈亏、品种边际贡献与产品销售量之间的关系见下图。

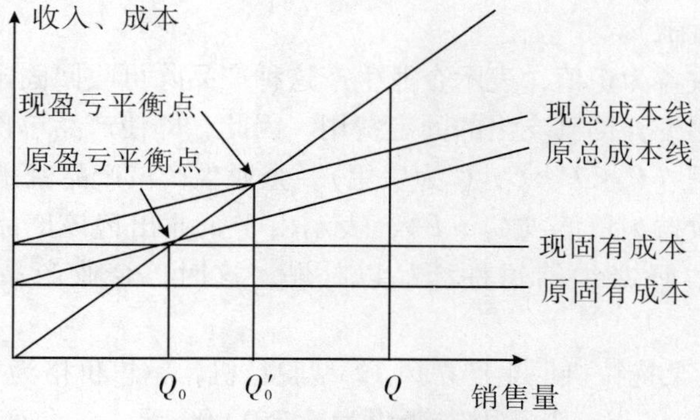

盈亏平衡点与边际关系分析图

从上图可以看出，假定单价稳定不变，产品销售收入随着产量的变化而呈线性变化。

销售成本则由固定费用与变动费用两部分组成。固定费用与产品产量无多大关系，如固定资产折旧、企业管理费等。当产量超过企业现有生产能力时，固定费用会发生相应变化。

变动费用是随着产量的变化而变化的费用，如原料、燃料、辅助材料等。从单位产品成本看，它所包含的变动费用基本上是不变的，它所分摊的固定费用随着产销量的变化而变化，单位产品成本曲线随着产量的增加而逐渐降低。

（二）盈亏平衡点的确定

当已知产品的销售价格的固定费用和变动费用后，就可以确定盈亏平衡点。在图 14－1 中，销售收入与销售成本的交点，或产品单价与单位产品成本的交点，即为盈亏平衡点，按该点生产，产品单价等于单位产品成本，销售收入等于销售成本。企业不亏损也不赢利。当产量大于平衡点产量时，企业将有赢利，反之产生亏损。由此可以建立计算盈亏平衡点的数学模型。

确定盈亏平衡点要满足以下条件：

销售净收入（扣除税金后的销售收入）S = 销售成本 Z

由于 $S=(1-i\%)PX_0 \qquad Z=F+C_vX_0$

整理后得：

平衡点产量 $$Q_0=\frac{F}{P(1-i\%)-C_v}$$

式中：$i\%$ 为税率，P 为产品单价，Q_0 为平衡点产量，F 为固定费用，C_v 为单位产品中变动费用。

上式中的 $p(1-i\%)-C_v$ 表示企业每出售一件产品能得到的净收益（边际收益或边际贡献）。

如果边际收益为正值，表示企业生产这种产品除可收回固定费用外，还有一部分收入可用于补偿已支出的固定费用。因此，即使产品单价低于成本，只要大于变动费用（$C_v<P<C$，C 为费用），企业生产该产品就是有意义的。

如果边际收益为负值（$C_v>P$），表示由于企业出售该产品的收入不足以回收变动费用，还必须给每件产品以补贴，这时，企业产品生产越多亏损越大。

例 14－9：某拖拉机厂生产东风 12 型脱粒机，销售价格为 2 200 元，2003 年销售量为 25 000 台。全厂固定费用为 2 750 000 元，每台变动费用为1 600 元，税率为 5%，求该厂的盈亏平衡点。

解：由以上公式：

$$Q_0=\frac{F}{P(1-i\%)-C_v}$$

$$=\frac{275\ 000}{2\ 200\times(1-5\%)-1\ 600}=5\ 612\text{（台）}$$

该厂的盈亏平衡点为 5 612 台，若全年产量少于这一数值将发生亏损。

（三）量本利分析在企业风险管理决策中的运用

1. 特殊价格订货的决策

例 14－10：假设某企业生产脱粒机的生产能力为年产 40 000 台，但订货任务只有 25 000 台，生产能力过剩。一家外商提出每台出价 1 650 元，拟订购 10 000 台。该厂每台成本为 1 710 元，正常售价为 2 200 元，问是否接受外商订货？

解题与分析：表面上看该厂若接受订货，每台要亏损 1 710 － 1 650 ＝ 60（元），总共亏损 10 000 × 60 ＝ 600 000 万元，不宜接受；但分析成本的费用结构，变动费用为 1 600 元。因此，接受 1650 元出售每台还可获得边际收益 1 650 － 1 600 ＝ 50 元，接受这批订货可获收益 10 000 × 50 ＝ 500 000 元。

由于企业生产能力过剩，接受这批订货不需要增加其他固定费用的支出；同时由于产品以特殊价格销往国外市场，不会影响国内市场的正常价格，因此可以接受特殊订货的决策。

2. 提高产品销售价格决策

扩大设备生产能力会增加相应的固定成本，影响产品销售利润的增加。在产量 $x<Q$，而扩大设备生产能力又不足以提高企业经济效益的情况下，可以考虑提高产品销售价格。由分析模型可以看出，销售价格 P 值增大，将使盈亏平衡点销售量 Q_0 值变小，同样的产量 x，将会获得更多的利润。但是，提高产品销售价格将会影响到产品市场销售量，所以，产品销售价格 P 值的提高，应控制在使 $Q\geqslant x$ 的范围内。

例 14－11：某企业生产 A 产品，最大产量为 500 台，单位变动成本为 20 元，固定成本为 6 000 元，如果销售价格由 40 元提高到 50 元，产品仍能全部售出，试计算提价后的利润增加额。

解：由分析模型可以计算出提价前的盈亏平衡点销售量：

$$Q_0=\frac{F}{P-C}=\frac{6\ 000}{40-20}=300\text{（台）}$$

提价后的盈亏平衡点销售量：

$$Q'_0=\frac{F}{P'-C}=\frac{6\ 000}{50-20}=200\text{（台）}$$

则提价前的利润额：

$$R = (P - C) \times (X - Q_0) = (40 - 20) \times (500 - 300) = 4\ 000\ (元)$$

提价后的利润额：

$$R' = (P' - C) \times (X - Q'_0) = (50 - 20) \times (500 - 200) = 9\ 000\ (元)$$

提价后的利润净增额：

$$\Delta R = R' - R = 9\ 000 - 4\ 000 = 5\ 000\ (元)$$

3. 增加或淘汰产品品种的决策

例 14－12：某企业生产 A、B、C、D 四种产品，其中 A 产品是 5 年前建成的专用流水线生产，过去利润较高，但去年调价后，价格下降了 30%，出现亏损，今年预计亏损 40 万元，现考虑是否停止 A 产品的生产以减少企业亏损。

表 14－11　**费用表**　单位：万元

	方案 1：继续生产 A 产品			方案 2：停止生产 A 产品
	A 产品	B、D、C 产品	合计	B、D、C 产品
（1）销售收入	240	900	1 140	900
（2）销售成本	280	600	880	700（增加 100）
（3）净收入＝（1）－（2）	－40	300	260	200
（4）变动费用	180	420	600	420
（5）固定费用	100	180	280	280（不变）
（6）边际收益＝（1）－（4）	60	480	540	480

分析：生产 A 产品虽然亏损，但其边际收益仍为正数：240－180＝60 万元，这 60 万元可以用于补偿固定费用。该产品采用专用流水线生产，产品成本固定费用占的比重较大，如果停止生产，该专用线也不能用于其他生产；如果进行改造又需要较多投资，一时资金也难以解决。

相反，这些费用将全部由余下的三种产品分摊，三种产品的成本将因此而显著提高。所以 A 产品停产后，企业虽然淘汰了亏损产品，但企业利润却由 260 万元降到 200 万元，减少 60 万元。

因此，从定量分析看，不宜作出停止 A 产品的决策。

4. 压缩固定成本总额决策

压缩固定成本 F 值，也可降低盈亏平衡点，使盈亏平衡点销售量变小，以同样的产量 x，获得较大的利润额。但是，压缩固定成本会引起需求曲线内移，所以，压缩固定成本幅度，也应控制在能使 $Q \geqslant x$ 的范围内。

例 14－13：某企业生产 A 产品，最大产量为 500 台，单位销售价格为 60 元，单位变动成本为 40 元，固定成本由 8 000 元压缩为 6 000 元。试计算固定成本压缩后的利润增加额。

解：压缩固定成本前后盈亏平衡点销售量、利润额分别计算如下：

压缩前盈亏平衡点销售量：

$$Q_0 = \frac{F}{P - C} = \frac{8\ 000}{60 - 40} = 400\text{（台）}$$

压缩后盈亏平衡点销售量：

$$Q'_0 = \frac{F}{P' - C} = \frac{6\ 000}{60 - 40} = 300\text{（台）}$$

则压缩前的销售利润额：

$$R = (P - C) \times (X - Q_0) = (60 - 40) \times (500 - 400) = 2\ 000\text{（元）}$$

压缩后的销售利润额：

$$R' = (P - C) \times (X - Q'_0) = (60 - 40) \times (500 - 300) = 4\ 000\text{（元）}$$

压缩后的利润净增额：

$$\Delta R = R' - R = 4\ 000 - 2\ 000 = 2\ 000\text{（元）}$$

由此可见，在产量不变的条件下，固定成本由 8 000 元压缩到 6 000 元，使盈亏平衡点销售量由原来的 400 台降低到 300 台，从而使利润由原来的 2 000元提高到 4 000 元。

本章学习要点

1. 理性决策在实际中必须具备以下基本条件：其一，决策过程中必须获得全部有效的信息；其二，寻找出与实现目标相关的所有决策方案；其三，能够准确地预测出每一个方案在不同的客观条件下所能产生的结果；其四，非常清楚那些直接或间接参与公共政策制定的人们的社会价值偏向及其所占的相对比重；其五，可以选择出最优化的决策方案。

2. 定量决策方法一般分为确定型决策分析、风险型决策分析和不确定型决策分析方法三种。确定型决策方法的特点是只有一种选择，决策没有风险，只要满足数学模型的前提条件，数学模型就会给出特定的结果。属于确定型决策方法的主要有盈亏平衡分析模型和经济批量模型。一个决策方案对应几个相互排斥的可能状态，每一种状态都以一定的可能性（概率为0～1）出现，并对应特定结果，这时的决策就被称为风险型决策。风险型决策的目的是使收益期望值最大，或者损失期望值最小。期望值是一种方案的损益值与相应概率的乘积之和。在风险型决策方法中，计算期望值的前提是能够判断各种状况出现的概率。如果出现的概率不清楚，就需要用不确定型方法。

3. 边际分析法就是运用导数和微分方法研究经济运行中微增量的变化，用以分析各经济变量之间的相互关系及变化过程的一种方法。研究投入的生产要素和产量之间的关系，可以把生产要素作为自变量，把产量作为因变量。自变量（生产要素）变动量与因变量（产量）变动量之间的关系反映了生产中的某些规律。分析自变量与因变量之间的关系就是边际分析法。企业在判断一项经济活动对企业的利弊时，不是依据它的全部成本，而是依据它所引起的边际收益与边际成本的比较。若前者大于后者，这项活动就对企业有利，反之则不利。

关键术语

不确定型决策　风险型决策　期望值　边际贡献　盈亏平衡点　马尔科夫决策　固定成本　变动成本　生产能力　价格决策

思考与练习

1. 什么叫确定型决策？什么叫不确定型决策？
2. 多目标决策包括哪些主要方法？
3. 某县遭遇自然灾害，一些小学校因年久失修而损坏，县政府必须决定是否向上级政府申请救灾款。为了起草申请报告，需要调研、交通等费用约5 000元。如果救灾申请报告得到批准，该县可得到500 000元经费。如果不申请救灾款，而只申请校舍危房改造款，该县可能获得150 000元拨款。上级政府拨给该县救灾款，则不再另拨危房改造款，该县面临的决策问题如下表：

拨款情况决策表　　单位：万元

上级政府行为		批准救灾申请	拨危房改造款
决策方案	（1）申请救灾款	50	-0.5
	（2）申请危房改造款	0	15

分别用乐观法、悲观法、乐观系数法（乐观系数取 0.6）、后悔值法作出决策。

4. 什么是盈亏平衡点分析？主要有哪些内容？

5. 针对失业问题，美国里贾纳尔德市准备了三个方案：一是无为而治，在失业率较低情况下可以使用这一方案；二是成立失业工作安置中心，为失业者安排工作；三是实施失业培训工作计划，提高劳动者就业技能。如下表所示，请计算应该采取哪一个方案。

决策表　　单位：千美元

损益值 / 状态 / 概率 / 方案	失业率的自然状况			损益期望值
	低 θ_1	中 θ_2	高 θ_3	$E(d_i)$
	0.2	0.3	0.5	
方案 1：无为而治	20	−5	−120	
方案 2：成立失业工作安置中心	−10	50	−30	
方案 3：实施失业培训工作计划	−110	10	140	

6. 某生产压缩机企业生产的压缩机每台售价为 5 000 元，单位变动成本为 3 000 元，固定成本总额为 400 000 元。

（1）计算当该企业产销量分别为 150 台、1 000 台、2 000 台的单位成本和销售利润（或亏损）。

（2）计算该产品的盈亏平衡点。某企业生产 A 产品，每件销售价格为 5 万元，单位变动成本为 3 万元，固定成本为 220 万元，市场销售量预计为 150 件，但产品最大产量为 100 件。若增加设备，可将设备生产能力扩大到 150 件，但固定成本将增加 50 万元。问是否应扩大设备生产能力。

参考文献

[1] 许树柏. 层次分析法原理［M］. 天津：天津大学出版社，1988

[2] 吕燕，朱慧. 管理定量分析［M］. 上海：上海人民出版社，2007

[3] 李莉，陈忠. 管理定量分析［M］. 上海：上海交通大学出版社，2007

[4] 陈永国. 公共管理定量分析方法［M］. 上海：上海交通大学出版社，2006

[5] 葛新权，王斌. 应用统计［M］. 北京：社会科学文献出版社，2006

[6] 洪文学. 基于多元统计图表示原理的信息融合和模式识别技术［M］. 北京：国防工业出版社，2008

[7] 朱建平. 应用多元统计分析［M］. 北京：科学出版社，2008

[8] 何灿芝，罗汉. 应用统计学［M］. 长沙：湖南大学出版社，2004

[9] 张家放. 医用多元统计方法［M］. 武汉：华中科技大学出版社，2002

[10] 王好芳，郭乐，窦实. 基于主成分分析的东江流域水资源承载能力评价［J］. 水文，2008，28（4）

[11] 高惠璇. 应用多元统计分析［M］. 北京：北京大学出版社，2005

[12] 余锦华，杨维权. 多元统计分析与应用［M］. 广州：中山大学出版社，2005

[13] 梁荣辉，章炼，封文波. 教育心理多元统计学与 SPSS 软件［M］. 北京：北京理工大学出版社，2005

[14] 孙文爽，陈兰祥. 多元统计分析［M］. 北京：高等教育出版社，1994

[15] 张尧庭，方开泰. 多元统计分析概论［M］. 北京：科学出版社，1982

[16] 管于华. 统计学［M］. 北京：高等教育出版社，2005

[17] 于秀林，任雪松. 多元统计分析［M］. 北京：中国统计出版社，1999

[19] 任若恩，王惠文. 多元统计数据分析——理论、方法、实例［M］.

北京：国防工业出版社，1997

［20］范金城，梅长林．数据分析［M］．北京：科学出版社，2002

［21］赵玮．应用统计学教程·下册［M］．西安：西安电子科技大学出版社，2003

［22］曾五一．统计学［M］．北京：北京大学出版社，2006

［23］陈曾寿，王辛平，岳云康，王怀伟．财务管理学［M］．北京：清华大学出版社，北京交通大学出版社，2004

［24］张纯．财务管理学［M］．上海：上海财经大学出版社，2005

［25］刘玉平．财务管理学［M］．北京：中国人民大学出版社，2007

［26］郭庆旺，赵志耘．公共经济学［M］．北京：高等教育出版社，2006

［27］崔鑫生．公共部门经济学［M］．北京：对外经济贸易大学出版社，2007

［28］蒋洪，朱萍．公共经济学［M］．上海：上海财经大学出版社，2006

［29］高培勇．公共经济学［M］．北京：中国人民大学出版社，2004

［30］徐国祥．统计预测与决策［M］．上海：上海财经大学出版社，2005

［31］何晓群．多元统计分析［M］．北京：中国人民大学出版社，2000

［32］贾俊平．统计学［M］．北京：中国人民大学出版社，2004

［33］罗云．安全经济学［M］．北京：化学工业出版社，2004

［34］张彤．货币时间价值的计算［J］．科技信息，2008（11）

［35］刘修远．突发公共事件预防、应急机制建立的成本收益分析［J］．现代商贸工业，2008（11）

［36］徐敏．公共支出的成本收益分析［J］．吉林工商学院学报，2008（1）

［37］薛声家，左小德．管理运筹学［M］．广州：暨南大学出版社，2007

［38］胡运权．运筹学教程（第三版）［M］．北京：清华大学出版社，2007

［39］鲍祥霖．运筹学［M］．北京：机械工业出版社，2005

［40］林毓铭．社会保障与政府职能研究［M］．北京：人民出版社，2008

［41］［美］肯尼思·J. 迈耶，杰弗里·L. 布鲁德尼．公共管理中的应用统计学［M］．北京：中国人民大学出版社，2004

附表 1　标准正态分布表

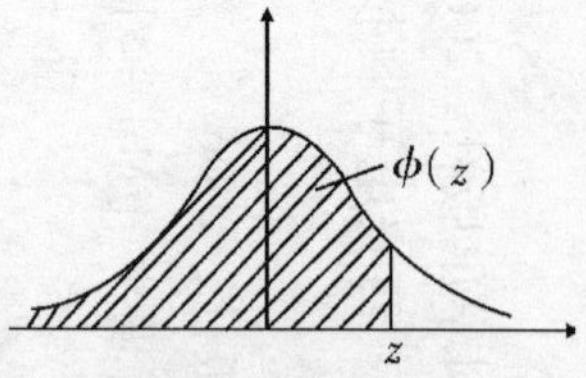

$$\varphi(z)=\int_{-\infty}^{z}\frac{1}{\sqrt{2\pi}}e^{-u^2/2}du=P(Z\leqslant z)$$

z	0.00	0.01	0.02	0.03	0.04	0.05	0.06	0.07	0.08	0.09
0.0	0.500 0	0.504 0	0.508 0	0.5120	0.516 0	0.519 9	0.523 9	0.527 9	0.531 9	0.535 9
0.1	0.539 8	0.543 8	0.547 8	0.551 7	0.555 7	0.559 6	0.563 6	0.567 5	0.571 4	0.575 3
0.2	0.579 3	0.583 2	0.587 1	0.591 0	0.594 8	0.598 7	0.602 6	0.606 4	0.610 3	0.614 1
0.3	0.617 9	0.621 7	0.625 5	0.629 3	0.633 1	0.636 8	0.640 6	0.644 3	0.648 0	0.651 7
0.4	0.655 4	0.659 1	0.662 8	0.666 4	0.670 0	0.673 6	0.677 2	0.680 8	0.684 4	0.687 9
0.5	0.691 5	0.695 0	0.698 5	0.701 9	0.705 4	0.708 8	0.712 3	0.715 7	0.719 0	0.722 4
0.6	0.725 7	0.729 1	0.732 4	0.735 7	0.738 9	0.742 2	0.745 4	0.748 6	0.751 7	0.754 9
0.7	0.758 0	0.761 1	0.764 2	0.767 3	0.770 4	0.773 4	0.776 4	0.779 4	0.782 3	0.785 2
0.8	0.788 1	0.791 0	0.793 9	0.796 7	0.799 5	0.802 3	0.805 1	0.807 8	0.810 6	0.813 3
0.9	0.815 9	0.818 6	0.821 2	0.823 8	0.826 4	0.828 9	0.831 5	0.834 0	0.836 5	0.838 9
1.0	0.841 3	0.843 8	0.846 1	0.848 5	0.850 8	0.853 1	0.855 4	0.857 7	0.859 9	0.862 1
1.1	0.864 3	0.866 5	0.868 6	0.870 8	0.872 9	0.874 9	0.877 0	0.879 0	0.881 0	0.883 0
1.2	0.884 9	0.886 9	0.888 8	0.890 7	0.892 5	0.894 4	0.896 2	0.898 0	0.899 7	0.901 5

（续上表）

z	0.00	0.01	0.02	0.03	0.04	0.05	0.06	0.07	0.08	0.09
1.3	0.903 2	0.904 9	0.906 6	0.908 2	0.909 9	0.911 5	0.913 1	0.914 7	0.916 2	0.917 7
1.4	0.919 2	0.920 7	0.922 2	0.923 6	0.925 1	0.926 5	0.927 9	0.929 2	0.930 6	0.931 9
1.5	0.933 2	0.934 5	0.935 7	0.937 0	0.938 2	0.939 4	0.940 6	0.941 8	0.942 9	0.944 1
1.6	0.945 2	0.946 3	0.947 4	0.948 4	0.949 5	0.950 5	0.951 5	0.952 5	0.953 5	0.954 5
1.7	0.955 4	0.956 4	0.957 3	0.958 2	0.959 1	0.959 9	0.960 8	0.961 6	0.962 5	0.963 3
1.8	0.964 1	0.964 9	0.965 6	0.966 4	0.967 1	0.967 8	0.968 6	0.969 3	0.969 9	0.970 6
1.9	0.971 3	0.971 9	0.972 6	0.973 2	0.973 8	0.974 4	0.975 0	0.975 6	0.976 1	0.976 7
2.0	0.977 2	0.977 8	0.978 3	0.978 8	0.979 3	0.979 8	0.980 3	0.980 8	0.981 2	0.981 7
2.1	0.982 1	0.982 6	0.983 0	0.983 4	0.983 8	0.984 2	0.984 6	0.985 0	0.985 4	0.985 7
2.2	0.986 1	0.986 4	0.986 8	0.987 1	0.987 5	0.987 8	0.988 1	0.988 4	0.988 7	0.989 0
2.3	0.989 3	0.989 6	0.989 8	0.990 1	0.990 4	0.990 6	0.990 9	0.991 1	0.991 3	0.991 6
2.4	0.991 8	0.992 0	0.992 2	0.992 5	0.992 7	0.992 9	0.993 1	0.993 2	0.993 4	0.993 6
2.5	0.993 8	0.994 0	0.994 1	0.994 3	0.994 5	0.994 6	0.994 8	0.994 9	0.995 1	0.995 2
2.6	0.995 3	0.995 5	0.995 6	0.995 7	0.995 9	0.996 0	0.996 1	0.996 2	0.996 3	0.996 4
2.7	0.996 5	0.996 6	0.996 7	0.996 8	0.996 9	0.997 0	0.997 1	0.997 2	0.997 3	0.997 4
2.8	0.997 4	0.997 5	0.997 6	0.997 7	0.997 7	0.997 8	0.997 9	0.997 9	0.998 0	0.998 1
2.9	0.998 1	0.998 2	0.998 2	0.998 3	0.998 4	0.998 4	0.998 5	0.998 5	0.998 6	0.998 6
3.0	0.998 7	0.998 7	0.998 7	0.998 8	0.998 8	0.998 9	0.998 9	0.998 9	0.999 0	0.999 0
3.1	0.999 0	0.999 1	0.999 1	0.999 1	0.999 2	0.999 2	0.999 2	0.999 2	0.999 3	0.999 3

（续上表）

z	0.00	0.01	0.02	0.03	0.04	0.05	0.06	0.07	0.08	0.09
3.2	0.999 3	0.999 3	0.999 4	0.999 4	0.999 4	0.999 4	0.999 4	0.999 5	0.999 5	0.999 5
3.3	0.999 5	0.999 5	0.999 5	0.999 6	0.999 6	0.999 6	0.999 6	0.999 6	0.999 6	0.999 7
3.4	0.999 7	0.999 7	0.999 7	0.999 7	0.999 7	0.999 7	0.999 7	0.999 7	0.999 7	0.999 8
3.5	0.999 8	0.999 8	0.999 8	0.999 8	0.999 8	0.999 8	0.999 8	0.999 8	0.999 8	0.999 8
3.6	0.999 8	0.999 8	0.999 9	0.999 9	0.999 9	0.999 9	0.999 9	0.999 9	0.999 9	0.999 9
3.7	0.999 9	0.999 9	0.999 9	0.999 9	0.999 9	0.999 9	0.999 9	0.999 9	0.999 9	0.999 9
3.8	0.999 9	0.999 9	0.999 9	0.999 9	0.999 9	0.999 9	0.999 9	0.999 9	0.999 9	0.999 9
3.9	1.000 0	1.000 0	1.000 0	1.000 0	1.000 0	1.000 0	1.000 0	1.000 0	1.000 0	1.000 0
4.0	1.000 0	1.000 0	1.000 0	1.000 0	1.000 0	1.000 0	1.000 0	1.000 0	1.000 0	1.000 0

附表2　泊松分布表

$$1 - F(x-1) = \sum_{r=x}^{r=\infty} \frac{e^{-\lambda}\lambda^r}{r!}$$

λ \ x	0	1	2	3	4	5	6	7	8	9
0.1	0.904 8	0.995 3	0.999 8	1.000 0	1.000 0	1.000 0	1.000 0	1.000 0	1.000 0	1.000 0
0.2	0.818 7	0.982 5	0.998 9	0.999 9	1.000 0	1.000 0	1.000 0	1.000 0	1.0000	1.000 0
0.3	0.740 8	0.963 1	0.996 4	0.999 7	1.000 0	1.000 0	1.000 0	1.000 0	1.000 0	1.000 0
0.4	0.670 3	0.938 4	0.992 1	0.999 2	0.999 9	1.000 0	1.000 0	1.000 0	1.000 0	1.000 0
0.5	0.606 5	0.909 8	0.985 6	0.998 2	0.999 8	1.000 0	1.000 0	1.000 0	1.000 0	1.000 0
0.6	0.548 8	0.878 1	0.976 9	0.996 6	0.999 6	1.000 0	1.000 0	1.000 0	1.000 0	8.000 0
0.7	0.496 6	0.844 2	0.965 9	0.994 2	0.999 2	0.999 9	1.000 0	1.000 0	1.000 0	1.000 0
0.8	0.449 3	0.808 8	0.952 6	0.990 9	0.998 6	0.999 8	1.000 0	1.000 0	1.000 0	1.000 0
0.9	0.406 6	0.772 5	0.937 1	0.986 5	0.997 7	0.999 7	1.000 0	1.000 0	1.000 0	1.000 0
1.0	0.367 9	0.735 8	0.919 7	0.981 0	0.996 3	0.999 4	0.999 9	1.000 0	1.000 0	1.000 0
1.1	0.332 9	0.699 0	0.900 4	0.974 3	0.994 6	0.999 0	0.999 9	1.000 0	1.000 0	1.000 0
1.2	0.301 2	0.662 6	0.879 5	0.966 2	0.992 3	0.998 5	0.999 7	1.000 0	1.000 0	1.000 0
1.3	0.272 5	0.626 8	0.857 1	0.956 9	0.989 3	0.997 8	0.999 6	0.999 9	1.000 0	1.000 0

（续上表）

λ \ x	0	1	2	3	4	5	6	7	8	9
1.4	0.246 6	0.591 8	0.833 5	0.946 3	0.985 7	0.996 8	0.999 4	0.999 9	1.000 0	1.000 0
1.5	0.223 1	0.557 8	0.808 8	0.934 4	0.981 4	0.995 5	0.999 1	0.999 8	1.000 0	1.000 0
1.6	0.201 9	0.524 9	0.783 4	0.921 2	0.976 3	0.994 0	0.998 7	0.999 7	1.000 0	1.000 0
1.7	0.182 7	0.493 2	0.757 2	0.906 8	0.970 4	0.992 0	0.998 1	0.999 6	0.999 9	1.000 0
1.8	0.165 3	0.462 8	0.730 6	0.891 3	0.963 6	0.989 6	0.997 4	0.999 4	0.999 9	1.000 0
1.9	0.149 6	0.433 7	0.703 7	0.874 7	0.955 9	0.986 8	0.996 6	0.999 2	0.999 8	1.000 0
2.0	0.135 3	0.406 0	0.676 7	0.857 1	0.947 3	0.983 4	0.995 5	0.998 9	0.999 8	1.000 0
2.1	0.122 5	0.379 6	0.649 6	0.838 6	0.937 9	0.979 6	0.994 1	0.998 5	0.999 7	0.999 9
2.2	0.110 8	0.354 6	0.622 7	0.819 4	0.927 5	0.9751	0.992 5	0.998 0	0.999 5	0.999 9
2.3	0.100 3	0.330 9	0.596 0	0.799 3	0.916 2	0.9700	0.990 6	0.997 4	0.999 4	0.999 9
2.4	0.090 7	0.308 4	0.569 7	0.778 7	0.904 1	0.9643	0.988 4	0.996 7	0.999 1	0.999 8
2.5	0.082 1	0.287 3	0.543 8	0.757 6	0.891 2	0.9580	0.985 8	0.995 8	0.998 9	0.999 7
2.6	0.074 3	0.267 4	0.518 4	0.736 0	0.877 4	0.9510	0.982 8	0.994 7	0.998 5	0.999 6
2.7	0.067 2	0.248 7	0.493 6	0.714 1	0.862 9	0.9433	0.979 4	0.993 4	0.998 1	0.999 5
2.8	0.060 8	0.231 1	0.469 5	0.691 9	0.847 7	0.9349	0.975 6	0.991 9	0.997 6	0.999 3
2.9	0.055 0	0.214 6	0.446 0	0.669 6	0.831 8	0.9258	0.971 3	0.990 1	0.996 9	0.999 1
3.0	0.049 8	0.199 1	0.4232	0.647 2	0.8153	0.9161	0.966 5	0.988 1	0.996 2	0.998 9

附表 3　t 分布表

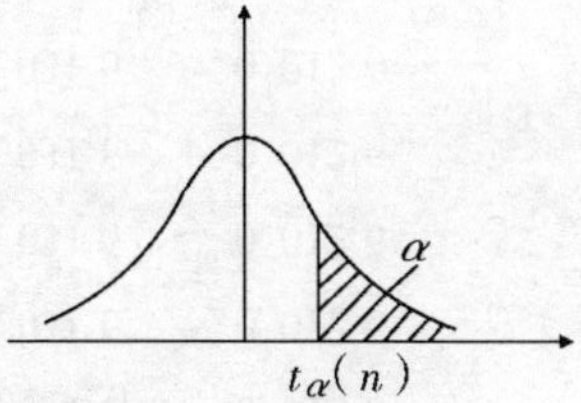

$P\{t(n) > t_\alpha(n)\} = \alpha$

n \ α	0.001	0.01	0.025	0.05	0.1	0.5	0.95	0.975	0.99
1	636.619 2	63.656 7	25.451 7	12.706 2	6.313 8	1.000 0	0.078 7	0.039 3	0.015 7
2	31.599 1	9.924 8	6.205 3	4.302 7	2.920 0	0.816 5	0.070 8	0.035 4	0.014 1
3	12.924 0	5.840 9	4.176 5	3.182 4	2.353 4	0.764 9	0.068 1	0.034 0	0.013 6
4	8.610 3	4.604 1	3.495 4	2.776 4	2.131 8	0.740 7	0.066 7	0.033 3	0.013 3
5	6.868 8	4.032 1	3.163 4	2.570 6	2.015 0	0.726 7	0.065 9	0.032 9	0.013 2
6	5.958 8	3.707 4	2.968 7	2.446 9	1.943 2	0.717 6	0.065 4	0.032 7	0.013 1
7	5.407 9	3.499 5	2.841 2	2.364 6	1.894 6	0.711 1	0.065 0	0.032 5	0.013 0
8	5.041 3	3.355 4	2.751 5	2.306 0	1.859 5	0.706 4	0.064 7	0.032 3	0.012 9
9	4.780 9	3.249 8	2.685 0	2.262 2	1.833 1	0.702 7	0.064 5	0.032 2	0.012 9
10	4.586 9	3.169 3	2.633 8	2.228 1	1.812 5	0.699 8	0.064 3	0.032 1	0.012 9
11	4.437 0	3.105 8	2.593 1	2.201 0	1.795 9	0.697 4	0.064 2	0.032 1	0.012 8
12	4.317 8	3.054 5	2.560 0	2.178 8	1.782 3	0.695 5	0.064 0	0.032 0	0.012 8
13	4.220 8	3.012 3	2.532 6	2.160 4	1.770 9	0.693 8	0.063 9	0.031 9	0.012 8
14	4.140 5	2.976 8	2.509 6	2.144 8	1.761 3	0.692 4	0.063 8	0.031 9	0.012 8

(续上表)

n \ α	0.001	0.01	0.025	0.05	0.1	0.5	0.95	0.975	0.99
15	4.072 8	2.946 7	2.489 9	2.131 4	1.753 1	0.691 2	0.063 8	0.031 9	0.012 7
16	4.015 0	2.920 8	2.472 9	2.119 9	1.745 9	0.690 1	0.063 7	0.031 8	0.012 7
17	3.965 1	2.898 2	2.458 1	2.109 8	1.739 6	0.689 2	0.063 6	0.031 8	0.012 7
18	3.921 6	2.878 4	2.445 0	2.100 9	1.734 1	0.688 4	0.063 6	0.031 8	0.012 7
19	3.883 4	2.860 9	2.433 4	2.093 0	1.729 1	0.687 6	0.063 5	0.031 8	0.012 7
20	3.849 5	2.845 3	2.423 1	2.086 0	1.724 7	0.687 0	0.063 5	0.031 7	0.012 7
21	3.819 3	2.831 4	2.413 8	2.079 6	1.720 7	0.686 4	0.063 5	0.031 7	0.012 7
22	3.792 1	2.818 8	2.405 5	2.073 9	1.717 1	0.685 8	0.063 4	0.031 7	0.012 7
23	3.767 6	2.807 3	2.397 9	2.068 7	1.713 9	0.685 3	0.063 4	0.031 7	0.012 7
24	3.745 4	2.796 9	2.390 9	2.063 9	1.710 9	0.684 8	0.063 4	0.031 7	0.012 7
25	3.725 1	2.787 4	2.384 6	2.059 5	1.708 1	0.684 4	0.063 3	0.031 7	0.012 7
26	3.706 6	2.778 7	2.378 8	2.055 5	1.705 6	0.684 0	0.063 3	0.031 6	0.012 7
27	3.689 6	2.770 7	2.373 4	2.051 8	1.703 3	0.683 7	0.063 3	0.031 6	0.012 7
28	3.673 9	2.763 3	2.368 5	2.048 4	1.701 1	0.683 4	0.063 3	0.031 6	0.012 6
29	3.659 4	2.756 4	2.363 8	2.045 2	1.699 1	0.683 0	0.063 3	0.031 6	0.012 6
30	3.646 0	2.750 0	2.359 6	2.042 3	1.697 3	0.682 8	0.063 2	0.031 6	0.012 6
31	3.633 5	2.744 0	2.355 6	2.039 5	1.695 5	0.682 5	0.063 2	0.031 6	0.012 6
32	3.621 8	2.738 5	2.351 8	2.036 9	1.693 9	0.682 2	0.063 2	0.031 6	0.012 6
33	3.610 9	2.733 3	2.348 3	2.034 5	1.692 4	0.682 0	0.063 2	0.031 6	0.012 6

（续上表）

n \ α	0.001	0.01	0.025	0.05	0.1	0.5	0.95	0.975	0.99
34	3.600 7	2.728 4	2.345 1	2.032 2	1.690 9	0.681 8	0.063 2	0.031 6	0.012 6
35	3.591 1	2.723 8	2.342 0	2.030 1	1.689 6	0.681 6	0.063 2	0.031 6	0.012 6
36	3.582 1	2.719 5	2.339 1	2.028 1	1.688 3	0.681 4	0.063 1	0.031 6	0.012 6
37	3.573 7	2.715 4	2.336 3	2.026 2	1.687 1	0.681 2	0.063 1	0.031 6	0.012 6
38	3.565 7	2.711 6	2.333 7	2.024 4	1.686 0	0.681 0	0.063 1	0.031 5	0.012 6
39	3.558 1	2.707 9	2.331 3	2.022 7	1.684 9	0.680 8	0.063 1	0.031 5	0.012 6
40	3.551 0	2.704 5	2.328 9	2.021 1	1.683 9	0.680 7	0.063 1	0.031 5	0.012 6
41	3.544 2	2.701 2	2.326 7	2.019 5	1.682 9	0.680 5	0.063 1	0.031 5	0.012 6
42	3.537 7	2.698 1	2.324 6	2.018 1	1.682 0	0.680 4	0.063 1	0.031 5	0.012 6
43	3.531 6	2.695 1	2.322 6	2.016 7	1.681 1	0.680 2	0.063 1	0.031 5	0.012 6
44	3.525 8	2.692 3	2.320 7	2.015 4	1.680 2	0.680 1	0.063 1	0.031 5	0.012 6
45	3.520 3	2.689 6	2.318 9	2.014 1	1.679 4	0.680 0	0.063 1	0.031 5	0.012 6
46	3.515 0	2.687 0	2.317 2	2.012 9	1.678 7	0.679 9	0.063 0	0.031 5	0.012 6
47	3.509 9	2.684 6	2.315 5	2.011 7	1.677 9	0.679 7	0.063 0	0.031 5	0.012 6
48	3.505 1	2.682 2	2.313 9	2.010 6	1.677 2	0.679 6	0.063 0	0.031 5	0.012 6
49	3.500 4	2.680 0	2.312 4	2.009 6	1.676 6	0.679 5	0.063 0	0.031 5	0.012 6
50	3.496 0	2.677 8	2.310 9	2.008 6	1.675 9	0.679 4	0.063 0	0.031 5	0.012 6

附表 4　χ^2 分布表

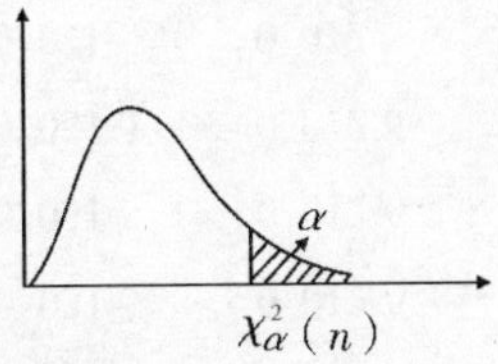

$$P\{\chi^2(n) > \chi_\alpha^2(n)\} = \alpha$$

n \ α	0.005	0.01	0.025	0.05	0.1	0.9	0.95	0.975	0.99	0.995
1	7.879 4	6.634 9	5.023 9	3.841 5	2.705 5	0.015 8	0.003 9	0.001 0	0.000 2	0.000 0
2	10.596 6	9.210 3	7.377 8	5.991 5	4.605 2	0.210 7	0.102 6	0.050 6	0.020 1	0.010 0
3	12.838 2	11.344 9	9.348 4	7.814 7	6.251 4	0.584 4	0.351 8	0.215 8	0.114 8	0.071 7
4	14.860 3	13.276 7	11.143 3	9.487 7	7.779 4	1.063 6	0.710 7	0.484 4	0.297 1	0.207 0
5	16.749 6	15.086 3	12.832 5	11.070 5	9.236 4	1.610 3	1.145 5	0.831 2	0.554 3	0.411 7
6	18.547 6	16.811 9	14.449 4	12.591 6	10.644 6	2.204 1	1.635 4	1.237 3	0.872 1	0.675 7
7	20.277 7	18.475 3	16.012 8	14.067 1	12.017 0	2.833 1	2.167 3	1.689 9	1.239 0	0.989 3
8	21.955 0	20.090 2	17.534 5	15.507 3	13.361 6	3.489 5	2.732 6	2.179 7	1.646 5	1.344 4
9	23.589 4	21.666 0	19.022 8	16.919 0	14.683 7	4.168 2	3.325 1	2.700 4	2.087 9	1.734 9
10	25.188 2	23.209 3	20.483 2	18.307 0	15.987 2	4.865 2	3.940 3	3.247 0	2.558 2	2.155 9
11	26.756 8	24.725 0	21.920 0	19.675 1	17.275 0	5.577 8	4.574 8	3.815 7	3.053 5	2.603 2
12	28.299 5	26.217 0	23.336 7	21.026 1	18.549 3	6.303 8	5.226 0	4.403 8	3.570 6	3.073 8
13	29.819 5	27.688 2	24.735 6	22.362 0	19.811 9	7.041 5	5.891 9	5.008 8	4.106 9	3.565 0
14	31.319 3	29.141 2	26.118 9	23.684 8	21.064 1	7.789 5	6.570 6	5.628 7	4.660 4	4.074 7

（续上表）

n \ α	0.005	0.01	0.025	0.05	0.1	0.9	0.95	0.975	0.99	0.995
15	32.801 3	30.577 9	27.488 4	24.995 8	22.307 1	8.546 8	7.260 9	6.262 1	5.229 3	4.600 9
16	34.267 2	31.999 9	28.845 4	26.296 2	23.541 8	9.312 2	7.961 6	6.907 7	5.812 2	5.142 2
17	35.718 5	33.408 7	30.191 0	27.587 1	24.769 0	10.085 2	8.671 8	7.564 2	6.407 8	5.697 2
18	37.156 5	34.805 3	31.526 4	28.869 3	25.989 4	10.864 9	9.390 5	8.230 7	7.014 9	6.264 8
19	38.582 3	36.190 9	32.852 3	30.143 5	27.203 6	11.650 9	10.117 0	8.906 5	7.632 7	6.844 0
20	39.99 68	37.566 2	34.169 6	31.410 4	28.412 0	12.442 6	10.850 8	9.590 8	8.260 4	7.433 8
21	41.401 1	38.932 2	35.478 9	32.670 6	29.615 1	13.239 6	11.591 3	10.282 9	8.897 2	8.033 7
22	42.795 7	40.289 4	36.780 7	33.924 4	30.813 3	14.041 5	12.338 0	10.982 3	9.542 5	8.642 7
23	44.181 3	41.638 4	38.075 6	35.172 5	32.006 9	14.848 0	13.090 5	11.688 6	10.195 7	9.260 4
24	45.558 5	42.979 8	39.364 1	36.415 0	33.196 2	15.658 7	13.848 4	12.401 2	10.856 4	9.886 2
25	46.927 9	44.314 1	40.646 5	37.652 5	34.381 6	16.473 4	14.611 4	13.119 7	11.524 0	10.519 7
26	48.289 9	45.641 7	41.923 2	38.885 1	35.563 2	17.291 9	15.379 2	13.843 9	12.198 1	11.160 2
27	49.644 9	46.962 9	43.194 5	40.113 3	36.741 2	18.113 9	16.151 4	14.573 4	12.878 5	11.807 6
28	50.993 4	48.278 2	44.460 8	41.337 1	37.915 9	18.939 2	16.927 9	15.307 9	13.564 7	12.461 3
29	52.335 6	49.587 9	45.722 3	42.557 0	39.087 5	19.767 7	17.708 4	16.047 1	14.256 5	13.121 1
30	53.672 0	50.892 2	46.979 2	43.773 0	40.256 0	20.599 2	18.492 7	16.790 8	14.953 5	13.7867
31	55.002 7	52.191 4	48.231 9	44.985 3	41.421 7	21.433 6	19.280 6	17.538 7	15.655 5	14.457 8
32	56.328 1	53.485 8	49.480 4	46.194 3	42.584 7	22.270 6	20.071 9	18.290 8	16.362 2	15.134 0
33	57.648 4	54.775 5	50.725 1	47.399 9	43.745 2	23.110 2	20.866 5	19.046 7	17.073 5	15.815 3

（续上表）

n \ α	0.005	0.01	0.025	0.05	0.1	0.9	0.95	0.975	0.99	0.995
34	58.963 9	56.060 9	51.966 0	48.602 4	44.903 2	23.952 3	21.664 3	19.806 3	17.789 1	16.501 3
35	60.274 8	57.342 1	53.203 3	49.801 8	46.058 8	24.796 7	22.465 0	20.569 4	18.508 9	17.191 8
36	61.581 2	58.619 2	54.437 3	50.998 5	47.212 2	25.643 3	23.268 6	21.335 9	19.232 7	17.886 7
37	62.883 3	59.892 5	55.668 0	52.192 3	48.363 4	26.492 1	24.074 9	22.105 6	19.960 2	18.585 8
38	64.181 4	61.162 1	56.895 5	53.383 5	49.512 6	27.343 0	24.883 9	22.878 5	20.691 4	19.288 9
39	65.475 6	62.428 1	58.120 1	54.572 2	50.659 8	28.195 8	25.695 4	23.654 3	21.426 2	19.995 9
40	66.766 0	63.690 7	59.341 7	55.758 5	51.805 1	29.050 5	26.509 3	24.433 0	22.164 3	20.706 5
41	68.052 7	64.950 1	60.560 6	56.942 4	52.948 5	29.907 1	27.325 6	25.214 5	22.905 6	21.420 8
42	69.336 0	66.206 2	61.776 8	58.124 0	54.090 2	30.765 4	28.144 0	25.998 7	23.650 1	22.138 5
43	70.615 9	67.459 3	62.990 4	59.303 5	55.230 2	31.625 5	28.964 7	26.785 4	24.397 6	22.859 5
44	71.892 6	68.709 5	64.201 5	60.480 9	56.368 5	32.487 1	29.787 5	27.574 6	25.148 0	23.583 7
45	73.166 1	69.956 8	65.410 2	61.656 2	57.505 3	33.350 4	30.612 3	28.366 2	25.901 3	24.311 0
46	74.436 5	71.201 4	66.616 5	62.829 6	58.640 5	34.215 2	31.439 0	29.160 1	26.657 2	25.041 3
47	75.704 1	72.443 3	67.820 6	64.001 1	59.774 3	35.081 4	32.267 6	29.956 2	27.415 8	25.774 6
48	76.968 8	73.682 6	69.022 6	65.170 8	60.906 6	35.949 1	33.098 1	30.754 5	28.177 0	26.510 6
49	78.230 7	74.919 5	70.222 4	66.338 6	62.037 5	36.818 2	33.930 3	31.554 9	28.940 6	27.249 3
50	79.490 0	76.153 9	71.420 2	67.504 8	63.167 1	37.688 6	34.764 3	32.357 4	29.706 7	27.990 7

附表5 F 分布表

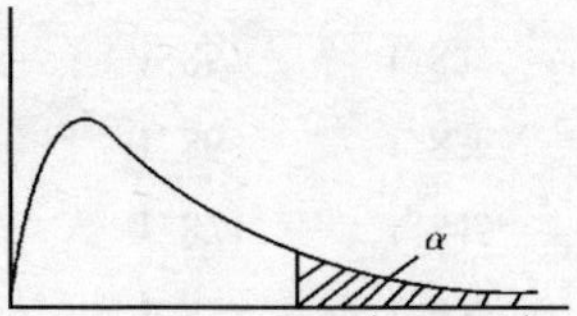

$$P\{F(n_1,n_2) > F_\alpha(n_1,n_2)\} = \alpha$$

$$\alpha = 0.10$$

n_2 \ n_1	1	2	3	4	5	6	7	8	9	10
1	39.863	49.500	53.593	55.833	57.240	58.204	58.906	59.439	59.858	60.195
2	8.526	9.000	9.162	9.243	9.293	9.326	9.349	9.367	9.381	9.392
3	5.538	5.462	5.391	5.343	5.309	5.285	5.266	5.252	5.240	5.230
4	4.545	4.325	4.191	4.107	4.051	4.010	3.979	3.955	3.936	3.920
5	4.060	3.780	3.619	3.520	3.453	3.405	3.368	3.339	3.316	3.297
6	3.776	3.463	3.289	3.181	3.108	3.055	3.014	2.983	2.958	2.937
7	3.589	3.257	3.074	2.961	2.883	2.827	2.785	2.752	2.725	2.703
8	3.458	3.113	2.924	2.806	2.726	2.668	2.624	2.589	2.561	2.538
9	3.360	3.006	2.813	2.693	2.611	2.551	2.505	2.469	2.440	2.416
10	3.285	2.924	2.728	2.605	2.522	2.461	2.414	2.377	2.347	2.323
11	3.225	2.860	2.660	2.536	2.451	2.389	2.342	2.304	2.274	2.248
12	3.177	2.807	2.606	2.480	2.394	2.331	2.283	2.245	2.214	2.188

（续上表）　　$\alpha=0.10$

n_2 \ n_1	1	2	3	4	5	6	7	8	9	10
13	3.136	2.763	2.560	2.434	2.347	2.283	2.234	2.195	2.164	2.138
14	3.102	2.726	2.522	2.395	2.307	2.243	2.193	2.154	2.122	2.095
15	3.073	2.695	2.490	2.361	2.273	2.208	2.158	2.119	2.086	2.059
16	3.048	2.668	2.462	2.333	2.244	2.178	2.128	2.088	2.055	2.028
17	3.026	2.645	2.437	2.308	2.218	2.152	2.102	2.061	2.028	2.001
18	3.007	2.624	2.416	2.286	2.196	2.130	2.079	2.038	2.005	1.977
19	2.990	2.606	2.397	2.266	2.176	2.109	2.058	2.017	1.984	1.956
20	2.975	2.589	2.380	2.249	2.158	2.091	2.040	1.999	1.965	1.937
21	2.961	2.575	2.365	2.233	2.142	2.075	2.023	1.982	1.948	1.920
22	2.949	2.561	2.351	2.219	2.128	2.060	2.008	1.967	1.933	1.904
23	2.937	2.549	2.339	2.207	2.115	2.047	1.995	1.953	1.919	1.890
24	2.927	2.538	2.327	2.195	2.103	2.035	1.983	1.941	1.906	1.877
25	2.918	2.528	2.317	2.184	2.092	2.024	1.971	1.929	1.895	1.866
26	2.909	2.519	2.307	2.174	2.082	2.014	1.961	1.919	1.884	1.855
27	2.901	2.511	2.299	2.165	2.073	2.005	1.952	1.909	1.874	1.845
28	2.894	2.503	2.291	2.157	2.064	1.996	1.943	1.900	1.865	1.836
29	2.887	2.495	2.283	2.149	2.057	1.988	1.935	1.892	1.857	1.827
30	2.881	2.489	2.276	2.142	2.049	1.980	1.927	1.884	1.849	1.819
31	2.875	2.482	2.270	2.136	2.042	1.973	1.920	1.877	1.842	1.812

（续上表）

$\alpha = 0.10$

n_2 \ n_1	1	2	3	4	5	6	7	8	9	10
32	2.869	2.477	2.263	2.129	2.036	1.967	1.913	1.870	1.835	1.805
33	2.864	2.471	2.258	2.123	2.030	1.961	1.907	1.864	1.828	1.799
34	2.859	2.466	2.252	2.118	2.024	1.955	1.901	1.858	1.822	1.793
35	2.855	2.461	2.247	2.113	2.019	1.950	1.896	1.852	1.817	1.787
36	2.850	2.456	2.243	2.108	2.014	1.945	1.891	1.847	1.811	1.781
37	2.846	2.452	2.238	2.103	2.009	1.940	1.886	1.842	1.806	1.776
38	2.842	2.448	2.234	2.099	2.005	1.935	1.881	1.838	1.802	1.772
39	2.839	2.444	2.230	2.095	2.001	1.931	1.877	1.833	1.797	1.767
40	2.835	2.440	2.226	2.091	1.997	1.927	1.873	1.829	1.793	1.763
41	2.832	2.437	2.222	2.087	1.993	1.923	1.869	1.825	1.789	1.759
42	2.829	2.434	2.219	2.084	1.989	1.919	1.865	1.821	1.785	1.755
43	2.826	2.430	2.216	2.080	1.986	1.916	1.861	1.817	1.781	1.751
44	2.823	2.427	2.213	2.077	1.983	1.913	1.858	1.814	1.778	1.747
45	2.820	2.425	2.210	2.074	1.980	1.909	1.855	1.811	1.774	1.744
46	2.818	2.422	2.207	2.071	1.977	1.906	1.852	1.808	1.771	1.741
47	2.815	2.419	2.204	2.068	1.974	1.903	1.849	1.805	1.768	1.738
48	2.813	2.417	2.202	2.066	1.971	1.901	1.846	1.802	1.765	1.735
49	2.811	2.414	2.199	2.063	1.968	1.898	1.843	1.799	1.763	1.732
50	2.809	2.412	2.197	2.061	1.966	1.895	1.840	1.796	1.760	1.729

$\alpha = 0.05$

n_2 \ n_1	1	2	3	4	5	6	7	8	9	10
1	161. 448	199. 500	215. 707	224. 583	230. 162	233. 986	236. 768	238. 883	240. 543	241. 882
2	18. 513	19. 000	19. 164	19. 247	19. 296	19. 330	19. 353	19. 371	19. 385	19. 396
3	10. 128	9. 552	9. 277	9. 117	9. 013	8. 941	8. 887	8. 845	8. 812	8. 786
4	7. 709	6. 944	6. 591	6. 388	6. 256	6. 163	6. 094	6. 041	5. 999	5. 964
5	6. 608	5. 786	5. 409	5. 192	5. 050	4. 950	4. 876	4. 818	4. 772	4. 735
6	5. 987	5. 143	4. 757	4. 534	4. 387	4. 284	4. 207	4. 147	4. 099	4. 060
7	5. 591	4. 737	4. 347	4. 120	3. 972	3. 866	3. 787	3. 726	3. 677	3. 637
8	5. 318	4. 459	4. 066	3. 838	3. 687	3. 581	3. 500	3. 438	3. 388	3. 347
9	5. 117	4. 256	3. 863	3. 633	3. 482	3. 374	3. 293	3. 230	3. 179	3. 137
10	4. 965	4. 103	3. 708	3. 478	3. 326	3. 217	3. 135	3. 072	3. 020	2. 978
11	4. 844	3. 982	3. 587	3. 357	3. 204	3. 095	3. 012	2. 948	2. 896	2. 854
12	4. 747	3. 885	3. 490	3. 259	3. 106	2. 996	2. 913	2. 849	2. 796	2. 753
13	4. 667	3. 806	3. 411	3. 179	3. 025	2. 915	2. 832	2. 767	2. 714	2. 671
14	4. 600	3. 739	3. 344	3. 112	2. 958	2. 848	2. 764	2. 699	2. 646	2. 602
15	4. 543	3. 682	3. 287	3. 056	2. 901	2. 790	2. 707	2. 641	2. 588	2. 544
16	4. 494	3. 634	3. 239	3. 007	2. 852	2. 741	2. 657	2. 591	2. 538	2. 494
17	4. 451	3. 592	3. 197	2. 965	2. 810	2. 699	2. 614	2. 548	2. 494	2. 450
18	4. 414	3. 555	3. 160	2. 928	2. 773	2. 661	2. 577	2. 510	2. 456	2. 412
19	4. 381	3. 522	3. 127	2. 895	2. 740	2. 628	2. 544	2. 477	2. 423	2. 378

（续上表） $\alpha = 0.05$

n_2 \ n_1	1	2	3	4	5	6	7	8	9	10
20	4.351	3.493	3.098	2.866	2.711	2.599	2.514	2.447	2.393	2.348
21	4.325	3.467	3.072	2.840	2.685	2.573	2.488	2.420	2.366	2.321
22	4.301	3.443	3.049	2.817	2.661	2.549	2.464	2.397	2.342	2.297
23	4.279	3.422	3.028	2.796	2.640	2.528	2.442	2.375	2.320	2.275
24	4.260	3.403	3.009	2.776	2.621	2.508	2.423	2.355	2.300	2.255
25	4.242	3.385	2.991	2.759	2.603	2.490	2.405	2.337	2.282	2.236
26	4.225	3.369	2.975	2.743	2.587	2.474	2.388	2.321	2.265	2.220
27	4.210	3.354	2.960	2.728	2.572	2.459	2.373	2.305	2.250	2.204
28	4.196	3.340	2.947	2.714	2.558	2.445	2.359	2.291	2.236	2.190
29	4.183	3.328	2.934	2.701	2.545	2.432	2.346	2.278	2.223	2.177
30	4.171	3.316	2.922	2.690	2.534	2.421	2.334	2.266	2.211	2.165
31	4.160	3.305	2.911	2.679	2.523	2.409	2.323	2.255	2.199	2.153
32	4.149	3.295	2.901	2.668	2.512	2.399	2.313	2.244	2.189	2.142
33	4.139	3.285	2.892	2.659	2.503	2.389	2.303	2.235	2.179	2.133
34	4.130	3.276	2.883	2.650	2.494	2.380	2.294	2.225	2.170	2.123
35	4.121	3.267	2.874	2.641	2.485	2.372	2.285	2.217	2.161	2.114
36	4.113	3.259	2.866	2.634	2.477	2.364	2.277	2.209	2.153	2.106
37	4.105	3.252	2.859	2.626	2.470	2.356	2.270	2.201	2.145	2.098
38	4.098	3.245	2.852	2.619	2.463	2.349	2.262	2.194	2.138	2.091

(续上表)　　$\alpha = 0.05$

n_2 \ n_1	1	2	3	4	5	6	7	8	9	10
39	4.091	3.238	2.845	2.612	2.456	2.342	2.255	2.187	2.131	2.084
40	4.085	3.232	2.839	2.606	2.449	2.336	2.249	2.180	2.124	2.077
41	4.079	3.226	2.833	2.600	2.443	2.330	2.243	2.174	2.118	2.071
42	4.073	3.220	2.827	2.594	2.438	2.324	2.237	2.168	2.112	2.065
43	4.067	3.214	2.822	2.589	2.432	2.318	2.232	2.163	2.106	2.059
44	4.062	3.209	2.816	2.584	2.427	2.313	2.226	2.157	2.101	2.054
45	4.057	3.204	2.812	2.579	2.422	2.308	2.221	2.152	2.096	2.049
46	4.052	3.200	2.807	2.574	2.417	2.304	2.216	2.147	2.091	2.044
47	4.047	3.195	2.802	2.570	2.413	2.299	2.212	2.143	2.086	2.039
48	4.043	3.191	2.798	2.565	2.409	2.295	2.207	2.138	2.082	2.035
49	4.038	3.187	2.794	2.561	2.404	2.290	2.203	2.134	2.077	2.030
50	4.034	3.183	2.790	2.557	2.400	2.286	2.199	2.130	2.073	2.026

$\alpha = 0.025$

n_2 \ n_1	1	2	3	4	5	6	7	8	9	10
1	647.789	799.500	864.163	899.583	921.848	937.111	948.217	956.656	963.285	968.627
2	38.506	39.000	39.165	39.248	39.298	39.331	39.355	39.373	39.387	39.398
3	17.443	16.044	15.439	15.101	14.885	14.735	14.624	14.540	14.473	14.419
4	12.218	10.649	9.979	9.605	9.364	9.197	9.074	8.980	8.905	8.844
5	10.007	8.434	7.764	7.388	7.146	6.978	6.853	6.757	6.681	6.619
6	8.813	7.260	6.599	6.227	5.988	5.820	5.695	5.600	5.523	5.461
7	8.073	6.542	5.890	5.523	5.285	5.119	4.995	4.899	4.823	4.761
8	7.571	6.059	5.416	5.053	4.817	4.652	4.529	4.433	4.357	4.295
9	7.209	5.715	5.078	4.718	4.484	4.320	4.197	4.102	4.026	3.964
10	6.937	5.456	4.826	4.468	4.236	4.072	3.950	3.855	3.779	3.717
11	6.724	5.256	4.630	4.275	4.044	3.881	3.759	3.664	3.588	3.526
12	6.554	5.096	4.474	4.121	3.891	3.728	3.607	3.512	3.436	3.374
13	6.414	4.965	4.347	3.996	3.767	3.604	3.483	3.388	3.312	3.250
14	6.298	4.857	4.242	3.892	3.663	3.501	3.380	3.285	3.209	3.147
15	6.200	4.765	4.153	3.804	3.576	3.415	3.293	3.199	3.123	3.060
16	6.115	4.687	4.077	3.729	3.502	3.341	3.219	3.125	3.049	2.986
17	6.042	4.619	4.011	3.665	3.438	3.277	3.156	3.061	2.985	2.922
18	5.978	4.560	3.954	3.608	3.382	3.221	3.100	3.005	2.929	2.866

(续上表)　　$\alpha = 0.025$

n_2 \ n_1	1	2	3	4	5	6	7	8	9	10
19	5.922	4.508	3.903	3.559	3.333	3.172	3.051	2.956	2.880	2.817
20	5.871	4.461	3.859	3.515	3.289	3.128	3.007	2.913	2.837	2.774
21	5.827	4.420	3.819	3.475	3.250	3.090	2.969	2.874	2.798	2.735
22	5.786	4.383	3.783	3.440	3.215	3.055	2.934	2.839	2.763	2.700
23	5.750	4.349	3.750	3.408	3.183	3.023	2.902	2.808	2.731	2.668
24	5.717	4.319	3.721	3.379	3.155	2.995	2.874	2.779	2.703	2.640
25	5.686	4.291	3.694	3.353	3.129	2.969	2.848	2.753	2.677	2.613
26	5.659	4.265	3.670	3.329	3.105	2.945	2.824	2.729	2.653	2.590
27	5.633	4.242	3.647	3.307	3.083	2.923	2.802	2.707	2.631	2.568
28	5.610	4.221	3.626	3.286	3.063	2.903	2.782	2.687	2.611	2.547
29	5.588	4.201	3.607	3.267	3.044	2.884	2.763	2.669	2.592	2.529
30	5.568	4.182	3.589	3.250	3.026	2.867	2.746	2.651	2.575	2.511
31	5.549	4.165	3.573	3.234	3.010	2.851	2.730	2.635	2.558	2.495
32	5.531	4.149	3.557	3.218	2.995	2.836	2.715	2.620	2.543	2.480
33	5.515	4.134	3.543	3.204	2.981	2.822	2.701	2.606	2.529	2.466
34	5.499	4.120	3.529	3.191	2.968	2.808	2.688	2.593	2.516	2.453
35	5.485	4.106	3.517	3.179	2.956	2.796	2.676	2.581	2.504	2.440
36	5.471	4.094	3.505	3.167	2.944	2.785	2.664	2.569	2.492	2.429

（续上表）

$\alpha = 0.025$

n_2 \ n_1	1	2	3	4	5	6	7	8	9	10
37	5.458	4.082	3.493	3.156	2.933	2.774	2.653	2.558	2.481	2.418
38	5.446	4.071	3.483	3.145	2.923	2.763	2.643	2.548	2.471	2.407
39	5.435	4.061	3.473	3.135	2.913	2.754	2.633	2.538	2.461	2.397
40	5.424	4.051	3.463	3.126	2.904	2.744	2.624	2.529	2.452	2.388
41	5.414	4.042	3.454	3.117	2.895	2.736	2.615	2.520	2.443	2.379
42	5.404	4.033	3.446	3.109	2.887	2.727	2.607	2.512	2.435	2.371
43	5.395	4.024	3.438	3.101	2.879	2.719	2.599	2.504	2.427	2.363
44	5.386	4.016	3.430	3.093	2.871	2.712	2.591	2.496	2.419	2.355
45	5.377	4.009	3.422	3.086	2.864	2.705	2.584	2.489	2.412	2.348
46	5.369	4.001	3.415	3.079	2.857	2.698	2.577	2.482	2.405	2.341
47	5.361	3.994	3.409	3.073	2.851	2.691	2.571	2.476	2.399	2.335
48	5.354	3.987	3.402	3.066	2.844	2.685	2.565	2.470	2.393	2.329
49	5.347	3.981	3.396	3.060	2.838	2.679	2.559	2.464	2.387	2.323
50	5.340	3.975	3.390	3.054	2.833	2.674	2.553	2.458	2.381	2.317